道学新探

常生禾 著

华龄出版社
HUALING PRESS

东方文化馆成都分馆执行馆长
四川省老庄学会常务副会长黄牛题

悟 道
——读常生禾《道学新探》

陈天笑[*]

常君新作，以文明道。
朝彻见独，深得旨要。
万物有宗，道为本原。
阴阳互抱，无穷流转。
反者道动，物事皆然。
安时处顺，知命乐天。

一个地球，人类与共。
东方西方，命运谐同。
自然大道，中西通融。
道佐人主，偃息兵锋。
道莅天下，鬼神不凶。
道行天下，世界大同。

2018-9-3 成都

[*]四川省老庄学会创始人 终身名誉会长

自 序

鄙人不是博导、专家，只是个书虫。古今中外，学得挺杂。1993年好友鲁正元教授强迫我加入四川省老庄学会，始学《老子》。认真一读，深恨读之太晚。正好四川省老庄学会和青羊宫老庄书院组织了逐章逐句学研《老子》，我坚持参加，认真学习、勤作笔记、聆听争辩、常写心得。人虽笨，读《老子》百遍自有所悟。80岁后在家无聊，将写的心得一翻，竟有几十万字之多，联系曲建文编辑，竟然促成我与华龄出版社签订了《道学新探》的出版合同。

所写《道学新探》不是珍宝，是块石头，只好自己作序，直白道明：为什么要写，重点在哪里，如何读与用？如是而已。

第一，为什么要写？

不妨先看苏轼《题西林壁》：

> 横看成岭侧成峰，远近高低各不同。不识庐山真面目，只缘身在此山中。

为何不识真面目？

只缘身在此山中——视线被立场观点限制了。

长江滚滚向东流，社会熙熙新事多，眼看五星出东方，形势发展利中国，为什么竟然还有：精日，惧美，外逃，诈骗，贪腐，早亡，过度娱乐，拜金腐败……？——同样，视线被立场观点局限了！

如何打开视线？——唤起文化自信、找到大智慧！

什么智慧最佳？——中华文化——龙脉之"道"。

马克思主义哲学当然是大智慧！道通为一，合道心明——不畏浮云遮望眼，自缘身在最高层。

为什么说最佳是"道"？——胜于雄辩的回答有如下事实：

1. 时间最早。七千多年前伏羲画八卦起，确定了"一阴一阳之谓道"。炎帝、黄帝、夏禹、周文王、老子、孔子……继续完善。

2. 龙脉不断。公元前5世纪，从老子留下道德五千言起，道德根传承至今未断。继文子、列子、庄子……而道家，而诸子百家皆言道。

3. 广泛公认。三教九流、诸子百家、华夏全民、四海华人，无不因道生发，无不崇道用道。

4. 世界接受。《道德经》出版发行量仅次于《圣经》。老子被列为世界文化名人。美籍华人张绪通在美国成立道学研究会，曾被总统里根聘为顾问。现在，海内外呈现老子热。

5. 道先于儒。孔子问道老子，有大量正史可查；孔子发展老子"道"，赞老子为"龙"，进而创立儒家学派。

6. 检验成功。"内用黄老，外示儒术"延续千年，彰显成功。用道指导治国，出现了文景之治、贞观之治、开元之治、宋初之治。

7. 天人合一。道学突出天地人一体观，已经深入人心，"天人合一"已成为人与自然和谐的整体观，甚至成了中国人的天道信仰。

8. 中央认定。现在以2016年9月2日出版的《人民日报》上张岂之的《文化自信的深厚历史底蕴》节录为证：

> 习近平同志在中法建交50周年纪念大会上说："中法两国都是有着独特文明的古老国度""老子、孔子、墨子、孟子、庄子等中国诸子百家学术至今仍然具有世界性的文化意义"。这些重要论断，立足于人类文明的"轴心时期"，准确概括了中华文化的灿烂源头及其时代价值。

笔者学习《老子》为主的中华优秀文化几十年，深感学"道"之益，乐意成书分享！

第二，《道学新探》的脉络、要害在哪里？

脉　　络：绪论（总纲）—道学发展史—道家弟子承道—道与道教佛教—道儒关系—诸子百家发展道—道通为一—养生—体道迪智—用道益智

要　　害：寻根　通一　益智　出新　一元论

关 键 词：龙脉文化　道　辩证实践智慧　玄览　实用

主　　旨：彰显大智慧明辨大是非　减少误用率　提高祸福相依意识

写作特点：不求全　不批判　不花哨　求益智

第三，《道学新探》如何读与用？

"道"是大智慧！如何获得？——不在学历高低，贵在对道的学一悟一用。今奉此书，但求共探龙脉之道！学会把握处事的"道—法—术"层次思维。

也这样概括：读绪论入门，读道通为一开窍，读最后两章益智，读《易经》《老子》等原著生根开花。

但愿能抛砖引玉。

感谢给过帮助的各位学者、同人！

敬请不吝赐教！

2018 年 11 月 14 日成都

目 录

第一章　道学绪论　　001
　　第一节　题解　　002
　　第二节　对象与定义　　003
　　第三节　道学精华　　009
　　第四节　"道学"与马克思主义哲学　　017
　　第五节　"修（道）"讲求逐级扩展　　019
　　第六节　"道"与人学　　025

第二章　道学发展史　　031
　　第一节　龙脉文化的根与藤　　031
　　第二节　《易经》的产生与意义　　053
　　第三节　《老子》的产生与意义　　078
　　第四节　《老子》要点提示　　087
　　第五节　《老子》的"天道信仰"　　123
　　第六节　消除对老子的误解　　129

第三章 老子弟子承道 141

第一节 老子弟子传承概貌 141

第二节 列子弘道 149

第三节 庄子弘道 154

第四节 从《齐物论》看庄子智慧 172

第五节 道书之宗——《老子旨归》 179

第六节 范蠡及道商 189

第四章 道与道教佛教 199

第一节 道教概况 199

第二节 鲁迅评道教 202

第三节 内丹与外丹 212

第四节 《道藏》 214

第五节 道教艺术 216

第六节 佛教 225

第五章 道儒关系 229

第一节 《老子》与儒家 229

第二节 儒家对"道"的发展 239

第三节 《大学》与道 249

第四节 《中庸》与道 258

第五节 扬雄与道儒 268

第六节 孟子等儒家传人弘道 278

第六章　诸子对道的发展　　283

第一节　墨家——重器之道　　283

第二节　法家——治理之道　　296

第三节　兵家——卫国之道　　308

第四节　名家——思辨之道　　320

第五节　杂家对道的发展　　331

第六节　阴阳家对道的发展　　339

第七节　《黄帝内经》对道的发展　　349

第八节　《阴符经》与道、法、术　　361

第七章　道通为一　　367

第一节　"道"与马克思主义哲学　　367

第二节　金岳霖《论道》　　377

第三节　道与心理学　　386

第四节　道与系统科学　　397

第五节　道与逻辑平衡　　402

第八章　道与养生　　409

第一节　老子的摄生　　409

第二节　老子养生要领　　413

第三节　善待疾病　　417

第四节　《阴符经》养生效果好　　420

第五节　道法自然与好习惯　　426

第九章　体道迪慧　431

第一节　发挥道的功能　432

第二节　实践中悟道　438

第三节　知止可以不殆　444

第四节　借助他山石　450

第五节　无为大智慧与与科学发展观　451

第六节　老子智慧是怎样炼成的　454

第十章　用道生慧　459

第一节　道与世界观　459

第二节　道与人生观　464

第三节　道与核心价值观　471

第四节　道与生态文明　484

第五节　道与文化建设　493

第六节　游泳与用道　500

后记　505

第一章

道 学 绪 论

随着中国综合实力大提升，以习近平为核心的党中央大力提倡，中华儿女文化自信不断增强，对《易经》《老子》《论语》《墨子》《孙子》《韩非子》等优秀传统文化的学研，都归至道根了。论道说道，客观上已成学问。鄙人酷爱学习中华文化和世界人文理论，几十年在联系对比学习中有些感悟，现将中华文化之道系统化，使之成为以《易经》[①]《老子》[②]为本的《道学新探》，与时俱发挥，让道智慧明灯照远。

本着不大量引用、不批驳争论、亮观点负文责、与时俱进务实发挥这四原则，理出系统，敬献读者。敬请批评，争鸣共进。

道学（Daoism）之名，始见于《隋书·经籍志》，原指老子创立的有关道的学说，它包括哲学的道家、宗教学的道教以

[①] 李国安.易经[M].北京：中国时代出版社，2007.
[②] 陈国庆.道德经[M].张爱东注释，西安：三秦出版社，1995.

及属于人体生命科学范围的内丹学。中国古文献中凡较严肃的学术分类或艺文志书，皆以儒、道并举。《宋史》立"道学传"。胡孚琛著《道学通论》已首先为道学正名，同时又论证了道家、道教、内丹学三者的关系并揭示了道学的基本内容。而《道学新探》是有别于前的探索。

第一节　题解

《易》言："形而上者谓之道，形而下者谓之器"。《道学新探》属形而上之学（以下有时简称"道学"）。

《道学新探》出发点

道，中华文化的核心范畴，初始概念。早在7000多年前伏羲画八卦就确定了"一阴一阳之谓道"，春秋《老子》又明确肯定了"万物负阴而抱阳，冲气以为和……"是道。《老子》（《道德经》）5000言从多方面论述了道。

道，是中华文化的根，也即"龙脉文化"的根。对中华，乃至世界影响深远，多有探讨，更当弘扬。

本书为什么取名《道学新探》？

韩非子《解老》言："道者，万物之所然也，万理之所稽也。理者，成物之文也；道者，万物之所以成也。故曰：'道，理之者也'。"要说清"道之理"且与时俱进，需要逐一探讨。

道学，历史上多有提及，或近乎黄老之学，或近乎理学，或近乎儒家道统……为区别各派对道的不同发挥，暂称以上各种学说为"泛道"。

《道学新探》谨以《易经》《老子》为本，吸收古今中外先进文化，与时俱进构建，体现"道通为一"之道根。希冀道的光辉：照亮人心，有益寰宇，让《新探》探出新路。

先秦诸子百家皆言"道"

不要认为只有道家才讲"道"，先秦流派未分，诸子缘《易》讲道，都闪烁辩证实践光辉，用"道"频率极高。只不过《易经》《老子》讲道，侧重普遍偶及特殊，诸子偶及普遍多讲特殊，如治道、兵道、农道、商道、医道、师道、学道等。因此，如将本《道学新探》归类，当不专属道家，而属中华智慧之学，寰宇文化瑰宝。

儒、墨、法、兵、名、杂、农、阴阳、小说、医药各家，都以"道"为理论总纲。请看，孔子曾几度问道（见庄子《天运》《天地》）老子，得道后，才将普遍的道，发挥为侧重人道的伦理学、社会学、教育学、中庸学……进而创立儒家学派的。其他各流派概莫例外。这些都会在后面逐一介绍。

第二节　对象与定义

要构建本"道学"，首先，要弄清"道"这个词语，表达的是什么概念。

"道"属于"借代"

"路"代"道"（用具体有形的道路借代抽象无形之理；用走路前后相随借代辩证实践规律；用道路坎坷曲折特点借代过程无终始且复杂）。

道路的特性：1.道路有过程、阶段；2.道路有范围、规范；3.道路有崎岖、反复、逆反；4.道路有出发点、到达地；5.道路可延伸、可续接；6.道路可循环、可水陆空；7.道路可交叉、可分岔……

道的内包（内涵　内容）

"一"是道内涵的集中表达。

"一"有四维含义：一阴一阳之谓道；一统天地人；一统精神物质和一统意识存在之一元论；一生二，二生三，三生万物之道性。

道的外包（外延　范围）

"大"是道外延的集中表达。

"大"有三个特征：至大无外和至小无内；先天地生和万物之母；有与无及有无相生。

道的划分

二分法：有道、无道；常道、非常道；正道、邪道；……
三分法：天道、地道、人道；……

多分法：治国之道：法治之道、德治之道、人治之道……

行业之道：兵道、农道、商道、医道、师道、学道……

道与阴阳

《易经》："一阴一阳之谓道。"《老子》："万物负阴而抱阳，冲气以为和。"

阴阳冲和，相对于对立统一。意思是一切事物都存在既相互依存，又相互区别、相互对立的阴阳两面，经过对立的砥砺、斗争，促进事物发展、上升，形成新的和谐。与对立统一区别在于阴阳冲和还体现了阴中有阳、阳中有阴。

阴阳冲和与道：

1. 涵盖万有。宏观、微观概莫例外。庄子说"道在屎溺"，就是说万事万物皆不能离阴阳冲和之道，体现天地人一体普遍联系规律。须知，阴、阳是表对立的双方，但阴阳冲和却强调了相互依存（包容）又相互斗争磨合的运动发展"变易"。

2. 过程。脚步前后相随，千里之行始于足下……反映了什么？阴阳互动具有自身固有过程。夏虫不知冬，鲲鹏搏万里，人百岁，龟千年，各有过程。运动、斗争是绝对的，静止、和谐是相对的，循环向上的运动各有必然过程。做计划、作比较不可忽略过程、反复，要防犯急性病、幼稚病。愿望再好，也不能超、缩各自过程大限；反之，过程不够长，结论不可靠。

3. 中。《易》《老》都讲"中"，也就是"度"。"度"就在阴阳冲和的道之中。初生婴儿不能谈婚，百岁太婆不会论嫁。定目标、做事情要防过与不及，要讲适中，善把握因果联系，合乎天时地利人和。当然，度也是与时俱进的。要问永恒不变的是什么？是发展、是变易。

4. 全面。体道用道，一定要讲阴阳辩证：看全面、看主流、看发展；不能只看树叶不见森林，不能哀乐眼前不谋长远；虽然不易做到，但至少得防止不看正面只看反面，遇见不平事情大叫天塌下来了。要能看到：阴阳冲和有利发展，百花齐放、百家争鸣才有春色满园。

5. 曲折。祸福相依，反者道动，弱者道用，弊而新成。阴阳，含是非、成败、起落、生死……一切都在道上；遇到曲折，要不悲观，反躬自省，继续前进，哪里跌倒哪里爬起来，相信人间正道是沧桑。世上没有笔直的路，只有不怕曲折的人才能到达光辉的顶点。

6. 复杂性。大道从简，是讲对道的理解与运用要抓要领，即抓主要矛盾和矛盾的主要方面等阴阳辩证关系，从纷繁中找到牛鼻子。但事情是复杂的，是由多种因素组成的。知行片面化、简单化，不将普遍性与特殊性辩证统一起来，必然大错特错。太极图的阴中有阳，阳中有阴，就说明了这一点。

7. 无为。无为不是不做事情，是"不违规做事"的简称。道法自然，就是要顺其自然。这个"其"，指代"道"；这个自然，不全等于大自然，特指自然而然，即寓有必然性的发展变化。无为，既有理论意义，又有实践意义。为什么？道是先天地生的，不是人为规定的。道是什么？解释也只是相对的、发展的。从实践意义讲，当今世界，讲"力"盛行，任性盖过理性，正需认识"道常无为而无不为"，运用好阴阳辩证智慧。

道的暂用定义（既然，道可道，非常道……定义也只能暂用待新了）。

道，是精神物质（阴阳）一元宇宙观之普遍规律。属于龙脉根文化的理性范畴。

什么是规律？规律，事物发展过程中的本质联系和必然趋势。规律是客观的，是事物本身所固有的，反复起作用的，不以人的意志为转移的。人们不能创造、改变和消灭规律，但能认识规律，利用规律来指导人们的实践活动。

什么是普遍规律？普遍规律亦称一般规律。同"特殊规律"相对，指各种事物普遍具有的共同规律。（以上见《辞海》）

必须说明，上面定义涵盖了"混沌时期"。因为，按汉语解释，宇，包括所有空间；宙，包括所有时间。宇宙，相当于世界；宇宙观，相当于西方哲学的"世界观"。

"道"是用汉语表达的一个概念，因此需要弄明白古人是怎样体悟出"道"的？老子说"道"是"先天地生"的。意思是说在有天地人之前就有道，那么，道是否可以不算概念？这，就需要厘清三层关系。第一，道，是天地人发展变化的总规律，有人前确实已经存在，但是它自在不名；第二，人类社会出现以后，人在实践中经过无数次成功、失败，人们才逐渐参悟出了有个东西——道（规律）必须遵循，也就是说，心里有了这个概念；第三，古代先贤如老子，是通过实事求是地仰观天地，俯察地理，中通人情发展变化的规律后，才用汉语给起名为"道"的。

实事求是，按毛泽东说，就是从实实在在的事情出发，去求那个"是"。"是"是什么？就是"规律"。这，正好表达了体道的过程。把这个过程具体化也许就是这样：

万物之灵的人，生存发展，战天斗地，结群实践，必有所思。我是谁？从何来？到何去？思行冲和，必生大慧。遇物问，是什么？遇事问，为什么？有疑虑，求答案的预测问，怎么样？动手问，怎么办？为求真理，实践、提炼、玄览（鉴）……终于悟出"执古之道，以御今之有"（14章）、"有物混成，先天地生……吾不知其名，强字之曰'道'（25章）"。道，由此用一个汉语词汇"道"，勉强表达出了这个通规律的概念。

学了"道"如何用？趋利避害是人普遍的追求，如何才能获得成功而不失败？这也是研习"道"的目。这，必须把握四点。第一，对道的体悟，不可能一次到位，因为道不是现成可见可量的实物。第二，要想用得好，既需要理论（如《易经》《老子》）作指导，又需要在实践中反复摸索，包含试错改错，总结经验教训。第三，世界上的事情是复杂的，是必然性与偶然性辩证运动的演绎，操作时一定要顾及天时、地利、人和的最佳结合，不要因为难以捉摸，就信神信鬼，把道神秘化，因而"失道"。第四，"失败是成功之母"，体现阴阳冲和；只有胜不骄败不馁，坚持不同事物固有过程，实验，推广，不怨、不急、不拖、不弃，才是用道之道。

《道学新探》灵魂

三易：1. 变易（如何变？阴阳冲和——辩证发展；人法地，地法天，天法道，道法自然——认识是个由近及远，由相对真理到绝对真理的过程；反者道之动——循环上升无终始）2. 不易（变易，永远是不易的）；3. 简易（大道至简。阴阳排列组合的64卦乃至无数卦，预测变化发展，体现辩证实践规律很简易）。

"道学"暂用定义："道学"，是以《易》《老》"阴阳冲和之道"为研究对象的学说。图书归类哲学，属于寰宇文化大智慧。

第三节　道学精华

为别"泛道"，本《道学新探》仅选群经之首的《易经》（周易）和语解易理的《老子》，作为例证。《易经》是符号系统，《老子》是文字表述，故多选《老子》。本《道学新探》精华有二：第一，精神物质统于实践之一元论世界观；第二，阴阳辩证是精华。下面，分别重点证明。

第一，精神物质统一于实践之一元论

很多人认为老子好空想、空谈，错！老子非常重实践，他博览群书又久经实践。请看，中国社会科学出版社出版的秦新成、刘升元在考察了帛书、老子故里、大量史料后写成的38万字的《老子传》正好可以做证。书中介绍，老聃经历大量实践，统驭精神物质，所写的《老子》5000言（《道德经》81章）处处有重视实践的表述。请细看胜于雄辩的如下事实。

*为，是个典型表实践的动词，还有行、处、学、观、生等，在《老子》里随处可见。

"有无相生……前后相随……处无为之事，行不言之教……为而不恃，功成而弗居……"（2）——这些，是多么难的实践，没有大智慧和意志力很难做到啊。

"上善若水。水利万物而不争，处众人之所恶，故几于道。居，善地；心，善渊；与，善仁；言，善信；政，善治；事，善能；动，善时……"（8）——这些是多少实践经验的总结啊。

"生之蓄之，生而不有，为而不恃，长而不宰，是谓玄德。"（10）——这些，是不是历尽艰辛实践的升华？

"执古之道，以御今之有。"（14）——要能做好执与御，需要学习多少知识和进行多少成功和失败的实践啊。

太多，章章有，举一反三好了。这些事例，全都体现了存在与意识、物质与精神统一于实践，谁也无法分出哪是物质，哪是精神，哪是存在，哪是意识，能看到的，只是方方面面的实践活动，是实践——认识——再实践——再认识的结晶。

*修，说修是表实践的动词不会有人反对，还有建、损、观、抱、持等，都是揭示老子修道、修德实践的词。

"善建者不拔，善抱者不脱，子孙以祭祀不辍。修之于身，其德乃真；修之于家，其德乃余；修之于乡，其德乃长；修之于邦，其德乃丰；修之于天下，其德乃普。故以身观身，以家观家，以乡观乡，以邦观邦，以天下观天下。吾何以知天下哉？以此"（45）——修，难点在实践，这没人怀疑。为什么难？修，必然体现在知、情、意、行四个方面。知，要知道修什么、为啥修、怎样修；情，因知其很好而信奉，而乐意，而取向；意，下决心，不怕苦，不怕挫折、坚持到底；行，理论联系实际去践行，反馈调节，改进提高，乃至做到慎独。这，体现于实践——理论——再实践——再理论的过程。

"治大国，如烹小鲜"（60）"为学日益，为道日损"（48）——治、烹、学、益、为、损……这是多广多劳苦的实践，而这些实践，都是主观之于客观，没有脱离物质与精神、存在与意识的；这，是不是把物质与精神统一于实践了，是不是可以叫作一元论？

"圣人常善救人，故无弃人；常善救物，故无弃物"（27）——看见没有？老子的实践范围何其广？家、国、己、人、社会、自然……方方面面，无所不包。

"道学"，秉承《易经》、老子，把精神看成是阴，把物质看成是阳，阴（精神）、阳（物质），两者相互依存，相互对立、冲突、斗争，最终实现和谐、统一。这，岂不就是"万物负阴而抱阳，冲气以为和"之道学的一元论！

*什么是实践？实践就是人们能动地探索且循道改进生存环境的活动。实践的基本特征是：客观性、能动性（含创造性）、社会历史性。

实践的基本形式有：经济（含生产）、政治、军事、教育、科学技术、文化、卫生、体育、司法、社会治安、社会管理、社会交往、劳动就业、社会保障、公共服务等活动。毛泽东同志把这些实践活动概括为生产斗争、阶级斗争、科学实验三大革命实践。

根据什么说实践能统一存在与意识、物质与精神？

请从古看起，人要生存就要观天察地，结成社会抵御各种灾害和天敌，就要进行生产活动；随着社会发展，有了三大实践，有了认识能力的提高。这，就有了主观见于客观；就有了客观对于主观的必然（如认识了四季也就知道了加减衣服），以及主观对于客观的必然（如将对大自然的认识，一步一步地转化为天气预报），进而有了对"道"认知的不断加深。

人类出现前很久，早有天地，但天地万物自在不名，没有价值，没有意义。后来有了物质的人，有了大脑活动，人在实践中接触万物，有了意识，并有了认识道、运用道的活动，万物也就因为人的实践而赋予了价值，有了概念（各民族语言不同，但揭示同一事物本质属性的概念是相同的）。不是吗，因为有人的需要，才判定了铁矿有用，黄金价值不菲，万物生长靠太阳，成都美丽等。请看，没有实践，是不是可以肯定，人不会有意识，万物存在不会有意义。

那么，物质与精神谁又在先呢？这问题很有意思，很像人们常问的：先有鸡还是先有蛋？很难说清。正确的回答是：阴阳冲和，辩证发展，逐渐进化，循环上升成就的。

以"规律"为例，在古汉语里"规"是画圆工具，"律"是法规，是音之准；翻译西学时合用为"规律"。意思是必须遵循的必然性。那么规律是物质吗？当然来源于物质，它抽象于存在。但是，在地球没人前，有规律这个东西吗？有，但没有这个概念。是人们在实践中反复经历成功、失败后，才发现有一个东西是人可以认识但不能改造、必须遵循且不能违逆的，反复认识后，为了交流思想，才给出了它一个概念——"规律"。当然，在中国，我们的语言表述不叫规律，而是叫"道"。

所以，龙脉文化的"道"，对世界的认识，就只秉持精神、物质在实践中辩证统一的一元论。这，彰显的是东方文化大智慧。

必须说明一点。"道学"与马克思主义哲学，虽因语言系统不同而有表述之别，但绝不矛盾。为什么？马克思主义哲学——辩证唯物主义与历史唯物主义也是一元论。唯物主义materialism、唯心主义idealism都是翻译过来的语词，（两者所用"唯"的英语词根明显不一，也许在意译时就有欠妥）；现在，我们要强调说明的是，马克思主义哲学非常重视精神的能动作用，重视实践，重视辩证法、没有把精神物质绝对化……这，便是"道学"与马克思主义哲学的相同之点；这，正好回答了马克思主义大旗为什么只有在中国才能高高举起的原因。

再看毛泽东光辉的为人民所实用的哲学:《实践论》《矛盾论》《人的正确思想是从哪里来的》《关于正确处理人民内部矛盾问题》……无论在世界观、方法论、认识论、历史观哪个方面，都贯穿了足以统合精神物质的"实践"。

所以，我们说，"道学"是以《易》《老》"阴阳冲和之道"为研究对象的学问。我认为，"道学"与马克思主义哲学都真实地揭示了世界的本质，同属真理（含相对真理），也印证了"道通为一"。

当然，"道学"属于东方文化，不宜按西方哲学的语言系统表达，应当自成一体。

第二，阴阳辩证是精华

《易经》《老子》讲的"阴"原指月亮（太阴），现泛指背太阳的山坡、背光的面、内部、雌性、柔弱、静止、下降、被动、隐性、负面……，"阳"原指日（太阳），现泛指向着太阳的山坡、对光的面、外部、雄性、刚强、运动、上升、主动、显性、正面……；相对于西方哲学，精神是阴，物质是阳，阴阳（精神物质），相互依存、对立、冲突、斗争，最终实现和谐统一，这就对应于易经的"一阴一阳之谓道"，大致相当于西方哲学讲的"对立统一"。阴阳冲和——对立统一，正是精神、物质相互作用，推动变化发展的根本动力。

必须说明，同一个对象，因论域不同，阴阳关系也可能更易。比如，男人在妻子面前是阳，但在领导面前、父亲面前，他又属阴。

什么是辩证？什么是辩证法？

辩证，中国没有这语词。庄子讲"辩"指辩论；墨子讲"辩"相当于推理、证明、批驳。"辩证"是从西方翻译过来的，表看问题全面；表人们通过概念、判断、推理等思维形式对客观事物的辩证发展过程有正确反映。辩证思维最基本的特点是将对象作为一个整体，从其内在对立统一运动、变化及各个方面的相互联系中进行考察，以便从本质上能系统地、完整地认识对象。

辩证法，源出希腊文 dialego，含义是进行谈话、论战。辩证法在古代是指思辩与实证相统一的方法,后来被看成是与孤立的、片面的、静止的形而上学相对立的一种联系的、全面的、发展的、把握本质的世界观、方法论。

《中国哲学史》对《易经》《老子》的定性是:朴素的辩证法。"朴素"是说虽然具有辩证法要素,可没有运用西方秉承的逻辑论证,写成有篇章结构的系统化的文著。但是,《易经》《老子》朴素是朴素,更接近真理,具有光照千秋的价值。为了有别于西方哲学,我们就把《易经》《老子》精华,定位为"阴阳辩证智慧"好了。现侧重从《易经》中举例证明于下。

《易经》主要是通过符号的排列组合显示条件变化,及变化必然生成的因果关系,进而揭示自然与人类社会(含人生)发展变化规律的经典。

《易经》用"--"表阴,叫阴爻;"一"表阳,叫阳爻;又,双数表阴,单数表阳。经卦每卦三爻,上爻表天,下爻表地,中爻表人(顶天立地),天、地、人,合称三才;64卦是两经卦重叠,三爻变六爻,叫"三才而两之"。64卦经过排列组合(重叠),达到无限之多。

易经八卦,乾天对坤地,离火对坎水,艮山对兑泽,震雷对巽风;而64卦也全是阴阳相对,(《易传·杂卦》分成32对阴阳)。

64卦的排列还体现阴阳此消彼长,循序渐进,周而复始的运行规律,这由《易传·序卦》做了详细说明。

易经八卦统合了:象、数、理(卦象思维、象数思维、易理思维)。体现了宇宙一统、普遍联系、形象抽象、阴阳辩证、因果关联、内因外因、量变质变、相互转化……

象，指表象、卦象（用爻画出各卦的图形）是易学构成的最基础层面，是数、理的依赖和基础。象把上至天地日月、水火星辰，下至飞禽走兽、人类社会，通过阴阳八卦图象化。把世界变化规律，生动地描绘成卦象。

数，指术数，有定数、必然之意，常用于占卜等，是易象在预测学上的应用。数，试图以象理推演预知世界，以达到趋吉避凶的目的。

理，指义理，是易象在道理上的应用。它通过易的架构来讲宇宙变化、天人关系、道德伦常、品性修养等，以达到升华智慧、启迪人生的目的。

宋初高道陈抟，为了帮助大家理解《易经》，对人们之探索进行提炼，画了一个太极八卦图，希望能用直观的示意解析《易经》。我们如果对《易经》缺乏了解，可从此图入手。

从陈抟所绘制的《太极图》看：圆表天地人是个统一的圆通的世界，表发展变化、循环上升；圆中黑白两鱼颠倒相抱，表阴阳既相互依存，又相互对立；白鱼由尾至头逐渐增大，黑鱼由头至尾逐渐缩小，体现量变到质变和相互消长、相互转化；白鱼黑眼、黑鱼白眼表阴中有阳、阳中隐阴；事物总是你中有我，我中有你，没有绝对的纯、绝对的善。这表明什么？——是辩证思维，是道。

图1里面，白鱼黑眼，黑鱼白眼，可以看出什么？由此看出，"道学"比西方的二元哲学的非此即彼更加合于真理。为什么？世界上的东西，如日月、山水、夫妻、母子等，它们虽然

存在阴阳对立，但又不是对立无中，非好即坏，互不关联，不共戴天的；而是相互依存、相互需要，你中有我我中有你、有合作也有对立的关系。比如山水好像是对立的。但为什么山有多高，泉水有多高？——地球是转的，再加上植物蓄水，水就可以上山顶了——说明山水具有相互依存关系。这，就是道学辩证实践一元智慧的优势或独特之处。

图1

这，也就是中国人总是爱讲要善于把坏事变成好事，以及认为危机与机遇并存的原因。

第四节 "道学"与马克思主义哲学

特别要说清楚一点。属于东方的"道学"与属于西方的马克思主义哲学是否相容？或者说有没有冲突？

要说清楚这个问题，先得弄清"道学与哲学的联系与区别"。

道学与哲学的联系与区别

通观《易经》《老子》及诸子百家著作，找不到：哲学、唯心主义、唯物主义、物质、精神、存在、意识、一元论、二元论、本体论、认识论、方法论、历史观等与西方哲学对应的概念及相关论述；这不奇怪，语言系统不同嘛。

既然本文是探讨龙脉根文化之"道"，自然要纯，要真，要用中华语言系统，除不得不用已经融入汉语的外来语外，没必要刻意引进西方话语体系，搞得什么也不是。

"哲学"一词，是从西方翻译过来的。在中国，寻找与哲学接近的词语有：道学、心学、理学、玄学、名学……完全对应的一个也没有。为什么找不到？两者是不同轨道的车啊。

《辞海》对"哲学"的解释是：哲学，源出希腊文 philosophia，意即爱智慧。社会意识形态之一。关于世界观的学说。人们对整个世界（自然界、社会和思维）的根本观点的体系。自然知识和社会知识的概括和总结。哲学的根本问题是思维对存在、精神对物质的关系问题……

对照解释，我们认为"道学"，确实是世界观的学说，是整个世界（含自然界、社会和思维）的根本观点的体系；是自然知识和社会知识的概括和总结，是人类大智慧。这，是"道学"与哲学的联系点、相同点。

但是，在根本问题之思维对存在、精神对物质的关系问题上，"道学"原本就是一元论，不分心、物二元。"道学"发于阴阳，统一于"道"，体现于观天、察地、抚人的实践，出理于玄览抽象。这，就是道学和哲学的区别或截然不同之点。

西方人思维，长于分析。以人为中心，以物为对象，二元思维；定性分析、定量分析、公式化、模型化；写成文章著作有篇章结构、逻辑推理证明，层次分明，有利发展科学技术，值得学习。

东方人思维，长于整体构想，天地人一体（天人合一），一元思维；写成文章著作，比、兴、赋、比喻、双关、借代……文笔流畅，想象丰富，言简意精，上口易记；有利联想，便于活用，闪烁大智慧，独见其长，潜力很大。

显然，东西方学术各有所长，不可褒一贬一，理当阴阳相济，取长补短。

第五节 "修（道）"讲求逐级扩展
——修齐治平最好先己再国

读《老子》，发现第54章讲的"修"，是逐级扩展的。原话是：

"善建者不拔，善抱者不脱，子孙以祭祀不辍。修之于身，其德乃真；修之于家，其德乃余；修之于乡，其德乃长；修之于国，其德乃丰；修之于天下，其德乃普。故以身观身，以家观家，以乡观乡，以国观国，以天下观天下。吾何以知天下之然也哉？以此。"（54章）

意思是：善于建树的不会拔除，善于抱持的不会脱掉，如果子孙能遵循、守持此理，子嗣就不会断绝。修于自身，所修的道德就会是真实纯正的；修于自家，所修的道德就会丰盈；修于乡里，所修的道德就会受到尊崇；修于邦国，所修的道德就会丰硕；修于天下，所修的道德就会普及。所以，应该以自身修养之道来观察他人；以己家察看他家；以己乡观察别乡；以平治天下之道观察天下。我怎么会知道天下的情况之所以是如此呢？——就因我用了以上（观察到的逐级扩展提升）的方法。

修（道德），在老子看来，是按自己——家庭——乡里——邦国——天下，逐级扩展的。——这样合道吗？

联想到《大学》的"修身、齐家、治国、平天下"，也是逐级扩展提升的，和《老子》的"修"正好对应，说明修道讲逐级扩展具有普遍意义。

那么，逐级扩展提升，是不是修齐治平最佳的顺序？或者说，讲修齐治平，是不是最好先己，再家、再国、再天下世界？

讨论顺序得先确定：与老子的修（道德）相应的修齐治平到底有多重要。

习近平总书记在多次讲话中都谈及了中国知识分子有"修身、齐家、治国、平天下"的家国情怀。他在文艺工作座谈会上脱稿讲述了15个故事后，深情地说："修身、齐家、治国、平天下，是我们这代人自小就受的思想影响。"

显然，修道或修齐治平，对中国特别是中国知识分子是头等重要的。

现在，再谈逐级扩展。《大学》强调："古之欲明明德于天下者，先治其国；欲治其国者，先齐其家；欲齐其家者，先修其身；欲修其身者，先正其心；……心正而后身修，身修而后家齐，家齐而后国治，国治而后天下平。"为什么？

其一，龙脉文化主张"天下为公"，主张人人共担社会责任。

其二，先个人，进而家、国、天下——由身修到家齐，到国治、天下平，这是一个具有内在逻辑联系的过程。社会要取向大同与和顺，人们就必须自觉修身，由"明德"而"新民"，进而实现社会的"至善"。这和孔子的"修己以安人"是一致的。

"修齐治平"之道，是自尧舜以来古圣先贤智慧的凝练与总结，正因如此，才能在历代人心中扎根。无数的志士仁人，胸怀天下，心系苍生，他们都有崇高的价值信念和高尚的理想追求。

比如北宋张载所说："为天地立心，为生民立命，为往圣继绝学，为万世开太平。"就成了中国人的箴言。

由修齐治平的逐级提升，又联想到了"一室不扫，何以扫天下"。

《后汉书》中第五十六章《陈王列传》：陈蕃字仲举，汝南平舆人也。祖河东太守。蕃年十五，尝闲处一室，而庭宇芜秽。父友同郡薛勤来候之，谓蕃曰："孺子何不洒扫以待宾客？"蕃曰："大丈夫处世，当扫除天下，安事一室乎？"

薛勤驳道："一室不扫，何以扫天下？"意思是：连一间屋子都不打扫，怎么能够治理天下呢？反驳得对不对？

《老子》64章说："为之于未有，治之于未乱。合抱之木，生于毫末；九层之台，起于累土；千里之行，始于足下。为者败之，执者失之。"

看见没有？老子的意思是：第一，要"先小后大"；第二，"为者败之，执者失之。"突出了：修道如不逐步扩展提升，就会失败。

请看，修道要不要顺序，也属于"道"了？不妨再进一步看看。

大丈夫应当扫天下不假，但扫天下则始于扫足下。为什么？千里之行，始于足下。不积跬步，无以至千里，不积小流，无以成江海。人要成就一件大事，就得从小事做起，就应该：不以事小而忽略，不以事大而轻浮。

讨论到这里，是不是可以这样说了：事物发展的规律是由简单到复杂，由低级向高级的，在修养上也应该讲合道，也应该讲逐级扩展。这就是说：就修德，或修齐治平而言，最好先己再国。

联系现实，是不是有以下几种逐级扩展的需要。

第一，学习（含各方面的学习）。虽然学习不分老少，但就入门或起点而言，更加需要。学习，要从基础入手，从基本功起步，不可囫囵吞枣，不可以文凭、奖状、奖金为目标，不能急于攀顶峰，不能急于摘皇冠。

第二，生活（含衣食住行、买房存钱、养生养老等）。生活本身也在逐级扩展。因此要讲先苦后甜，先少后多，饭一口口吃，路一步步走，钱一点点攒，业绩一点点造……一夜暴富常常掉进深渊，一步登天往往头破血流……侥幸成功很难永葆！

第三，做事（含决策、计划、实施）。做事更要强调逐级历练。要讲从大处着眼，从小事做起。记住："图难于其易，为大于其细；天下难事，必作于易；天下大事，必作于细"。

第四，评判。评判是对德才学识的综合运用与检验，是更高一级的扩展。如果修道欠缺,德不配位,最好多看多听少评。

评判一般可分为评自己、评他人、评国家大事三大类。

1. 评己。修身起于正确认识自己。人的眼睛向前看,很难看清自己,不是自负就是自卑,评价自己很难准确。老子说:"自知者明,自胜者强。"(33章)如何才能"明"?第一,端正立场——站在国家、人民立场,站在全局、长远立场,不能站在资产阶级(含权贵)立场,个人名利立场;第二,调好观点——辩证的观点——看全面、看发展、看主流——从因果联系出发,抓住主要矛盾和矛盾的发展趋势,听取群众意见,接受实践检验;第三,总结过去成功失败经验教训,在具体的时代中定位自己。

评价自己,目的在于发扬优点,纠正错误,弥补缺点,获取逐级扩展的基础。不是为了评功摆好,自我表扬。

2. 评人。齐家、修之于乡,是修身的扩展。谁人不说人,谁人无人论。评价他人,是很难避免,很难准确的事。如何评?

先说评价大人物。评价领袖、英雄模范、科学家等,先要回到他所处的具体时代、环境中,用历史唯物主义眼光去看。

以评价领袖为例,主要看的是:他对社会发展起阻碍还是推动作用;至于出身、阴谋、杀人、奸淫等一概另当别论。比如,被人议论极多的秦始皇,因为他统一了中国,统一了度量衡及书同文、道同轨,推动了历史车轮,古今中外在评价历史时,谁也忘不了他。

再说评价普通人。老子说:"知人者智,胜人者有力。"(33

章）。如何评价普通人？三个看。第一看表现：说的、做的、成果……；第二看发展：是进步，是反转，大节如何；第三看影响：于人、于社会是贡献还是麻烦。

评人的要求是：客观公正、当面或当众摆事实讲道理、与人为善治病救人；不能嘲讽和一己偏见。评价人，是修己、齐家的扩展，是进一层的修道。

3. 评国家大事。这是修的最高取向。党和国家提倡"关心国家大事""实事求是"，因为这既体现"以民为本"，又有利"提高全民综合素质"。国家大事，又分本国大事和世界大事。

第一，评论本国大事。这是治国情怀的表现，也是对治国能力的检验。评论本国，首先要有爱国情怀。一般说来，要把握好"儿不嫌娘丑""国家兴亡匹夫有责""为了国家健康发展而评价"等原则。如果能客观地、全面公正地、一分为二地、按法定渠道评价国家（含国家机构做的大事），深揭症结，指出光明、提出对症下药建议，是爱国表现，值得提倡，值得学习。

如是，如果为显水平高，脱口指点江山，不顾影响与后果，那是没有把祖国当娘，没有把祖国当家，没有把自己放进祖国大家庭里的表现。比如，有人说："……中国太差劲了，人家美国多好……""也不知当官的怎么会这样糊涂，竟然……"听了这样的话，有人会夸水平高，为他喝彩。但是，请想一想：第一，在群众中说国家不是，和儿子揭母亲伤疤有什么区别？第二，所说确实正确无误不伤害祖国吗？第三，评价的方式、途径，会不会亲痛仇快？第四，评价的动机是什么，含有私心没有？第五，是否占有充足的材料并做过论证？如果没有充分调查研究，是该夸之还是唾之？

第二，评价国际大事。先得说明，在先秦，"天下"是指统一的夏商周王朝，"国"是指诸侯的领地；现在的"国"，指主权国家；在当今，"天下"指世界；天下大事，就是世界大事或国际大事。关心国家大事，也包含关心世界大事。

评价任何事都要有标准。评价国际大事的标准自然是：《联合国宪章》反对侵略、主持正义；还有"得道多助，失道寡助"；"是否有利中国的发展"等。

特别值得一提的是，不能背弃人民跟着西方走，鹦鹉学舌、失去原则、损害祖国权益、损害发展中国家权益。

其实，评价国家大事最能检验一个人的良心、修养和德才学识水平。也许，某某在高谈阔论时有人会为他鼓掌或喝彩，但天长日久，最终还是由实践来打分。隋炀帝被骂了几千年，怎么样？出土文物说明他的大运河、科举取士、官职设置等竟推动了社会发展。

以上的讨论展示了什么？展示了《老子》的"修（道）"，提倡的是：先己，再逐级扩展提升的。

第六节 "道"与人学

为什么说"道"关联"人学"？先看看下面的报道。

笔者在 2018 年 6 月 19 日《环球时报》上看到了长江商学院人文与商业伦理研究中心主任，北京大学高等人文研究院副研究员王建宝同志写的《学以成人》。报告世界哲学大会2018年8月13日至8月20日在北京举行。主题确定为"学做人",英文翻译为"Learning to Be Human",在翻译回汉语的时候为了宣传的需要而定名为"学以成人"。

因为本《道学》的立论之一是:"道学"属于龙脉文化,不能按西方哲学的语言系统。这和孟子的:"仁也者,人也。合而言之,道也"一致。从侧面证明了本《道学》之成立。

故尔,特把此文附后,以便论证"道"与人学的关系。

学以成人

2001年法国哲学家德里达到中国来说过一句话,中国没有哲学。这给很多国学者甚至普通中国人带来很大的刺激。好多硕学通儒都发表看法,说有说无,莫衷一是。

殊不知当年德里达说中国没有"哲学"其实是对中国的一种赞美,就像说中国历史上没有宗教裁判所、没有黑死病的流行一样。因为在德里达的语境中,西方哲学在近世以来已经逐渐堕落为一种智力的游戏,以所谓的"五朵金花"即本体论、认识论、逻辑学、语言哲学、分析哲学等的研究在象牙塔中自娱自乐,既无法回应现实问题,也无法对人伦日用产生巨大的影响。中国显然不需要走这条失败的老路,也没必要只有这种"哲学",甚至因为没有这种"哲学"而可以另辟蹊径,走出一条思想的康庄大道。这或许才是德里达的山人深意和殷切期望。

第二十四届世界哲学大会将于今年8月13日至8月20日在北京举行。这是大会自1900年在法国巴黎举办首届以来，首次来到中国，在思想研究领域和文明对话领域，其巨大的影响力是不言而喻的。

笔者参与了2013年在雅典的申办工作，协助中国申办委员会主席杜维明先生在雅典第二十三届世界哲学大会上工作了八天。在此期间，杜先生几乎每天从早到晚都跟来自各个国家的委员交流沟通，表达了北京举办下一届世界哲学大会的真诚意愿。在2013年8月9日投票表决现场，杜先生代表中国做了陈述。他指出，第一，中国已经在政治、经济、文化、社会和生态五个方面全面发展，发展道路越来越宽，其中必然包括哲学的道路。现在要面对的问题有：什么是人？什么是幸福？什么是发展？什么是智慧？要回答这些问题，中国需要哲学。第二，哲学应该跳出狭隘的职业圈，变得更加开放。中国能为哲学家发挥影响提供机缘和机会。第三，哲学必须全球化。哲学的太阳从希腊升起，但是不应仍然从希腊落下，要让哲学的太阳普照世界。

随后，各国有投票权的委员进行了两个多小时的辩论，杜先生先后站起25次，回应与会代表各种各样的质疑、责难甚至挑衅。最终表决结果是56票对21票，中国以压倒性的优势胜出。

无论哲学、科学还是宗教，无论古今中西，人的价值和意义是一个永恒的话题。人，无论是上帝创造的还是自然进化出来的，无论是追求科学理性的还是崇尚伦理道德的，无论是古今帝国的臣民还是现代民族国家的公民以及在华夏大地几千年以来生生不息的原住民。正如康德指出的，人本身就是目的而不仅仅是工具。如是，哲学即人学。孟子曰：仁也者，人也。合而言之，道也。在这个意义上，为了哲学的未来，为了我们这个星球的未来，为了人类的未来，杜维明先生集思广益，将2018年北京世界哲学大会的主题确定为"学做人"，英文翻译为"Learning to Be Human"，在翻译回汉语的时候为了宣传的需要而定名为"学以成人"。这正是东西方哲学的共通之处。

"道"与人学

要说"道"与"人学"的关系，黎明《西方哲学死了》（中国工人出版社2003年出版），正好能够助力。这里，以此书为据，重点讲讲以下几个要点。

1. 轴心时代关心人类命运的相互依存的三门学说

神学（古希伯来）——反思人性精神的神秘的意志力量；

哲学（古希腊）——反思人性精神的实践的理性力量；

人学（古中国）——反思人性精神的道德的情感力量。

2. 什么叫学说的死亡

所谓学说的死亡，是指其对人类的命运所面临的困境已全然丧失了任何有助于变革的思考的力量。

3. 三门学说第一次死亡的情况

早期人学（最先死亡）——以秦朝"焚书坑儒"为标志（宋

儒再生，但典籍被焚烧）；

原始神学（第二个死亡）——以公元30年耶稣死亡为标志（十字军东征后由阿奎那再创再生）；

原始哲学（自然哲学）——亚历山大诞生、城邦民主社会完结而完结。（16世纪笛卡儿创生西方近代（自然）哲学）。

4. 为什么说西方哲学死了

"西方哲学死亡的含义即它已经完全丧失了继续关心人类命运的智慧力量。相反的是，它损害人类自身的邪恶力量反而倍增。"（《西方哲学死了》的《自序》）

5. 为什么需要"人学"

"到了今天的21世纪，神学和哲学都已经相继死去，唯一尚留给人类一丝希望的便是将诞生的人学……""新的世纪全人类都将渴望具有新的充满人性的智慧，因此，全人类都将吁求充满这种新的人性智慧的新的人学的诞生。"（同上）

6. 人学的定义

"广义地看，人学即研究人类的具有普遍性的人性学说。狭义地看，人学则是研究人类生命意义和价值的学说……人学又相对于历史上的神学和哲学……而现今所称的人学则应是以人类的仁爱精神为中心价值并同时兼及求知精神的重要价值的新的人学，为方便计，即称之为'人学'。"（见《西方哲学死了》第三章《从人学反思马克思》225页）

7. 人学与"道"

"人类将不能不经历一场空前的人学逻辑的革命……中国原本就是古代最初人学的故乡……中国圣人老子曾言：'知人者智，

自知者明；胜人者有力，自胜者强。'……因为从来人们最大的敌人实际上是人们自身；一个国家、一个民族其实也同样是这样。"（同上《自序》）。

虽然，在书中讲"人学"理论主要来自中国古代的儒道墨法，没有单独提出来自道家，但是，我们在第一章和第五章都论证了中国诸子百家都生发于"道"，确定了人学与道——"人道"与"天道"的种属关系内在联系。

现在，人学已经走向繁荣，在"知网"上可以找到很多论文、著作，较有影响的是陈志尚主编，北京出版社 2014 年出版的《人学原理》，有三编 17 章，从人的对象、人学基本问题的确定，到一系列基本概念的定义，比较成熟。

回到开头，2018 年 8 月 13 日至 8 月 20 日在北京举行的，主题为"学做人"的 24 届哲学大会取得了巨大成功。2018 年 8 月 22 日，第二十四届世界哲学大会中国组委会发布公报，题目是《学以成人——第二十四届世界哲学大会闭幕》。说明什么？以哲学大会为瓶，以弘道为实的人学的新酒已经问世。

《道学》是不是有了更为广阔的天空！

第二章

道学发展史

第一节 龙脉文化的根与藤

中华民族的图腾是"龙",现有56个民族,合称中华民族,自称"龙的传人"。中华民族是世界上最古老、最文明、最高尚、最有道德的民族。

中华文明是世界上最悠久、最有生命力、最有精神凝聚力的文明。为了认清其悠久传承,这里不妨探讨一下中华文化的根与藤。

任何文化都有精华与糟粕,中华文化也不例外。中华文化的糟粕是:夫为妻纲、读书做官、光宗耀祖、妻妾成群、重道轻器、等级森严等,这些都是应当予以改造的。精华是什么?是道、德、和、易等。为了有别于含有糟粕的中华文化,我们不妨将中华优秀文化特称为"龙脉文化"。这,便是今天讨论的论域。

对中华优秀传统文化（龙脉文化）流行的看法是：道先儒主，儒道是主干，墨法兵农医等诸子是主流，《四库全书》等诸多经典是载体，方块汉字是传承工具，物质与非物质文化遗产（含汉字、对联、书画、锦绣、民俗、民谣、中医等）是宝库。

龙脉文化是怎样生成的？中央民族大学出版社出版、桑敬民著的《华夏传统文化教程》给讲了梗概，今以此为主要参考展开于下。

世界历史的演化过程中，曾经辉煌显赫的古文明大国都诞生在北半球的温暖带。在生产力极其低下的远古时代，在极寒和极热的地带上，人类的精神被迫去应付炎热和冰雪，不可能给自己建造一个文化的精神世界。为此黑格尔说："历史的真正舞台所以便是温带，当然是北温带，因为地球在那儿形成了一个大陆。正如希腊人所说，有着一个广阔的胸膛。"[1]所以人类的文明注定在北半球的温带诞生是自然的、必然的、不可抗拒的。

在北半球的温带诞生灿烂文明的另一个条件是由大河流域造就的平原。举世文明的四大文明古国就都诞生在北温带大河之畔。黑格尔说："属于这种平原流域的有中国；印度河和恒河所流过的印度；幼发拉底河和底格里斯河所流过的巴比伦；尼罗河所灌溉的埃及。在这些区域里发生了伟大的王国，并且开始筑起了大国的基础。"[2]我们中国就是由北温带的黄河、长江所

---

[1] 黑格尔.历史哲学[M].王造时译,北京：三联出版社,1965：124.
[2] 黑格尔.历史哲学[M].王造时译,北京：三联出版社,1965：133,162.

哺育的文明古国。

黑格尔说:"助成民族精神的产生的那种自然的联系,就是地理的基础。"[1] 华夏文明奠基于它独特的地理环境。中华大地的面积几乎和欧洲相等。东面是世界上最大的太平洋,西面是世界上最大的青藏高原,南面是亚热带的丛林,北面是蒙古高原。在这广阔的土地上,长江、黄河哺育的中原大地造就了世界上最古老而辉煌的华夏文明。

中华民族不仅创造了悠久而道德的华夏文明,而且能隔绝西方文化独立发展五千年。这一点实在令西方人感到惊奇而不可思议。黑格尔说:"这个帝国早就吸引了欧洲人的注意,虽然他们听到的一切都是渺茫难凭。这个帝国自己产生出来,跟外界似乎都是毫无联系。这是永远令人惊异的。"[2] 造成这种局面的首要原因是地理环境。在生产力相当低下的古代,中国人不可能东渡大海、西越喜马拉雅山、南跨热带丛林,北进西伯利亚。是天然的地理环境使西方人不知道中国,而中国却能隔绝于西方独立发展。其次是生产方式。中国在亚洲的东部,土地肥沃,资源丰富,四季分明,雨量充沛。在长江、黄河冲击而成的广阔平原中,形成了以农业为基础的自给自足的自然经济。为此,中国人热爱家乡,留恋故土,形成了独特的心理特征,并能够独立发展五千多年。同时在中华人民共和国成立以后,仍然能够打破西方列强对中国长达三十多年的军事包围和经济封锁,

---

[1] 黑格尔.历史哲学[M].王造时译,北京:三联出版社,1965:124.
[2] 黑格尔.历史哲学[M].王造时译,北京:三联出版社,1965:133,162.

并在自力更生、艰苦奋斗的精神下建立了独立的工业基础、农业基础和国防基础。从而在 1972 年，以大国的姿态恢复了联合国常任理事国的地位，又以巨人的步伐迎接改革开放，以强国的姿态跨进 21 世纪。实现了站起来—富起来—强起来的伟大历程。

（一）龙脉文化的根

龙脉文化的源头在哪里？远古时期，大河清澈、森林密布、生态良好、四季有序、风调雨顺。这里诞生了三皇圣祖，五帝贤人。这里有昊昊青天，深深厚土。在秦川八百里的平原上托起了华夏的泱泱大国。中国的盛世王朝在这里建都，华夏的道根乃至道德文明从这里发源。可以说华夏文明是以黄河为中心而演化成的文化体系。

黄河流域处在北半球的暖温带。这里四季分明、寒暑有序、土地肥沃、物产丰富，构成了农业生产的天然基础。所以，伏羲在这里创八卦，神农在这里尝百草，轩辕在这里创文字。人文初祖黄帝之陵就建在黄土高原的桥山之下。正是这里的昊天厚土养育了华夏的文明。

人们在四季有序的变换中，感受到苍天的守信；在昊天厚土的养育中，感受到大地的宽厚；在艰苦的生存环境中，感受到自己顽强不屈的意志；在辛勤的农业劳动中，感受到"一分耕耘，一分收获"的真谛。正是艰苦的自然环境，使人感受到团结的力量；在天地无私的感召下，感受到与人为善、睦邻友好的乐趣。这里的黎民百姓对天地有着深情厚谊。我们勤劳、节俭、刚毅、质朴、宽厚、豁达、坚贞、顽强。周文王从西岐兴起，秦王朝由这里兴旺，汉王朝由这里奠基，隋唐在这里称雄。八卦中，这里为乾位；八门中，这里为开门；丝绸之路由这里起步；龙脉文化在这里奠基。形成了经久不衰的道德根文明。

道，乃至道德这一根文化的形成，有两个必不可少的条件：一个是人格力量；一个是文化基础。

先看人格力量

华夏先祖具有聪明睿智的人格力量。孟子说："圣人，百世之师也。"[1] 就是说，人格高尚、德高望重的圣贤之人乃是华夏民族的百世之师。

1. 三皇五帝

三皇指的是伏羲氏、神农氏和轩辕氏。伏羲氏又称庖牺氏，是华夏文明的奠基人。他经常仰观天文，俯察地貌，近观鸟兽鱼虫与周围环境的关系。一天，一匹龙马从黄河中跃出。伏羲根据马背上的旋毛，画出了著名的《河图》。他根据《河图》，再结合长期观察自然的经验，经过冥思和与大家商讨，发明了举世闻名的"阴阳八卦"，并提出了金木水火土五行相生相克的思想。阴阳五行的学说，就成为华夏文明的总源头，并融会贯穿了中华文化的各个领域之中。

伏羲为什么要画八卦？当时，人的生存条件恶劣，作为族

---

[1] 孟子.诸子集成·孟子·尽心章句下[M].北京：燕山出版社，2008：708.

领导的伏羲首先试图预测天候。他画两横"--"表阴（含雨、雪），最好留洞穴躲避；画一横"—"表阳（含晴、多云），表示适宜外出渔猎。在持续观天测地后，进而考察到了天、地、水、火、风、雷、山、泽，分别由阴阳符号，按天、地、人三重组合来表，确定"一阴一阳之谓道"，画成八卦，以此预测自然、人事的变化。开创了"天人和一"、道法自然的道家精神。

伏羲去世以后，神农氏兴起。他砍伐木头制作农具，教天下百姓种植庄稼，为此被尊为神农。"神农尝百草"就是他亲自实践的光辉典范。在农业和手工业的基础上，又组织了集市贸易，招天下之民，聚天下之货以进行交易。因此，神农是华夏以农业为基础的奠基人。

神农的后裔衰败以后，轩辕兴起。当时的政局是战争连绵、民不聊生。轩辕氏便振兵习武，与神农氏的后裔战于阪泉之野，与蚩尤战于逐鹿之野，统一天下之后被尊为天子。轩辕统一华夏以后，建立了南至交趾、北至幽燕、东至大海、西至大漠的中华文明国。他组织民力劈山通道以巩固强大而统一的国家；他发展农业，驯化鸟兽，种桑养蚕，组织集市以发展经济；他起用人才、发明文字、整理八卦、推演历法、总结兵法战策及《奇门遁甲》以发展文化；他发明车船、制造弓矢、建筑房屋以利天下。从此中华民族有了文字和历法，结束了结绳记事的蒙昧状态，跨进了有文字可考的文明时代，所以轩辕被尊为人文初祖。

根据司马迁的《史记》，五帝指的是黄帝、颛顼、帝喾、唐尧、虞舜[①]。黄帝就是轩辕氏。姓公孙，生在轩辕丘，长在姬水，又姓姬。按五行理论，土色为黄。他成为天子之后，以土为德，故称黄帝。他娶嫘祖为正妃，生二子玄嚣和昌意。嫘祖是种桑养蚕、缫丝纺织之祖。黄帝去世后葬在陕北的桥山，即现在的黄帝陵。

颛顼名高阳，是轩辕次子昌意之子。他沉静有谋，通达知事，选才任能，节制有为，制定规则，实施民众的教化。故天下太平，人民安泰。

帝喾名高辛，是轩辕长子玄嚣之孙。据说是生而神灵，自言其名。其聪以知远，明以察微，顺天之意，知民之急，任而有威，惠而有信。高辛为政，风调雨顺，万民康乐。

唐尧名放勋，是高辛之次子。其仁如天，其智如神，就之如日，望之如云，富而不骄，贵而不矜，以德为治，万民威服。晚年时，自知其子丹朱顽劣，不堪帝位，经过大臣举贤，从平民中提举了虞舜。为了考察舜的能力，把九子交舜管教，嫁二女与舜为妃。以后又命他掌管教育，治理百官。其后命他入深山大泽，见他在风雨雷电的侵袭下安然而出之后，让他摄行天子之政。舜摄政后，巡狩全国，调查研究。回朝之后，立法行罚，整顿朝纲，放逐恶臣，起用贤能。尧考察虞舜20多年以后荐之于天下。尧对舜和丹朱说："终不以天下之病而利一人。"[②]他没把帝位给自己的儿子丹朱，而为天下的民众选拔了虞舜。唐

---

① 四库全书·史记·五帝本纪［M］.延吉：延边人民出版社，1999：155.
② 四库全书·史记·五帝本纪［M］.延吉：延边人民出版社，1999：157.

尧是华夏历史上的道德先祖，天下为公的人格典型。唐尧去世三年后，在民众的拥戴下，虞舜继位为天子（上古历史的帝王，也许就是部落长）。

虞舜名重华，是颛顼的六世孙。其父瞽叟是个盲人，其继母狠毒暴戾，其异母弟象傲慢顽劣。舜在家中备受虐待，多次险遭杀害。为了家庭的和睦，他一直勤劳忍耐。后被逐出家门，在历山耕种，在雷泽捕鱼，在河滨制陶。受其影响，周围的村民邻居都变得谦恭礼让，真诚不欺。虞舜行处，一年成村，二年成镇，三年成邑。其德如天，闻达于尧。自从娶尧之二女娥皇、女英为妃后，日子红红火火。其父和弟欲谋害于他，先是让他上房修缮，然后抽梯纵火；后又让他下井疏浚，然后落井下石，虞舜都设法逃脱。当舜代摄天子政时，巡狩全国，了解民情，然后立法行威，惩罚了一批权贵。其中就有九年治水不成的鲧。严惩了鲧，又重用其子伯禹。这就是虞舜光明坦荡、天下为公的磊落品格。如此用人，古今罕见。虞舜也深知其子商均不肖，乃推荐伯禹为天子。虞舜践帝位39年，巡狩南方，逝世于广西苍梧之野，葬于湖南九嶷山下。纵观历史，尧舜确是"天下为公"的楷模。毛泽东也赋诗赞颂："春风杨柳万千条，六亿神州尽舜尧。"

2.禹汤文武

大禹名文命。其父鲧乃颛顼帝之子。当尧为帝时，洪水浩浩滔天。鲧负命九年治水失败，被舜殛于羽山。而舜又秉公重用鲧之子伯禹。禹出以公心，不怀私怨，兢兢业业治水13年，三过家门而不入。与民同甘共苦，治理水患。当时有龟出于洛水，禹根据龟背的花纹而整理出《洛书》。由之五行学说有了理论上的叙述。治水成功之后，舜推荐禹为继承人。17年后，舜逝世，3年之后大禹被拥戴为天子，10年以后，东巡狩至会稽而去世。禹把天子之位让于皋陶，皋陶早逝，又让位于益。3年之后，益让位于禹之子启，于是夏王朝建立。

成汤是殷契的八世孙。殷契之父为帝喾。殷契因辅佐大禹治水有功被任命为司徒，从事尊道贵德教育，被舜帝封于商。成汤之兴，本于尊道贵德。一次他出城，见猎人四面张网捕猎，便劝他们撤除三面。为此天下臣民都说了："汤的德太高尚了，恩泽及于禽兽。"[1]故人心归附。当时夏桀为政，暴虐百姓，成汤举兵，联合诸侯，战胜夏桀，建立了殷商王朝。13年后，百岁逝世。

文王即姬昌，其祖先为帝喾元妃之子，名弃。因幼儿时好种庄稼，成人之后遂好耕农，被尧举为农师，教民稼穑，故尊称后稷，别姓姬。后稷后十二世后裔为古公。古公有长子太伯，次子虞仲，三子季历。因季历之子姬昌贤德聪慧，太伯与虞仲便主动断发文身，逃亡荆蛮，让位于季历。季历去世以后，姬昌被封为西伯。姬昌德高望重，天下归心，被人进谗言于纣王，纣王囚姬昌于羑里达七年之久。在狱中他潜心编辑整理了《易经》并编写了卦辞、爻辞，后世称为《周易》。当姬昌释归西歧之后，修德振兵，天下归心。诸侯有事都找他来裁决。当时虞与芮之人西进歧州，想判决狱讼。进入周界后，见到耕者谦让，民俗纯朴，惭愧而归，天下由此皆知文王为受命天子。文王97

---

[1] 四库全书·史记·夏本纪[M].延吉：延边人民出版社，1999：162.

岁去世。姬昌的次子武王姬发，因纣王无道，兴兵伐纣，建立了周王朝。"道"这个"根"也因文王起发藤。

3. 炎黄子孙

"孔德之容，唯道是从。"纵观华夏，使人看到，明道有德者兴邦，所以说中华民族的儿女都是圣贤的后代，略称炎黄子孙。

炎帝就是神农氏，姓姜，出生历乡，五行排列，以火为德，称炎帝。由于定都陈，而姜子牙又被封在齐国，故姜、历、陈、田、齐、尚诸姓，皆为炎帝之后。

黄帝就是轩辕氏，姓公孙，生在寿丘，长于姬水，又姓姬。纵观古史，颛顼、帝喾、尧、舜、禹、汤、文武周公及先秦各诸侯国中，绝大多数都是黄帝的后裔。故公孙、姬、高、鲁、周、夏、商、殷、秦、赵、吴、晋诸姓，都是黄帝的后世儿孙。由姓氏推及血缘，全世界大多数的中国人都是炎黄子孙。

炎黄子孙有尊道贵德的圣贤为先祖，以高尚的人格作为精神的楷模，故而形成了尊崇道德的心理基础。

再看以文立国

尊道贵德传统的形成既需要人格力量，也需要有深隧闪光的文化思想。五千年的龙脉文化就是由文化而镌刻的尊道贵德历史。

伏羲创立的八卦奠定了一阴一阳之谓道和阴阳五行的哲理智慧；黄帝的《阴符经》阐明了天人和一、道、法、术的层次睿智；唐尧、虞舜建立了以尊道贵德的法度国家；大禹、文王弘扬了尊道贵德治国思想；周公、孔孟继承了尊道贵德的文明传统；诸子百家阐述了道德的为政理论。在公元前三千多年的历史中，华夏文明已有了深邃、睿智、宽容、大度的文化体系。这个体系由孔子的《五经》教育而得以流传，经历代史学家对史实的记录、整理而得到持久不息地弘扬。司马迁的《史记》、司马光的《资治通鉴》，以及连续不断的史学传统，铸就了"丹心青史"的精神支柱。

秦汉以后，道家哲理智慧已自成体系；儒家在政治伦理方面成为正统。以道为根生发的藤，也就越来越完善，越来越丰富。

龙脉文化是经由教育而传承的尊道贵德文化。由此形成了延绵不绝，持久深邃的尊道贵德传统。英国的哲学家罗素说："中国与其说是一个政治实体，还不如说是一个文明实体——一个唯一幸存至今的文明。孔子以来，古埃及、巴比伦、波斯、马其顿，包括罗马帝国都消亡了。但是中国以持续的进化生存下来。它受到了外国的影响——最先是佛教，现在是西方的科学。但佛教没有把中国人变成印度人，西方科学也不会将中国人变成欧洲人。"[1] 正是龙脉文化传统，使中国独立发展了五千多年。

（二）龙脉文化的藤

龙脉文化有特点吗？——有，应该具有的是如下公允（公理性）的标准：

---

[1] 桑敬民.华夏传统文明教程［M］.北京：中央民族大学出版社，2003：8.

1. 创建者——生发于中华本土的人（神州所有民族，含古代夷、戎、蛮、狄……等泛祖民。外族人创的文化我们不当冒名）；

2. 时间——轴心时代的先秦（此时的诸子百家学说已经被公认。世界也以此时间区分古文明）；

3. 区域——秦汉版图为下限，清朝版图为上限（秦统一，固中华，清版图，定疆域）；

4. 凭据——历代执政者执政选用的理论、著作、史书（执政当局都不用，一般不是主流文化）；

5. 需要——供主要行业所用（历代主要行业农工商学士等如不用，自然不是主流文化）；

6. 取向——引领发展的正能量（如果是负能量，早晚都会被剔除）。

中国人不会把他人的金贴到自己脸上，也不会把它国、它族的文化说成是自己文化。

藤的主干

中华传统文化是世界上唯一延续五千年的，有文字文物可考的优秀文化，她有生、有发、有根、有蔓，很像一根长藤。道是根，道儒墨法是主干，兵、名、农、杂、医、阴阳、纵横、小说等是枝、是叶。中华传统文化可谓根深叶茂、花繁果香。

什么是主干、枝蔓？——主干是相对于全藤全树，显现于阳光下的大而粗，能派生枝叶花果的部分。枝蔓是从主干生发出来的枝条细藤花叶……

文化主干，就和树与藤的主干一样，由根所生，由之主宰的文化主体，是相当于分支文化的本质所在。

下面，我就按上述6个标准，对上面提到的几个要点进行论证。

（1）道在先　道儒为主

根据《史记》等25史[①]公认，中华文化源于伏羲，承于轩辕，进于尧舜，弘于禹、汤、文王武周公，分短统长，至今5000多年。这是正统，主流，也是长藤概貌。

距今8000年的伏羲用符号"--、—"表阴阳，画八卦，确定了一阴一阳之谓道，有了最早的符号文字；经炎帝、黄帝、夏禹、周文王加以发展，有了《易经》，有了六书文字[②]；到了春秋时期，老子（公元前571—前471年）写了道德五千言后名《道德经》，实现了对《易经》哲学思想的系统化、理论化。

国家社科成果《道家与中国哲学》在讲到老子对孔子的影响时说："老子的形而上学的本体论启发孔子晚年学易、喜易以研寻天道。老子超越性的思维方式引发孔子实现对周礼的超越，用人之本体——仁，改造周礼，构建了儒家人生哲学、伦理哲学。孔子晚年与弟子共研《易》，吸取了老子的自然主义天道观，在推天道以明人事的过程中深化了伦理本位思想。《易传》对老子学说的吸取，首先表现在对有无、道器、阴阳、太一等范畴的继承的发展；其次是继承和发展了万物自然化生论以及阴阳对立统一论。天地人统一是《老子》与《易传》思维方式的

---

①② 四库全书·史记·五帝本纪[M].延吉：延边人民出版社，1999：157.

共同基础，变易与简易是其思维的共同特征。"①

老子《道德经》确立的"道论"是中国哲学的开端，影响着后来的中国哲学的发展，其"道"的思想又为现代人们提供着重要的借鉴价值，在中国哲学史上别开生面，启发我们古为今用。鄙人冒失地认为，道的思想将逐渐被世界各国人民接受，并会引领世界走向和谐。

孔子曾几度向老子请教，赞老子为"龙"，将自然之道发展成了人文之道；韩非子写了《解老》《喻老》，将道学发展成了法家学说。注意，不仅儒家、法家派生于道，墨家、兵家、名家、农家、杂家、阴阳家、纵横家等诸子百家，无不在自己领域发展了"道"。

道家（含黄老）思想，在历史上曾经多次指导实现了国家的大治，有名的文景之治、贞观之治、开元之治、宋初之治等，都是因用了道家思想而出现的辉煌。所以，道，道家，无可争辩地是中华文化这根长藤的根。所以有中华文化道德根之说。

有了道这个根，儒家学说顺着得以创立。孔子（前551—前479年生于陬邑——今山东曲阜，儒家创始人）几次向老子请教后，发挥老子普遍的道为人高的个人道德素养和境界的根基和出发点；年五十后研究《易经》，写成《易传》（十翼）；孔子学说后经孟子、荀子发挥，形成了一套严密完整系统，成为中国传统政治文化中极为重要的组成部分。②

---

① 孙以凯.道家与中国哲学[M].北京：人民出版社，2004：27.
② 孙以凯.道家与中国哲学[M].北京：人民出版社，2004：38.

科举考试，必考"四书""五经"。四书之《论语》《孟子》《大学》《中庸》本是儒家著作，五经之《诗经》《书经》《易经》《礼经》《春秋》，又是孔子所修，儒家的影响自然不可小觑。

"以民为本"是儒家德治思想的基础。孟子说，"民为重，社稷次之，君为轻"。儒家的这种民本思想，表现出它极大的进步性和人民性。虽然孟子的民本不等于今天西方高唱的"民主"，但其本质却更有深远意义。

孔子的建树很多，比如，哲学思想"中庸"，"过犹不及""时""变"等已被中国人潜移默化；孔子的治学精神，"学而不厌，诲人不倦""知之为知之，不知为不知"等，常被用来教育后代；孔子的仁爱思想，"己所不欲，勿施于人"，1793年被罗伯斯庇尔将它写进了《人权和公民权宣言》；儒家的"天下为公""世界大同"更成了中国人的理想。

正因为孔子、儒家在中国的影响力不断提升，成了中华文化的名片。现在孔子学院（班）遍布世界，儒家的思想在中国、在世界都具有很高的地位。所以，有的人还以偏概全，把儒家思想视为了中华文化。

（注意：不要把董仲舒改造后的儒学当成了儒学正统。）

"孔子是人类文明史上的一座丰碑。他对中华文化起到了承前启后，继往开来的作用，自古以来，他被誉为中华传统文化的集大成者。"[1]

儒家虽产生于道家之后，仍算很早，影响深广，早被中

---

[1] 孙以凯.道家与中国哲学［M］.北京：人民出版社，2004：38.

国乃至世界公为中华传统文化主干之主了。由此，我们可以肯定，"道儒是中华文化之主"。

（2）是否应该把佛释列入主干

佛教于东汉时正式传入中国，至今有千余年，最初很少有人理会，后来借助道、儒、墨语汇翻译，实则是改写，逐渐被民众接受，在哲学领域出现了儒释道相互影响的局面。近年来，不少人，包括鄙人，也就接受了"儒释道是中华文化主体"这一判断。但而今，网上出现太多不赞同帖子，有说释迦牟尼是华夏人，有说佛教创于尼泊尔，有说佛教是外来文化……启发我有了新的看法。

佛教是不是中华优秀文化，首先要看是否合乎前面确定的公理性标准。按前面6条标准审视，佛教就不合1—4条；如果不管时间、地域、创始人、功用等标准，那么早被广泛吸收，且已经融入中华文化的马克思主义、西方现代科学技术、现代管理（含依法治国）、逻辑学等，更当列为中华文化。如果都给列入，那不成了欺世盗名。现在就谈谈设想于后。

现在的宗教书籍讲，佛教产生地在古代的天竺地区（即今印度、巴基斯坦、尼泊尔地区，当时天竺有很多小国。全国政协委员何新考证，佛教发源地主要在今尼泊尔一带），创始人是迦毗罗卫国王子悉达多，尊称释迦摩尼；创立时间是公元前5—6世纪；传入中国时间是东汉时期（公元67年左右）；现有佛教徒20万，加上信佛（释）民众，最多一亿人，与14亿比是个小数；佛教在国家治理、生产建设、民生改善、安全保障、婚嫁优育，特别是在工业化信息化等方面，尚看不出有什么贡献；

从长远看，佛教对社会发展，如科技创新、第四次工业革命，难说是否属于正能量（本文对那些冒佛教名义，行诈骗、颠覆活动的，不予讨论）。

虽然，佛教对"认识世界，安排人生"有较高建树，佛儒道也有相互影响，甚至有称儒释道为三教的，成绩必须肯定。但进一步比较，却有如下不可忽视。一、佛教不是本土所创，玄奘取经和他的《大唐西域记》就是明证；二、传入时间是公元67年左右，不足中华文化5000年的一半；三、中国是个无神论主导的国家，佛教的信众至今不到国人的十分之一，将来更会越来越少；四、佛教不研究生产、建设、国防、科研、婚生、优育等国家大计，游离于主流社会之外；五、随着中国阔步进入第四次工业革命，人们对文化的期盼只能是古为今用、洋为中用、推陈出新，促进中华文化的伟大复兴，不会仰仗任何宗教；因此，把佛释列为中华文化，不仅有用他国之金贴己国脸之嫌，还确实不合公理性标准。

如果说佛教可以列入中华文化，那么，马克思主义、西方科学技术、现代管理学、逻辑学这些融入中华很普遍的文化更当列入。

以马克思主义为例。虽然马克思主义也是外来文化，但从1917年"十月革命一声炮响"算起也有百年，中国革命建设的成功证明，它是正确的指导思想。毛泽东思想的胜利，又证明了它已经中国化，现在已经写进了《宪法》；使用马克思主义的人，不仅主流社会是压倒多数，而且民众也普遍信用，随口都能说点：存在决定意识、辩证法、一分为二、剩余价值、资产阶级、无产阶级、资本主义、社会主义、剥削、压迫……马克思主义不仅正在指导我们进行新的长征，今后还会继续指导我们实现合作共赢，建设人类命运共同体。如果认为佛教融入深，影响大，可以列入中华文化，那么影响更大，融入更深广，力度更强的马克思主义尤其当列入。

至于西方现代科学技术、现代管理（含法理学）、逻辑学等，我们不仅在"五四"时曾经为之高呼，而且现在已经作为课程开设，青少年从小都会受到熏陶，完全融入中国知识体系，甚至于分不清中西了。目前，我国在制定政策、法律、计划、工作安排时，也自然地对这些外来文化加以灵活运用，它们的影响，无论其深度、广度、力度、持续度，都是远远超出佛释的；甚而至于，我在给人讲《老子》时，遇到一些词语，如"阴阳"，不得不用"对立统一"这类马克思主义哲学概念来辅助解释。但是，我们却从来没有把这些外来文化认定为中华文化，为什么偏偏要把佛（释）列为中华文化之主干呢？

英国著名哲学家罗素在《中国问题》里说："孔子以来，古埃及、巴比伦、波斯、马其顿，包括罗马帝国都消亡了。但是中国以持续的进化生存下来。它受到了外国的影响——最先是佛教，现在是西方的科学。但是佛教没有把中国人变成印度人，西方科学也不会把中国人变成欧洲人。"请看，作为旁观者的外国人罗素，也把佛教定位为了"外来文化"。

作为文化的主干，必须纯，不能滥，必须少而精，不可多而杂。现在争议多，难统一，暂且只能把佛释看成优秀的人类文化，列为"影响深广且已融入中国的优秀外来文化"，待以后有了新探成果再定好了。

(3) 墨不可没

2016年8月16日01时40分，中国成发射了一颗命名"墨子号"的量子卫星，成功完善了量子通信、量子雷达，标志着中国空间科学研究又迈出重要一步，在大发明里，又增加了一个世界第一。这颗卫星命名"墨子号"，自然因为墨子伟大、先行，能代表悠久的中华传统文化。

《墨子》一书不仅涉及政治、经济、伦理、军事等方面，而且在自然科学、逻辑、哲学（特别是认识论）等多方面都有极高的建树，清末学者邹伯奇还提出过"西学源出墨学"的一家之言。[①] 面对实现中华民族伟大复兴中国梦的今天，《墨子》就更值得刮目相看了。

《重庆理工大学报·社科版》2014年第5期文《冯友兰与李约瑟问题》，对"中国古代科学领先但现代却落后于西方"，从思维方式等角度，厘清了关于中国有无科学、有无现代哲学等问题。从内史论（道家是自然派、墨家是人为派、儒家是中庸派）与外史论（马克思主义等）的结合上找到根本——逻辑思维至关重要。《墨子》很早就揭示了名辩（逻辑）规律，如能及早得以推广，我国岂不有可能在科技上一直保持领先。[②]

墨子名翟，约公元前480—前390年生于鲁国，创立了墨家。墨家曾一度是仅次于儒家的显学。墨子的兼爱、非攻、尚

---

① 墨翟.墨子[M].李小龙译注，北京：中华书局，2009：1.
② 陈晓平.冯友兰与李约瑟问题[J].重庆理工大学学报·社科版，2014（5）.

同、尚贤、节用、节葬、非命等倡导深获民众拥护。刘明武《黄帝文化与皇帝文化》里讲："黄帝文化是道器并重，皇帝文化是重道轻器"①，而《墨经》里的自然、数学、力学、光学（如早于西方的"小孔成像"的发明）等内容都属于"器"。墨子可谓"道器并重"最早的杰出人物。

墨子不仅在科学技术上的建树领先世界，而且他那不战而屈人之兵的思想更特别值得弘扬。

虽然，董仲舒"罢黜百家独尊儒术"使墨家受到打压，但墨家的思想和科技知识，仍一直在哺育着中国人民，如果墨家不被打压，得以发展，中国古代在科学技术上就自然会有很大发展。中华文化很重视"道器并重"，要找到过去科学技术落后的原因，要实现科学技术现代化，要实现第四次工业革命，要实现中华民族伟大复兴，就不能不高度重视弘扬墨家。

（4）法治为用

春秋战国时，法家提出了富国强兵、以法治国的主张，是中国古代以法制为核心的重要学派。其思想源头可上溯于春秋时的老子、管仲、子产；战国时，李悝、商鞅……经韩非等人给予的大力发展，使之成为了一个重要学派。

春秋战国以后的法家主要代表人物有王安石、张居正、严复、梁启超等。他们主张社会变革、强化法制。

古代法家认为，法律的作用：第一个是"定分止争"，确定财产归属，减少争斗；第二是"兴功惧暴"，鼓励立战功，让不

---

① 刘明武.黄帝文化与皇帝文化［M］.深圳：海天出版社，2010：394.

法之徒恐惧。

法家的进步作用还体现为"人生有好恶，故民可治也"。提出"不期修古，不法常可"和"时移而治不易者乱"。

韩非是先秦法家的集大成者，他总结了商鞅、申不害、慎到三家的思想，提出了一套法、术、势相结合的法制理论，以保证法令的执行。

虽然，西汉罢黜百家独尊儒术，打压了法家，逼法隐入了儒，但因统治者需要，法家的主张一直被历朝运用，只是学派名义消失，实际仍一直发挥作用并传承至今。

请看，因为有商鞅变法，才有秦国的强大进而一统中国；有约法三章，才有刘邦胜项羽而建立大汉；有汉武帝"推恩令"，才有中央集权的加强；有北魏孝文帝的"均田法"……才有北魏的兴盛；有"租庸调法"和"两税法"才有唐朝的繁盛；无论是宋朝的王安石变法、明朝的张居正变法、元朝的行政机构设置法、清朝的雍正变法，民国的三民主义，共和国的革命、土改、一化三改造、改革开放等，无一不在借鉴、运用法家思想……总之，历朝历代都有法、有规、有兴、有废、有赏、有罚……只有代表阶级的不同和效果优劣的区别，没出现一个公开表示不要法律的朝代。请问，哪朝哪代没有典章制度？就是民间，也有家规、族规、校规、乡规、社规、厂规，可以一言以蔽之：中华文化，无时、无处都讲在"法"，无时、无处都有规章制度。

今天，党和国家高度重视法制建设。明确提出了"全面依法治国"，建设法制政府，政府依法行政。十八届四中全会专门讨论了社会主义法制建设，人大已经接近制定完了必要的全部法律；现在《法制中国》连续播了6集，大得人心。可以说，从古至今，尤其是中共十八大以来，中国执政当局，更是一直在有选择地借鉴、利用法家思想。

离开"法"，寸步难行。虽然，汉武帝起废黜百家独尊儒术打压了法家，但只停留在名义上，汉武帝自己却颁布了很多法令。

请看从古至今，作为各级各界管理者（含基层），是不是一直都在古为今用法家理论？所以，法家自然应当是中华文化的主干之一。

习近平在十八届四中全会上说："依法治国是坚持和发展中国特色社会主义的本质要求和重要保障，是实现国家治理体系和治理能力现代化的必然要求。我们要实现经济发展、政治清明、文化昌盛、社会公正、生态良好，必须更好发挥法治引领和规范作用。"

从古为今用，洋为中用，去糟取精，推陈出新方针出发看龙脉文化，多多研究墨家，显然有利创造创新，有利推进科学技术现代化；多多研究法家，显然有利推进全面依法治国，利国利民。

概言之：道、儒、墨、法，理所当然是中华传统优秀文化的主干，过去的定论也应与时俱进，当换则换了。

有了道儒墨法这主干，这根藤又怎样延续呢？主要分成三大藤杈：一是文子、列子、庄子等的主藤杈，二是道教，三是发展道于各自领域的诸子百家，特别是儒家。各藤杈又有藤蔓。

比如，有的将道学发展成了玄学，有的又将儒释道加以融合，有的将道教分出了全真、正一等教派；还有，什么气功啊，风水啊……数不胜数，真是藤长蔓蔓、花繁叶茂啊！

这些，都很重要，会在以后一一展开。

第二节 《易经》的产生与意义

一、《易经》简介

现在流行的"数字化""大数据"，发端却是计算机，计算机又成于二进制。二进制虽然是莱布尼兹首创，但在七千年前的中国伏羲，画八卦、创《易经》所用的阴阳符号正是二进制。当莱布尼兹从传教士处看到了中国的太极图时，何其兴奋、何其赞美。

曾仕强说："诸子百家只有一个共同的源头，就是《易经》。"[1]因此，说"《易经》是众经之首"可谓名副其实，老子的《道德经》源于《易经》自然也不例外。而两经所共有的"道"，后来被诸子百家各自发挥，生发至今，已经成了龙脉文化的根，或称"元文化"。

孔子受老子形而上思想影响，为《易经》作《十翼》（易传），提出："吾道一以贯之"，这"道"就是"中道"，就是

---

[1] 曾仕强.曾仕强讲易经［M］.武汉：长江文艺出版社，2010：32.

"仁",就是"太极"。① 这表明儒家思想正是《易经》的发展。

《易经》的"易"的意思有三,即"简易"、"变易"、"不易"。

简易:一阴一阳之谓道　天、地、人三爻一卦——大道从简。

变易:阳主变(动)阴主稳(静)阴阳和合生万物——世界无时无物不在变。

不易:现象后面的本质不变、规律不变——道恒不变。

《易经》又依次有《连山易》《归藏易》《周易》,前两者失传了,我们现在学的用的《易经》是《周易》。注意,《周易》虽出自周朝,但这里的"周"主要不表周朝,而是表周全、周延、周详,周流,生生不息。②

《易经》的发展,是由伏羲的无文字"八卦",发展到文王《周易》的64卦及经文,再到孔子《十翼》,是古称三圣及众多先贤逐步丰富完善的;今天《易经》通行本,是附有《太极八卦图》的《周易》。《周易》是周文王对伏羲八卦的发展。千年《易经》,是经过万人丰富发展的集体成果。

自古以来,《易经》都被视为占卜的书,现在利用《易经》之名而算命赚钱的不少,那么,《易经》真是算命的书吗?我经考究后的理解是:古人需要预测天气、天灾,八卦是由观天象开始的。

《周易·系辞下传》云:"古包牺氏之王天下也,仰则观象于天,俯则观法于地,观鸟兽之文与地之宜,近取诸身,远取诸

---

① 曾仕强. 曾仕强讲易经[M]. 武汉:长江文艺出版社,2010:32.
② 曾仕强. 曾仕强讲易经[M]. 武汉:长江文艺出版社,2010:20.

物，于是始作八卦，以通神明之德，以类万物之情。"

《系辞上传》说："易有圣人之道四焉：以言者尚其辞，以动者尚其变，以制器者尚其象，以卜筮者尚其占。"

纵观《周易》内容，可划分为四个方面：1.物质世界的运动发展规律；2.治国方针与政策；3.事业发展对策；4.个人修身养性实现人生价值的习得。

由于古时对很多现象不能得到科学解释，八卦自然容易被原始宗教所利用，王朝遇到难决之事，也借助占卜，所以《易经》曾经确有占卜功能，但不是唯一功能，也不是主要功能。《易经》关联的主要是哲学、名辩（逻辑），还有心理抚慰、修齐治平等。

学了《荀子》的"善《易》者不卜"后，又读了一些《易经》及注释，就会有新的理解:《易经》主要是通过符号的排列组合显示条件变化，以及变化必然生成的因果关系，进而揭示自然与人类社会（含人生）发展变化规律的经典。

从陈抟图解《易经》所绘制的《太极图》看：圆中黑白两鱼颠倒相抱，白鱼黑眼，黑鱼白眼。示意是：圆表圆通、发展变化、循环上升；黑白鱼相抱表阴阳既对立又依存；白鱼由尾至头逐渐增大，黑鱼由头至尾逐渐缩小，体现量变到质变和相互消长、相互转化；白鱼黑眼黑鱼白眼表阴中有阳、阳中隐阴，事物是你中有我，我中有你，没有绝对的纯、绝对的善。——这是什么？是辩证法，是哲理。所以，可以确认《易经》就是用符号显示的哲理。是引导能更正确认识世界，处理问题的符号教科书。

现在，从逻辑角度再来看看。

吴克峰说得对："《周易》的符号推理模式、推理规则和相关理论的解释构成了易学逻辑的重要组成部分。"谁都承认，《易经》是讲预测的经典，也就是讲推理的经典，所以可以判定：第一，它与逻辑学科具有抽象思维工具的同一属性；第二，从《易经》的阴阳辩证推理看，它是用辩证思维认识世界，解释世界的工具，可以看着是朴素的辩证逻辑；第三，从《易传》所说："易有太极，是生两仪，两仪生四象，四象生八卦"；以及从两爻到八卦、到64卦、到五行、干支，推而广之，是用符号，用数码推论世界，又可把它看作是朴素的符号逻辑、数理逻辑。

我们这里介绍《易经》，不为全面介绍它的内容，只为强调：《易经》是中国第一经，因为有了它，才得以产生《道德经》等数不胜数的、以道为出发的龙脉经典；本"道"学也由此生发。

二、《太极八卦图》

陈抟字图南，号扶摇子，唐僖宗11年（871年）生于普州崇龛（今四川安岳龙西乡），历经唐、五代、宋，曾参加宋初赵匡胤拨乱反正的密谋，两次应宋太宗之召，入宫献济世安民良策。长期隐居山林著作、修道。逝于宋太宗端拱二年（989年），高寿118岁。他的一生大概分为三个阶段：第一阶段精通儒学，第二阶段精研道学并发展道学，第三阶段修道，发展、光大道教内丹养生学。陈抟著作很多，他的学术思想影响很大，他的诗词书法也绚烂多彩。近年来研究他和评荐他的文著日益增多。公认他是宋元理学的师祖、道教的老祖、川人的骄傲、中华文化巨人。

陈抟老祖

中国道教协会第五任会长傅元天大师于癸酉（1993年）春题词："研究陈抟弘扬道教文化是一件非常有意义的事。"

陈抟先后求道于何昌一、麻衣道者、谭峭、吕洞宾，造诣极高，备受推崇。他修道的历程大致如下。

陈抟在后唐长兴（930—933）年间，曾试图沿着科举之路，进入仕途，但后来战乱四起，陈抟毅然调整了人生道路，走上了隐居、寻师学道之路。他于后唐清泰（934—936）年间隐居湖北武当山道教圣地。后晋天福（937—944）年间返回四川隐居邛州天庆观，在何昌一处学锁鼻息术，达到了就枕能睡月余的境界。现在天庆观尚留有他的石刻诗句："我谓浮荣真是幻，醉来舍辔谒高公。因聆玄论冥冥理，转觉坐寰一梦中。"后晋天福四年去峨眉山游历并讲学，道号峨眉真人，在峨眉山大峨石上现尚留有他书写的"福寿"二字石刻真迹。天福六年，回普州崇龛寺讲学。在今安岳境内尚留有陈抟坝、陈抟像、希夷故里碑等古迹。普州籍宋丞相冯山于陈死后三十年题的陈抟墓诗有言："浪夸行迹自南北，应许游踪相后先。"后周世宗显德三年（956年），世宗召见陈抟，问以黄白炼丹之术，他说不问黄白之事；但谈及人生、国事皆令世宗大悦。封他为谏议大夫，固辞不受，乘白骡，入华山仍做道士。宋太宗太平兴国初年（977年）和太平兴国七年两次召他进京，进献了济世安民的主张，深受朝野敬仰。宋太宗端拱一年他从华山复回安岳，次年（989

年)7月22日去世。现安岳城东南三里有"圆觉洞"。安岳还有陈希夷（陈抟）墓，墓前像碑上刻有"华岳归来"四字。由于陈抟在道学理论、气功养生、济世安民、才粹寿高等多方面非常显赫，被后人尊为"老祖"，留下了许多相关的神奇故事，至今传诵不已。

宋元理学的师祖

一个人要经历三个战乱朝代十七位君王何其难啊，但陈抟却创造了这个奇迹。

陈抟早年熟读经史和百家之书，并能通考通校。对医药书籍更不放过，其诗词书法尚在青年时代已很有名气。只因战乱，才选择隐居、著作、修道。他的著作很多，主要有：《易龙图序》（论《河图》《洛书》象数定位），《先天方圆图》（宇宙万物生成变化整体观总图），《无极图》（即《先天太极图》，画的正是我们今天所见的有阴阳鱼的太极图，表达的是宇宙万物生成的基本模式），《六十四卦生变图》（伏羲64卦顺序），《〈正易心法〉注》（为麻衣道者著作作注释），《指玄篇》（气功81章），《胎息诀》（气功内养诀窍），《观空篇》（气功内养），《睡答》（论睡功），《左右睡功图》（讲睡功法），《二十四气坐功》（气功与中药结合治病）。①

由于他的论著在当时影响极大，宋太祖、太宗都曾请他入朝赐教。宋太宗太平兴国元年曾召请陈抟入宫，请教济世安民

---

① 汪毅，周维祥. 高道陈抟 [M]. 成都：四川大学出版社，1993：9.

之策，陈写了"远近轻重"四字，太宗不解请讲其意，陈说："远者，远招贤士；近者，近去佞臣；轻者，轻赋万民；重者，重赏三军。"太宗悦，留陈做官，陈谢绝。太平兴国九年再次召陈进宫，与陈交谈，茅塞顿开。太宗按老子十四章语（视而不见曰夷，听之不闻曰希），赐陈"希夷"先生美名，他对陈的评价是："学术源于儒而臻于儒，由儒入道。贵在独善其身。"因之得朝野上下尊重，厚待。后并尊称其为老祖。

因朝野尊崇，研究其学术的人日多。这样一来，就带出了周敦颐、邵雍、张载、程颢、程颐等名家，产生了"五星聚奎"的现象，形成了古代哲学极有影响的理学。他所著的《太极图》《先天图》等著作，阐明了世界的本质是太极。阴阳二气为两仪，太极由阴阳二气融合而成。它先天地而存在，是物质的气。"两仪未判，鸿蒙未开，上而日月未光，下而山川未奠。一气交融，万气全具，故曰太极。"这就是说，当天地万物尚未象今天这样具形时，太极这个原始的气团就已包容含蓄着万物之气了。陈抟以气为元，而到程朱理学则主张理在气先。程朱是承袭陈抟的"气"论的，但摈弃了"气"的唯物因素，而以理在气先，发展成了唯心主义。

陈抟易学源于孔子整理的《易经》。世人甚难了解易经的全貌，陈抟对易的系统研究和著述，才开创了我国易学研究的规模、使我们能对很多难解之谜有所了解。陈抟独特的养生之学刺激了人们的养生行动和对生命科学的兴趣。

他集儒道佛于一身，发易道之秘，开程朱理学先河，被尊崇为理学的师祖，堪称光辉的思想家，中华古代文化之巨星。

促进内丹系统化、理论化

过去道教讲炼丹（也就是黄白之术），用水银（白）、硫黄等药物炼制服食的长生不死的丹药，结果不少人（含秦皇汉武）为之丧命。陈抟摒弃了这种养生之道（不问黄白之事），把它叫作外丹。他博采道儒释的养生精华，发展道教气功内丹学——含坐功、睡功、静心养生术。通过自身的实践探索，完成了《玄指篇》《胎息篇》《观空篇》《睡答》《左右睡功图》等系统的内丹理论。这些理论的主要依据是老子的"道生一，一生二，二生三，三生万物""夫物芸芸，各复其根，归根曰静"，他主张经过"炼精化气，炼气化神""炼神还虚，复归无极"，核心就在"顺则生人，逆则成丹"。

讲到睡功，陈抟说："凡人之睡也，先睡目，后睡心；吾之睡也，先睡心，后睡目。凡人之醒也，先醒心，后醒目；吾之醒也，先醒目，后醒心。心醒，因见心，乃见世；心睡，不见世，并不见心。"他把睡与醒（静与动）结合起来，提倡先炼心（性）后炼目（命），是至今人们还推崇的养生方法。他的《二十四气坐功》，是将五运六气、五脏六腑中医理论，和静坐功相结合，取其"叩齿、吐纳、漱咽"三大养生要诀，按二十四节气对应形成的独具见解的医学理论，给后人影响很大。他的静坐气功，强调了顺应自然、安和喜怒、调节刚柔三大要诀，要点是静心宁神。按他的理论，运动是刚，宁静是柔。固然生命在于运动，但生命的延长却在于宁静。把握了动与静的辩证关系，也就获得了长生久视之道。

陈抟发展并光大了道教内丹系统理论，并用自己善睡、高寿的实践证明了理论的正确，因此，他推动了道教修炼由以外丹为主向以内丹为主的转变。也正由于他在发展内丹术上的显著功绩，"陈抟老祖"的尊号也就当之无愧了。

修身养性的楷模

在安岳陈抟墓碑上刻有陈抟的《自赞铭》，上有："一念之善，则天地神祇、祥风和气，皆在于此；一念之恶，则妖星厉鬼、凶荒札瘥，皆在于此。是以君子慎其独。"这就是他对自己一生的真实总结：重视思想修养，严格克制自己，即使独处也能多做善事，不生恶念，意在使国家太平，人民安康[①]。

陈抟一生，四次被君主召见，但他都不居官、不受赏、不贪乐、不邀功，每次对君主的劝谏都是济世安民，不离国家统一富强，不离人民安居乐业。他能安贫乐道，爱山恋水，虚心拜师求学，潜心钻研学术，心静如止水，德高如崇山，所以在华山云台观内壁上吕洞宾留下了高度赞誉陈抟的诗句：

天网恢恢万象疏，和身亲来华山区。寒云去后留残月，春雪来时见太虚。六洞真人归紫府，千年鸾鹤老苍梧。自从遗却先生后，南北东西少丈夫。

三、《易经》的"中"

中，象形字，口中一竖，表居中，不偏不倚，引申为中央、

---

① 李绿野.道教［M］.西安：陕西师范大学出版社，2001：87.

中心、正中，孔子哲学叫"中庸"。在实际运用上，中，也可表现为"度"的掌握。善于把握度，在管理、处事、养生中极其重要。

《易经》64卦里，每卦的第二、第五爻叫"中位"，阴爻二、阳爻五叫正位或得位。这是解卦的要领。说明《易经》十分强调"度"。错过这个度，就叫"失位"。

现实生活中，医生看病要考体温、量血压、问饮食，求的是"度"；施工员对照图纸观、量、抽查，求的是"度"；教师通过作业、考试、评绩，定的是学生升降的"度"……总之，度何其重要。

追求真理，差一步不及，多一步过头，且"过犹不及"。老子提倡"守中"，孔子提倡"中庸"，《易经》叫作"中道"，其实这些都是在讲"度"。

为什么一定要强调"度"？《易经》的启示是：失度就会"凶"。

用中国人五千年的经验，叫人警醒：急兄仇张飞被杀头，揠苗助长颗粒无收，慢火煲汤汤味好，心急吃不了热豆腐，待敌人全部进入埋伏圈才开枪方能保证伏击不失败……总之，要讲一个"适度"。

如何才能把好"度"？联系学习《易经》《老子》《论语》，选择性地谈谈"中"与"时"，以见一斑。

环境治理，要求全国立即全面达标，那是不可能的，但是要求各地都抓住要害，一片一片地突破，假以时日，是完全能够做到的。这就是老子说的"少则得，多则惑"，"终不为大，故能成其大"。

中国在治理能力上有了一条经验，先试点，再以点带面。这正合老子的"图难于易，为大于细"的思想。

有些人想一夜暴富，莫说概率太低，请你环视一下，当今大凡一夜暴富的有多少还能持守，相反有的还会烦恼连连，只有靠勤劳智慧积累的财富，才能合道兴旺，长盛不衰。

很多人想一夜成名，好，有的人就会巧设名目来赚你的冤枉钱。请看什么"选星""选美"……多少万人去送钱，有几个人成了名？成了名的，其实凭他们原有素质本可大器晚成，但也就落个流星一晃了事，长远来看，误了好材料啊。

那些想速成，当博士、专家、获大奖的学者，目标太高，等不及，或东或西，不肯下苦功，不能把力往一处使，徒多叹息。如果对准一个专业苦攻一二十年，那会怎么样？一定有所突破。其中的佼佼者，摘取诺贝尔大奖也是可能的。

中，在孔子叫"中庸"，就是要求我们必须在天地自然之道中运行，既不太"过"，又无"不及"。在恰当时机开始，在恰当时机停止，在与天地万物的协调中顺畅地实现人生价值。

《易经》除了重"中"，也很重与"中"有相同意义的"时"。《易·系词》说："先天而天弗违，后天而奉天时"，又"子曰：几者，动之微，吉之先见者也。"（几，即机）。这说明：《易经》很重主动适应、创造性把握"时中"，这，也就构成了中国人积极进取、待时而动的大智慧与品质。

这里讲的"时"，也叫天时、时势，习惯叫作"时机"。《史记·老子列传》讲老子教导孔子时有："君子得其时则驾，不得其时则蓬累而行"。意思是说：得"时"就应去担当大任，不得"时"就要甘守贫贱。

如何看待时机？就是要：1. 识时之义——辨析、察觉来到身边的时机；2. 知时之行——知道时机到来时如何抓住；3. 察时之变——看到时机变化能及时调整自己的行动，时机不到别强求；4. 用时之机——时机到来能及时抓住，莫让错过后悔。

中国人习惯讲：天时、地利、人和，这其实就是"度"，就是寻找三者的最佳结合点。顺便说一句，为什么不直接讲"度"，要讲"中"？因为，"中"才是中国传统用习惯了的词语。

明白了"度"，也就明白了时、中、中道，也就能控制自己，不再犯走极端绝对化错误，时时想到合道行事，这样也就自然耦合《易经》《老子》《论语》的大智慧，能避凶趋吉，合道自由了。

四、龙脉文化的"和"

2008年北京奥运会的开幕式为什么突出显现一个大大的"和"字？——这是向世界昭示：中华优秀文化——龙脉文化的特质是"和"。

凭什么？李大钊在《东西方文明之异同》中说："东方文明为与自然和解、与同类和解之文明。"

傅靳原在《中华传统文化》（中国民族文化出版社）中说：中华文化，博大精深，源远流长，特质是什么？那就是：上应天理，下合人伦，贯穿万事万物的"和"。

和，从口禾声，由和声，引申为和谐、温和、和平、和睦、和解、和衷共济。

现在不妨分为：阴阳冲和、和而不同、天地人和、和能胜武、和谐幸福，五个方面简述于后。

阴阳冲和

《老子》："万物负阴而抱阳，冲气以为和。"（42章）——万物都离不开对立统一的相互依存，以及通过斗争实现新的统一（和谐），而且，正是这种阴阳冲和，才是事物发展的动力。这是什么原理？难道不正是中国人的世界观、方法论？

《易经》所绘制的《太极图》：就体现了量变到质变和相互消长、相互转化；白鱼黑眼黑鱼白眼表阴中有阳、阳中有阴，事物你中有我，我中有你，没有绝对的纯、绝对的善。——这是什么？是阴阳冲和，是辩证法。和，是斗争后的统一、和谐。这，可以看作世界观，也可看作人生观。

和，还要把它看着是"冲气以为和"过程的体现。以人为例，恋爱、结婚、怀孕、生子、抚育……一代一个过程；除了生物有生老病死过程，办事也有过程，马云的阿里巴巴，也经历了很多曲折，才有今日之辉煌。过程有长的，有短的，但不能没有。现实生活中，有不少人不问过程，总想一锄头挖个金娃娃，用这种思维作指导十分误事，一曝十寒、一蹴而就、揠苗助长、一劳永逸等，全都断不可取。还有与人相比，不问人家或先进国家处于过程的什么阶段，自己又处于过程的什么阶段，简单一比，不是妄自尊大，就是妄自菲薄，不是骂娘就是骂命运，这不是不讲智慧，自找烦恼吗？

和而不同

《论语·子路》:"君子和而不同,小人同而不和。"意思是说:明智的人与人交往重视和谐,能搁置争议(差异);小人物与人交往强调某方面相同(清一色)却不肯搁置(帮派、党团、民族、主义等的)差异。"和而不同",则是人们常说的"求大同存小异";反之,"同而不和",就是人们常说的表面清一色,其实往往是内斗不断。

和而不同,我国用得很好。在国内,有统一战线、56个民族共和、多种经济并存、人大代表有各族各界、艺术有百花齐放、学术有百家争鸣、各方面有洋为中用、兼收并蓄……在国际,有和平共处、合作共赢、战略伙伴、命运共同体、开放借鉴……这,是处事原则,是人生观,也是价值观。

正是这种和而不同,增加了中国人对外来文化的包容,乐意兼收并蓄,践行拿来主义;所以,佛教中国化,马克思主义中国化,西方科技中国化,美国管理中国化,逻辑学中国化……无不得益于中国文化有"和而不同"。

但是,当今世界,却有人不喜欢和而不同,偏偏喜欢同而不和。有军事同盟,有政治同盟,有某某集团,它们喜欢清一色,主张排他,暗里内斗,没事找事。为什么清一色了还会内斗?想不通吧,不奇怪,因为同而不和,往往是利重于义、意识形态至上嘛!

两相对比,是不是中国传统文化更智慧,更有利于世界和谐?

天地人和

《老子》有"道大,天大,地大,人亦大。域中有四大,而人居其一焉"(25章)。《庄子》有:"天地人和,礼之用,和为贵,王之道,斯之美"。《孙子·计篇》有:"兵者,国之大事,死生之地,存亡之道,一曰道,二曰天,三曰地,四曰将(人),五曰法,凡此者,将莫不闻,知之者胜,不知者不胜。"

人,上敬奉于天,下立足于地,在天地之间繁养生息。《易经》的卦为什么画三爻?上爻表天,中爻表人,下爻表地。这里的天,实为大自然;地,是山川河流,生存环境;人,大自然的产物,离不开大自然,应该与大自然和谐相处。中国先民早已明白,所以中华传统文化崇尚"天人和一"。

能够坚持"天人和一",就不会只顾眼前获取财富,而不会怕破坏生态平衡。如果把"地"看着是人的生存环境(含社会环境),则人就要与生存环境"地"保持和谐。坚持"天地人和",就要处理好生态和谐、社会和谐、自身生理心理和谐等多方面的关系。

其实,西方也有类似思想,只不过语言不同,表述也各异。现在西方讲的《系统论》《控制论》就把天定位为巨系统,地定位为子系统,人定位为孙系统,三个层次相互必有作用,需要反馈调节,这又出现了《协同论》。只不过这是近百年的事,中国的"天地人和"却早在3000年前就有了。

有了天地人和思想,决策、办事都要考虑方方面面,要多讲"无为而无不为",多讲"平衡协调",杜绝主观妄为。能如此，则少折腾，善莫大焉了。

这，又相似于什么？难道不是大智慧？难道不是很像世界观、人生观吗？

和能息斗

和能息斗、和能胜武，你信吗？先看看几个古代的史实。

《史记·廉颇蔺相如列传》讲了地位低下的蔺相如因为完璧归赵而升为上卿，位在廉颇之上，廉颇放话要羞辱蔺相如。蔺相如得知后却表示为了国家利益，宁可受辱，不愿和廉颇内斗。此话传到廉颇那里，廉颇竟然负荆请罪，实现了将相和好的千古美谈。

《墨子·公输》公输盘为楚国造云梯准备攻打宋国，墨子（即提倡"兼爱非攻"的墨翟）为救祖国，赶忙去见公输盘。他用义不杀少而杀众、舍弃锦绣而夺邻居短褐等雄辩，劝说罢兵；又当着楚君，用木制器械现场演示攻防，次次击败公输盘，让楚王感到取胜无望，因而取消了攻宋。当然，墨子也暗示他已经派人通知宋国作应战准备了。

《弦高劳军退秦师》流传很广。春秋时，秦国出兵偷袭郑国，被郑国牛贩弦高在贩牛途中知道了，他为了祖国，一方面派人火速回国报信，一方面带上20头肥牛，待到秦军路过时前去劳军。劳军后，秦军判断郑国已知秦出兵，有了应对准备，偷袭取胜没有把握，也就取消了这次袭郑的行动。

我们并不崇尚和平主义，不是打不还手，任人宰割的民族。中国人很明智，汉字"武"，由"止"与"戈"合成，会意是：

息灭战火，要有更强的军事实力，才能止戈得和。侵略者是战争狂人，总想通过战争获利，只有当你有了止戈的综合实力，侵略者在经较量不能得逞后，才会罢休，这时和平才能获得。

今天的中国，综合实力已经令列强不敢小觑了。但我们的文化是"和为贵"，所以我们所用的两手也很鲜明，一手抓紧强军不放松，一手"一带一路""亚开投行""合作共赢"中间突破。坚守不惹事、不怕事，维护和平不动摇，相信和平必胜。

和谐幸福

对人的祝福，最常见的是"祝您幸福"。幸福怎样获得？少不了勤俭，但更要讲和谐。要实现和谐，得有家庭和谐、人际和谐、集体和谐、社会和谐、世界和谐。

有的人，或有的势力，喜欢强权，总认为可以"霸行天下"；但他们，最后得到的回答却是：朋友来了有好酒，豺狼来了有猎枪。别怕今天乐得欢，就怕将来拉清单。

中国人特别重视家庭、集体和谐。有首传播极广的诗叫《游子吟》："慈母手中线，游子身上衣。临行密密缝，意恐迟迟归。谁言寸草心，报得三春晖。"这首诗把中国人的和谐传统，把中国人的亲情观表现得细致入微。有爱、有孝、有细、有厚，真实，动情，何其扣人心弦。

最近，又有一个叫"小区楼道"的对联，也很真实。上联：七十二家房客相安和睦声声慢。下联：三十九级台阶直上青云步步高。暗示了什么？——和谐，幸福，步步高。

自从党中央提出构建和谐社会、和谐世界，把"和谐"列入社会主义核心价值观以来，中国传统的和谐精神又得以光大。现在，我们已经由家庭和谐、社会和谐，扩大到了生态和谐、心理和谐、地区和谐、世界和谐。我国朋友遍天下，除了霸权主义恶意制造的麻烦连连不断外，中国由北京奥运会开幕式展现的"和"，已经被普遍的人接受，获得了广泛信任。

中国国家主席习近平基于对人类未来命运的深邃思考，郑重提出构建人类命运共同体的重要理念，强调坚持和平而不是战争，合作而不是对抗，共赢而不是零和，是推动世界迈向持久和平和共同发展的中国方略，是超越民族国家和意识形态的"全球观"，是人类社会的生存之道和发展之策。中国的这种国际观和美国的国际观完全不同，中国主张的是命运共同体，而美国主张的则是世界对美国霸权的服从。

中国的"和"与霸权主义者的"斗"，两者高下，人人可判。

和，是人间正道；道，必贯通万代；和，是道的灵魂；和，必光芒万丈！

五、以民为本　大道向同

前面，由《易》《老》《孔》，而方块字，进而中华文化之根，下面侧重谈谈上节传递下来需要专门讲的"民"。

对"民"的观点，大致可对应又高于西方的价值观。现逐一探讨于后。

中国崇尚民本思想

中国自古崇尚"民本"。《尚书·五子之歌》："民为邦本，本固邦宁。"说的民（民众、百姓、人民）是国家的根本，把住了这个根本，国家也就安宁了。

《大学》有："大学之道，在明明德，在亲民，在止于至善。"

《老子》有："爱民治国，能无为乎。"

《论语》有"泛爱众，而亲仁。"

《孟子》有："民为贵，社稷次之，君为轻。"（民，已经放到了最高位置）

毫不夸张地说，关于民本，举一百个例子也可顺手拈来。在民本思想指导下，共产党不仅强调了"为人民服务"，而且在具体行动上坚持了："执政为民""权为民所用，利为民所谋""听取群众意见、接受群众监督"等原则。

如果有人认为这不过是高调，那么请看看汶川大地震，从中央到基层，几个小时，全国一盘棋，全动起来了。而今你再去汶川、玉树等灾区看看，全国对口援建的那么多个新农村，全是现代化新城镇，定会叫你赞不绝口。这等事情很多，水灾、火灾、交通事故、恶性传染病、最近的东方之星沉船事故等，无不是一方有难，八方支援。为什么？民本思想使然。

如果要问今天的政府是否践行为民？当然有不足，有以权谋私的，不是为什么有今天的反腐，打了老虎也拍苍蝇，追逃追赃？好在动了真格，民心大快。但从正面看，建国不过短短60余年，国内已经再无殖民主义者的一兵一卒了，两弹一星、工业化、综合实力世界瞩目确保公民安全了，亘古各国必交的农业税全免了，义务教育见效了，城乡低保、医保全覆盖了，人均年龄增加到76岁了，各族各界没有钱财都可当选人民代表参与国家大事了，法制建设日臻完备了……这么多"了"一言以蔽之：中国人民站起来了，中华儿女阔步向全面小康迈进了。

西方崇尚个人主义

西方人认为人是上帝造的，不是自然进化之物，所以说，人生而平等，生而自由，什么人权啊，自由啊，都由此出发；虽然，他们也很讲公民道德、遵纪守法；但是，他们对父母、对家庭，不如中国人看重，也不认为个人必须为集体、为群体尽什么义务，这就冠冕堂皇地提出了"个人主义"。个人主义在中国是贬义、是"恶"，但在西方认为是理所当然，这就是文化差异。

个人主义要说有优点，那就是激发了人的潜能，勇于拼搏，发明创造，积聚财富，兼并做强，敢于称霸，敢于称王，可以不顾他人、不问民众，成则巨富，败者吃保。

所以，美国成了富人天堂，淘宝乐园。凭着军力、美元、媒体称霸世界，打科索沃、打阿富汗、打伊拉克，想打就打；颠覆苏联、利比亚、颜色埃及、乌克兰……总之，我说有理就有理。"天道"，笑话，天能管我？

作为人到底崇尚什么好，各人自有选择，但是，是非善恶，皆归道统，结论自有"道"作终审。

道行天下　世界大同

对龙脉文化有了初步了解后，接着就有必要加以展望，使之更能发挥理论的指导和预警作用。

龙脉文化的根（或元文化）是"道"。道，不管你喜欢不喜欢，它照样运行不停。如果你能够体道、悟道，遵道而行，即使经历艰辛和曲折，也会通向光明。

四川省道学专家陈天笑老先生，对中华优秀文化研学了多年后，提出了一个命题，"道行天下，世界大同"，我们认为很有概括力、很有前瞻性，值得宣传。

"道行天下，世界大同"，追根溯源，其实可以在2500年前的《礼记·礼运篇》里找到启发。

> "大道之行也，天下为公。选贤与能，讲信修睦。故人不独亲其亲，不独子其子。使老有所终，壮有所用，幼有所长，鳏寡孤独废疾者皆有所养；男有分，女有归。货恶去于地也，不必藏于己；力恶不出其身也，不必为己。是故谋闭而不兴，盗窃乱贼而不作，故外户而不闭。是谓大同。"①

这段话意思是：大道推行开来，天下人就会有了公心。选择德才兼备人才任职，倡导守信誉、和睦待人的风尚。这样，人们不仅爱护自己亲人，不仅呵护自己子女。还会让老年人能安享晚年，壮年人能发挥才干，少年儿童能健康成长，让鳏夫、寡妇、孤儿、独身人、残疾人、病患者都能有所养护；男人有机会尽其本分，女人能得到自己的归宿。物品既不会抛弃在地，

---

① 《四库全书·礼记》。

也不占为己有；干活无不各尽所能地出力，而且还不出于为己。于是，想鬼点子、使歪招的现象不会时兴，没了偷盗、叛贼作乱；人们即使外出也可不必关门。这就是（我们）所说的"大同（世界）"。

联系老子、孔子等圣人思想和陈天笑老师的命题，我们不妨对中华优秀文化的社会理想（民本思想）作一番梳理。

1. 这段话由"大道之行"开始，到"大同"结束，这，和陈老提的"道行天下，世界大同"十分接近，说明陈教授的命题是贯通古今，并由此提炼、脱胎的，不是无根之木，而是有本之花。

2. "天下"指的是什么？指的是世界。中国古时候，国，习惯指诸侯国；天下，习惯指大中国。秦国统一天下后，国，改指中国；往后，天下扩大为世界。古代，习惯把世界叫宇宙。宇，原指房檐，后泛指无限空间；宙，原指古往今来的时间，后泛指无限时间；宇宙，即无限时空。宇宙观即世界观。

3. 道行天下指的是什么？——道能自己运行天下（世界）。是吗？需要分成两个方面来说。第一，道会自己运行，不管你喜欢不喜欢，它照样运行不停，一年四季更替，月盈月亏，日出日落，出生入死，潮起潮落，盛衰更替，无能改变。第二，人可助推或碍滞道运行的速度。先说助推。大禹治水，以疏导为则，顺势而为，结果一反父亲治水强堵的做法，事半功倍，取得了功在当代、利在千秋的成就，为什么？因为合道（规律）。再说碍滞。袁世凯当了民国大总统，本可以中国第一总统美名青史留名，可他偏要逆历史潮流，复辟称帝；碍道逆行结果怎样？阻滞发展一年，呜呼哀哉，成了笑话，千古罪人，历史车轮照样滚滚前进。道，虽然看不见，但是谁都必须尊崇！你能够体道悟道，遵道而行，即使经历艰辛和曲折，也会通向光明。相反，你自以为能为所欲为，斗胆违逆，就会受到惩罚，甚至会粉身碎骨，遗臭万年。

4. 道能不能行于天下？能。为什么？前面已经说过了，道虽然看不见，但人人必须尊崇。如果你能够体道用道，遵道而行，即使经历艰辛和曲折，也会通向光明。相反，你自以为能为所欲为，斗胆违逆，就会受到惩罚，轻则成而后败，重则，粉身碎骨，遗臭万年，祸害几代。社会发展的道路（规律）是什么？就是要按自身的道路发展，谁也改变不了。当然，道路会有曲折，但终归百川东流向大海。由此可知：学道悟道得智慧！

5. 世界大同，同的是什么？不要误会，不是同肤色、同语言、同文化、同习俗、同收入、同管理、同食宿、同思想……这里讲的"大同"，即"和而不同"也就是求大同存小异的大同。那么，先哲们设想的大同是什么呢？就是上面说的：选贤与能，讲信修睦。故人不独亲其亲，不独子其子。使老有所终，壮有所用，幼有所长，鳏寡孤独废疾者皆有所养；男有分，女有归。货恶去于地也，不必藏于己；力恶不出其身也，不必为己。是故谋闭而不兴，盗窃乱贼而不作，故外户而不闭。是谓大同。这，和《老子》第80章说的："甘其食，美其服，安其居，乐其俗"（使人民吃得香甜，穿得美好，安居乐业，按习俗过得快乐）是一致的。

这，像什么理想？在春秋战国时，只能是对原始共产主义的追恋；但现在提出，就像马克思主义预言的共产主义了。《共产党宣言》说全世界无产者联合起来，发展生产力，提高全民素质，就能实现世界大同，建成没有剥削的、各尽所能、按需分配的共产主义社会。这是人类最理想的社会。这理想，与空想社会主义不同在于，它是根据辩证唯物主义哲学、以剩余价值学说为基础的政治经济学和科学社会主义理论，在强调生产高度发展，觉悟空前提高的前提下，逻辑地、必然地推导出来的，而且已经经过百年的实践，证明为曙光越来越明的。

真理一旦被群众接受，就会变成无穷的力量。

6. 什么是天下为公？为什么要讲天下为公？孙中山提倡的精神是：我为人人，人人为我。这是什么？其实就是天下为公。今天习惯叫"大公无私"，这是一种美好的目标。而老子提倡"少私寡欲"（19章）和"知常容，容乃公，公乃道，道乃久。"（16章）却更加合情合理和可行。请问，天下的人都讲为公，也即为民了，想人所想，理解万岁，助人为乐了，还有不可调和的争斗吗？没有了，中国文化核心的"和"或和谐，也就来临了。

7. 大同与小康。大同与小康，是古代中国人民，特别是圣贤，以原始社会为参照，对未来美好生活的憧憬。虽然属于空想的共产主义，但表达了中华文化的民本与灵魂。"小康"源自《诗经·大雅·民劳》："民亦劳止，汔可小康"。意思是人民交赋税服徭役很劳瘁了，可以让他们休息一下了。后来，孔子说："今大道既隐，天下为家……是谓小康。"清末，康有为写了

《大同书》，大同与小康便都作为理想进一步提出了。其实，孔子的小康也好，康有为的大同也罢，都只能算作人民美好生活的幻想。

8. 大同与全面小康。中共十六大、十七大、十九大确立了全面建设小康社会的部署，习近平在十九大报告中提出：第一个阶段，从二〇二〇年到二〇三五年，在全面建成小康社会的基础上，再奋斗十五年，基本实现社会主义现代化……第二个阶段，从二〇三五年到本世纪中叶，在基本实现现代化的基础上，再奋斗十五年，把我国建成富强民主和谐美丽的社会主义强国……由此，大同与小康这古老的幻想，被中国共产党继承发扬成了具体的规划。

9. 大同与中国梦。当前，中国人民正在为实现中华民族伟大复兴的中国梦而不懈奋斗。中国梦就是要实现国家富强、民族振兴、人民幸福。我们的发展目标是，到2020年国内生产总值和城乡居民人均收入比2010年翻一番、全面建成小康社会，到本世纪中叶建成富强民主文明和谐的社会主义现代化国家。为了实现中国梦，我们将全面深化改革开放、全面推进依法治国，不断推进现代化建设，不断提高人民生活水平。——这个目标就是"中国梦"。

10. 世界大同与共产主义。如果我们把《礼记》里的"世界大同"看着古代人民本的幻想，是个美丽的憧憬；那么，现今大量出现的国际组织，如联合国、世界经合组织、国际奥委会、世界卫生组织、联合国教科文组织、国际环保组织……不断增加、不断完善，预示什么？预示着世界正在在向大同发展。请看，当今天下，是不是有点像《太极图》的示意，阴阳鱼颠倒相抱，你中有我，我中有你，没有全白，也没全黑，循环上升，冲气以为和，也许一二百年后，会渐入佳境。

与空想社会主义不同，马克思主义的科学共产主义，是先觉之士有根据地提出并为之奋斗的民本理想。世界大同与共产主义，一个提在先，给人启迪；一个提在后，有了科学理论的和运动实践作依据，这难道不是马克思主义能在中国落地生根、开花结果的文化基础吗？

共产主义好，我们正为之奋斗，至于是不是要争分夺秒强力推进？鄙人认为，应当是道法自然，无为而无不为。如何理解？以助产为例，怀胎后必然分娩，助产不应剖腹取仔，而应让怀胎、安胎、保胎、顺产，按自然规律发展，不冒失、顺畅，不节外生枝。当然，绝不是消极对待，是增加营养，不大意，确保过程顺当，不流产、不难产、母子平安，合道必然。换句话：创造条件，促其瓜熟蒂落。

2015年5月23日，习近平在中日友好交流大会上引用孔子话讲"德不孤，必有邻"。是什么意思？这就是在弘扬中华文化，突出了亲、和、大同！

第三节 《老子》的产生与意义

《老子》(《道德经》)与《易经》异曲同工。如果说《易经》是用符号解释世界，那么，《老子》则是用文字解释世界，《老子》客观上揭示了《易经》的哲理智慧。《老子》和《易经》都是中国古代文化的高端代表或元文化,对世界文化都有明显影响,是掘之不尽的宝藏。值得研究,值得弘扬。

《老子》是道家创始人老子所著。老子,姓老名聃(亦说姓李名耳),春秋后期(公元前约571—前471年)陈国苦地(陈国后被楚并,秦统一后设苦县)人;老子晚于周文王、武王约500年,曾任东周守藏史(相当今国家档案馆馆长)、柱下史(特许靠廷柱记事的史官);老子观天精《易》,通晓古今之变。孔子曾问道问礼于他,并盛赞老子为龙(《庄子·天运·天地》)。据说老子晚年,西出去秦,出关时被关令尹喜强求,留下道德五千言,经后人整理起名《道德经》(现在有出土的荆门竹简和长沙帛书为证)。

古代的史官,职责决定他要观天、晓地、知史、精《易》,老子则更加精通易理,更能充分运用发挥。在《老子》里有很多论断和《易经》原理如出一辙,实则是对易经的哲理解读——或者是对《易经》哲理的揭示。

《老子》与《易经》《易传》是什么关系?《道家与中国哲学》有权威的概括:"《易经》是老子学说的来源之一。《易传》是在老子思想影响下对《易经》的哲学阐释。"[1]孔子在51岁时曾南之沛向老子学"道"(含《易经》),后由他及弟子作《易传》(十翼),继承和发展了老子的自然观和天道思想。这些,在《史记》和《庄子》都是可查的。

---

[1] 孙以凯.道家与中国哲学[M].北京:人民出版社,2004:38.

也可以这样说,《易经》启发了老子,老子用《周易》思想引导了孔子,孔子及其弟子遵循"道"的哲理才著作了《易传》。因此,《易经》《老子》《易传》共同成就了相互联系密不可分的"五个确立"。现分别简述这五个确立于后。(说明:因为《易经》文字很少,人们解《易》时,不得不引用《易传》;好在前面已经说明,它们三者有因果联系密不可分关系)。

一、确立了"道"的范畴

"道"为什么是范畴?因为"道"在概念中最大,可分为天道、地道、人道;而且三者又可细分。以人道为例,又可分为:治道、兵道、学道、商道、医道、家道等。甚至,庄子说:"盗亦有道"。在辞书里,或百姓口里,还有数不清的"道",所以"道"是个最大概念,最大的概念哲学上叫范畴。

那么,道的内涵是什么?在西方的语汇里找不到可以直译的"道"。在《易经·系辞》里有"形而上者谓之道,形而下者谓之器""一阴一阳之谓道""易与天地准,故能弥纶天地之道"。"道"这个字,原意是"道路",引申为:道理、规律、准则等。那么,老子是怎么看的呢?在《老子》里有:"有物混成,先天地生。寂兮寥兮,独立而不改,周行不殆,可以为天地母。吾不知其名,强字之曰'道'……人法地,地法天,天法道,道法自然。"(25章)"道者,万物之奥"(62章)。还有很多,共同说的是什么意思?至少说明:1.道属于客观真实存在(不可否定);2.道是先天地生的看不见的存在;3.道是不依人的意志为转移独立运行的存在;4."道"这个名字是由老子勉强给取的；5. 道是从天、地、自然那里法（抽象）来的（不是凭空想象的）；6. 道在有人以前就存在，但却是经人认识后才给起名的；7. 道反映了万物的奥秘或规律，自然包容万有，属于人的认识反映的范畴；8. 道的解释很多，较具权威的解释是"究竟真实"。

老子还说，"万物负阴而抱阳冲气以为和"（42章），"为天下谷，常德乃足，复归于朴。朴散则为器……"（28章）。这说明《易传》的"一阴一阳之谓道"和"形而上者谓之道，形而下者谓之器"和《老子》的道论是一致的。

道的范畴被确立后，诸子百家得以在各自的领域里发展"道"，百姓也各言其道。常见的是：有道、无道、得道、合道、不道……"道"，成了中国的根文化或元文化。

二、确立了"天地人统一"观

西方哲学不像中国那样讲天地人统一，他们讲主体、客体、唯物、唯心，他们把万物作为对象，去分析，去研究，去改造。但是，作为中国哲学（哲理）之源的《易经》《老子》则把三者看成统一关系、同一关系，即确立了观察、处理一切的"天人统一"观。

《易经》八卦有三爻，上爻表天，中爻表人（顶天立地），下（初）爻表地；六爻卦是"兼三才而两之"。这里的天，不是神灵，是大自然，相当于系统论的巨系统；地，是人类赖以生存的自然环境，是大自然的子系统；人，是因天地而生的，是天地不可分割的分子，属于子系统之子系统。中国习惯把天人关系叫"天人合一"。

《老子》25章说："故道大，天大，地大，人亦大。域中有四大，而人居其一焉。人法地，地法天，天法道，道法自然"，正好讲明了"天人统一"或"天人合一"的正确。人是自然的产物，人的思维、意识、情操行为等，均属自然范畴。人要获得正确思想，要想得"道"，就要经过实践去法天、法地、法自然。这，也就回到了"天人合一"。

最新科学成果认为："基因的遗传密码共六十四个，惟与太极阴阳周期加倍分形律的六十四卦密吻。所以，易经六十四卦符号体系，演绎的正是自然之道、生命之道的全过程。"这最能证明人与大自然具有相通的因子，天人应该是和谐一体的。因此，人类应该顺应自然规律去生存、去发展，不能倚仗科学的伟力与自然为敌，任意征服，贪婪索取。"天人统一"观认为：违背自然规律，必受自然惩罚。

三、确立了辩证思维模式

今天，说到辩证法就想到黑格尔，其实黑格尔的辩证法也不是突然构建的，他受启发于康德，康德受启发于莱布尼兹，莱布尼兹因看到太极图而赞美《易》和《老》；而《易经》与《老子》在古代就形成了朴素的辩证思维模式。

《易经》用的最基本符号是阴"--"和阳"—"，由之排列组合成八卦和八八六十四卦。整套符号说明的是："一阴一阳之谓道。"

筷子要一双才能用，活动的那只是阳，不动的那只是阴，两只皆动或皆不动夹不起东西。

数有奇数偶数，缺奇缺偶都不可叫"数"。

人有男、女，缺男缺女都不可叫"人"。

在宇宙尚处洪荒时期，就有作用力与反作用力（含吸引力和排斥力、向心力和离心力）两种阴阳依存的看不见力量存在，就像控制机制，使宇宙最终形成了太阳、地球、月亮等亿万星球，以及分子、原子、基本粒子，而且这种机制至今仍控制着天体乃至原子，各自按固定轨道作有周期的运转。这个看不见的机制难道不属于"一阴一阳之谓道"的"道"吗？

《老子》认为："万物负阴而抱阳，冲气以为和"；"音声相和，前后相随，恒也。"①

鄙人理解，阴阳是万物最基本元素之内在的不可或缺的两仪。"冲气以为和"，正是讲了事物的阴阳两仪既相互依存又对立斗争，因而推动事物的运动发展，这种阴阳冲和最终必然达到新的和谐统一，这一规律也就是老子说的"道"。

我们常说的"一分为二""合二为一"其实都是阴阳对立统一的形态。大至宏观宇宙，小至原子、粒子，无一不是"负阴抱阳"的存在。阴阳电相通电灯就亮，男女相爱就结婚生子，这都是阴阳冲和，这都是不可违抗的规律——道。

《易经》64卦，有：乾与坤，益与损，离与坎，泰与否等32对阴阳相对的卦，正好反映了"一阴一阳之谓道"和对立统一规律是宇宙最普遍的规律。

有阴阳冲和就有运动变化，而《易经》的指导思想正是

---

① 道德经［M］.陈国庆，张爱东注释，西安：三秦出版社，1995：5.

"变"。易有三易，其一就是"变易"。《易经·系辞》说："易，穷则变，变则通，通则久。"王夫之说："《易》兼常变。"而古时，《易经》就叫《变经》。

《易经》的形象表达是《太极图》(见图1)。太极图的阴阳鱼由尾至头逐渐变大，由头至尾逐渐缩小；八卦由乾顺时针至坤，阴爻渐增直至全阴，由坤顺时针至乾，阴爻渐减直至全阳。64卦之阴阳爻的此消彼长，体现的正是量变到质变和物极必反的过程。

而且，易经的变，还强调生生不息。《系辞》有"生生之谓易"和"变动不居，周流六虚"。因此老子就表达为："道生一，一生二，二生三，三生万物。"(42章)。

还有，《老子》在64章里说："合抱之木，生于毫末；九层之台，起于累土。"在第40章里说："反者道动，弱者道之用。"在34章说："大道泛兮，其可左右。"什么意思？这正是对《易》道普遍存在、广泛联系、阴阳消长、量变到质变、物极必反、循环向上的、规律性的揭示。

这，难道不是辩证法，不是辩证智慧？

四、确立了与时俱进的"易德"

《易经》《老子》都很重视确立精神文明之德。《老子》说："孔德之容，惟道是从"(21章)意思是说德的形态是由道决定的，道是发展的，德就是与时俱进的。社会主义社会不能再讲忠君，但要讲为人民服务，现在要讲社会主义核心价值观。学易一定要识德、修德、立德，这才能刚柔适度，中正不偏，修身养志，谦虚谨慎，永远处于不败之地。《易传》认为：履卦是道德基础；谦卦是道德把柄；复卦是道德根本；恒卦是道德固守；损卦是道德修养；益卦是道德裕养；困卦是道德辨析；井卦是道德境界；巽卦是道德规范……易德的把握在于正确运用易学原理，静观默察卦象，细审时势人事；我们当全面领会卦德，实现通古晓今，与时俱进，修已齐家报天下。

一定要牢记《周易·系辞》说的："善不积不足以成名，恶不积不足以灭身。小人以小善为无益而弗为也，以小恶为无伤而弗去也，故恶积而不可掩，罪大而不可解。"又说："君子安而不忘危，存而不忘亡，治而不忘乱，是以身安而国家可保也。"

《易》《老》重德，是修身、齐家、治国、奉献天下的全顾及。比如《老子》说："修之于身，其德乃真；修之于家，其德乃余；修之于乡，其德乃长；修之于邦，其德乃丰；修之于天下，其德乃普。"（54章）、"爱民治国"（10章）、"常善救人，故无弃人；常善救物，故无弃物。"（27章）。

正是因为《易》《老》的德是与时俱进的，所以中国十分重视改革开放。十六大后提了"八荣八耻"，十八大后提出了中国特色社会主义核心价值观，都是源至易理、符合易德的，是无可辩驳的，是应当倡导和培育的。

五、确立了真善美为最高追求

真善美是哲理、艺术乃至各项事业的最高追求，这在《易经》却早已明确提出。

《易经》因为是用符号说话，我们只能从符号中去推断、破译。

易经的符号是怎样产生的？是通过仰视（天）、俯察（地）、周视（人）而得出的，这个精神是什么？是"真"。坤卦经文说："积善之家，必有余庆；积不善之家，必有余殃……阴虽有美……"这又提出了"善"和"美"。通观64卦辞386爻辞，给人深刻的印象是什么？是：提倡真善美，鞭笞假丑恶。

前面已经举过《系辞》的："善不积不足以成名，恶不积不足以灭身。小人以小善为无益而弗为也，以小恶为无伤而弗去也，故恶积而不可掩，罪大而不可解。"这，也是在强调真善美，鞭笞假丑恶。

到了《老子》，解《易》的言论就多了。最著名的是"上善若水"（8章）。还有"天下皆知美之为美，斯恶矣；皆知善之为善，斯不善矣。"（2章）"其精甚真，其中有信。"（21章）"甘其食，美其服。"（80章）"信言不美，美言不信；善者不辩，辩者不善。"（81章）为什么要强调？因为真善美与假丑恶总是相比较而存在，相斗争而发展的。这，也是阴阳相反相成的体现。古往今来，概莫例外。

其实，我们还可从另外一个角度来解读真善美。人类有个终极提问：我们从哪来？到哪去？现在怎样活？——如果说易经、老子观天察地推出八卦、道、天人和一属于"真"，教导人尊道贵德属于"善"，那么通过64卦和《道德经》文，进而知道如何争取实现理想未来则是"美"。

人类历史，即使再过万年，也少不了真善美与假丑恶的比较，斗争；并且，也正因为有了这种斗争，才能推动历史前进，再前进。

现在，说到真善美，有人就说这是西方哲学的概念，其实，早在3000年前的《周易》和稍后的《老子》已经明确提出并论证了，问题是我们应当如何去发现、去理解、去发展；不应该妄自菲薄，总认为中国月亮没有西方亮。自己早就是早，"要有文化自信"！

第四节 《老子》要点提示

《老子》不管从那个角度去学习，都会大开眼界。为什么？因为它是大智慧。如何学？首先，要弄通一些要点，学好了，自然一通百通。下面，就挂一漏万地讲讲要点。

一、有无相生

《老子》(《道德经》)里的"无"（含词组里的"无"）共出现88次，其中单独使用的8次。对"无"，有很多争论。有的说"无"就是虚无，不存在，空；有的说"无"是无具体形象的物质，只是看不见，分不清，不是空；有的说它是既表无具体形状的物质，又表抽象思维的属性。明白了"无"，就好理解"有无相生"了。

我的观点，首先要领会《老子》的本意，在表述时还要明确几点：第一，要区别表"空间"的名词的"无"，和表否定的副词的"无"；第二，要分清原意、引申意（含运用意）；第三，要把"无"和"道"紧密联系起来分析。

通过反复学习，联系逻辑知识加以咀嚼，会有新的理解，现逐渐辨析于后，请大家予以指教。

逻辑学很重明确概念。概念是什么？是人反映对象本质属性的思维形式，是主观（认识）和客观（对象）的统一。概念需要语词来表达，常常出现一概念多语词和一语词表多概念的情况，这就出现了诠释与翻译。名词、动词等实词表达概念，助词、连词等虚词单独不表概念，但能够结合在短语（词组）里表概念。

汉字中有的词如"和"，因使用的地方不同可分别具不同词性。"无"字也是这样，《说文解字》"无，亡也。从亡无声。"《辞源》里有："没有""不""无氏"等多种用法。

《老子》里的"无"，排查一下，有四种用法。

第一种副词，表"没有"的。如：无知、无欲、无不治（3章），若无所归、若无止（20章），无辙迹、无瑕谪、无关楗、无绳约、无弃物（27章）……

第二种副词，表"不""不可"的。如无以清、无以宁、无以灵、无以盈、无以生、无以正、无誉（39章）。还有15处出现的"无为"（不违反规律妄为）。

第三种名词（性），表"空间""场"等无形存在（含"空间""太空""引力""雷电"……）。如"三十辐共一毂，当其无，有车之用。埏埴以为器，当其无，有器之用。凿户牖以为室，当其无，有室之用。有之以为利，无之以为用。"（11章）。

第四种名词（性），表与"有"相对的"无"，即无形的存在，含精神（意识形态）等看不见的存在。如"有无相生"（2章），"有生于无"（40章）。

前两种如"无知""无以清"里的"无"是作修饰限制词和其他词语连用的，且合《辞源》"无"条，表"没有""不""不可"意义的，就无须赘说了。

后两种是单独作概念使用的，需要重点论证如下。

先说第三种"无"。

"凿户牖以为室，当其无，有室之用。"显然这个"无"不是什么也没有，而是有一个可用的空间，这是一种存在。正是有这种看似虚空的存在，才"有室之用""有车之用""有器之用"，所以才能推出"有之以为利，无之以为用"。假如把这个"无"解释成"不存在"，也就否定了"空间"外面的范围、框架，也就谈不上有车、器、室之为用了，所以，在理解和译释上，必须把单音概念的"无"解读为："空间""场"之类的无形存在，指出它具有名词性质。

再说第四种"无"。

我们就以《老子》的"有无相生"（2章），"天下万物生于有，有生于无。"（40章）为突破口说起。

"万物生于有"，这个"有"显然是已知的有质量、有形态的实物，是客观存在。生物的代代相传和遗传、变异、分蘖是"万物生于有"。非生物也有化合、分解（含风化、日晒、雷击等）而衍化呈现的生与亡（转化），也是"万物生于有"。由此可见,"有"这个概念是一个实体概念,特指有形、可见、可测的不依人的意志为转移的客观存在。

"有生于无"怎样讲?

这是老子大智慧的一个闪光点,在 2500 年前,当全世界对宇宙怎样产生,万物由何而来,人是谁造的还只能用有神论各自猜想时,而老子却提出了:"无,名天地之始;有,名万物之母。故常无,欲以观其妙;常有,欲以观其徼。此两者,同出而异名,同谓之玄。玄之又玄,众妙之门。"(1 章)

这个"无",不仅否定了有神论,而且从现代科学来看,也可以解释通达。

先说明一点。语言是发展的,古代是用单音词,词语总量少,经常使用"通假字"。写字刻在兽骨上、竹简上,惜字如金,只能简缩,很多概念、判断难于表达。一词多概念或词语表概念模糊、不确定很常见。随着时代发展,语汇增多,多音词代替单音词,很多单音词成了古字已不常用,拉大了古文和现代文的差别。今天的人再读古书(文言文)就需要诠释、翻译。翻译就要接触到不少概念。那么,"无"字是否表达多概念呢?

前面解析的一、二种"无"如:"无知""无欲""无为"等,本身不表概念,而是和后面的语词合起来表概念。第三种(如"无之以为用"),"无"表"无形的存在",是概念。第四种(如"有无相生"),这个"无"表先于"有"之存在,也表概念。

那么,"有生于无"——这"无"又怎样生有呢?用现代科学来看,"存在""有",有三种方式。

第一种就是有形可视的实物,如:天、地、人、动物、植物、非生物,这些老子统称它为"有"。

第二种是无形无状,但可测定的,如:太空、空间、紫外线、引力、雷电、磁场、声、光、热、真空等捉不住、看不清的东西,老子当时找不上引力、磁场等词来称呼,便叫它"无"。并用"大方无隅;大象无形;道隐无名。"(41章)来概括。现在,科学证实:到了大海看不到海的边和角;到了太空,看不出任何形象;声音高过1000赫兹、低于200赫兹,人耳听不见……对这种奥妙,一般人未曾发现,老子也只能说这是"道隐无名"。

第三种是反映客观世界的思想、理论、艺术、观念……的属性概念。它无形无状,但可物化为书籍、音像制品、绘画雕塑等,老子也叫它"无"。

先看第一种无生有。中国古时说"混沌初开",是说宇宙产生之前是"混沌"。后来"道生一,一生二,二生三,三生万物,万物负阴而抱阳,冲气以为和。"(42章)这和当今宇宙由气团而大爆炸的生成说是相通的。有了太阳、地球,再由原子(含阴电荷的电子和含阳电荷的原子核)而分子,而细胞,而生物,也就有了微生物、植物、动物,有了鱼、鸡、猴、人以及数不清的纷纭物种。这就是由无形无状生成有形有状的第一种无生有。

四川大学吴邦惠教授在《东方文化》101期刊发了《物理世界的无中生有》属于"物理证道"的探索。她讲的要点主要是：物质的基本形态——从波或粒子到"波—粒子";永不静止的物质和沸腾的真空;全同性——波色子和费米子;量子场的基态——量子真空;一方面,没有可测量的粒子,所以称为"空"或"无";另一方面,这样的无不是绝对的无,它蕴藏着万有……由它可以产生万有——这就是物理世界的"无中生有"。

再看第二种无生有。物质可以转化为精神,精神也可以转化为物质。"科学技术是第一生产力"这个邓小平的名言,历史已经证明了它的正确。科学技术和思想、理论等都属于反映物质的精神,是无形无状的,属于第二种"无"。这"无"确实生出了"有",袁隆平的高产水稻,有人发明电脑做工,研制手机通话……哪一样不是由无而生的有。

"有无相生"意思是"有"也可生"无",而且循环不止,这种生化也有三种。

第一种,一切生物都会死亡。松柏、龟蛇等长寿物也活不过千年,也会由有生无。生物死了,形体就由"有"变"无"了。根据物质不灭原理,尸体腐烂后各种元素还在,还会在阳光、雨露下转化为新的物质"有"。

第二种,非生物的变形和消失。河可干涸改道;山可下陷为海或消蚀为平地;地可沧海桑田甚至沙漠化;石头可风化为沙或飞散四方……但不管如何变,非生物的元素仍在,仍可重新组合生化,或沙变石,或由植物根吸收而成枝叶,或由生物吸食而成细胞。这都是有无相生。

第三种是理论与实践的互生。人们通过实践,把对事物的认识上升为理论。老子也正是这样,他把事物存在、变化的"有"上升成光辉的道家哲学思想，提出了抽象的属性概念"道""一""大""无"。他的理论（无），反过来又指导了贞观之治等盛世（有），这不就是"有无相生"吗？

自从习近平提出"中国梦"，提出"一带一路"，提出"人类命运共同体"，精神变物质，中国人，乃至世界爱好和平的人们，无不信心百倍，为之奋斗。请看，当今发展形势，是不是有一种势不可当之势？——这难道不也是无中生有吗？

以上，属于老子本意的"有"与"无"。

老子以其高瞻和前识，用"无"既表达了无形无状的物质存在，又表达了无形无状的精神存在。一方面我们要原谅当时词汇贫乏给表达概念带来的困难，一方面，我们今天可设身处境去悟，用今天的语言来加以诠释，使古今沟通。

我们一定要反复咀嚼"有无相生"，"万物负阴而抱阳，冲气以为和"，"道生万物"这些不朽的真理。

二、无为而无不为

有学者讲："老子是野心家。"老子提出"无为而无不为"，"无为"是装，"无不为"是目的。

我等虽然浅薄，但不能苟同这一观点。谨谈谈对"无为"的不同理解。

"无为"不是老子叫人不作为，也不是自己装着不作为。

第一，《老子》里多处讲了"为"。

"民之难治，以其上之有为，是以难治。"（75章）"圣人为而不恃，功成而不处。"（77章）"生而不有，为而不恃，长而不宰，是为玄德。"（51章）"上德无为而无以为；下德无为而有以为。"（38章）由此可见，老子是主张有所为，有所不为的，关键是要弄清何处当有为，何处当无为。

第二，老子是个"为"与"无为"并用的楷模。

《老子》48章说："为学日益，为道日损，损之又损，以至于无为。无为而无不为。"老子在求学上力求天天有增益，肯下功夫；在追求真理和修德上，能不断"损"（革除偏见和恶习），更肯下功夫。这是先有为而后上升至无为，最后又达于"无不为"。老子一生在学业、事业、著述、功成身退、养生等上都体现了对"为"与"无为"的恰当处置。

第三，古人讲的"无为"不是"不作为"。

今人按现代汉语习惯理解，"无"就是没有，不。"为"就是做，作为。"无为"就是"不作为"。但古代不是这样解释的。请看《淮南子·原道训》："所谓无为者，不先物为也；所谓无不为者，因物之所为也。"

"不先物为"就是事物发展尚未到某一步，人切莫先加干预。如莫揠苗助长，莫杀鸡取卵，莫秋收未到先征租税，莫孩子尚小急于催补。

"因物"就是顺应事物的自然发展，不违反其固有的客观规律。"因物之所为"就是顺应规律的作为，这样做事，自然就会见成效。

因此，"无为"是"不违反事物固有的发展规律、不凭主观意志为所欲为"的缩写或特指。切不可用现代汉语去生套，错误理解为"不作为"。

"无不为"特指顺应规律的作为,不是"没有什么不能做"的盲动。

老子讲"无为"的原因和目的

"无为"这个词,不是老子发明的,是东周时已经通用的。当时书写困难,惜字如金,"有为""无为"都是由具特定意义的话语经缩写而成的多音词(当时一般只用单音词)。"为"属中性,表作为;"有为"有时含贬义,有主观妄为之意;"无为"含褒义,有不违规律妄为之意。请看:

《国语·吴》:"危事不可以为安,死事不可以为生,则无为贵智矣。"(褒义)

《吴越春秋·夫差内传》:"王不我用,见吴之亡矣,汝与我俱亡,亡而无为也。"(中性)

《论语·卫灵公》:"无为而治者,其舜也与。夫何为哉,恭己正南面而已矣。"(褒义)

老子提倡"无为"的原因是什么?春秋时期,诸侯为争霸、占地、掠丁(劳力、士兵)、敛财,不看农时,肆意加税,常年征战,民众痛苦不堪,中华前景叫人忧心。这时,处士横议、百家争鸣,纷纷开出救世良方。道家创始人老聃开出的良方是"遵道贵德""无为而治"。

"无为而治"这个方略,也不是老子发明的,而是总结了三皇五帝,特别是尧、舜、禹之治而加以倡导的。前面提的"无为而治者,其舜也与"就是证明。

提倡"无为而治"还有另一个原因。在东周后期,礼崩乐坏，周天子虚有其名，被五霸轮番利用，有些士大夫看不过，高呼要恢复旧制，力倡仁义礼乐（后由孔子继承发扬并创立儒家，倡导"克己复礼"）。老子认为形势已经发展，周王朝已经没落，不宜再复周礼——不宜虚讲仁义礼乐，实则维护等级制度。

老子继承和发展了伏羲以来关于"道"的感悟，如"一阴一阳谓之道"（《易经》）"大道之行也，天下为公"（《尚书》），将"道"系统化为《道德经》。认为只要遵循了"道"，不添加谋求争霸、敛财等主观妄作，也即坚持"无为"，就能实现人民安居乐业、万物自然生发的"无不为"。

这个构想，划时代意义的是：建立了道论，强调了按规律办事（无为而无不为）。但老子忽略了统治者是不会放下屠刀，立地成佛的。虽然比之"克己复礼"有其进步的一面，但同样是不会被当时的统治者欢迎、采纳的。到了今天，人们由于不理解"道""德""无为"的背景和本意，轻率加给"唯心""消极""阴谋""野心"也就不足为怪了。

老子是怎样看待"有为"和"无为"的

中国历史上出现过"文景之治""贞观之治""开元之治"等，都是运用了老子理论，特别是"无为"而取得的，历史学家称这是实行"无为而治"。什么叫"无为而治"？综合历史陈迹，大要是：顺应历史潮流。

经过长期战乱，人民急需休养生息。因而实行减轻租税劳役，惩治贪官豪强，保民众平安，发展生产，兴修水利，开路架桥，鼓励农桑，不误农时（农忙不派差），振兴教育，救济灾民……其实，这些都需要作为——需要做很多具体工作。为什么做了工作还叫"无为"？就是因为是合规律、不强加、不主观妄为、不给人民增加负担。用老子的话说叫"道法自然"。因此，又可以说：顺应自然之举就叫"无为"。

下面对《道德经》中出现的"有为""无为"加以剖析，借此看看老子的智慧和用心。

先看劝君王"爱民治国"的言论。

"爱民治国，能无为乎？"（第10章）（要为人民谋福，使国家富强，哪能不做事呢？只是必须符合社会发展规律。）

"道常无为而无不为。侯王若能守之，万物将自化。"（37章）（这是劝诸侯王不要贪婪争夺，不要急于获得，要懂得"道恒无为而无不为"，顺应规律，万物将自然向前进方向发展。）

"无为而无不为。取天下常以无事。及其有事，不足以取天下。"（48章）（这是劝统治者要心系百姓，切不可生事扰民。失了民心，就不可能统一天下，巩固天下。这也是对"无为而无不为"的反面诠释。）

"以正治国，以奇用兵……我无为，而民自化；我好静，而民自正。我无事，而民自富；我无欲，而民自朴。"（57章）（这是劝君主自我约束的肺腑之言。为什么会用"我"？改用"你"太刺激，用"我"委婉一些。"事"指什么？指因"有为"而生的祸国殃民之事。）

"为者败之，执者失之。圣人无为故无败，无执故无失。"（64章）（为者是指"有为者"，"执"是指不顾客观规律"执意追求","圣人"既可指有道明君,又可指德高望重之士。圣人无败是因他顺应自然不为名利而执意冒进。)

"民之难治,以其上之有为,是以难治。"(75章)("上"指统治者,"以"表因为,"有为"特指为了个人意志违规妄为,贬义。说明"有为"必不成事。充分证明当时的"有为"不是今天的"胸怀宏志,大有作为",相反是苛政、战争、扰民、形象工程。)

另外,《庄子·天运》说:"上必无为而用天下,下必有为而为天下用,此不易之道也。"说明领袖管运筹帷幄,做无形的事,叫无为;下级执行决策,做有形的事,叫有为。显然,当时的无为不是不作为,有为也不是今天的"有抱负"。

以上充分证明"无为",是无形、无欲、无私、无主观意愿,是对"道"(规律)的活用。做了事,合乎自然,也可叫"自然而然"。

再看用于处事、修身、养生的言论。

"圣人处无为之事。行不言之教"。(2章)(处事要顺其自然不伤害人或物,教人要重身教不强加。)

"天下之至柔,驰骋于天下之至坚。无有入无间,吾是以知无为之有益。不言之教,无为之益,天下希及之。"(43章)(这里讲了柔能克坚,讲了看不见的"无有"〈如电、磁〉可穿透无间〈如看似无空隙的铜、铁〉,由此证明"无为"的益处是天下稀有能赶超的。启迪人谦让为上。)

"为学日益,为道日损,损之又损,以至于无为。无为而无不为。"(48章)("为道"是指体道、用道。为什么要"损",就是要纠偏改错。为什么损而后至无为，这里的"无为"就是合道，合规律。合规律做事就会无不为。）

"为无为。事无事，味无味。"（63章）（立身顺乎自然，做到无为；做事提倡合道不生事；品味讲清淡，不要追求享乐。暗指修身、养生、处事都要低调。）

《老子》里，涉及"有为""无为"的共有15章，我全部分别引出了，请看，这哪有装，哪有"野心"。老子的目标只是拒绝名利享乐，力争尽善尽美。

"无为"理论与科学发展观

老子的"无为"理论如不能指导今之现实，就是过时理论。要谈今用，先得找个具公信力的著作给"无为"作一界定。

《辞海·哲学分册》（1980年上海辞书出版社）"无为"条："无为，道家的哲学思想。即顺应自然的变化之意。老子认为宇宙万物的根源是'道'，而'道'是'无为'而'自然'的，人效法'道'，也应以'无为'为主。他说：'道常无为而无不为，侯王若能守之，万物将自化。'……汉初采用'无为'治术，即'与民休息'的政策，对稳定社会秩序和发展生产起了一定作用。"

顺应自然，实则是遵循客观规律。这是朴素的辨证思想，是很好的。但既然是朴素的，就存在不系统、不彻底的局限。局限是什么，是在强调遵循客观规律的同时，没有提出发挥人的主观能动性。运用于当今，当作适当补充。现分"可直接运用"和"补充条件再用"的两种。

第一，可直接运用的'无为'——顺应自然（规律）而为。人如果不顺应自然、不顾客观规律妄自行事（有为），历史证明是注定要失败的，这在今天也是要防止的。如赶工期而忽视质量监管的建筑工程，为政绩而强上的面子工程，为快速牟利而开发的矿业，为快速上市加激素催养的家禽家畜……这些都是注定会得不偿失的，是必须引为鉴戒的。

顺应自然，顺势行事，就会事半功倍。如我国在处理冰灾、地震灾害时，急民所急，在农业上免税减负；在关心弱势群体上、在西部大开发上的大投入，都是因形势发展的需要与自身的能量尽力而为的，不仅大见成效，也大得人心。

"人定胜天"口号曾经产生过很大的感召力，"一不怕苦，二不怕死"的英勇奋斗精神确实可嘉。但回过头看，不问环境，不顺应自然，也产生了众所周知的后患。人要胜天，一是必须遵循规律，二是只能在有限的范围之内；否则，人是胜不了天的。找到了病因，可以救死扶伤；找到了相关因子，可以通过杂交培育动植物新品种；找到了基因，可以复制生命；掌握了电的奥秘，可以人工发电为人服务……奇迹的创造都只能是在掌握事理并顺应了自然后取得的。但是，人再能也不能改变地球环太阳的运转，不能改变寒来暑往的四时更替。

第二，补充条件可用的'无为'，契合"科学发展观"。

科学发展观是中共十六大提出、十七大完善、十八大十九大弘扬的关于发展的大理论。要点是"坚持以人为本、全面协调可持续发展"。发展是硬道理，但违规冒进则是有害的。这和老子的无为是契合的。

"无为而无不为"的原意是讲顺乎自然，就会一生二，二生三，三生万物，而且万物自会生生不息。这既不能理解为坐等老天掉馅饼，也不同于"人定胜天"。不能误认为"人定胜天"是可以为所欲为，可以冒进、蛮干。正确理解应是顺应自然，按规律发挥主观能动性，创造人间奇迹，是可以实现可持续发展的。

国家的安全，是个不可忽略的大事。仅仅顺乎自然是不够的，必须发挥主观能动性，统筹兼顾，高度警惕，常抓不懈。要讲有备无患。要讲人若犯我，我必胜之。

自主创新是非常必要的。但要顺应自然、兼顾环境。讲究可持续发展是绝不可忽视的。但是，发挥主观能动性过头，忽视了顺应自然也是会碰壁的。

子女的教育既要讲遵循规律，也要讲精心和常抓。为什么？第一，人都有好逸恶劳的劣性，苟不教，性乃迁；第二，社会环境的阴暗面会不时给青少年带来负面影响，性相近，习相远；第三，追逐就业、名利的功利性会给德智体全面发展造成干扰。学校、家庭、社会如不合力精心常抓，青出于蓝而胜于蓝也是很难保证的。

总之，"道法自然""无为而无不为"是高屋建瓴的哲理，滋养了我们两千多年，不可否定，不可曲解。辅之"主观能动"仍可古为今用。对于落实科学发展观，更有极大的裨益。我们要珍惜这份文化遗产，好好学习，弘扬光大。

三、上善若水

"善"因"和"果,"德"普"善"扬。联系现实,意义深广。

《老子》尊道重德,既倡真善美,又批假丑恶,52次提到"善",有4章专讲"善"(2、8、27、68章),有4章侧重讲了"善"(49、54、62、81章),其中第8章讲了"上善若水"。

既然老子如此重"善",这里就分为"善与和谐的关系""提倡上善若水"两部分将心得汇报于下。

善与和谐的关系

老子尊道重德,表现为求真、向善、尚美。他讲"善",是联系着"真"和"美"展开的。

老子说:"天下皆知美之为美,斯恶矣;皆知善之为善,斯不善矣。"(2章)"美之与恶,相去几何?"(20章)"修之于身,其德乃真。"(54章)"圣人常无心,以百姓之心为心。善者,吾善之;不善者,吾亦善之,德善。信者,吾信之;不信者,吾亦信之,德信。"(49章)在老子看来,善和恶相对,美和不美、丑相对,真、信和假、不信相对;至于真善美与假丑恶的关系,是相比较而存在,相对立而彰显,相斗争而发展,密不可分的。

一个"人之初",道家回答性本真,儒家回答性本善,荀子回答性本恶。什么是"理想人格"?道家提出真人(朴),儒家提出圣人(仁),墨家提出兼士(兼仁义),佛教提出善人,都离不开真善美,都突出了善。从马克思主义哲学看来,人类的认识和实践活动是一个从真到善到美的日渐完美的过程。主体和客观达到一致叫"真";解决主体、客体间的对立,获得人与自然、社会的和谐叫"善";人在创造性活动中从客体那里体验到好感叫"美"。对真善美的探讨,历来是哲学界关注的最高境界。比老子稍晚的苏格拉底提到了"善",亚里士多德提到了"智""美"。值得注意的是老子比他们早,比他们提得更全面,比他们讲得更深刻,展示了真善美与假丑恶相比较而存在,相斗争而发展的思想光辉。

认清了"善",如何运用?现在来看看专讲"善"的四章中的第27章:"善行,无辙迹;善言,无瑕谪(缺陷);善数,不用筹策(计算工具);善闭,无关楗(梢)而不可开;善结,无绳约(索)而不可解;是以圣人常善救人,故无弃人;常善救物,故无弃物。是谓袭明(内藏大智)。故善人者,不善人之师;不善人者,善人之资(借监),不贵其师,不爱其资,虽智大迷,是谓要妙(精要的奥妙)。"这章里"善人""不善人"中的"善"是名词,表善良、慈善、心好。其余的"善"都是副词,表长于、擅长。先讲副词的"善"。首先,我们要问:"善结,无绳约而不可解"等,是否纯属做不到的幻想?不,这是老子教导我们,做事莫只用传统的笨办法,而要善用无负作用的巧办法。可喜的是,这些预言,现在都已证实了。善行,如飞行、滑翔等就不留车辙迹;善言,如启发式、劝导式等用语就不易伤人;善数,像史丰收那样的心算,就不需要筹码;善闭,如今之识像开关,进门、开箱就不需要钥匙;善结,如电磁吊车、阴阳扣等就可借助机械,借助电磁效应等而可解开……通过这些例证，老子是想让我们脑子开窍，想得更高更远，劝导我们不要急功近利使用有损环境有损和谐的办法。接着，他又说"圣人常善救人，故无弃人"。这是教我们要做到人与人和谐，人与社会和谐。"常善救物，故无弃物"。这是教我们要做到人与环境和谐，人与自然和谐。现在，再看善人的"善"："善者"，"上善""故善人者，不善人之师；不善人者，善人之资（借鉴）。"落脚是提倡"善"，提倡做"善人"。

真善美与假丑恶的关系讲清了，再看"善"与"和谐"是什么关系？从老子的话"圣人常无心，以百姓之心为心，善者，吾善之；不善者，吾亦善之，德善"（49章）可知，老子提的"善"，是不要回报的，对不善者也善之，并称之为"德"。由此可见"善"对"和谐"是先决的，是不可缺少的必要条件关系。从逻辑上分，因果关系有三种情况："有之必然，无之未必然"，如摩擦生热是充分条件；"有之未必然，无之必不然"，如无积雨云必不下雨，是必要条件；"有之必然，无之必不然"，如通电则电动机转，停电则电动机也停，是充要条件。"善"与"和谐"是待人以善，在刚开始不一定得善果，不一定有和谐，但不能因此而放弃，相反，如果行不善，则一定会不和谐。由此可知，善与和谐是一个有之未必然，无之必不然的必要条件关系。所以，看出这种关系的老子才会提出"以百姓之心为心……不善者，吾亦善之，德善"。就是说即使一开始不见效，但为了"德善"，实现人与社会、人与自然的和谐，也要坚持，而且要改进方法争取转机。只有这样才"是谓袭明"（这才可称作不重张显的聪明）。

提倡"上善若水"

"上善若水",无论电视、书报、广告、口头都可以经常见到听到。原话出在《老子》第8章,意思是说世上最善的事物莫若水。为什么?第一,"水善利万物而不争。处众人之所恶,故几于道。居,善地;心,善渊;与,善仁;言,善信;政,善治;事,善能;动,善时。夫唯不争,故无尤。"老子为什么会说"上善若水"?回答是:"水利万物而不争。处人之所恶(厌恶)。故几于(接近)道(客观规律、伦理规范)"。这里要害是"利万物而不争"。这里的"不争",特指不争非分的私利。因为"利万物"必须要有作为,要争取战胜困难,争取多奉献,是有"争"的。用大家能理解的事实来证明,那就是学雷锋精神——争做好事不留名,不求(争)回报。具体实施应当怎样呢?老子说:居住,要善于选择地方(如孟母三迁);心胸,善于保持沉静和有深谋远虑;待人,做到真诚、友善、无私;说话,善于表达真情,言而有信;为政,善于按规律、顺民情治好国家;处事,善于扬长避短,发挥才能;行动,能把握时机,当出手时才出手。正因为善于掌控自己又不争私利,故而也就无怨无过了。第二,"天下莫柔弱于水,而能攻坚强者莫之能胜。"(78章)这就是说,水虽柔,却力大无比,但它不逞强,不凌弱,它的包容,蓄势就像才高德劭的伟人——"是谓社稷主。"(78章)由此,老子便树起了一个"上善"的标准和形象,让人可以理解,可以比照,可以践行。

既然前面出现过善、不善、恶、上善,这就启示我们,

"善"是否也有层级之分呢？是的。按逻辑的限制与划分：善，可以分为上善、下善（道德底线）；不善可以分为一般不善、恶（不善之最）。

现联系《老子》与现实，简析如下：

恶。老子的谴责有："朝甚除，田甚芜，仓甚虚，服文采，带利剑，厌饮食，财货有余，是谓盗芋（魁）。"（53章）"强梁者不得其死"。（42章）近日，在电视"今日说法"上看到，一男子嫖妓完后竟将该女子掐死在床上。记者到监里访问杀人原因，他说女子对他说，她想找上个有钱男人就从良，自己听后认为她动机不纯，就掐死了她。记者访问时，他满不在乎，并无伤感，这就是人性泯灭，属"恶"，会被判刑（不得好死）。

不善（特指不善之一般状态）。老子说："难得之货（含不义之财），令人行妨。"（12章）"甚爱必大费，多藏（敛）必厚亡。"（44章）。在电视"今日说法"上看了一男子扶起一摔倒街上的老人，送他到医院，又呼来家人。老人却翻脸说他是被这男人撞倒的，要他付巨额医药费。看后大家都认为这老人因利忘义，败坏世风，是不善。

上善。除了"上善若水"一章外，老子还说了："生而不有，为而不恃，长而不宰，是谓玄德（最高的德）。"（51章）"善为士者，不武；善战者，不怒；善胜敌者，不与；善用人者，为之下。是谓不争之德，是谓用人之力，是谓配天古之极。"（68章）最近，在《炎黄春秋》上看了受人敬仰的双枪老太婆的原型——解放后重庆妇联干部陈联诗，她在解放前后做了很多贡献，但因不明真相的极"左"人诬陷，逼她退党，让她受尽折磨；后她 42 次申请重新入党直至死去，对党无怨，对革命无悔，那种心里只有人民，只有奉献的精神确实能撒向人间都是"善"。

下善（善的底线）。老子说："宠辱若惊，贵大患若身。"（13章）"信不足焉，有不幸焉。"（17章）"唯之与阿，相去几何？美之与恶，相去若何？人之所畏，不可不畏。"（20章）老子指出了这么一些不善，是要我们不要触犯底线。底线的标准是什么？是不违法、不伤害国家、集体和他人，也就是常说的"莫丧天良"。联系现实，有一位领导干部，90 年代退休后，带妻子上峨眉山旅游，两人走到一个偏僻地方，见四个壮男子调戏一姑娘，姑娘大呼"救命"，这个干部本想挺身去救，一想肯定斗不过，反而会连累妻子受辱，一咬牙，拉上妻子赶快走了，当时手机未普及，报不了警，走了一段也未见警察，他就罢了。可是这人后来对人说，从此一闭眼就看见姑娘的惨状，心里一直不得安宁。我们认为这个干部不算英雄，甚至可以骂他见死不救，但他良心未泯，知错负疚，事出不得已，守住了道德底线，可称下善。

上面分别剖析了恶、不善、上善、下善，正好对应了"八荣八耻"与中国特色社会主义核心价值观，我们要"知其荣，守其辱"（28章），拒恶从善，力争上善。

如何才能做到上善，前面老子的话已经讲得很详，这里再引点易于操作的话作总结。"我有三宝，持而保之：一曰慈，二曰俭，三曰不敢为天下先。"（67章）"天之道，利而不害。圣人之道，为而不争。"（81章）

时代需要和谐，让我们为"上善若水"而放歌。

四、天人和一

道家强调天地人和谐统一，天人一体。原本只有"天人和一"，没有"天人合一"。为了正本清源，这里得说说什么是真正的天人一体观。

近年书上、学术会上，常常看（听）到：老子、孔子、中国哲学观是"天人合一"，不同于西方天人对立。

回忆马恩列斯毛著作，没有这个词，回忆常读的《老子》《论语》《易经》等也没这个词。查了人大、北大的哲学教材也没这个词。后来在《哲学辞典》《中国大百科全书》《辞海》里查到了这一词条。但从解释来看，全是衍生、附会的，没有一例出于某经典之原话。三种工具书所解大同小异，现看常用的《辞海》的解释。

天人合一：中国哲学对天人关系的一种观点。强调"天道"和"人道"或"自然"和"人为"的合一。战国时子思、孟子提出过这种理论。后来汉儒董仲舒即强调"天人之际，合而为一"。(《春秋繁露·深察名号》)宋儒张载则说："天人异用，不足以言诚"。(《正蒙》)程颢认为："天人本无二，不必言合"。(《二程全书·语录》)朱熹也说："天人一物，内外一理，流通贯彻，初无间隔。"(《语类》)

从《辞海》《百科全书》等看出，中国哲学界从未公开论证并明确提出过"天人合一"这一概念。

"天人合一"是为美化皇权

经进一步顺着历史考察发现,第一次高调地提出"天人合一",并引起了普遍注意的,是西汉提"罢黜百家、独尊儒术"的董仲舒。他为了显才华并讨好汉武帝,在《对贤良策一》里提出了"天人感应"。论证"天"是有意识的神灵,皇帝是"天子"。皇帝秉承"天"意而治民;"天子"有失误,"天"会以天灾等提示天子;如不改过,就会遭天惩,进而强调"天人之际,合而为一",(《春秋繁露·深察名号》)"天地之气,合而为一,分为阴阳,判为四时,列为五行。"(《五行相生》)"天亦有喜怒之气,哀乐之心,与人相副,以类合之,天人一也。"(《春秋繁露》卷十二《阴阳义第四十九》)这些,完全是为了美化皇权,巩固封建统治而作的编造。后来人们为了方便阐明这个观点,便将这一句话浓缩成了"天人合一"。注意,这里的"天"不是大自然,而是"神"。"神"不是"人"的母系统,神与人是全异关系,属于同级概念,语言上可以用"合"。所以"天人合一"就由此而生。但是,需要特别指出,这里的"天"不表大自然,也不是"人"的母系统,这和今人对"天人合一"的解说风马牛不相及。把"天人合一"的提出强加给老子、孔子就更不应当了。

"天人合一"为什么是以讹传讹?请允许我们作一点探讨。

先看,天、人为什么不能"合"?

1. 不合老子原意。老子说"天地不仁,以万物为刍狗"(大自然没有意识,视万物犹如草扎的狗)"人法地,地法天,天法道，道法自然"。这就是说天想不到，也不会去迎合于人，冬不为人而暖，夏不为人而凉；反过来，我们要想活得好，只能由人主动去顺应天（自然），只能按规律办事以取得成功（自然的回报），这实则叫"天人和谐""天人和一"。

2. 违反逻辑规则。根据逻辑理论，属概念和种概念是包含关系，不能并列（含不能加、合）。表自然的"天"是上位（属）概念，而"人"对自然则是下位（种）概念，他们是属种关系，是不能并列、不能相加的。如"人婴合一""天树合一""兽牛合一""身脚合一"等，都犯了越级并列的错误。皆不合逻辑，都是笑话。

3. 不合系统论原理。按系统论原理，系统可依统属关系划分为母系统、子系统。在表述时不能超越层次加合。如物分为非生物、生物；生物分为动物、植物、微生物；动物分为胎生动物、卵生动物……人是大自然（天）的子系之子系之子系，是动物中灵长目动物之会制造工具（含语言工具）的高级动物。人与天相距几个层次，只能归属，不可对称相合，一合就乱伦（系统）了。

4. 不合马克思主义哲学原理。马克思主义哲理讲主观、客观，讲必然、可能，讲客观规律性、主观能动性。天，大自然，是客观存在，有其客观规律，不以人的意志为转移，只能认识、顺应。人只能在规律的范围内发挥人的主观能动性，有限地改造世界（生存环境）。如果用"合"，则夸大了人的作用，形成人与天平起平坐，就易引犯唯心主义的主观妄为错误，如"大跃进"喊的"人有多大胆，地有多大产"等。

跟风用"天人合一"学术上必不严谨

1. 概念的提出轻率。在《辞海》"天人合一"条理，就有"程颢认为：天人本无二，不必言合一"。这说明，已有人反对"合一"了。再看老子名言："人法地，地法天，天法道，道法自然。""道大，天大，地大，人亦大。域中有四大，而人居其一焉。"（25章）这里的"地"可以并入"天"，而"天"表的是"自然"，意思是说人通过地取法、认识天，再由天取法、认识自然，再通过自然掌握自然规律（道）。这句被很多人理解为老子具有"天人合一"观点的话，其实讲的是人从属于天，人从自然（天）那里获（悟）得了道。人、地、天、道只有逻辑关系（传递关系推理），没有"合一"关系。可以这样说，第一个错误是从董仲舒"天人合一"舶来，哪些说是东方（或中国）哲学特色的人，有失轻率。

2. 概念使用跟风。在20世纪90年代以前，很少听人用"天人合一"这个概念。现在国学吃香，有人搬出"天人合一"以彰显中华传统文化的优越，还说用了"天人合一"可以使西方哲学获得提升。大家乐闻，异常兴奋，跟着大喊，没有去查证、辨析，一人用了，大家紧跟，名人再用，认假作真。

董仲舒"天人合一"本意是"人的行为应当合神的意志，代表天意的天子理所当然可以统治万民"是对皇权的神圣化。这哪里是中国古代哲学的精华。

可以这样说："五四运动""横扫四旧""批林批孔"所批的孔、儒，其实都是批董仲舒改造后的、美化皇权的"儒"，而非原本的孔和儒，查遍《论语》，没有美化神权的言论，只有：孔子不语怪、力、乱、神。

当然，跟风不是一般人的错，一般人只能是引书信书、引报信报、引名言信名人，错在近年新近高调提出"天人合一"的哲学家，欠缺了严谨的考证。

用"天人和一"替换"天人合一"

既然"天人合一"是以讹传讹，且有美化皇权的背景，应当怎样对待呢？

为了正本清源，在学术上提倡严谨之风，绝不能将错就错；相反，有必要以此为突破，启用一个合乎传统本意的新提法，以便区别、取代董仲舒那别有用心的"天人合一"提法。怎么换？

"天"，含"地"，含一切存在，都应当位为"大自然"。"人"现可定位为"人类"，也含个体的人。"合"不当再用，因"合"只用于对等关系，天与人是从属（包含）关系，不能再叫合一，如香港回归，不能叫"国港合一"。但是，对天、人关系可用一个表和谐、表顺应的词，如谐一、和一等来连接。

今天，大讲"天人和一"，对实现生态文明建设确有积极的理论指导意义，在摒弃其糟粕，吸取其精华的前提下，使"天人和一"新生吧！

五、道法自然

"道法自然"影响很大，使用频率极高，但解释各异，个别甚至大相径庭。

为了明白个究，现对《老子》"道法自然"进行一个字一个字推敲。

要把握住"道法自然"这个命题，先看原文。《老子》25章："有物混成，先天地生。寂兮寥兮，独立而不改，周行而不殆，可以为天下母。吾不知其名，强字之曰：道，强名之曰：大。大曰逝，逝曰远，远曰反。故道大，天大，地大，人亦大。域中有四大，而人居其一焉。人法地，地法天，天法道，道法自然。"如何理解？先要依次弄清如下要点。

1."有物混成，先天地生"，说明道早在天体形成前就已经存在；

2."独立而不改，周行而不殆"，说明道是按自身固有的规律运行，不以人的主观意志而改变；道是发展的，发展是不停息的；

3."寂兮寥兮"，说明道本无形，非常抽象；

4."吾不知其名，强字之曰道，强名之曰：大"，说明道这个名字是老子勉强给取的，在哲学是个概念；是个大概念；

5."可以为天下母"，说明道不仅先于天地，而且是个初始概念——范畴；

6."域中有四大"，说明天、地、人、道密切相关，是老子独特的思想境界；"有物混成，先天地生。寂兮寥兮，独立而不改，周行而不殆，可以为天下母。吾不知其名……"

7. 要了解"道法自然"，还要弄清"人法地，地法天，天法道，道法自然"的内在关系。现逐层剖析如下：

第一,"人"。乍看这人是任意指称,单个的人,人类,都行,细细琢磨,似乎还包含了特指的,现在尚未做到"法地、法天"的人,他们更要由法地而法天、法道。至于已经做到或正在法地、法天的人,那就应该叫"有德的人"了。

第二,"法"。法,在字典里有十几条解释,但只有"法则""效法"最接近。"法"是名词动用,即"以……为法则",如"(有德的)人,以地为法则""(有德的人)以天为准则""(有德的人)以道为准则"……

第三,"天"。这里的天,肯定不是天空,不是天神,因为空和神无法效法;联系上下文,这个天,只能是"大自然",是包含宏观到微观的大自然,也就是大到宇宙,小到原子、粒子……的一切。

第四,"地"。天既然已经代表了大自然,地就不能再代表属于大自然之地球了,地,切实地理解,就只能解释成"环境",即人赖以生存的山川田园、社会家庭等环境了。

第五,"自然"。既然天已经代表了大自然,道法自然的自然就不应该是大自然了,而只能理解为"自然而然",即精神的、物质的、一切存在之本然性、必然性、规律性。

第六,道法自然的"道"如何解释?首先请看,"人法地,地法天,天法道,道法自然",这是一个什么逻辑形式?这是一个传递关系的推理,它最终层递推出的结论是"人(通过天、地、道,进而)法→自然"。因此,联系上下文,这个"道",就是人们所法到的"自然而然"。

"道法自然",直译为现代汉语是:"道以自然而然为准则"。

这里的"道"是从一切事物的本质——万有存在的必然性所感悟（抽象）出来的。所以，道就是反映万事万物本质的具必然性的普遍规律。有的学者把道解释为"究竟真实"，好！

如果不好理解，是否暂时就叫作（强名之曰）"真理"。

第七、道法自然。翻译成现代语言就是"普遍规律来源于大自然（所反映）的自然而然"。

这，实则是老子的世界观：人是大自然的产物（天人和一）。人的正确思想来源（法）于（在实践活动中）对周围环境（地）、对大自然（天）、对万事万物运动变化的必然性（自然而然）的认识、再认识。人只能顺应自然而然这一规律性行事（无为），才能获得自由发展（无不为）。相反，如果按主观愿望强勉或强勉行事（有为），则属于不道，按老子话，叫"不道早已（亡）"。

如何运用"道法自然"？现在有几个乱用的情况，值得提出来加以辨析。

其一，认为道法自然就是听天由命。对不对，完全不对。为什么？老子不讲宿命论。不要忘了原话"人法地，地法天，天法道，道法自然。"这里有天、地、人、道，没有神鬼，没有宿命。要看到，只要合道，合规律，个人凭勤劳节俭、德才学识是能助你化险为夷或改善处境的。

其二，认为道法自然就是听其自然。对不对，有点对，不很对。人生病了、受伤了，治不治？要治。为什么？不要忘了道法自然里有一个"法"，这就是说"人的主观能动性"在尊道贵德的前提下也应加以充分发挥。

其三，认为道法自然就是顺其自然。对不对，对，但不严谨。为什么？顺其自然里没有"道"，理解和运用都容易忽略"道"，不知道如何"顺"。道（规律）包含了阴阳冲和、祸福相依、推陈出新、反者道动等要害。正确把握"顺其自然"，除了不能忘了"道"和"法"，而且更要多多讲求因势利导。

怎样运用才叫正确？下面也举一点事例。

自己生了病怎么办？一方面要看到老子讲的"出生入死"，认识死亡也属自然，进而去除心理恐惧；一方面要做到战略上藐视疾病，战术上重视疾病；配合医生，对症服药，积极锻炼，乐享生活，争取最好结果。这，才是道法自然。

再看看国家，中国现在坚持的改革，就是在不断调整主观决策以适应变化了的客观情势，不断调整因发展而不再适应的生产关系，使这种滞后的生产关系与发展了的生产力相适应，以使生产力获得进一步解放，使经济获得进一步发展，这就是"道法自然"在改革中的体现。为什么中国能创造奇迹？这，正是老子"无为而无不为"的写照。

为什么霸权主义者会加速衰败？因为它们不肯接受道法自然，自恃强大，主观地认为自己军力、货币、科技、管理等实力足以称霸，足以通吃；它不看世界发展了的新形势，不知祸福相倚，不懂无为之益，认为只要凭"超强的"实力就能为所欲为。

英国《泰晤士报》网站2015年6月6日发了《拉母斯菲尔德称布什的伊拉克政策是错误的》，文中不仅批评了小布什，直言搞西方民主是错误，并说："我们不能当世界警察，世界太大

了。"(见 2015 年 6 月 7 日《参考消息》)

这叫什么？麻雀吃胡豆——不给屁股商量，自食其果。这就不合"道法自然"，就是违逆客观规律，最终定会自作自受，"不道早已"。

六、为而不争

一听"为而不争"就觉矛盾，为，怎么还能不争？

《老子》里，有七章共计十次出现了"不争"。如"水善利万物而不争……夫唯不争，故无尤。"（8 章）"不争之德"（68 章），加上守雌、尚柔、不为先等相关言论，给人的印象就是《老子》主张事事"不争"。多年来，联系老子的"功成身退""恬淡为上"等言论，认为这是面对春秋末年乱世的消极、避世表现；并认为老子的不争是不可取的。难道面对侵略者的进攻和暴徒的暴行，我们也能"不争"吗？

是的，《老子》在字面上确实反复讲了"不争"而没有讲一个要争。那么，老子是不是主张甘愿任人宰割一概不争呢？不是的。通览全文，老子的不争是一种智慧、一种美德，不是事事不争，更不是消极、避世。

现从三方面加以辨析：一、老子也有"争"；二、老子主张莫作非分之争；三、我们应当学其智慧、修德。

（一）老子也有"争"

老子没有公开讲过要争，但稍加分析，就会发现有"争"。

第一，争上进，争益智。"为学日益"（48 章），益，就是增进,就是在学习上要争取天天向上。"学不学"(64章),要争取学习一般人所不学的(圣人之绝学)。"知不知,尚矣"(71章),能争取学到自己所没有的知识才算高明。"夫唯不盈,故能敝而新成"(15章),只因追求上进不自满,所以能推陈出新。"胜人者有力,自胜者强"(33章),后一句的意思是要成为强者,就要力争战胜自己的偏见,修正自己的错误。试问,老子这位世界公认的智者,没有刻苦求知、求是、求真(理)的进取精神,难道能自然企及吗?所以,我们说他是有所不争,也有所争呀。

第二,争修德,争为道。"为学日益,为道日损"(48章),为道,可以理解为探索真理,也可理解为修身进德。为什么要损?就是要去掉偏见,劣习。不但要损,还要每日都损,要损之又损,以至于无为。我们都知道,去掉偏见、劣习是非常痛苦的,没有抗争是做不到的。老子认为损之又损以后也没有完,还要争取做到无为而无不为。"善建者不拔……修之于身,其德乃真;修之于家,其德乃余;修之于乡,其德乃长;修之于邦,其德乃丰;修之于天下,其德乃普……"(54章),看,老子不但要个人修德、为道,而且要争取层层扩大,直到"修之于天下,其德乃普"。这里"不争"是完全不能设想的。"圣人被褐而怀玉"(70章),圣人穿着粗布衣服,但胸怀宝玉般的美德。这里非常明白,像老子这样的圣人,他不讲究衣着等物质享用,他追求(争取)的是真理,是美德,哪是"不争"呢?

第三,争,是为了万物、万民。上善若水。"水善利万物而不争,处众人之所恶,故几于道"(8章),最高尚的人及其德行有如水一样。为什么,水给万物提供生机、便利却不争利,它甘居众人所不愿去的低下、偏狭之地，可以说水的品德很近似于"道"。"圣人常无心，以百姓之心为心。善者吾善之，不善者吾亦善之……"（49章），圣人永远没有私心，总是想百姓所想。善良的我善待他，不善良的我也善待（教化）他。"爱民治国，能无为乎？……生之畜之，生而不有，为而不恃……"（10章），爱民治国能遵循规律不妄为么？（要做到）繁衍万物却不占为己有，为万物作了贡献却不居功。"圣人常善救人，故无弃人；常善救物，故无弃物"（27章），圣人永远要争取做好的是什么，是救人，是救万物。够了，虽还可举出很多，但以上老子的原话已足以说明老子的胸怀是天下万物、万民，他需要有所不争才能争取实现自己如此伟大的抱负和理想。

从以上三点，看出老子也有所争，但为何不明提"争"呢？因为老子写五千言，是针对当时诸侯争斗、民不聊生的国情写的，他要大声疾呼的是：不要再争了，这样争不仅祸国殃民，而且定会搬起石头砸自己的脚！

(二) 莫作非分之争

世间上的东西，有的是可以争取到的，如种瓜得瓜，学习得知识；有的是争不到的，如上天揽月、长生不死……对非份的、争不到的东西也要争，那就不只是水中捞月，甚至是掘墓自投了。老子在众人尚沉于痴迷的争夺之时，就看到这是"不道"，因此他对那些痴迷者大叫"不争"。

第一，不争所不能争。"不道早已"（30、55章），不合道、不合客观规律就会早亡。秦始皇身体很好，但想长生不死，服食"仙丹",反而早亡。"将欲取天下而为之,吾见其不得已。天下神器,不可为也,不可执也。为者败之,执者失之"(29章),想夺取天下并任己摆布,我看他是不能达到目的的。天下人民是神圣的,不能违背他们的意志行事,更不可固执到底。谁要违背意志,固执妄为,必遭失败。希特勒、墨索里尼、东条英机等大野心家,他们都曾不可一时,但都因违背民愿,终致惨败。"强梁者不得其死"(42章),强暴恶极的人不得好死。这种事例,人人都可举出多个。即使有个别一时逃脱法网,但终会伏法;即使个别到死时尚未伏法,但他的行为也会对子孙、家人带来祸害。以上言论,虽无"不争"这词,但所说的不仅是"不可争",甚至是"不可为"。这里不妨引用孟子的话来加以诠释:挟泰山以超北海,语人曰我不能。非不为也,是不能也。不能做的事,当然应当"不争"。

第二,不争所不当争。有些东西是争得来的,如财物、知识、健康、友谊等,但争得来的东西中有的是争到以后会给他人或给自己带来伤害的,譬如金玉满堂、政绩工程、虚名、专权等,在老子看来,这是有道者不处,是不义之争。"金玉满堂,莫之能守;富贵而骄,自遗其咎。"(9章)臭名千古的和珅,他贪敛的财物是清朝当时20年的财政收入,结果怎样?自己送了命,家人也遭殃,而且遗臭万年,所以不当争者应不争。"企者不立;跨者不行;自见者不明;自是者不彰。"(24章)踮着脚想站高反站立不住;跳着走想快行反不能远;自逞高明反而会"甚爱必大费,多藏必厚亡"(4章)不能明达;自以为是反而不被尊崇。过分地纵欲(爱色、爱酒、爱名、爱赌……)一定会付出沉重代价,过于贪敛财物定会遭致惨重损失。以上都是不当争的。不争于己无损有益,争了不徒无益反而多害。

(三)学其智慧、修德

通列老子的十处"不争"于后,无非属于两种。一种是为避祸或取胜而取的"不争",这种"不争"闪耀着智慧的光辉;一种是克己为民,为万物而让的,这种"不争"绽放馨香的美德。

第一,属于修德的不争。"水善利万物而不争……夫唯不争,故无尤"(8章),水有善利万物而不争的美德,是我们应当仿效的。正因为它谦让不争,所以不会有过错(不会与人产生矛盾)。这是什么精神,发展到今天可改称为雷锋精神。"我有三宝,持而保之;一曰慈,二曰俭,三曰不敢为天下先。"(67章)我有三个视之为宝的美德,第一个叫慈爱,第二个叫勤俭,第三个是在享乐上不争在天下人之先。这是什么精神,这很像范仲淹说的"先天下之忧而忧,后天下之乐而乐"的精神。"善用人者,为之下。是谓不争之德,是谓用人之力,是谓配天古之极。"(68章)善于调动人积极性的领导,能礼贤下士。这叫不争的美德,这样才能充分发挥人的潜力,这叫合乎永恒的客观规律。尧、舜、禹的禅让,刘备的三顾茅庐都是佳话,也都是修德。"天之道,利而不害;圣人之道,为而不争。"(81章)合乎天之道的是圣人之道,圣人之道就是全心服务人民又不计报酬。这是什么精神,发展到今天,我们应当转称是全心全意为人民服务的讲奉献而不求获利的精神。以上三处不争都不属消极、回避,而都属于主动积极地修德。

这里出现了"为",也出现了"不争",矛盾吗?联系上下文看,这里的为,特指奉献,这里的不争,特指不争非分之利。所以"为而不争"不仅不矛盾,还是绝配。

第二,属于智慧的"不争"。"不尚贤、使民不争"(3章),不过份推崇贤才异能的领导,就能使民不争功名利禄。春秋时候,有些说客、方士……各国游说,骗取功名,侯王越推崇越生误导。在今天,选美、超级女声赛等,蛊惑青少年去拼争、送钱,祸害颇大,难道不宜降温?"不自矜、故长。夫唯不争,故天下莫能与之争。"(22章)不自我矜持,所以能长久。正因为不争(名利),所以天下没有人能与他相争。这就叫谦虚使人进步,使人孚众,使人胜利。"是以圣人欲上民,必以言下之……以其不争,故天下莫能与之争。"(66章)所以,圣人想要领导人民,就一定要称自己是人民的公仆、儿子……正因为他不争名利,所以天下就没有人能和他竞争。"天之道,不争而善胜"(73章),客观规律是什么?是不强争武夺而善合理合法取胜。这里最值得重点分析。第一,不争的目的是什么?是为民谋利。第二,不争不是什么也不做,只是不恃强豪夺。第三,关键要看一个"善"字,联系老子的其他言论可知,这个善,可以是"柔弱胜刚强",可以是"将欲取之,必固与之"等,一言以蔽之"善用计谋,善以德取人"。

老子所讲的总计十处"不争"都剖析完了,找不到事事不争、消极、避世的阴影,相反,却能看到超凡的智慧和高尚的美德。而且,他的"不争",都可统挟于《道德经》的纲:"人法地,地法天,天法道,道法自然",不亦美哉!

第五节 《老子》的"天道信仰"

什么是信仰？《辞海》释："信仰是对某种宗教或主义的极度信服和尊重，并以之为行动的准则"，中国人有信仰吗？中国人不仅信仰马克思主义，上千年来家家供有一个神"天地君亲师"位。"天地君亲师"看是一个牌位，不是偶像，但仔细究竟，"君亲师"表人，加上"天地"，合为"天、地、人"，是一个序列，表自然的整体观。是否可以把这叫作"天道"崇拜呢？下面请看我的探讨。

一、"天道"在《老子》里是什么意思

《老子》里出现"天"字83处，出现"道"字65处。出现"天道"2处"天道无亲，常与善人"（79章）；"不窥牖，见天道"（47章）；出现"天之道""天乃道"共6处："功成身退，天之道也"（9章）；"天之道，不争而善胜"（73章），"天之道，其犹张弓与"（77章），"天之道，利而不害"（81章）。

"天之道"实则就是"天道"。这就是说81章里有8章都论了天道。那么，何谓"天"，何谓"道"，何谓"天道"，"天道"在《老子》里是什么地位？

纵观出现的83个"天"，表的是什么？是宇宙，大自然，整个世界。出现的65个"道"是《老子》的核心概念，表的是什么？是世界一切存在的总规律。8处所说的"天道"是什么？

实则是讲"不以人的意志为转移的自然规律"。具体体现于第25章"人法地，地法天，天法道，道法自然"。这里，天地人合为自然，是道的由来。要确认这一点还可看看第16章"公乃全，全乃天，天乃道，道乃久"。（公正才能周全，周全才能符合自然规律，合自然规律，才能长久不衰。）

《老子》的精华是"尊道贵德"，核心概念是道。"道"是一个普遍概念，它可划分为表特殊规律的天道、地道、人道，人道又可分为：兵道、治道、家道、妇道、商道、学道、养生之道、处世之道等。

《老子》的核心论断是"道法自然"，这就是说道是对自然普遍规律的理性反映（抽象和概括），不是凭空的规定，更不会以人的意志为转移。而且从"人法地，地法天，天法道，道法自然"的推理看，"人道"取法"天道"。天道表的是自然的生化（含消长、往复、上升），所以天道更能体现道。如果说"道"更抽象，那么"天道"则较易感悟和表达。这就是说信仰天道就近乎得道——近乎从必然王国进入自由王国。

老子为什么要大讲天道？这是有历史背景的。距今五千年左右，伏羲画八卦，以"—"表阳、表天、表男、表雄，以"--"表阴、表地、表女、表雌，确定"一阴一阳之谓道"。由阴阳而八卦，各表日、月、山、泽、雷、风、水、火等自然现象。后又演化为8卦，再衍至64卦，全面表达了宇宙万物的对立统一、质量互变、否定之否定、普遍因果联系、自然生化发展。这种称之"天道"的思维，至今还深为民众信奉，也说明中国人为什么"聪明"。

黄帝不仅继承了易理，而且有所发展。从后人按黄帝思想写出的《黄帝阴符经》《黄帝内经》等观看，他也很重道，很重天道。如《阴符经》开篇就讲"观天之道，执天之行，尽矣"。《内经》开篇就讲"上古之人，知其道者，法于阴阳"。这种重道，重天道的思想，经尧、舜、禹、汤、周，一直传到了老子。

老子继承几千年中华民族的灵魂，写出了第一部哲理著作道德5000言，后人命名为《道德经》，实则是论证了尊道贵德的合理性、必要性和利民性。特别是明确了对"天道"的信仰。

与天道同义或近义的还有天运、天命、天理等，如"天理不可违""五十而知天命"等，这些思想观念在每个中国人的身上都打有烙印，遇到事情时，天道观就会自然地跳了出来，或多或少指导你的行动。

二、天道植根在中国人心里

1. 从古自今，遇到事情，中国人会有如下口头禅（含名人、名言、谚语、成语等），正好表达了天道观。

天道、天理、天命，有多种解释，有神论把天道、天命定为天帝、天神的意愿，但老孔等诸子百家多把它放在自然规律范畴，中国的老百姓，有的、有时把它视为宿命观，但多数人，更多的时候则认为这是天理，是正道。

当某政策举措利国利民大得人心时，人们会说这是合天道、合天理，是天经地义；反之，会被骂为无道、不合天道、天理难容……

当杀害刘胡兰的凶手被正法时，老百姓都说天道得伸，天理昭彰。一部《封神榜》说的是"违天道，败；合天道，胜"；一部《水浒传》说的是"替天行道"；一部《西游记》表达了"道、佛都讲要合天道"。

中国人的天道观自古至今已根深蒂固，顺口而出，顺时而用。请看，四方老幼所常用的与天道有关的口头禅竟如此之多。

天则、天理、天启、天意、天极、天机、天下为公、天然更新、天道好还、天网恢恢、天时地利人和、天无绝人之路、"天命之谓性，率性之谓道"（中庸）……

2."中国人有信仰"的佐证

《文摘周报》1874期上刊了一篇摘自《中国新闻周刊》的秋风的篇名文章《春节：中国人共同体的密码》。文里表达了如下观点：

第一，传统中国人是有强烈宗教信仰倾向的，突出的表现为天道信仰。如祭祀名山大川（泰山封禅），开展春节、清明、端午、中秋、秋分、重阳等节日祭庆活动。

第二，民间有万物有灵的信仰。如拜门神、灶神、火神、龙王、雷公、药王等，这可否认为是对"天道"的泛神化。

第三，道教、佛教等的宗教信仰，多与神化的天道关联，如祭天、祭河等。

第四，祖先崇拜（信仰祭祖）。对于并不信仰绝对上帝的中国人来说，祖先崇拜是让必死的肉体获得了永恒性——个体被置于过去到未来的传承之中。因此，正如曾子所说"慎终追远，民德归厚矣"。（认真葬、祭，个体的德行会提高，有利优化社会秩序）。

第五，商业化和经济繁荣不是祖先崇拜的障碍，只要善于引导，祖先崇拜恰是人们厌恶商业性社会人情淡薄，希望保持共同体意识而创生、维持的一种文化社会机制。

第六，人是否必须有某种超越性信仰？无此信仰，健全的社会秩序有没有可能维系？这是古往今来所有哲人思考的终极问题。

我读了这篇文章的感悟是："信仰于社会于人很重要""中国人是有信仰的，上述四种信仰都与天道有关""经济繁荣反而能促进信仰的创生与维持""当今中国人中有的信仰缺失，出现疏懒、欺诈、暴躁等妄行，不利社会稳定与发展，有必要因势利导，提升中国人的天道信仰"。

3. 中国人传统信仰的特质

传承久远、未受规约、包容广纳、与时俱进是中国人天道信仰的特质。

传承久远。前面讲了，从伏羲、老子至今几千年，"天道"崇拜不仅从未中断，而且广为人们信仰，可谓根深蒂固。

未受规约。"天道"信仰不具偶像，比较抽象，比较浑沌；除道教外，一般人虽信，但不受教规约束，可以视天为神，可以视天为自然，可以一时神一时自然。普遍信奉的是：善有善报，恶有恶报；因果报应，不应己身，也应子孙。

包容广纳。佛教传入中国，吸纳了中华传统文化及其用语，如：天、道、法、因果、善、慈等，因而虽在印度失传，却在中国得以生根发展。基督教、伊斯兰教等也无不自然进入，且都可以由天道加以包容而和谐发展。但值得注意，一般中国人不认为人生下来就有原罪，不认为人活着做什么都是苦，不认为人的一切行动都得听天神来安排。中国人信泛神，实则就是信天，信天道。

与时俱进。马克思主义的传入，很快被包容成了中国人的信仰。因为马克思主义的辩证法、社会发展观很合自然规律——天道，能体现人间正道是沧桑，能体现天人和一。共产主义者自当信仰马克思主义，然而一般百姓也因其合天道而或者信仰或者同感。但是在处理问题时，马克思主义哲学的普遍联系、对立统一、否则之否定、质量互变等观点与方法，无不已被民众经常使用。至于人民对改革开放、科学发展观、四个全面、五个自信、中国梦等的拥护，也因认为这合乎"天道"。这也说明天道观是顺天时而发展的，是永不过时的。

三、如何提升天道信仰

上面讲了天道信仰既久又广，且能与时俱进。但这种信仰也存在浑沌、不明晰，自然生发，不被重视，未受约束、不与社会生活更好结合等诸多问题。为此特提出如下建议：

1. 开展天道信仰的课题研究，从而给出一个简明而积极的说道（界定），从观念（理念）上给予一个规范性指导，为提升天道信仰排障开路。

2. 开展天道信仰与马克思主义信仰结合的研究、指导和规划，使自然生发的信仰能与社会主义核心价值观相结合，进一步提升成为有利社会发展的信仰。

3. 群团组织，特别是学术团体要以提升中国人的天道信仰为已任,开展学术研讨和宣传、引导、示范活动。

4.各类教育机构,要看到信仰缺失,胸无理想,跟风媚俗,盲目学习西方文化垃圾等对学生乃至民族的危害性,自觉将马克思主义信仰与天道信仰有机地结合起来,坚持不懈地开展理想信念教育。

5.哲学、社会科学工作者,可就中国人的信仰问题,开展研讨,发文出书,把这个关乎社会稳定与发展的大事自觉地做好做细。

提升中国人的信仰岂不也合天道。

第六节 消除对老子的误解

亘古哲学名著《老子》(《道德经》),以其睿智、前识和掷地有声的语言,现已成了仅次于《圣经》的发行量最多的畅销书。

但是,距今2500年的《老子》,今天读起来,难免误认为有些言辞表现"保守""倒退""消极""异端"……由于对《老子》产生误解,常见有四种态度:一、误听他人妄说,不学;二、粗略学习后,认为有问题,不弄个水落石出,就以偏概全否定它;三、撇开争议部分不学,把《老子》看得完美无瑕,也不许他人提出异议;四、带着问题再学,从全文总体出发,以老解老,历史地客观地弄清真相,最终消除误解;如果发现确有不妥,也要肯定主流,历史地评价其局限,取其精华、弃其糟粕，古为今用，还《老子》以本真。

正确态度是：冷静分析、评价有争议的章句，全面、准确地把握和弘扬老子思想。现试析于下。

一、《老子》里有争议的章句

第3章：不尚贤，使民不争……。是以圣人之治也，虚其心，实其腹；弱其智，强其骨。恒使民无知无欲也。使夫知不敢，弗为而已，则无不治矣。

第18章：大道废，有仁义；智慧出，有大伪；六亲不和，有孝慈；国家昏乱，有忠臣。

第19章：绝圣弃智，民利百倍；绝仁绝义，民复孝慈；绝巧弃利，盗贼无有。此三者以为文不足，故令有所属；见素抱朴，少私寡欲；绝学无忧。

第47章：不出户，知天下；无窥牖，见天道。其出弥远，其知弥少。是以圣人不行而智。不见而明，不为而成。

第65章：古之善为道者，非以明民，将以愚之。

第80章：小国寡民。使有什伯之器而不用；使民重死而不远徙；虽有舟舆，无所乘之；虽有甲兵，无所陈之。使人复结绳而用之。至治之极。甘其食，美其服，安其居，乐其俗，邻国相望，鸡犬之声相闻，民至老死不相往来。

二、老子的时代背景

存在决定意识。马克思如果生长在奴隶制时代也写不出《资本论》和《共产党宣言》。他创立的辩证唯物主义、历史唯物主义和科学共产主义理论，是在面对资本主义社会社会矛盾，吸取了前人相关成果的合理内核基础上，创造性地推出的。

老子生活的年代，文化水平、科技水平、交通信息等方面都相当低下，因此，老子思想必然受到历史、认识、阶级的局限。如果什么都能合今之社会潮流，那才是不可思议的怪胎。

老子，公元前571年2月15日生于今河南鹿邑，前520年，老子任周征藏史、柱下史，前519年景王死，长庶子朝和王子猛为争王位打了两年拉锯战，猛即位朝夺位，猛再夺位为悼王；猛死，王子匄为敬王。中间，因王子朝抢走文档，老聃回乡六年，后经敬王查实无罪再复职，到前498年老子73岁时才辞职还乡。大约在前478年老子从苦县骑青牛出函谷关去秦。在函谷关应关令尹喜请求，写成了道德五千言，后名《道德经》。出关后，入秦布道。秦王认为老聃理论虽利民但不利君，未召见。后老子转到秦南各地布道，于周元王5年（前471）病逝。

由于时代背景对老子的制约，我们应当看到以下几个特点：

1. 离原始社会较近。夏朝开始进入奴隶制，以前为生产力低下的原始社会（含早期的母系社会）。老子易于追怀母系社会和原始社会。

2. 奴隶制社会出现了专门从事脑力劳动的士及贵族，文化、科技有了发展。老子得以从事精神产品的生产。

3. 文字由甲骨文发展到竹简、帛书。书写虽有进步但仍困难，惜字如金。一字一词，大量运用假借字，传抄常出错，《老子》难免误抄误读。

4. 东周王朝失去控制力。东周之春秋时期，公元前770年—前476年，诸侯国百年争战、争地、掠财、夺丁（劳力、士兵），百姓痛苦不堪，引发老子反争战、反苛税、倡无欲、倡反朴。

5. 奴隶制即将被封建制取代。春秋开始确立领主土地所有制。到战国，铁器代替铜器，生产力提高，土地买卖，领主制度变为封建地主制。老子顺应形势，对倡导恢复周王朝等级制度的礼及仁义思潮，进行了批判。

6. 社会大变革、大动乱，引发思想大活跃。为了平乱、治世，学士横议，诸子争鸣，建立门派，竞争优势。中央失控，士人敢说敢想，老子也顺势创立了道家学说。

7. 老子身为征（守）藏史、柱下史，博览群书、体恤民情、深谙国是。史官主管祭祀、占卜、历法、星象、记事、释礼、征集民风歌谣、掌管文档图书，因此精通传统文化和天文、历法、民俗、民愿，很讲爱民。

8. 当时士大夫中不少人用智谋、巧诈游说侯王，鼓动侯王强国争霸。这些人四出游说，争推巧计，献媚谋官，实则谋官殃民。老子厌恶这种智巧歪风，出于与之对抗，议论难免从一个极端走向另一个极端，以致提出了愚民、弃智等主张。

掌握了以上背景，再来讨论《老子》的局限，也就可能客观和中肯了。

三、《老子》的局限

也许，《老子》有两个局限，两个不足。

局限一，为统治者设计南面（为君）术。

老子是奴隶制周王朝的史官，在其位谋其事，自然所献之策难离奴隶制君主执政之道。

《老子》65章说："古之善为道者，非以明民，将以愚之。民之难治，以其智多。故以智治国，国之贼。不以智治国，国之福。知此两者，亦稽式，是谓玄德。玄德深也、远矣，与物反矣。然后乃至大顺。"

第3章说："是以圣人之治也，虚其心，实其腹；弱其志，强其骨。恒使民无知无欲也。使夫知不敢，弗为而已，则无不治矣。"

老子所处时期诸侯争夺各显计谋，什么围魏救赵、美人计、借刀杀人等比比皆是，这就加速了周王朝的覆灭。所以老子认为以智治国，国之贼。他站在史官的立场，自然会为王朝设想，进而提出与智巧相反的"愚之"。注意，这个"愚"，联系全书，是指反朴归真，使民回到婴儿般纯良（见28章）。他反对的"智"，也不是褒义的"智慧"，而是阴谋、诡计、狡诈。

但不管怎样，这剂药方是不能使周王朝起死回生的。第一，周王朝的覆灭是制度问题，新兴的封建制必然代替腐朽的奴隶制；第二，历史是人民群众推进的，不应遏止民众的创造力；第三，愚民势必弱国，甚至可能招致外侮入侵。

值得一提的是，对照"民主"这一当代新词，"愚民"自然显得落后甚至反动。但是就其客观存在而言，有几个情况却值得探讨。

1. 因战争需要而惑敌和安定国人的"愚之"，是一直被运用而且默认为当用的。就是最讲民主的美国，为打伊拉克而宣扬的伊有大规模核武器，伊与恐怖主义有密切联系，后来都证明不实，但在战争之初，确曾愚得了本国和盟国人士的支持。

2. 政治上，为了夺权而进行的蛊惑，古今中外概莫例外。中国帝王称天子、龙。刘邦夺权编了斩白蛇。

3. 政治、经济、军事、医疗……都有暂时保密的通例，已被普遍认可。若干年后解密，多有被愚弄之感。

4. "精忠报国"是堂皇教育。古代讲忠君（忠君与爱国被绑在一起）。提出了君要臣死，臣不得不死，所以有了比干、岳飞的愚忠。

《老子》一书之内核是授人以"智"，那为何又要"愚民"呢？《老子》有"知人者智，自知者明"（33章），有"大巧若拙"的"大智若愚"思想（45章），是重智反愚的。那为什么要讲"愚"？我们再来分析65章和3章讲愚的原话。

其一，"以智治国，国之贼。不以智治国，国之福。"显然，这里的"智"显然特指计谋、诡诈，不是指"智慧"。

其二，"恒使民无知无欲也。使夫知不敢，弗为而已，则无不治矣。"显然，这里的"无知"不是"无知识"，而是对政治的不知或不问。

其三，"古之善为道者，非以明民，将以愚之。"这里的"善为道"特指善治国。"之"指代前面"明民"的"民"，"愚之"就是"使民愚"。联系前面的分析，这个"愚"仍不是愚昧，不是不读书、不会生产，而是对国事的"不过问"。再联系

《老子》中一再提倡的真朴、回复到婴儿般状态，可以作这样的判定：

由于当时语词贫乏，老子这里讲的"愚"，用今天的多音词来翻译，应当是"愚忠"或"不问政治"，即对统治者的统治不怀疑、不反对、甘愿忍饥忍辱甚至为君主献身。

虽然，老子的"愚民"主张有很多可原谅的地方，但放在当代民主的大背景下，使民愚忠、不问政治也是很不妥当的，所以我们仍要认定这是他的一个局限。

局限二，以回归纯朴生活为人类理想。

《老子》的社会理想蓝图集中表现在第80章。现分别剖析于下。

1."甘其食，美其服，安其居，乐其俗。"这话表达了和谐平静，安居乐业情景，属小康诉求，都能接受，是其理想之要害，值得肯定。

2."小国寡民。"在今天来看"国家"，大有大的强，小有小的乐，各有长短。老子提"小国寡民"是针对诸侯争霸（大）、兼并而言的。春秋时期，"国"指诸侯国，"天下"才是周王朝的国。

3."邻国相望，鸡犬之声相闻，民至老死不相往来。"注意，这里是"邻国"，不是"邻村""邻居"。春秋时一百多个国家争战、对立，边境居民不便往来这是客观现实。老子的意思是面对现实，坦然相对，不刻意往来，不无事生非。如误认为是叫邻居至死不往来，扣一个封闭、保守的帽子，那就张冠李戴了。

4."虽有什伯之器而不用；使民重死而不远徙；虽有舟舆，无所乘之；虽有兵甲，无所陈之。使人复结绳而用之。"这是历代都有人批判的要害，被认作是复古、回到原始社会思想的铁证。这是承接"小国寡民"而补充阐释的，与当时的战乱有关，可以原谅。但是就其社会取向而言，这仍可定性为复古、隐忍，具有消极（非积极）负面影响的。

在作结论之前，还有几点值得探讨。

其一，存在决定意识。贾府的焦大不曾想到林妹妹，春秋时的人不会梦想乘飞机上天，他们只会梦想平安是福。

其二，老子的取向是求真、反朴、寡欲、无争，是属于向往原始社会。

其三，梦想会有层级划分。想得实际的叫理想，想得空泛的叫幻想（乌托邦）。个人有个人的理想或幻想。对社会，各人有各人的理想或幻想。因为有梦想，才有奋斗，才有前进。老子的梦想是过农耕社会的日出而作、日落而息的恬静、祥和生活。

其四，人常有返童的梦想。小孩挨打，梦想快快长大。人老后常回忆童年幸福。人对社会历史也会出现怀旧。老子的构想，难道不是因处乱世才梦想小国寡民吗？

老子时代，经济、文化落后，不可能出现"社会发展史""历史唯物主义"等科学，老子的理想也就只能是美丽的幻梦。他从典籍、诗歌对尧舜时代的赞美引发梦想，选择了以回归原始社会的纯朴、祥和、寡欲、无争为理想，也就完全可以理解了。但是，就文字、就哲理而言，就不可苟同，就必须看到其不思变革、不利进取的局限了。

下面再讲两个误传和欠妥（不完美）。

不足一，"绝圣弃智"和"绝仁弃义"等言论造成误解。

很多人都认为"绝圣弃智"是离经叛道，当批判。

但是，1993年湖北荆门郭店出土的战国竹简却是："绝智弃卞（辩）……绝伪弃诈……"说明上面用语属于误传。

为什么会被更改误传？很可能是道家、儒家斗争的产物。

但即使按更改后的"圣、智、仁、义"来究竟，也有误会。请看。

查《辞源》，"圣"可作名词用，如"圣人"；可作形容词用，这时的"圣"可表才智超群。"绝圣"的"圣"特指春秋时那些挑起争战的超群智谋，应当抛弃。"弃智"和"绝圣"是同意加强，特表抛弃智诈。显然这是正当的，只是因为人民习惯把"圣"理解为"圣人"，"智"理解为"智慧"，都是褒义，偶作贬义用，便大为诧叱。

"绝仁弃义"更是接受不了。中华是礼义之帮，仁义礼智信是优秀传统。怎能抛弃？其实，这又是误会。

查《辞源》，"仁"的解释：①"儒家的道德规范。本指人与人互相亲善，仁爱。孔子言"仁"，以爱人为核心，包括恭、宽、信、敏、惠、智、勇、忠、恕、孝、悌等内容，和"己所不欲，勿施于人""己欲立，而立人"为实行方法。"义"的解释①"公正、合乎正义的道德、行为或道理。"

《老子》又名《道德经》，是讲道德之开山经典。老子的一生、真、善、慈、俭、谦、让……无一不是道德楷模,完全合一于《辞源》对仁、义的解释,那他为什么要提"绝仁弃义"呢?这是学术争鸣的特殊背景使然。老子所处的春秋时期,礼崩乐坏,东周王朝徒有虚名。为挽救周王朝,很多士大夫开出了仁、义、礼、乐等药方,此后由孔子提出了"克己复礼"的儒家方案。要知在正常情况下,仁、义、礼都是值得提倡的;但是,这里的"复礼"是特指恢复过时的、阻碍社会前进的奴隶制王朝的等级制度"周礼",而仁、义等一概统辖于周礼,如何复?要克制自己去复。这就有很大的欺骗性和反潮流趋向(当时封建制即将代替奴隶制),这是老子所不苟同的,所以才说"大道废,有仁义;智慧出,有大伪;六亲不和,有孝慈;国家昏乱,有忠臣。"(18章)也才提出了"绝仁弃义,民复孝慈;绝巧弃利,盗贼无有。"(19章)

不难看出,"绝仁弃义"是为了"民复孝慈"而说的,合道。这里的"仁"和"义"代表了周礼等级制度的阴灵,所以它是虚伪的、骗人的、有害的。

人们在争辩一个问题时,常常出现两种情况,一是矫枉过正,由一极端走向另一极端;二是语词省略,或承前省,或蒙后省,把该论域里所针对的特殊论题给省掉了。时间一长,后人不了解背景,就会诧异。老子的"绝圣弃智",实则是"抛弃智诈";"绝仁弃义",实则是"摒弃维护奴隶制的仁义欺骗"。这些都是因文字简古和时代久远造成的误会。

顺便说明一点,"绝仁弃义"不是老子批孔子。因为孔子的儒学脉络是祖述尧舜,献章文武,也就是对春秋末年有心恢复周礼的众多议论的综合和提升。孔子多次请教于老子，老子在写《道德经》时，《论语》未出，老子针对的只是学术界争论的焦点而非个人。

不足之二，不出户，知天下。

例一，"不出户，知天下；不窥牖，见天道……是以圣人不行而智，不见而明……"（47章）。今人看了，会说这是违反《实践论》的，是唯心的。其实，老子是强调了抽象思维，属于大智慧；只是表达不够周全，偏了一点。为什么生产第一线的劳动者，提不出系统的高深理论？不是因为他们实践少了，是抽象思维、理论思维少了。

纵观《老子》全书，重实践的地方很多，如"为学日益，为道日损""行于大道，唯施是畏""修之于身……修之于天下"等都是；如要别人不误会，多点说明自然好了。但这只是说说，当时惜字如金是不可能的。

四、如何对待

老子先于黑格尔两千年，其辩证实践智慧却已惊人地全面深刻，足以为中华民族增光。但如果不明白其因时代、认识制约而出现的不可避免的局限，也不利于继承与弘扬。

如何看待？对《老子》的有异议的言论，要联系老子所处的时代背景来思考，要通读全文来全盘研判。全盘肯定是错的，好比吃橘子不剥皮不吐籽。全盘否定也是错的，泼水把婴儿一齐泼掉则是罪恶。

参考书是应当查的，但要自己怀疑，自己思考，自己研判。越是深入，越能和老子对话，自然会心有灵犀一点通。

还是毛主席说得好，取其精华，弃其糟粕（局限），古为今用，推陈出新。

第三章

老子弟子承道

第一节 老子弟子传承概貌

为确保可信，本书特意引用了国家社会科学基金重点项目审定通过的《道家与中国哲学》（孙以凯主编，人民出版社出版）为本章勾画概貌（仅引用其《前言》之第6—14页，不打引号。偶有删节）。

道家形成的第一阶段——原始道家

老子、关尹是道家学派的理论奠基者和创始人。他们以道作为学说的最高范畴，道是天地万物的运动的总规律。

老子、关尹创立学说之后，形成了一个道家学派。除老子、关尹外，这个学派在春秋末和战国初的主要成员有：老子的弟子文子、杨朱，关尹的弟子列子，文子的弟子范蠡，以及《黄老帛书》的作者。从第二代道家学者起,道家学说就向两个不同的方向发展。①

道家发展的第二阶段——道家哲学体系建构的完成与黄老学的形成

杨朱、列子继续深研形而上学的自然之道,并由修道、体道而转向养生养性之学。他们的学术路线到战国时被庄子所继承,并发扬光大。庄子在传承生成本原论的同时,又给予形而上本体论以逻辑论证,更进而由养生养性说深入到心性说,构建了道家的人生学说。至此,道家学派基本上完成了本体论、认识论、人生论的理论建构。

文子则着重发展老子学说中救世之弊的一面。他注重总结历史经验,从自然无为的天道中推引治国救世之道,应物变化,"立俗施事"。他表现出采儒墨之善的理论自觉。我们从残损的竹简本《文子》可以窥见道家的这一更加务实的理论转向。范蠡则着重运用老子的辩证法,在治政治军方面有极卓越的实践,他最后又实践了老子的"功成身退"的教训。《黄老帛书》是黄老学的标志性作品。在这一著作中突出了道生法的思想。法,是圣法,它体现的是人类社会的根本规律和普遍原则而不是某一政治力量的意志。道生法的实质是自然与社会的同构合一,是自然决定社会,因而治理社会国家的最高原则就是因顺自然之道。在春秋战国之际的人心目中,黄帝是统一与铸造了中华

---

① 范文澜.中国通史简编(修订本)[M].北京:人民出版社,1965:5.

民族的英雄圣人，是治世的最高典范。老子的自然无为之道只有和黄帝的治世之道结合起来，才能救世，才能实现人的社会理想。《黄老帛书》成功地找到了自然无为之道与社会治道的结合点——法，同时又高举黄帝的历史大旗。当时人们把自然之道与社会治道结合的道家新形态，称之为黄老学。道生法或因道全法，则是黄老学理论的根本标志。表现了老子学说采儒墨之善、撮名法之要的现实转向的文子与范蠡，曾经在齐国居住过一段时间，在齐国应当有其学说的传承者。这就是稷下学共重黄老学派。慎到田骈学派、管仲学派（其著作保留在《管子》中）重视道法关系的研究，宋尹学派也从人生哲学角度逐渐转向对名法的探讨。可以说，稷下学宫中的道家是北方的黄老学派。在南方江淮之间，《黄老帛书》之后，庄子后学中一部分人传承了黄老学。战国末期，淮河西楚之地的鹖冠子则把庄子的气本原论发展成元气论，并在道法结合，因道全法以建构理想社会方面，对黄老学做了深入发展。

战国后期，中国社会走向统一的发展趋势，要求构建一种更完整的融合百家的统一理论。理论的融合和终结，是这一时期理论的特色，与这一理论特色最为一致的，是黄老学。曾经是战国学术交流中心的稷下学宫，黄老学是人数最多学术成就最高的学派，正是这一时代精神的表现。稷下学宫衰微后，秦相吕不韦门下集中三千多门客，成了学术交流融合会通的中心。《吕氏春秋》就是这一理论融合的最后成果。它以道家法天地为原则，以稷下黄老学派的精气说为基础，以修、齐、治、平为目的，以月令图式为框架，按阴阳五行运行法则构建了贯通天地人三者的和谐的理论体系。它最充分地体现了司马谈所总结的道家"因阴阳之大顺，采儒墨之善，撮名法之要"的理论特色。所以《吕氏春秋》既是先秦道家学说的总结，也是先秦诸子学说的集大成。

汉初七十年，刘汉王朝治国的理论基础就是黄老学。《淮南子》是在《吕氏春秋》之后对黄老学的更高层次的理论总结。它与《吕氏春秋》不同之处在于《吕氏春秋》不仅是先秦道家学说的总结，也是先秦诸子学说的集大成，而《淮南子》在继续保持吸收儒、墨、名、法、阴阳学说特色的同时，更偏重于黄老学。或者可以说它是先秦秦汉道家哲学的终结。

道家发展的第三阶段——黄老学的分化：与士林儒学的结合——走向玄学，与纬学及方仙道结合——走向道教

汉武帝采取"罢黜百家，独尊儒术"的政策后，儒学开始成为官学。范文澜说："自汉武帝立官学，两汉学术上只有儒学派别之间的争辩，不再有儒与非儒不同学派的斗争，这是封建国家统一以后自然产生的结果。"（这只是就汉代官学而言，实际上黄老学走向民间，向两个方向发展：一是与士林儒家学者结合，回到老庄，为士林儒学政治、伦理学说提供本原本体论基础。"依老子庄周之指，著书十余万言"[①]的严遵坚持道家之说，其道家思想被大儒扬雄所吸收，形成了扬雄《太玄》的道家精神。桓谭、王充都以"天道自然无为"为其学说的基础，王充

[①] 班固. 汉书·王贡两龚鲍传第四十二 [M]. 北京：中华书局，1998.

认为"黄老之家，论说天道，得其实也"[1]，他公开称自己的学说是"依道家论之"（同上）。王充用大量实证来验证道家自然之说，既有效地批判了官方的天人感应神学目的论，又丰富发展了道家的自然论。两汉士林儒学的自然无为的天道观既影响了经学家，使他们逐渐摆脱神学阴影，更构成了东汉名士清流人生观的哲学基础。这一股清新学术潜流，最终导致了两汉神学的衰亡和魏晋玄学的兴起。

汉武帝采取"罢黜百家，独尊儒术"意识形态政策，完全是强化中央集权制的政治需要。"独尊"只是第一步，儒学宗教化，建立儒教，才是独尊儒术的目标。儒学一旦独尊，就变成了不可易其一字、不可犯其一义的圣经。儒学为什么是"经"？汉王朝为什么是不可改易的？其最终解释只能是神。董仲舒用天人感应的神学目的论作为封建王权、政治制度、政治观念、伦理观念……一切上层建筑的终极依据，用神意诠释经学的纬学便应运而生。但是，儒学的本质精神是人文的，是经验理性的，它立足于宗法的血亲关系，儒学的基础是宗法的人性与亲情，儒学的思维方式是务实而缺乏超越。这些都决定它难以演化成一种以超越的缺乏亲情人性的彼岸世界为追求目标的宗教。东汉的神学完全是不同政治集团的工具，不同政治力量的攻讦，表现为不同神学宣示的互相攻击，互揭老底，完全暴露出虚妄荒唐的本色，为通明之士所讥笑。古文经学虽然坚持其证实的学术风格，但其烦琐与陈腐，也窒息了原始儒学的生命活力。

---

[1] 王充. 论衡 [M]. 北京：商务印书馆，1987.

儒学发生了信仰危机。

谁来拯救儒学？是道家，是玄学。

走向民间的老黄学的另一支，侧重发展了养生思想，以迎合世人养生延命的要求。他们进而与方士神仙之学、民间巫鬼道结合，从养生、治病、延命逐步演化为一种社会下层的互济团体，从治病救人、济危救困发展对社会现象的评判和政治批判。这部分黄老学者具有一定的医学知识，有一套治病养生之术，他们的养生延命之说也得到一部分王室亲贵甚至皇帝的采信。在北方逐渐演化为太平道，在蜀中有张道陵创建了五斗米道。这就是最早的道教。

道教因"道"而得名，他们把老子奉为教主，又以《老子》为经典。因此，道教与道家的联系是不容否认的事实。但是，道家与道教之间又存在本质区别。牟钟鉴先生把道家与道教的关系称为二元一体。所谓一体是指：（1）道家使道教获得了对终极真理——道的关切，使它具有形而上学的哲学基础，若无道家，道教只能停留在有教而无学的民间信仰的水平上；（2）道家向道教提供了修道的基本方法，即清静无为，一切道教炼养术均以此为起手处，积精炼气亦从道家中来；（3）道教吸收道家，又偏离道家，改造道家，又返回道家，特别是后来的全真道，会通儒、释、道，……大减道教本色而更像道家；（4）道家思想在玄学以后主要依靠高道来传承发展，教内之学强于教外，这样，不仅道教离不开道家，道家后来也离不开道教，有其相得而益彰的一面。所谓二元是指：（1）两者生死观不同，道家"顺乎自然"，淡于生死，道教"逆乎自然"，企图超出生死大限；

（2）两者鬼神观不同，道家高唱天道自然无为，道教崇拜神灵仙人；（3）两者存在方式不同，道家只是一种社会意识，道教却是社会综合体系，拥有物质力量。牟钟鉴对道家与道教同异之处的概括，我们基本赞成，但认为称作"二元一体"似乎不太妥帖。道教形成之前只有道家，谈不上二元一体。只是在道教形成之后，始可称作"二元一体"。除此之外，我们想强调指出，道教并不仅仅是道家的宗教化。道家的理论只是道教形而上的宗教哲学基础，道教的伦理观、社会观基本来自儒家和墨家，道教的教规教仪受儒家礼制礼仪的影响很大，道教的斋醮仪式则源于中国古代宗教祭祀仪式，道教神人相通的理论基础，则是天志、明鬼和天人感应。道教养生延命以及炼养成仙之说既以道家的清静寡欲为入手，又与秦汉方仙术有密切的传承关系。道教之所以在东汉形成，离不开统治者试图建立总天神的儒教的大背景。道教在形成过程中不断受到谶纬神学的刺激并吸收其神学说教。因此，道教是中国古代传统文化的聚合体，是中国古代传统文化的宗教形式的载体。儒学宗教化失败了，而以道家的超越理论为宗教哲学基础的中国古代传统文化却成功了，这就是道教的本质。

早期的道教对道家哲学并没有什么贡献。无论是《老子想尔注》，还是葛洪、寇谦之、陶弘景，他们的主要工作：（1）把道家的超越理论予以宗教诠释，神化道，神化老子，把道家的养生之说与成神之术联系起来；（2）改革与完善宗教管理体制（包括构造神仙谱系）。他们主要是宗教理论家，不是道家哲学家。

道家发展的第四阶段——玄学

两汉走向民间的黄老学与士林儒学结合，少了一些君人南面之术，多了一些自然无为之道，推进了道家本原本体论的发展，至魏晋，演变成玄学。玄学是向老庄的回归，又是在更高层次上对老庄哲学的深入发展。玄学的发展经历了由注《老》到解《庄》的过程。正始玄学的代表人物王弼、何晏、夏侯玄，主要是汲取老子哲学的精华，围绕有无、言意、本末、体用、名教与自然等问题确立玄学旨归及价值取向，完善了由老子提出的宇宙本体论理论体系。竹林玄学以解《庄》为主，更多关注人性、生命价值与自由问题，其代表人物是嵇康、阮籍、向秀等。从现象上看，他们似乎淡漠世事，尤其是政治，所追求的只是个人的逍遥放逸，实际上他们所冷淡的只是魏晋官场虚伪，所谓"越"名教而任自然，也可以解读为超越魏晋社会现实回归自然名教。由此也就引发了西晋末年郭象的"自然名教"说。

总之，如果说黄老学还主要是理论结构上的道儒结合的话，那么，魏晋玄学则是更深入更内在的更本质的儒道结合。

道家发展的第五阶段——重玄学与金丹道哲学

重玄学萌发于东晋，在隋唐形成与发展。重玄学源于老子的有无统一论的"玄之又玄"，以及庄子"无非无"的本体论与心性学说，是对魏晋玄学有无之辨诸命题的提升，也是对郭象独化论的深化。重玄学的创始人是孙登，中经过佛学"中观"说的催化，借助其"双遣二边"的方法，激活了《老子》的双重否定的思维方式，从理论上消解了主客二分，达到了道家一贯追求的天人和一境界。显然，重玄学是道家融摄佛学后在哲学上的重大发展。唐代成玄英、李荣的道性论，王玄览的道体论，司马承祯的"坐忘论"，吴筠的"玄纲论"与"性情论"，从本体论、心性论、性情论等方面对道家哲学作了深入发展。

五代末至宋初，陈抟用图像探索宇宙生成过程及其变化的根本规律，同时又把道教的内丹修炼过程与宇宙生成过程统一起来，指出两者之间程序的正相反对，以及由有→无和由无→有的一致。陈抟以宗教修炼学为形式，大大发展了道家宇宙本原本体理论。

宋代金丹道的代表人物张伯端、陈景远、白玉蟾以及北七真通过对道体、道性、人性、心性性命问题的深入研究，实现了外丹论向内丹论的转换。他们也是以修炼内丹的宗教形式，深入发展了道家哲学。

牟钟鉴先生说得好："道家思想在玄学以后主要是依靠高道来传承发展，教内之学强于教外，这样，不仅道教离不开道家，道家后来也离不开道教……"从重玄学到金丹道，都是道教哲学。与魏晋道教理论相比，重玄学、金丹道，宗教色彩淡了，而哲学味道浓了，应当说，他们是对老庄哲学的回归与发展。

第二节　列子弘道

道家创始人是老子、关尹。老子弟子是文子，关尹弟子是列子（列御寇），列子是道家重要传人，必须对他有所了解。

列子与《列子》

列子，姓列名御寇，郑国圃田（今河南省郑州市）人，又称列圄寇或子列子，东周威烈王时期人，与郑穆公同时，是战国时期寓言家、思想家、文学家，道家代表人物。

终生致力于道德学问，曾师从关尹子、壶丘子、老商氏、支伯高子等。隐居郑国四十年，不求名利，清静修道。

列子对中国人思想影响较大，对生命表现最达观，最磊落。主张循名责实，无为而治。

列子的活动约于战国早中期，晚于孔子而早于庄子。列子聚徒讲学，弟子众多。一次，列子往谒南郭子时，竟挑选弟子四十人同行，可见学生很多。《庄子》中多次谈及列子。道家创始于老子，发展于列子，而大成于庄子。

列子先后著书二十篇，十万多字，《吕氏春秋》与《尸子》皆称"列子贵虚"。

现在流传的《列子》是刘向整理的，存有《天瑞》《仲尼》《汤问》《杨朱》《说符》《黄帝》《周穆王》《力命》等8篇，编成《列子》一书，其余篇章均已失传。其中寓言故事百余篇，如"黄帝神游""愚公移山""夸父追日""杞人忧天"等，都选自此书，篇篇珠玉，读来妙趣横生，隽永味长，发人深思。

列子后被尊奉为"冲虚真人"，《列子》被道教尊为《冲虚至德真经》。列子是介于老子与庄子之间道家学派的重要传承人物；《列子》是弘道的重要经典。

列子弘道

庄子《逍遥游》说"夫列子御风而行,泠然善也,旬有五日而后反。彼于致福者,未数数然也。此虽免乎行,犹有所待者也。"

下面举《列子》中的《天瑞》以见一斑。

天瑞,意谓天地之灵瑞,自然之符应,即"不生不化者"。在列子看来:世间万物皆有始有终,唯有"不生不化者",亦即道,才能够循环往复、独立永存。"不生不化者"是世界产生与变化的本源,它最初无形无象,历经太易、太初、太始、太素四个阶段,形成浑沦,再自"视之不见,听之不闻,循之不得"的易演变为有形的一,最终生成天地万物。

刘向认为列子:"其学本于黄帝老子,号曰道家。道家者,秉要执本,清虚无为,及其治身接物,务崇不竞,合于六经。"

列子安贫乐道,虽然很穷,面有饥色,却拒绝郑国暴虐的执政者子阳馈赠的粮食。其弟子严恢问他:"所有闻道者为富乎?"列子回答说:"桀纣唯轻道而重利是以亡!"列子还主张应摆脱人世间贵贱、名利的羁绊,顺应大道,淡泊名利,清静修道。

相传他修道九年之后,就能御风而行。《述异记》中说,列子常在立春日乘风而游八荒,立秋日就反归"风穴",风至则草木皆生,去则草木皆落。《吕氏春秋》说:"子列子贵虚。"他认为"至人之用心若镜,不将不迎,应而不藏,故能胜物而不伤"。

列子一生，顺应大道，淡泊名利，清静修道。

列子与老子的同中有异

列子确实传承了老子的道，但同中有异，在具体问题上往往又有细微的差异。下面试举几例。

第一，对"朴"。

列子"雕琢反朴，块然独以其形立"，谓清除是非好恶观念，回到无知无欲的本然状态。这里，老子的宇宙本原、事物初始情形（朴），转化为列子的人生境界的最高形式（朴）。①——看见没有，列子也讲道（朴），但与老子的"朴"却有特殊与普遍的区别。

第二，对"生"。

列子不为生死所困，把生与死看成了平常现像。列子语于骷髅曰："唯予与汝知而未尝死、未尝生也。若果养乎？予果欢乎？"但，老子却重生。他说："长生久视"（59章），"死而不亡者寿"（33章），表达了对死亡的超越。

第三，对"智"。

列子反对智巧，认为巧智是妨碍个人超越困境、走向自由的祸患之源。为什么？列子坚守关尹的"至人潜行不窒""非智巧果敢之列"思想，把智巧看成了有碍自身（自我）修养的祸患。老子的"绝圣弃智，民利百倍"（19章），立足却在普遍意义的"道"，侧重在民。

---

① 孙以凯.道家与中国哲学［M］.北京：人民出版社，2004：211.

第四，对"无为"。

"伯昏瞀人告诫列子：'无能者无所求，饱食而遨游，汎若不系之舟，虚而遨游者也'，希望列子'无能'，其目的是'无所求'。另外，老子'圣人无为'的哲学根据是'道常无为而无不为'（37章），理由是'人法地，地法天，天法道'（25章）。列子'无能'的形而上依据是'虚'，理由也是'虚'处，老子治理天下的'无为'（外治），在列子这里，转向了个体'遨游'的'无能'（治内）。"①

显然，列子不属于创"道"之学，而属于"弘道"。

列子寓言也弘道

《列子》有10个寓言，都富有辩证实践智慧。试举一个为例。

《列子·汤问》的两小儿辩日

原文：孔子东游，见两小儿辩斗。问其故，一儿曰："我以日始出时去人近，而日中时远也。"一儿以日初出远，而日中时近也。一儿曰："日初出大如车盖，及日中则如盘盂，此不为远者小而近者大乎？"一儿曰："日初出沧沧凉凉，及其日中如探汤，此不为近者热而远者凉乎？"孔子不能决也。两小儿笑曰："孰为汝多知乎？"

寓言要点：孔子去东边游历，看见路旁有两个小孩在

---

① 孙以凯.道家与中国哲学[M].北京：人民出版社，2004：211.

争辨，孔子问他们争论什么，一个小孩说："我认为太阳刚出来的时候离人最近，到了中午离人最远。"另一个小孩认为太阳早上离人最远，中午离人最近。"前一个小孩说："太阳刚出升的时候有车盖那样大，到了中午，却只有盘子那样大，这不是因为，远的看起来小，近的看起来大吗？"后一个小孩说："太阳刚升起时，天气还是凉丝丝的，中午就热得像手伸到热水里一样，这不是近热远凉的道理吗？"孔子想呀想，也无法判断谁是谁非。两个小孩笑了，说："谁说你很有智慧呢？"

弘道要点：道在求真——提倡实事求是。

第三节　庄子弘道

一、庄周与《庄子》

1. 庄周简介

庄周（约前 369—前 286 年）字子休，晚老子 202 年。他传承并发展了老子的道家学说，留下了蜚声中外的名著《庄子》。

要把握道家学说，首先要了解《老子》《庄子》及其关系。

解读老庄的著作数以千计，可谓众说纷纭，莫衷一是。为了不受误导，笔者采取了搁置各家评说，下苦功反复通读，采取划线、批注、抄卡片等方法，用自己脑子、按自己的水平去评判。经过十年读《老子》，两年读《庄子》，初步有了如下认识。一、老子、庄子有很多观点是基本相同的；二、庄子传承并发展了老子的基本思想；三、庄子思想有的是对老子思想的异化；四、老庄都有其时代和认识的局限，不能认为句句是真理。本书仅就"成书概况""两书相同之处""庄对老的传承与发展""两书主要差异"四个部分加以探讨（实则是资料归类，为再研究者提供方便）。

《老子》(《道德经》)，共81章，5千言，古体论哲诗，此书写于老子辞官出函谷关之时，大约是春秋后期周元王初年即公元前478年。文字高度凝练，不同角度阅读会有不同理解。该书传承并发展了龙脉的"道"，创立了影响古今中外的道家学说。

《庄子》现存内篇7篇，外篇15篇，杂篇11篇，共33篇8.7万字，古体论哲散文诗。文字汪洋恣肆，雄浑瑰丽，想象奇特；为避乱世祸殃，着意写得艰涩费解。该书从多方面阐释和发展了《老子》的尊道贵德理论。行文大量用寓言托意，重言佐证，卮言表旨，启发思考，引人品味。对古今中外的思想、艺术都影响极大。其中公认为庄子本人所作的内7篇更值得学习和研究。

2.《庄子》与老子、孔子

《庄子》中大量引用了老子、孔子的言行。当时书简难得，庄子何以熟知？

老子大庄子202岁，老子家陈国苦县（河南鹿邑）距庄子家宋国蒙（今河南商丘）65公里。孔子（前551—前479年）年长庄子182岁，孔子家鲁国陬邑（今山东曲阜）距庄子家180公里。既然时间相隔只一二百年，距离相隔不过三四天路途，虽然战乱频繁，信息传输困难，但战国的百家争鸣方兴未艾，道、儒两大首创人的影响此时正盛，好学的庄子得以学习并掌握也就得了方便与可能。

3. 庄周面临的争鸣情势

东周王朝后期封建势力萌动，奴隶制崩溃。春秋时诸侯国达140余个，为扩地、争劳力争战不休，周王朝成了被掌控的招牌；知识分子为了治世或谋权，各显神通，出现了争鸣。最早的一家，当属道家。因为从伏羲造八卦起，三皇五帝都重"道"。老子作为东周的守藏史（相当于今天国家档案馆馆长），通晓传统，观天察世，首创了道家学说，开始确实占了鳌头。孔子是向老子求教四次以上，得道后再创儒的。《孔子家语·观周》记了孔子与南宫敬叔向老子问礼后说："自周反鲁，道弥尊矣。远方弟子之进，盖三千焉"。法家、兵家、名家、墨家、阴阳家、医、农、杂等也都由道而发。到了战国，兼并战争加剧，法、兵、纵横等诸家渐占上风，阴阳家、杂家等也竟相登台亮相。在争鸣中，有的"非其所是，是其所非"，丧失客观标准。面对当时的有为、贪婪、争锋、智谋，睿智的庄周选择了老子的道家学说，并加以维护和发展。

以上可以说是对老庄学说背景的一个极简单的勾勒。以下谨以《庄子》为主讲讲学习心得。

二、《庄子》《老子》相同处

《庄子》与《老子》10个相同之处。

1. 批判侯王贪婪，但不反政府，重在论无为而治。

《老子》："民之饥，以其上食税之多，是以饥，民之难治，以其上之有为，是以难治。民之轻死，以其上求生之厚，是以轻死。"（75章）揭了王侯的罪恶，但并不否定政权，而是开了处方："道常无为而无不为。侯王若能守之，万物将自化。"（37章）"天之道，其犹张弓与！高者抑之，下者举之；有余者损之，不足者补之。……孰能有余以奉天下，唯有道者。"（77章）

《庄子》："田成子一旦杀死齐君而盗其国，所盗者岂独国邪？并与其圣知之法而盗之……彼窃钩者诛，窃国者为诸侯。"（《庄子·胠箧》）揭了荒唐的社会怪象，但未主张无政府，而是提出了建议："明王之治，功盖天下而似不自己，化贷万物而民弗恃；有莫举名，使物自喜；立于不测，而游于无有者也"（《庄子·应帝王》）。在《庄子·说剑》里，还去说服赵文王戒绝好剑之病，一心治国。

2. 批复礼和仁义，但仍尊重孔子

《老子》："夫礼者，忠信之薄而乱之首。前识者，道之华而愚之始"（38章）；"圣人不仁，以百姓为刍狗"（5章）；"大道废，有仁义"（18章）。虽然老子不认同孔子的仁义主张，但是《老子》没有点名提到"孔子"和"儒家"有什么不是。老子还五次指教过孔子，尊称他为"北方贤者"（见《庄子·天运》）。

《庄子》："及至圣人，屈折礼乐以匡天下之形，县跂仁义以慰天下之心，而民乃始踶跂好知，争归于利，不可止也。此亦圣人之过也。"（《庄子·马蹄》）"自我观之，仁义之端，是非之途，樊然淆乱，吾恶能知其辨。"（《庄子·齐物论》）"礼者，道之华而乱之首也。"（《庄子·知北游》）在《庄子》里，40余处正面提到孔子，并在《庄子·秋水》里间接写了孔子是临大难不惧的圣人。在《庄子·德充符》里还间接写孔子是德高的圣人。

虽在《庄子·渔父》等篇里对孔子儒家多有批判，但仍肯定了孔子的谦虚好学。

另外，老、庄都不曾完全否定仁义礼忠孝，只是认为用于治国当排在道、德之后。在《老子》第8章里有"上善若水……与，善仁"。在《庄子·天下》里有："以天为宗，以德为本，以道为门，兆于变化，谓之圣人。以仁为恩，以义为理，以礼为行，以乐为和，熏然仁慈，谓之君子。"

3. 天地人和一的整体观

《老子》："道大，天大，地大，人亦大。域中有四大，而人居其一焉。人法地，地法天，天法道，道法自然。"（25章）

《庄子》："天地与我并生，而万物与我为一。"这是《庄子·齐物论》的名句。而在《齐物论》里，通篇讲了天、地、万物和人的生、死都是物，突出了"天人和一"。还说"天与人不相胜也，是之谓真人。"（《庄子·大宗师》）

4. 朴素的辩证思维

《老子》："有无相生，难易相成，长短相形，高下相盈"（2章）；"曲则全，枉则直，洼则盈，敝则新"（22章）；"反者道之动，弱者道之用"（40章）；"祸兮，福之所倚；福兮，祸之所伏"（58章）；"合抱之木，生于毫末；九层之台，起于累土"（64章）。

《庄子》在《秋水》里讲了河神与海神对话的寓言，说明了事物的普遍联系和条件制约认识的哲理"井蛙不可以语于海者，拘于虚也……"。另外还说："万物，皆种也，以不同形相禅，始足如环，莫得其伦。""大道不称，大辩不言，大仁不仁，大廉不嗛。"(《庄子·齐物论》)"人该知有用之用,而莫知无用之用也。"(《庄子·人间世》)"物之生也,若骤若驰,无动而不变,无时而不移。""消息盈虚,终则有始。"(《庄子·秋水》)"安危相易,祸福相生,缓急相摩,聚散以成。"(《庄子·则阳》)

《庄子》反映辩证思想的内容极多,举不胜举。

5. 致虚守静,少私寡欲,返璞归真

《老子》:"致虚极,守静笃,万物并作,吾以观其复。夫物芸芸,各复归其根"(16章);"静胜躁,寒胜热,清静为天下正"(45章);"不欲以静,天下将自定"(37章);"天得一以清,地得一以宁"(39章)。

《庄子》:"同乎无欲,是谓素朴。素朴而民性得矣"(《庄子·马蹄》);"无欲而天下足"(《庄子·天地》);"樱宁也者,樱而后成者也""堕肢体,黜聪明,离形去知,同于大通,此谓坐忘"(《庄子·大宗师》);"且乎失性有五:一曰五色乱目,使目不明;二曰五声乱耳,使耳不聪;三曰五臭熏鼻,困傻中颡;四曰五味浊口,使口厉爽;五曰趣舍滑心,使性飞扬"(《庄子·天地》);"天无为以之清,地无为以之宁"(《庄子·至乐》)。

6. 守雌、谦让、奉献、不争

《老子》:"天之道,利而不害;人之道,为而不争"(81章);"强大处下,柔弱处上"(76章);"我有三宝,持而保之,一曰慈,二曰俭,三曰不敢为天下先"(67章);"知其雄,守其雌……知其荣,守其辱"(28章)。

《庄子》在《让王》里讲了一个屠羊说辞谢楚昭王赏赐的

故事，屠羊说认为自己为昭王做事，只是尽本分，不能让大王"废法毁约"。赞扬了他身虽卑贱，却品格很高。在《庄子·山木》里又讲一个弃璧负子的故事，赞扬了轻财重人的品格。

7. 善于养生、养性

《老子》："知足者富。强行者有志。不失其所者久"（33章）；"圣人为腹不为目"（12章）；"归根曰静，静曰复命。复命曰常，知常曰明。不知常，妄作凶。知常容，容乃公，公乃全，全乃天，天乃道，道乃之，没身不殆"（16章）。

《庄子》："为善无近名，为恶无近刑，缘督以为经，可以保身，可以全生，可以养亲，可以尽年"（《庄子·养生主》）；"且夫乘物以游心，托不得已以养中，至矣"（《庄子·人间世》）；"道与之貌，天与之形，无以好恶内伤其身"（《庄子·德充符》）。

8. 不信鬼神，恬对生死

《老子》："天长，地久。天地之所能长久者，以其不自生，故能长生。"（7章）"不失其所者久，死而不忘者寿。"（33章）"人之生也柔弱，其死也坚强"。（76章）"天道无亲，常与善人"。（79章）

《庄子》："老聃死，秦失吊之，三号而出……适来，夫子时也；适去，夫子顺也"（《庄子·养生主》）；"且夫得者，时也，失者，顺也；安时而处顺，哀乐不能入也"（《庄子·大宗师》）；"方生方死，方死方生"（《庄子·齐物论》）。庄子在《至乐》里，还假借髑髅的话说明了死亦有乐。

9. 重视修德，助人为乐

《老子》:"上善若水。水善利万物而不争"(8章),"为而不恃,长而不宰,是谓玄德"(10章);"夫唯不盈,故能蔽而新成"(15章);"圣人常善救人,故无弃人;常善救物,故无弃物"(27章)。

《庄子》:"何谓真人?古之真人不逆寡,不雄成,不谟士。若然者,过而弗悔,当而不自得也"。(《庄子·大宗师》)"不为轩冕肆志,不为穷约趋俗,其乐彼与此同,故无忧而已矣。"(《庄子·缮性》)

10. 反对暴政,爱民为公

《老子》:"爱民治国,能无为乎"(10章);"爱以身为天下,若可以托下天"(13章);"夫乐杀人者,则不可得志于天下矣"(31章);"民之饥,以其上食税之多"(75章);"治人事天,莫若啬"(59章)。

《庄子》:"夫圣人之治也,治外乎?正而后行。确乎能其事者而已矣。"(《庄子·应帝王》)在《庄子·则阳》里,庄子用"蜗角之争"劝梁惠王莫为争地而争战不休,更是体现了反对暴政,爱护人民。

《老》《庄》相同之处还很多,如两者都提倡真朴、诚信、善良、不阿谀等,这里就不一一赘说了。

三、《庄》对《老》"道"的传承与发展

道家的核心在"道",《庄子》对《老子》的"道""德""无为"等根本概念,都有充分的解释和较大的展。现让我加以分类择要将两者言论对比于后。

1. 认为"道"是对世界整体存在的揭示

《老子》:"有物混成,先天地生。寂兮寥兮,独立而不改,周行而不殆,可以为天下母。吾不知其名,强字之曰:道。强名之曰:大"(25章);"道生一,一生二,二生三,三生万物。万物负阴而抱阳,冲气以为和"(42章);"道冲,而用之或不盈,渊兮,似万物之宗"(4章);"大道氾兮,其可左右。万物恃之以生而不辞,功成而不有"(34章);"谷神不死,是谓玄牝,玄牝之门,是谓天地根"(6章)。

《庄子》:"其(道)为物,无不将也,无不迎也;无不毁也,无不成也。其名为撄宁。撄宁也者,撄而后成者也。""夫道,有情有信,无为无形;可传而不可受,可得而不可见;自本至自根,未有天地,自古以固存;神鬼神帝,生天生地。在太极之先而不为高,在六极之下而不为深,先天地生而不为久,长于上古而不为老"(《庄子·太宗师》);"道无终始,物有生死,不恃其成;一虚一满,不位乎其形。年不可举,时不可止。消息盈虚,终则有始"(《庄子·秋水》);"寂寞无形,变化无常。死与生与?天地并与?神明往与?芒乎何之?忽乎何适?万物毕罗,莫足以归"(《庄子·天下》);"万物有乎之而莫见其根,有乎出而莫见其门"(《庄子·则阳》);"至阴肃肃,至阳赫赫……。两者交通成和而物生焉"(《庄子·田方子》);"东郭子问于庄子曰:'所谓道恶乎在?'子曰:'无所不在。'东郭子曰:'期而后可。'庄子曰:'在蝼蚁。'曰'何其下邪?'曰:"在稊稗。"曰:'何其愈下邪?'曰:'在瓦甓。'曰:'何其愈甚邪?'曰:'在屎溺。'""道不可闻,闻而非也;道不可见,见而非也；道不可言，言而非也！知形形之不形乎！道不当名"(《庄子·知北游》)；"道行之而成""已而不知其然为之道""大道不称"(《庄子·齐物论》)；"夫道，于大不终，于小不遗，故万物备。广广夫其无不容也，渊渊乎其不可测也"(《庄子·天道》)。

显然，《庄子》讲"道"比《老子》讲得更为生动和具体。

2.认为"道是不可违逆的普遍规律"的论述

《老子》："道生一，一生二，二生三，三生万物"(42章)；"天之道，其犹张弓与？高者抑之，下者举之，有余者损之，不足者补之。天之道，损有余而补不足"(77章)；"反者道之动，弱者道之用。天下万物生于有，有生于无"(40章)；"天之道，利而不害。人之道，为而不争"(81章)；"天道无亲，常与善人"(79章)；"人法地，地法天，天法道，道法自然"(25章)。

《庄子》："泰初有无，无有无名。一之所起，有一而未形"(《庄子·天地》)；"彼是莫得其偶，谓之道枢。枢始得其环中，以应无穷。是亦一无穷，非亦一无穷也。故曰：莫若以明。""夫道未始有封，言未始有常"(《庄子·齐物论》)；"愚故道，道可载而与之俱也。""性不可易，命不可变，时不可止，道不可壅。苟得于道，无自而不可；焉失者，无自而可"(《庄子·天运》)；"万物芸芸，各复其根而不知；混混沌沌，终身不离；若彼知之，乃是离之。无问其名，无窥其情，物固自生"(《庄子·在宥》)；"其始而本无生，非徒无生也，而本无形；非徒无形也，而本无气。杂乎芒芴之间，变而有气，气变而有形，形变而有生"(《庄子·至乐》)。

《庄子》还用"庖丁解牛""蹈水之道"等讲了合道(规律)

就能创造奇迹。

3. 认为道是可认识、可验证、难言表、可指导实践的真理

《老子》:"道可道,非常道;名可名,非常名。无,名天地之始;有,名万物之母"(1章);"道之为物,惟恍惟惚。惚兮恍兮,其中有象;恍兮惚兮,其中有物;窈兮冥兮,其中有精;其精甚真,其中有信"(21章);"道常无名,朴。虽小,天下莫能臣"(32章);"道者,万物之奥,善人之宝,不善人之所保"(62章);"执古之道,以御今之有。能知古始,是谓道纪"(14章);"为学日益,为道日损"(48章);"知常明。不知常,妄作,凶"(18章)。

《庄子》:"夫道,有情有信,无为无形;可传而不可受,可得而不可见;自本自根,未有天地,自古以固存。""有真人而后有真知。"(《庄子·大宗师》)"吾生也有涯,而知也无涯。以有涯随无涯,殆矣!"(《庄子·养生主》)"道隐于小成,言隐于荣华。""古之人,其知有所至矣。恶乎至?有以为未始有物者,至矣,尽矣,不可以加矣!其次以为有物矣,而未始有封矣。其次以为有封焉,而未始有是非也。是非之彰也,道之所以亏也。""孰知不言之辞,不道之道?若有能知,此之谓天府。注焉而不满,酌焉而不竭,而不知其由来,此之谓葆光"(《庄子·齐物论》);"使道可献,则人莫不献于君;使道可进,则人莫不进之于其亲……然而不可者,无它也,中无主而不止,外无正而不行"(《庄子·天运》);"万物皆种也,以不同形相禅,始卒若环,莫得其伦,是谓天均。天均者,天倪(道)也"(《庄子·寓言》);"不知处阴以休影,处静以息迹,愚亦甚矣!""可

与往者与之，至于妙道；不可与往者，不知其道，慎勿与之，身乃无咎"（《庄子·渔父》）；"无思无虑始知道，无处无服始安道，无从无道始得道"（《庄子·知北游》）；"回曰：敢问心斋？仲尼曰：若一志，无听之以耳，而听之以心，无听之以心，而听之以气。听止于气，心止于符。气以者，虚而待物者也。唯道集虚，虚者，心斋也"（《庄子·人间世》）；"真人而后有真知"（《庄子·大宗师》）。

老子侧重外物，见道；庄子侧重内观，主动调节。庄子还进一步指出了道自古固存、处静可息迹等道可知、可验证的道理。特别是提出了"真知"（真理）。当然，庄子也有认为道不可知、不可传的言论，这里暂取其积极一面。

4. 认为"道是体，德是用，要尊道重德"的论述

《老子》："孔德之容一，惟道是从"（21章）；"道生之，德畜之，物形之，势成之。是以万物莫不尊道而贵德。道之尊，德之贵，夫莫之命而常自然……生而不有，为而不恃，长而不宰，是谓玄德"（51章）；"知其荣，守其辱，为天下谷。为天下谷，常德乃足，复归于朴"（28章）；"常知稽式，是谓玄德。玄德深矣远矣，与物反矣，然后乃至大顺"（65章）。

《庄子》："道无以兴乎世，世无以兴乎道，虽圣人不在山林之中，其道隐矣"（《庄子·缮性》）；"德者，成和之修也，德不形者，物不离也"（《庄子·德充符》）；"夫道不欲杂，杂则多，多则扰，扰则忧，忧则不救"（《庄子·人间世》）；"道人不闻，至德不得。大人无己。约分之至也"（《庄子·秋水》）；"通于天地者德也；行于万物者道也"（《庄子·天地》）；"澹然无极，而

众美从之,此天地之道,圣人之德也""平易恬谈,则忧患不能入,邪气不能袭,故其德全而神不亏"(《庄子·刻意》);"以天为宗,以德为本,以道为门,兆于变化,谓之圣人"(《天下》)。

《庄子》还用申徒嘉的内在魅力,屠羊说辞谢赏赐等来赞扬高尚的情操。但必须说明,古时讲的"德",是侧重讲对"道"的"用",与今天的"道德"有别。

5. 认为无为是遵道循德的基本要求

《老子》:"道常无为而无不为。侯王若能守之,万物将自化"(37章);"爱民治国,能无为乎"(10章);"圣人云:我无为,而民自化"(57章);"是以圣人处无为之事,行不言之教,万物作而弗始,生而弗有,为而弗恃,功成而弗居"(2章);"无为而无不为,取天下常以无事"(48章);"为无为,事无事,味无味"(63章)。

《庄子》:"天无为以之清,地无为以之宁""天地无为也,而无不为也;人也孰能得无为哉"(《庄子·至乐》);"上必无为而用天下,下必有为而为天下用,此不易之道也"(《庄子·天道》);"无欲而天下足,无为而万物化"(《庄子·天地》);"纯粹而不杂,静一而不变,淡而无为,动而以天行,此养神之道也。"(《庄子·刻意》);"夫恬淡寂漠,虚无无为,此天地之平,而道德之质也……平易恬淡,则忧患不能入,邪气不能袭,故其德全而神不亏"(《庄子·刻意》);"逍遥,无为也"(《庄子·天运》)。

《庄子》还用"屠龙术无用""邯郸学步"等来讽喻妄为,提倡"无为"。比之《老子》,还讲了"下必有为而为天下用"。

四、《老子》《庄子》的差异

《老子》《庄子》的差异，可以分为内容与形式两个方面。

1. 内容的差异

《老子》侧重用世智慧——是以道为体，以社会政治为用。强调"无为而无不为"的道德治世治国管理术。文中"圣人"（这里特指最高领导）出现 31 次，"天下"出现 56 次。运用《老子》"道"，历史上曾出现了文景之治、贞观之治、开元之治和宋初之治。《老子》同时也被用于伦理、决策、处事、养生等多个方面。

《庄子》侧重人格心灵智慧——倡导心灵自由，拓展精神空间，看轻功利，主张个体自救，得道须救己，莫为统治者所用，不为虎狼做爪牙。《庄子》是思辨和审美的和谐曲，同时也被用于养生、养性、处事、修身等方面。《庄子》"道"，突出点有三：

第一，"逍遥""因任自然"。

如果说老子好静（静笃、虚极），庄子却比较好动，讲逍遥、率性、因任自然、不同世俗。但这个逍遥，不是吃喝玩乐尽情享受的"逍遥"；相反是厌恶"人为物欲"，渴望生命自由，精神解放，因任自然，超越生死的逍遥。他视权贵如腐鼠，宁做自由之泥鳅，宁可贫穷，也不做供奉在庙堂的"神龟"。《庄子》中的圣人、真人、神人，正是超脱的精神偶像。他文中的奇思妙想，充满了诗意的光辉，对人生观、养生论，对文学、艺术都有极大影响。

第二，重点批判名家。

虽然，庄子对儒、墨、法等多有批判，但不是重点。他的思想是在和百家的争鸣中发展起来的。虽然批判儒家的内容最多，但评价最低的却是名家——实则是诡辩家。点名、举例批判了惠施、公孙龙等的离坚白、白马非马等名辩为无聊有害。如：卵有毛、鸡三脚、犬可为羊、马有卵、火不热、目不见……结论是："惜乎！惠施之才，骀荡而不得，逐万物而不反；是穷响以声，形与影竞走也，悲乎"（《庄子·天下》）。

第三，关于相对主义。

在《齐物论》等很多篇章里，在揭示相对关系时，《庄子》也揭示了对立统一与相互转化的关系，这本是辩论哲学，但是有些话强调了彼此齐一、是非莫辩这相对一面，叫人难以接受，所以有些人就认为庄子陷入了"相对主义"。现举一例剖析如下。《庄子·齐物论》里有："故是举莛与楹，厉与西施，恢恑憰怪，道通为一。""天下莫大于秋毫之末，而泰山为小；莫寿于殇子，而彭祖为夭。""彼亦一是非，此亦一是非。""既使我与若辩矣，若胜我，我不若胜，若果是也？我果非也邪？我胜若，若不吾胜，我果是也？而果非也邪？其或是也？其或非也邪？其俱是也？其俱非也邪？我与若不能相知也。则人固受其黮闇。吾谁使正之？使同乎我者正之，既同乎我矣，恶能正之？使异乎我与若者正之，既异乎我与若矣，恶能正之？使同乎我与若者正之，既同乎我与若矣，恶能正之？然则我与若与人，俱不能相知也。而待彼也邪？化声以相待，若其不相待，和之以天倪，因之以曼衍，所以穷年也。何谓和之以天倪？曰：是不是，然不然。是若果是也，则之异乎不是也，亦无辩。然若果然也，则然之异乎不然也，亦无辩。忘年忘义，振于无竟，故寓诸无竟。"孤立去看这些话，确是片面夸大了认识的相对性，否认了客观的是非标准。所以，有人就断言，庄子是僵化相对，抹杀是非，否认差异，看空一切，所以认他是"相对主义"。

必须指出，很多批评家都把"齐物论"的"齐"解释为"齐一""齐同"；但《辞源》的"齐"却没有"同"和"一"的解释，而有"平""等""辨别"等解释。

实际上，如果放眼历史长河看世界，则天下事理畅于无穷，人亦与之因应无穷。如再看庄子全书，还有："吹万不同""朝菌不知晦朔，蟪蛄不知春秋"等都讲了区别。如果当时庄子能进一步指出"实践足以检验真伪，时间能够分清是非"，也就不会使后人困惑了。这是人难以逃避的时代局限和认识局限，也是庄子的美中不足。

鄙人观点是庄子确有相对主义的言论（或倾向），但通盘考虑，辩证思想是主导，而辩证与相对主义不两立，所以不是相对主义者。

2. 形式的差异

《老子》通篇一体，是语言高度凝练的论哲诗，文字仅五千言。81章是后人分的，《道经》《德经》《道德经》的名称是后人加的。《老子》里没有寓言，没有故事，没有指名批评人，没有自称是"老子"。文字虽古但不艰涩，文意虽深远但较明朗，而且好记易诵，句句闪光。

《庄子》原有53篇，现存33篇，是由独立篇章合起来的。

每篇有一个侧重立论的标题。文体是散文式论哲诗，汪洋恣肆，共十余万字（现存8.7万），因有弟子参与写作外篇、杂篇，内容有的重复，个别地方还出现前后抵触。由于身处战国，为避凶险，文字着意隐晦艰涩，让人潜心研读后才能释意。书中不仅指名赞扬了人，如尧、舜、老、孔；也嘲讽了一些人，如惠施、鲁侯。而且，还自称"庄子"，在《庄子·天下》里，通过比较，把庄子形象写得超出了孔、老等所有圣贤。

在形式上最突出的特点是运用了三言——寓言、重言、卮言。

在《天下》里有："以天下为沉浊，不可语庄语，以卮言为曼衍，以重言为真，以寓言为广"后人把这三言比着《诗经》的比、兴、赋，可谓生动。现分别简介于后。

第一，寓言

寓言是寄托有启迪的故事，特点是言在此而意在彼，题材多数是虚构，这在《庄子》里比重很大。"寓言十九"（《庄子·寓言》），意思是说比重大约十分之九。如：庄周梦蝶——表达了对立统一。周和蝶有分是说万物有别；无分是道，是本真。

鲁侯养鸟——不可忽视矛盾的特殊性，不能"以己养养鸟"，宣扬了因循自然，尊重物性的精神。

南郭子綦谈"天籁"——人籁、地籁、天籁层次不同，情境各异；吹万不同，万物各有特性。进而体现对立统一，"天人""物我"为一。

混沌之死——混沌无七窍，被凿成七窍而死。教人不可凭主观善意行事而违反自然本性。

第二，重言

重言是借重古先圣、先哲、名人的话来说理、镇人的"理论证据"。这在《庄子》里，比重也大。叫"重言十七"（《寓言》）。虽说是占十分之七，但多夹在寓言里。引用最多的是孔子、老子、黄帝、尧、舜、禹等人的言论。如：孔子曰："天下有大戒二：其一，命也；其一，义也。"（《庄子·人间世》

昔者舜问于尧。曰："天王之用心何如？"尧曰："吾不敖无告，不废穷民，苦死者，嘉孺子而哀妇人。此吾所以用心已。"……黄帝曰："……一盛一衰，文武伦经；一清一浊，阴阳调和，流光其声……"（《庄子·天运》）

第三，卮言

卮，漏斗。卮言就是像漏斗那样说话，上面加，下面漏，随势而出，宣泄干净。卮言，实则是庄子顺势发表的感言，常常是道出真意，点出要妙。如：

"言无言，终身言，未尝言，终身不言，未尝不言。"（《庄子·寓言》）

"吾生也有涯，而知也无涯。以有涯随无涯，殆矣！已而为知者，殆而已矣！为善无近名，为恶无近刑，缘督以为经。可以保身，可以全生，可以养亲，可以尽年。"（《庄子·养生主》）

"人皆知有用之用，而莫知无用之用也。"（《庄子·人间世》）

第四节　从《齐物论》看庄子智慧

一、庄子为什么要写《齐物论》？

庄子所处时代是战国（公元前475—前256）的中晚期，当时战乱频繁，百家争鸣。知识分子（士）或者创建学派，各说己是，论战不休；或者走仕途路，游说诸侯，出将入相，合纵连横，封妻荫子……一个字，"争"。所以，庄子在楚国派人聘他做宰相时坚决不去，因为他认为当时诸侯的争斗没有绝对的是与非，他不肯受不道诸侯束缚，不肯为这样的侯王效忠。庄子以道观之，百家争论（含游说）都各有长短，各有侧重，最多算相对真理；所以他想劝大家，眼睛看远一点，不要互相倾扎，不要在论争中各走极端。最好让历史长河来说话。

何以为证？《齐物论》说"道隐于小成，言隐于荣华，故有儒墨之是非，以是其所非而非其所是。欲是其所非而非其所是，则莫若以明。"这话的意思是：大道会被小成就隐蔽，言论会被浮华辞藻掩去本意。所以有了儒家、墨家的是非争辩，各自肯定对方所否定的东西而否定对方所肯定的东西。想要肯定对方所否定的东西而否定对方所肯定的东西，则不如用事物发展的本然来求得明鉴。——这种思想，在《庄子》的全部33篇都有体现，如举名家的白马非马，庄子与惠施论人是否知鱼之乐的论辩，特别是《天下》一文，通篇讨论了当时的争论。说"天下大乱，贤圣不明，道德不一，天下多得一察焉以自好。譬如耳目口鼻,皆有所明,不能相通……悲乎!百家往而不反,必不合也。后世之学者,不幸不见天地之纯,古人之大体,道术将为天下裂。"

庄子为了让大家用道的眼光看问题,特写《齐物论》以奉劝大家:不要局限于小圈子争是非,要兼收并蓄,放眼未来,让事实说话(莫若以明)。

二、《齐物论》"齐"什么?

过去很多解释《齐物论》的书,都将"齐"解释为"同"。这种解释得出的结论是:庄子认为万事万物无差别,一切理论无是非;进而认定庄子是相对主义者。

如果肯较真,遇到关键字词查查工具书,就会发现名人也会以讹传讹。《说文解字》:"齐,禾麦叶穗上平也,象形。"《康熙字典》:"齐,平也、整也、等也。"《辞源》:"齐①平整,整齐。②相等。③全。④整治。⑤敏捷。⑥辨别。易系辞上:'齐大小存乎卦。'注:'齐,犹言辨也。'⑦肚脐。⑧国名。⑨朝代。⑩姓。"看,三种权威字典解"齐",都没有"同"的解释,为什么那些学者硬要附会加给"同"呢?如果按字典本意解释成"辨别""平等",那意思就大不一样了。"齐物"就是"正确辨析事物";"齐论"就是"各家的议论各有是非,应好好辨析,不宜互贬"。这样解释,且不更合原意吗?

对于《齐物论》,学术界的理解有两种:一种认为是"齐物←论";一种认为是"齐→物论"。前者的"齐"重在齐物,后者的"齐"重在齐论,即齐(辨析)百家之论争。我的意见是由齐物说起，落脚于"齐论"，重点在"如何论辩或辨别"，即对各家论辩的价值进行辨析或评判。

我们不同意说庄子认定万物是齐同的，更不同意说庄子是相对主义者，相反认为庄子是讲辩证法、是探讨辩证逻辑的大师。在思辨上，他本人也在雄辩，也在评论别人的论辩，只不过他认为各执己见（是其所非而非其所是），是没有结果、没有意义的，只有站到高处，放眼未来，才能获得明鉴。

三、《齐物论》的中心论题是什么？

联系全文，表面是展现对事物众说纷纭的论争，里层却集中表达了论道——多角度地论道。所以本文的中心论题应当是：道未始有封，言未始有常。换成今天的话，就是：道（假定为"真理"）从来就不会封闭和终结；而概念从来不会一成不变（随认识上升而修正）。

为证明这个论题，《齐物论》共用了多个寓言、重言、卮言。现分别看通过三言证明的是什么。

寓言——寄托启迪意义的故事

"朝三暮四"讲了"休乎天钧。物我两行。"——朝三暮四与朝四暮三名异实同，诸子百家的论辩，大多观点不同，酷似朝三暮四，是非难辩。

"尧问舜伐三子事"讲了"德进乎日"——强调判断是非应重德。

"齧缺问王倪"讲了"恶能知其辩。无己超然"——由于物类、时地、利害不同，判断往往相互有别，辩也无果。

重言——引用重量级人物的重要言论以作重要论据的言论

王倪（回答齧缺）："死生无变于己，而况利害之端乎！"——意思是死生都已全不计较了，何况利害这些小事。

长梧子（答瞿鹊子）："化声之相待……和之以天倪。"——意思是辩论与变化的声音一样相互对立；如果要想不对立，就用自然的分际来调和它。

卮言——随口说出的无成见的话

"物固有所然，物固有所可；无物不然，无物不可，故为是举莛与楹、厉与西施、恢恑憰怪，道通为一。"——这些看似否认是非美丑、否认事物差别的话，从哲学高度看，善恶美丑高低等标准都是因立场观点不同而相异的，但从事物发展的高度看，千奇百怪又都是同一的客观存在——道通为一的。

"天下莫大于秋毫之末，而泰山为小；莫寿于殇子，而彭祖为夭。天地与我并生，万物与我为一。"——这些看似把不齐看着齐，否定事物的差别的言论，正好说明一个辩证关系。对于小动物，看不见泰山，看秋毫之末却很大；对于细菌，殇子也比他们长寿。道家眼里，天地人是一体的，人是物，与物是辩证统一的，看问题应该看长远、看大局。

"即使我与若辩矣，若胜我，我不若胜，若果是也？我果非也邪？我胜若，若不我胜，我果是也？若果非也邪？……然则我与若与人，俱不能相知也，而待彼也邪？化声之相待，若其不相待，和之以天倪，因之以曼衍，所以穷年也。"——这类难辨的是非，如果立即要得出结论，不是也很难吗，但如果让时间来检验，即"所以穷年"不就结了吗。

这些，都雄辩地证明了"道未始有封，言未始有常"——不能简单地、静止地终结"道"；同时，也表明了应辩证地发展地看待论辩。这也进一步印证了老子的道，可道，非常道；名，可名，非常名"的正确。

四、《齐物论》为什么用两个寓言来收尾？

《齐物论》是一篇议论性散文。说东道西，形散而神不散。议论文体一般是用论断来收尾，但为什么本文与众不同，要用两则寓言来结尾？现对两则寓言加以剖析，希能探知其妙。

第一则，罔两问影。通过影子的微影问影子为什么不能自主，进而说明影子的变化依附于人，依附于光，依附于背景，依附于反光体，影子的微影又因某一变化而随影子变动。揭示了事物的依承关系、因果关系、主从关系、复杂联系关系——证明了万事万物都是辩证发展的。

第二则，庄周化蝶。庄周在梦里变成了胡蝶，忘了自己是庄周。梦醒后知道自己是周不是蝶，因而发问，究竟是周梦变为胡蝶还是蝶梦变为庄周？但最后他却强调了："周与蝴蝶，则必有分矣，此之谓物化。"物化，就是人与精神都与事物融合为一体了。这个寓言不仅肯定了事物之间是有界限、有区别的（必有分矣）。而且揭示了人与梦、客观与主观、物质与精神、事物与论辩的辩证统一关系。

由此可知，庄子的《齐物论》的主旨是什么？是想论"道"："万物负阴而抱阳，冲气以为和"——万事万物都有阴阳两面，既相互联系、依存，又相互对立，经过斗争、协调，最终实现和谐、统一——乃至物质与精神辩证统一。实际上是用中国语言系统论证了"道"这一辩证智慧。

五、《齐物论》主要给我们讲了什么？

《齐物论》就是由齐物到齐论。主要讲了什么，可以作如下理解。

第一，讲了天道——"万物负阴而抱阳，冲气以为和"的辩证统一规律。

第二，重点讲了辩道（齐论）——探讨了辩证逻辑。

有人认为《齐物论》是讲是非莫辨，息辩了事。

其实，庄子除了劝导不要是其所非而非其所是（莫作无谓论争）外，还重点探讨了应当如何思辩。为什么这么说？

庄子在讲了大量是非难辨后，却提出了"莫若以明"（不如让事物发展的事实来证明）；"因之以曼衍，所以穷年矣"（顺应无穷无尽的变化发展，直到久远）。这种观点，非常近乎今天说的："实践是检验真理的唯一标准""让时间说话"。如果从思辨、从逻辑角度讲，这是在探讨"历史与逻辑相一致的辩证逻辑方法"。另外，本文多角度论道，也合辩证逻辑的"从抽象上升到具体的方法"。因此鄙人认为，《齐物论》也探讨了辩证逻辑。

六、为什么说是探讨了辩证逻辑？

辩证逻辑是研究辩证思维的形式及其规律的科学。辩证逻辑不像形式逻辑那样仅从既成的思维形式结构的稳定性关系来研究思维形式；而是结合思维的具体内容从动态来研究思维形式的内在矛盾。"辩证逻辑却由此及彼地推出这些形式，不把它们并列起来，而使它们互相隶属，从低级形式发展到高级形式。"①

辩证逻辑内容丰富，这里没有必要广泛探讨，仅择上面提到的"历史的与逻辑的相结合的方法"和"抽象上升到具体的方法"加以探讨，以窥一斑。

先看"历史的与逻辑的相结合的方法"。马克思主义的辩证逻辑，坚持历史的东西是逻辑的东西的基础，逻辑东西是历史东西的逻辑概括和反映。恩格斯说："历史从那里开始，思想进程也应该从那里开始，不过是历史进程在抽象的、理论上前后一贯的形式上的反映；这种反映是经过修正的，然而是按照现实的历史过程本身的规律修正的。"这就证明了：逻辑东西与历史东西既区别又统一的辩证关系。庄子在反复举了诸子百家各按其立场、观点、方法看问题争辩无果后，睿智地提出了"因之以曼衍……"想到了只有随历史发展、让思维发展，辩证统一在"实践——认识——再实践——再认识"中才能辨明是非。何其伟大！

---

① 马克思恩格斯选集.第三卷 [M].北京：人民出版社，1972：545.

再看"从抽象上升到具体的方法"。抽象与具体的运用在形式逻辑与辩证逻辑是明显不同的。以概念为例,形式逻辑的概念是从具体抽象而来的。以"人"为例,现在的定义是在综合了人的诸多具体特点后,经过多次更改概括成的,即"人是能制造并使用工具的高级动物"。但辩证逻辑,则要求从阴阳对立统一中去历史地把握。要求看到人是男女老少高矮胖瘦德才智劣愚等的具体体现,把抽象的能制造工具的"人",还原到具体有血有肉的人,从偶然性中去把握必然性。《齐物论》从多角度论证了"道",使道由具体而抽象,由抽象而更具体、更丰满。现在,再来看结尾的两个寓言,就更加具体地论证了"道"的普遍性、因果联系性、对立统一性、发展变化的复杂性等了,何其精辟。

是的,《齐物论》探讨了辩证逻辑,探讨了正确对待论辩。但最终落脚点,仍然是论"道"。①

第五节　道书之宗——《老子旨归》

真理具有恒常性、穿透性。历经 2500 年的《老子》(《道德经》),为何今天反被各国学者视为可振救社会危机、生态危机、道德危机、心理危机的指导理论?虽然,历代都有批评它、鄙

---

① 参见《庄子》,李薇主编,延边人民出版社出版;《辩证逻辑述要》,彭漪涟著,华东师范出版社出版。

视它的人,但"金子"的光辉终究不可磨灭。

老子思想得以传承,庄遵(严君平)的《〈老子〉旨归》,功不可没。为什么?正因为有了庄遵讲《老子》和著《老子指归》(又名《道德真经指归》),高水平地弘扬了《老子》,所以,《老子》才能更早、更广地引起人们重视,才能使道教首先创立于蜀地,才能引起古今中外对老子的无比尊崇,才能有对道学的广泛学习和运用。

这里,就讲讲"严君平的身世及弘道功绩"及"《老子指归》——道书之宗"两个专题。

严君平的身世及弘道功绩

严君平的身世

严君平的身世,在正史里记载较少。司马迁写《史记》时,君平未出生,自然无有他的记载。东汉班固写《汉书》时,君平尚未受到应有重视,也只在《王贡两龚鲍传》里给了少许记载。但到晋朝常璩写《华阳国志》时,则在《蜀郡士女》里把他列为第一号人物来介绍。这说明,严君平的价值,是日久弥高。至于《太平广记》《搜神记》《蜀记》等里还有神奇记载,说明他的价值在人们(民间)心中日久弥香。现综合起来,简介如下。

严君平,姓庄[1],名遵,字君平,公元前83年左右[2]生于成

---

[1] 老子指归 [M].王德有校,北京:中华书局.
[2] 老子指归译注 [M].王德有释注,北京:商务印书馆.

都[1]，经西汉宣、元、成、哀、平帝、王莽（公元10年左右）享年90余岁。

君平父亲叫庄子晞。遵年少时，就学于郭曩氏。他聪慧好学，博学多才，通天文，晓星象，知历法，尤其精于《易经》《老子》；受汉赋大师、同乡人司马相如影响，酷爱辞赋。成年后先后在临邛（邛崃）、郫县、彭州、绵竹办学，后又在成都墨池街、支矶石街、君平街等地办学。著名的思想家扬雄就是他的弟子，扬雄曾多次赞扬他，把他喻为隋玉、和璧一样的玉中之珍。

因为他才高德劭，很受百姓尊崇，人民代代相传，把他传成了神人，列为了蜀八仙[2]。

君平在50岁以后，常住成都支矶石街和今君平街一带。一面研学老子，一面给人占卜算卦，一面写作《老子指归》。这里先得说明三点。

一、君平本姓"庄"，班固（公元32—92）在公元58—84写《汉书》时，正值东汉明帝（刘庄58—75）去世不久，为了避讳，特将庄改为成与庄相关的"庄严"之"严"了，故历史通称"严君平"。但是，严君平活着时，人们只知他叫庄君平，在书里也自称"庄子"。

二、他的出生年月，各种正史皆无记载。扬雄（公元前53—公元18年）是他的学生，且一再称赞他；《汉书》又说庄君

---

[1] 班固. 汉书[M]. 北京：中华书局.
[2] 常璩. 华阳国志[M]. 济南：齐鲁书社.

平活了 90 余岁。再查考其他资料加以综合，可大致确定他的生卒为公元前 83 到公元 10 年。

三、关于出生地。一是成都市的邛崃市南君平乡的万石坝严河湾，这里留有未被发掘的"君平墓"；一是成都市的郫县平乐寺君平乡洗心庄，现尚有发掘后又复原的"君平墓"。他到底生于这两地之哪一地，虽经多人考察，但终究无法舍取，因都属成都，就叫出生成都了。

关于庄君平的人生轨迹，大致如下。30 岁前是求学阶段，勤学善思、博览多能，尤精《老子》《周易》、汉赋、哲理书籍。30 岁至 80 岁，办学、卜筮，弘扬老、易为主的道学，对移风易俗做贡献。80 岁至 93 岁主要是继续完成《老子指归》和《老子注释》（已散佚）。

庄君平的弘道功绩

君平为什么能跨时空广受尊崇？重点有五：

一说办学。他 30 至 80 岁时间，主要在临邛、郫县、绵竹、崇州、灌县、成都等地农村或城镇的偏街小巷办学，如成都的君平街、郫县的读书台等。规模似乎比后来的私塾大一点，人多一点。从多处办学遗址看，他是哪里有需要（有生源）就去哪里办，一切自己做主；教学内容多样，以《老子》、《庄子》、《周易》、历法为主，以弘扬道学、提高文化、德化民风、养生保健、发展生产、改善生活为目标；收费低廉，贫富不拘，也可业余学（半耕半读）、免费旁听；从卜筮收百钱够生活就收肆回家授老庄的记载看，他的教学多是在下午、晚上进行。

君平办学，属于民（私）办，不像西汉景帝时成都的蜀郡太守文翁的办学。文翁当时在文庙街办了历史上第一所官办的地方学校（现在的石室中学），以培养官员、教官为目的。

也不像孔子，孔子曾经做过官，辞官后才办学，办学比君平早400余年，虽是民办，但以礼乐射驭书数为内容，以学优入仕为目的，培养了很多优秀的管理人才，达到了3000学生，72贤人。

君平办教育不但发挥了移风易俗的教化作用，培养了扬雄这样的思想家、文学家，还对弘扬道家学说产生了巨大作用，深受川民的敬爱。

有人认为，现在的中国，在扬弃自己的教育文化传统的时候，也应该考虑将孔子和严君平这两个中国教育先师推广到世界各国的教育领域去。他们两人，完全有资格成为世界上所有教师共同崇拜的行业祖师！

二说卜筮。史料只记载了他在成都从事卜筮之业，其实他在临邛、郫县等成都属地也同样进行占卜。值得注意的是，他认为卜筮这行道属卑贱的职业，有利避祸全身兼惠民众。他的卜筮与众不同。他通过观察对话，遇见邪恶不正当的人来占问，他就按照蓍草、龟甲占卜的词，侧重给他讲为非作歹的不良后果；遇到有为人子的来占卜，就按卜词侧重劝告他多多尽孝；遇到有为人弟的来占卜，就按卜词侧重劝告他要对长者少傲慢、多依顺；遇到有为臣的人来占卜，就按卜词侧重教导他忠心不二；遇到有贪得无厌的人来占卜，就按卜词侧重警示他贪得无厌必遭祸殃……各按对象不同因势利导使之尊道从善。按照君平的指点去改弦从善的人，史料记载说：有前来占卜的一半还多。这说明他实实在在地发挥了教化作用。

三说写作。《汉书》等史书记载，庄遵著了《老子注释》（已散佚）和《老子指归》。《老子指归》（又称之为《道德真经指归》或《道德指归论》），这部书十余万言，是先举一段老子言论，再根据自己的理解自由发挥讲述。从结构上看，这可能是他的学生根据他的讲课言论帮助整理出来的著述。此书历代都有人研读、传抄、引用，被誉为"道书之宗"。这是严遵的主要功绩，也是本文在后面要重点介绍的。这里暂时搁笔。

四说催生了道教。君平办学讲老庄以弘道、用占卜引导人们悟道向善，用多种形式传播清静养生之道，在《老子指归》中又着重讲述了自然与人的生命相互作用的关系。他的这些作为，这些思想，可以说比法国笛卡儿《方法论》中提出的"我思故我在"早了1600年，这也就是为什么在受庄君平影响最大的蜀地，相对崇尚人的自由和崇尚开放的原因之一，也是道家和道教更加活跃的主要原因。请看，君平逝世于东汉初，他的思想经过东汉中期传播；待到灵帝时（172—184）张陵（后名张道陵）写成了《老子想尔注》，东汉顺帝汉安元年（公元142年），张道陵在成都大邑县鹤鸣山创立了"正一盟威之道"，俗称"五斗米道"。汉安二年（公元143年）七月，张道陵带着弟子又到当时祸乱较重的青城山传教，使青城山转入安宁，因此山民纷纷加入"正一盟威之道"。山民奉张道陵为代天行道之师，即"张天师"，由此，"正一盟威之道"又称为"天师道"。

五说养生。讲究养生，无论从理论还是从实践看，这都是君平的亮点。他的《指归》贯穿养生之道，他的学生扬雄大讲养生之道，他给人占卜、讲课也讲道家养生，而他自己，清静无为，与世无争，活到了九十余岁，用实践证明了道家养生的好处。

《云笈七签》卷一之道德部总叙说："严君平因注释《老子》，成了唐时文化圣人。"因此，我们今天称他为弘道圣人自然名副其实。

《老子指归》——道书之宗"摘录"：

母爱其子，子爱其母，男女相兼，物尊其主；巢生而啄，胎生而乳，鸟警而散，兽惊而聚；阴物穴居，阳物巢处，火动炎上，水动润下；万物青青，春生夏长，秋成冬熟，皆归于土；非物政教，物自然也。

上文引自《〈老子〉指归·大成若缺篇》的君平妙语。可以看出，严遵所写之《指归》可谓：语言精练，举例广通，解不离本。

今天，我们要历史地、全面地学习《老子》，就绕不开庄遵这个学得早、钻得深、诲人众、著作精的大家。现本着求真务实的态度、无比崇敬的心情，对《老子指归》这部弘道力作进行挂一漏万的介绍。

《〈老子〉指归》概貌

《老子指归》又名《道德真经指归》，是《老子》问世400

年后，由道家传人庄遵写成，是对《老子》的解说和发挥。指，表指明，揭示；归，表回归，溯源；指归，表对《老子》本意（主旨）的揭示。

《老子指归》约10余万（因有散失，无法说出准确数字），共13卷。前7卷阐释德经，共40篇；后6卷阐释道经，共32篇；合计72篇。后6卷本已失传，好在今人王德有教授发现《老子指归》价值极高，才费10余年工夫从唐宋诸学者所注的《老子》及其他经典的引文中搜出了《老子指归》的佚文29篇，尚缺3篇，王教授仍在搜寻。

对照《老子》的81章，《指归》少了12章；所著的72篇，现还缺3篇（章）；与81章相比，共缺了15章。为什么会是这样？因为汉朝时，《老子》尚未分成81章，君平因作《指归》需要分篇，才自个琢磨着给划分的。

《指归》为什么只有72篇？这是作者按《周易》思想来解《老子》的明证。在《老子指归》的《君平说二经目》（序言）中说："上经配天，下经配地。阴道八，阳道九，以阴行阳，故七十有二首；以阳行阴，故有上下；以五行八，故上经四十而更始；以四行八，故下经三十而有二而终。"

《指归》的结构是对照式。第一部分是《老子》某章的原文，第二部分是《指归》正文——是对照原文的解说与发挥。

在王德有的《老子指归译注》（商务印书馆2006年出版）里，则是四部结构，即：原文——指归——注释——译文。

《老子指归》的价值

历代正史和学者对君平及《老子指归》的评价都极高,而对君平的评价也多缘于《指归》。汉·扬雄《法言》说:"吾珍庄也。"(我尊重庄君平啊)

班固《汉书》言:"其风声足以激贪厉俗。"(君平的影响足以激除贪腐,变革陋俗。)

晋·陈寿《三国志》说:"仲尼、严(君)平,会聚众书,以成《春秋》《指归》之文。故海以合流为大,君子以博识为弘。"(陈寿将君平与孔子并提,将《指归》与《春秋》齐观,并盛赞之为博识、弘大。可见君平在古代学术地位之高。)

晋·常璩《华阳国志》言:"(君平)雅性澹泊,学业加妙,专精大《易》,耽于老庄,常卜筮蓍龟以教。与人子卜,教以孝;与人弟卜,教以悌;与人臣卜,教以忠。于是风移俗易,上下慈和。日阅得百钱,则闭肆下帘,授老庄。著《指归》,为道书之宗。扬雄少师之,称其德。"(从历史角度指出《指归》是道书之宗。)

晋·葛洪《抱朴子》言:"达者严君平、司马迁皆所据用,而经传有治历明时刚柔之日。"(将严君平称为达者,且与司马迁并提。)

明·刘凤《指归序》言:"老子书注者数十家,独河上公最著,然莫古于严君平矣……其为旨与老氏无间,故因其篇章以发趣……"(肯定为《老子》作注的人很多,但君平比河上公还早,且他之所注与《老子》既无间又有发挥,影响也更大。)

《老子指归》为什么未得广为流传？

《指归》既然如此有价值，为什么过去未得广为流传？笔者考察的原因是：

1. 庄君平不肯做官，只在民间办学、施教，在信息不发达的古代，影响自然有限；孔子当过官，周游列国，见过很多诸侯，弟子也多有为官者，所以影响就很大。

2.《老子指归》在古时多是手抄流传，遇五代等长期战乱，大多被毁失传。

3. 清朝有一些学者误判《指归》是伪作，《四库全书总目》怀疑《老子指归》是伪作而未收入，学者也因而忽略。

4.《老子指归》长达十余万字，汉赋文体（华丽有余，明快不足），不好理解（或不合近现代人口味），一般人很难有毅力读下去。

5. 四川历史上多战乱，特别是明末清初的杀戮、湖广填四川、近代破坏等，造成经典流失与不传。

好在雨过天晴，正道回归，深埋蜀地的真金璧玉，又可挖出重闪光芒了。

为什么说《指归》是"道书之宗"？

道书，本意是《老子》《庄子》《列子》等一切道家的著作，这里特指弘道的书；宗，本意是祖宗，引申为最先、最权威。道书之宗，是《华阳国志》对《老子指归》的评价。意思是说，在众多解释《老子》的著作中《指归》既早又佳，充分肯定了它的权威性。

从《指归》十余万字中,我们可以看出君平的哲学观也和老子一样,对宇宙的生化也讲有无相生,也讲一生二、二生三……也讲无为;也重自然生化、道法自然等只是他讲得更具体,更联系实际,在为《老子》作注的所有书中它就更具领先的和权威的地位,所以,《指归》便被誉为了"道书之宗"。

严遵是弘道圣人,《指归》是道书之宗。难道我们不应该挖出这个深埋了两千年的"蜀地璧玉"并很好地传承吗?

第六节 范蠡及道商

范蠡是老子弟子文子的弟子。助越王勾践复国后,功成身退,到齐国,改名鸱夷子皮,到陶地,改名陶朱公,靠经营致富,被尊为商界之神。开启了道商学大门,把"道"运用得很有实效,是道家思想的一大发展。

十年前,四川省老庄学会首批研究员黄牛同志提出了打造道商学品牌、开设道商课的创意,经众专家论证后认为:有理、有益、有前景。

一、道商的发展回顾

虽然,古代没有"道商"这个概念,但道商出现,却早在两千多年前。

商,《说文解字》解释为:从外知内也。从内,章省声,式羊切。《辞源》解释有：①计量；②贩卖货物的人；③五音之一；④古漏壶中箭上刻的度数；⑤商略，研究；⑥星名；⑦朝代名，商朝……

公元前16世纪成汤打败夏桀，建立了商朝。夏朝除了牧业、渔猎、水利、农耕已有了较大发展。到了商朝，在农牧基础上又发展了手工业，因此出现了物品交换，后来又出现了早期的商业。公元前11世纪，姬发打败商纣建立了周朝，即位武王。武王子姬诵长大后即位为成王。成王派召公营建洛邑，为便于统治，又把商（殷）遗民迁到洛邑郊区。商民离乡迁来，失去过去的谋生手段，多以交易获利为业，颇有成效。后来人们习惯称从事交易的人叫"商人"。再后来，又出现了行商、坐贾之分。到了春秋战国时期，因各国物产不同，有了交换需求，互通有无的交换日益有利致富，所以，渐渐出现了专事买卖的行业——商业。

回顾中国古代，从事商业的多有名人，现列举几人以利剖析。

范蠡，为越王勾践谋划20余年，灭了吴雪了耻，使越成了春秋后期霸主后，辞去上将军职，乘船漂海到了齐国，改名鸱夷子皮，靠耕作致富出名，后被齐任为丞相。其后又辞去丞相到了陶地定居，自称陶朱公，靠农牧兼买卖成了大富翁，被后人尊为商人鼻祖。他是道家人物，可算最早的道商。范蠡为什么能成功？是他根据时节、气候、民情、风俗等，人弃我取、人取我予，顺其自然、待机而动以治产，没出几年大获成功。

范蠡的经商之道，概括而言是：为民谋利；审时度势；舍得投入；精心经管；及时调节；顺其自然。

在中国，受范蠡影响，继承发展道商思想的人还很多。如以下几人：

沈万三，元末明初江南有名富商，他在郑和下西洋之前，就在浙江、福建海边靠和洋人做买卖发达起来，继而又经营出海通商。当朱元璋的红巾军准备打徽州时，他曾捐粮万吨、捐银5000两。朱元璋建南京城时，他又出资建了南京城墙的一半。他的经商秘诀是顺势而为、惠民及时、仗义疏财、善抓机遇。

乔致庸，清嘉庆年间山西人。原本读书求功名，由于乔家内部原因，成了乔家当家人。因能审时度势、知人善任、信誉第一、质量取胜，在使乔家事业大发展后，又去包头开商铺、布店、药店、旅店、钱庄……扩展了大量商号，出省发展，成了全国有名的大富豪和晋商之首。

胡雪岩（1823—1885），由浙江一个钱庄伙计，以"仁""义"二字为经商信条，经过几十年拼打，特别是在王有龄、左宗棠等军政要员遇到经济困难时借机全力相助，办钱庄、贩粮盐、开药店、理漕运，成了清政府的二品红顶商人，不幸成了李鸿章、左宗棠政治斗争的牺牲品，自作自受，惨然离世。

陈嘉庚（1874—1961），福建同安集美村人，早年随父去新加坡经商，后经营菠萝、橡胶。1907年加入同盟会，曾以巨款资助辛亥革命。后致力家乡文化教育事业，创办各级学校乃至厦门大学。资助抗日战争和新中国文化教育事业。因为能以民族大义为重，深受敬重，顺应潮流急民之需……所以能蒸蒸日上，成为华侨巨富，后被选为全国归侨联合会主席。

看了这些成功的商人，我们不禁要问：1.他们是儒商还是道商？2.他们为什么成功？3.什么是"商道"？道商是否早已客观存在？4.道商和儒商是否可以合并或互称？5.道商的发展前景如何？6.建立道商学有何意义？

为了弄清这些问题，让我们依次来进行如下探讨。

二、"道商"的定义

要定义道商，必须先辨明相关概念。

1.什么是商业？

《流通产业经济学》（洪涛著，经济管理出版社）的解释：商业是以货币为媒介，以商人为中介的从事商品交换之专门职能的交易活动的中介组织和行业。广义的商业，现已扩大到了与市场经济（交易活动）相关的一切组织机构、行业和区域。

2.什么是儒商？

《辞源》《辞海》无"儒商"辞条。《现代汉语词典》解释是，"儒商，名词，有读书人儒雅风度的商人"。这一解释，可以排除两种误解：一、儒商是由儒家人士改行成的商人；二、儒商是用儒家思想作指导的商人。显然，可以肯定，儒商并非因用儒家思想指导经商而得名，儒家向来是重农鄙商的；因此，儒商只能是辞书所说的那样"是有读书人儒雅风度的商人"。从上面所举的成功巨商看，他们都具"有读书人儒雅风度"，却不是儒家弟子，也很少用儒家思想指导。由此，我们可以得出这样的结论：儒商本也可叫道商，因道商同样具有儒雅风度。

3.什么是商道？

几种主要工具书都没有"商道"这个词条，但一般人都能意会到："商道就是经商成功之道（规律）"。譬如上面所举的成功巨商，其商道大概都有：想民所需、童叟无欺、服务及时周到、善于判断发展趋势、善从时间地域价差中牟利、薄利多销、艰苦务实、顾全大局……这些都是经商成功之道，也是"商道""商学"。

4.什么是道商？

当代知名商务策划家、道商文化权威学者李海波对"道商"概念下了如下定义。

道魂商才：道商就是以道家精神气质来从事商业经营的人。

道体商用：道商就是秉承"道"的思想与精神，运用道（规律）来经商治事，实现人生大成的智慧商人。

以道经商，以商显道，道商合一，利物益生：道商就是以"道"来指导商业经营，同时通过自己的身体力行，去发现商业运作中符合"道"的绿色商业智慧，再通过整理与传播，最终，实现和诠释"道通万物""道生万物"的思想型实践型兼容合一的商人。

道商的使命：以道启心、以心启智、以智启财、以财启众。

道商与一般商人最本质的区别是非常重视商业智慧与创新变通。

以上诠释已非常全面精当，是理论与实践（经验）的最佳结合。需要特别强调说明的是：

①道商其实存在两个方面（阴阳面）。一是作为经商的主

体——人，即前面讲的以道经商的商人。二是作为实现买卖、流通的必不可少的活动——道体商用的经营。

②明确"道商"的内涵和外延。内涵：以老子为代表的道家思想作指导；体道用道的商人；合商道的经营活动；属商的行业；利民、利物、智慧、创新的取向。外延：一切用道于商的商人、商业活动、成果。

③道商优于儒商的所在：前面说了儒商是有读书人儒雅风度的商人，并非用儒家思想指导经商，儒家思想耻利、抑商，只有仁义可用于商。道商除具有仁义特质外，更有重德、重智特点。《道德经》首倡道德，"利万物而不争"是其多处出现的名言。重智，又是一大亮点。如老子说的"将欲取之，必先与之"（36章）"少则得，多则惑"（22章）。电影《凌汤圆》之凌汤丸由小变大的传奇事实，正好证明了这点。

庄子的《逍遥游》讲了一个故事：宋国有人会制防冻裂手脚的药，他靠这种药做漂洗丝绸这个生意，冬天不会生冻疮冻裂手，能月进几金，也算过得。有位客人听了这个消息，用一百金买了这个药方，学会后，到了吴国。冬天，吴越交战，吴王任这个人为将军，用这种药保护手脚，结果取得大胜。吴王奖赏他，把很大一片地封赏给他。他的收益为什么会超过制药的人很多，庄子说是因为他能变小用为大用。这就是道家智慧用于商的明证。由此可见：道商包容儒商，现在讲的儒商，实为道商。

④道商的定义

道商，是用《易经》《老子》为代表的道家思想为指导，重商道、重革新的商人或商业活动。

三、道商学的界定

1. 道商学的研究对象

商业经济规律；《易经》《道德经》等经典，道家及其天道、人道、商道思想；商业经营的成功规律——商道；商业经营历史——含个案分析；对大环境（背景）、市场需求、经营风险的探讨……一句话：用道于商的全过程。

2. 道商学的研究方法

理论上，兼重道家为首的中华优秀文化和当代商业经营学，旨在探寻结合点。

实践上，兼重商道研究和道商个案分析，旨在运用道指导经营，由成功而长生久视。

3. 道商学的属性

道商学属经济类之商业子类，属应用性的边缘科学（中华传统文化与现代经济交集），属探索商业成功之道的新兴学科，属大中专的选修课程。

4. 道商学的定义

《道商学》是以道家思想及中华优秀文化指导商业经营过程为研究对象，旨在使商人做到"尊道贵德"，使商业有利持续发展的新兴边缘学科。

5. 道商学兼容范围

道商学首先兼容"儒商"。儒商不等于儒家，只因体现儒雅而被誉称，他的本质从属于道商，这在前面已经作过探讨。因此可视儒商为道商之别名,不批判、不排斥,合并研究之。

道商学重点兼容"商道"。"商道"是经商必循之道是经商必守之德,是经商成功之规律和诀窍。道商学视商道为研究内容,不仅丰富了自己,溯源了历史长河,还更加体现了道之包容,体现了道之博大。

6.道商学的主要内容

道商学的内容极其广泛,重点可有如下要点:(1)道学兼宜商学;(2)道商古已有之(历史追溯,兼容儒商);(3)商道是道商学的素材(经提炼改造作为规律丰富道商学);(4)商业的策划(博弈、辩证运筹、对策);(5)企业管理(人的管理、财务管理、物资管理、程序管理……体现道法自然);(6)制度科学化(使制度合道,合道长久);(7)素质提高(尊道贵德,德绍财高);(8)市场拓展(天人和谐,良性发展);(9)应对风险(祸福相依,自胜则强);(10)企业升级(为道日益,蔽而新成)。

四、商道之"道"

本文第一部分,追怀了几位商业巨星,他们都有其成功之道,这里仅以有的成功巨商的部分语录为例,用老子《道德经》加以对照,以期证明商道与道商具交叉关系,可经改造而入道商之道。

以下摘自《商圈》专著之"商海智慧"。

1.在逆境的时候,要问自己是否有(改变)的足够条件。

老子教导我们说:"知人者智,自知者明。胜人者有力,自胜者强。"（33章）"治人事天，莫若啬（爱惜），夫唯啬，是谓早服（准备），早服谓之重积德……是谓根深固柢，长生久视之道。"（59章）

2. 有了信誉，自然就会有财路，这也是必须具备的商业道德。

老子说："信不足焉，有不信焉。"（17章）"信言不美，善言不信。善者不辩，辩者不善……圣人不积，既以为人已愈有，既以与人已愈多。"（81章）

3. 勤奋，求和，创新。

老子说："天地之间，其犹橐籥（风箱），虚而不屈（竭），动而愈出。"（5章）"夫唯不盈（自满）故能蔽而新成（推陈出新）。"（15章）"为学日益，为道日损（减损过失）。"（48章）

4. 对自己节俭，对别人慷慨，对朋友讲义气，再加上自己的努力，迟早会成功。

老子说："我有三宝，持而保之：一曰慈，二曰俭，三曰不敢为天下先………俭故能广（大方）。"（67章）"有余者损之，不足者补之。天之道，损有余而补不足。"（77章）

5. 当生意更上一层楼的时候，绝不能贪得无厌。

老子说："金玉满堂，莫之能守；富贵而骄，自遗（留下）其咎（灾祸）。"（9章）"甚爱必大费，多藏必厚亡。知足不辱，知止不殆，可以长久。"（44章）

6. 好的时候不要看得太好，坏的时候不要看得太坏。

老子说："祸兮，福之所何倚；福兮，祸之所伏。"（58章）"兵强则灭，木强则折。强大处下，柔弱处上。"（76章）

7. 最重要的是要有远见，杀鸡取卵是短视行为。

老子说："不知常，妄作凶。知常容，容乃公，公乃全，全乃天，天乃道，（合）道乃久，没身不殆（终身无凶险）。"（16章）"天长，地久……圣人后其身而身先，外其身而身存。"（7章）

8. 成就事业关键要有人帮助你，乐意跟你合作。

老子说："贵以贱为本，高以下为基。"（39章）

9. 我凡事必有充分准备才去做。

老子说："修之于身，其德乃真……修之于天下，其德乃普。"（54章）"知不知，尚矣；不知知，病也。"（必弄明白才做，不要不懂装懂，盲目行动定会出毛病）（71章）

10. 我常常问自己，如果五分钟后有台风，我会怎么样。

老子说："飘风不终朝，骤雨不终日……同于道者，道亦乐得之（合道终有转机）。"（23章）"反者道之动，弱者道之用。天下万物生于有，有生于无。"（40章）

经过用《道德经》原话对比成功的经营诀窍，我们可以得出如下结论：研究道商不在于增加门派，而在于寻找合道的商道，以使更多商人能少丢血本，因得道而善胜、长生。

第四章

道与道教佛教

《道学》里为什么要讲道教、佛教？因为与道有关。先说道教，再说佛教。

第一节 道教概况

道教是中国本土宗教，以"道"冠名、并以其为最高信仰。道教在中国古代鬼神崇拜观念上，以黄、老道家思想为理论根据，承袭战国以来神仙方术而演化形成的。

东汉中期，开始出现道教组织，著名的有太平道、五斗米道。张道陵在成都大邑鹤鸣山创立教团组织，距今已有1800年历史。道教是以老子的《道德经》等为修炼经典，追求修炼成为神仙的一种中国的宗教。道教成仙或成神的主要方法大致可以归纳为五种：服食仙药、外丹等，炼气与导引，内丹修炼，并借由道教科仪与本身法术修为等仪式来功德成仙，后来常见的神仙多为内丹修炼和功德成神者与道术的修练者。道士是道教的神职人员，宫观是道教徒活动的场所。

西汉景帝中元五年（公元前145），陕西咸阳道士茅盈及其弟茅固、茅衷于句曲山采药炼丹，济世救民，百姓感其功德，遂改其山为"茅山"。茅山道人葛洪将道教神仙方术和儒家纲常名教相结合，构建了一套长生成仙体系，为丹鼎道教奠定了理论基础。

北魏太武帝时期，道教成为北魏国教，道教由此大行于天下；南朝宋文帝时期，寇谦之和陆静修的改革，使道教教规、教戒、斋醮仪范基本定型，各种规章制度全面系统。构建了道教神仙谱系。

佛教初来，主要吸收道家义理与道教方术，曾从道教真人陶弘景学习"长生术"，唐代佛教禅宗思想的确立，也受到当时皇室推崇的道教、老庄思想影响。

唐朝尊老子为先祖，奉道教为国教，采取措施大力推崇道教，提高道士地位。唐高祖规定"道大佛小，先老后释"，唐高宗尊奉老子为太上玄元皇帝。唐玄宗积极推动道教内部改革，发展道家义理，使道教在偏离道家之后，实现再次对道家的回归。道教也发展到全盛。盛唐高道辈出，孙思邈的《千金方》推动了医药学的发展，李淳风的《乙巳占》推动了天文学的发展，成玄英、李荣和王玄览的重玄学说发展了道教理论建设。

五代十国也有帝王信奉道教。其中唐武宗和后周世宗尊道最为突出。

北宋统治者继承了唐朝崇奉道教的政策，宋太祖和宋太宗为此奠定了基础。宋真宗和宋徽宗掀起了两次崇道热潮，编修道藏，大建宫观，册封神仙。北宋时期符箓道法兴盛，陈抟在易学、黄老、内丹三方面都颇有建树。

元朝前期，全真龙门派祖师丘处机真人以 74 岁的高龄，自山东昆嵛山西行 3 万里，在中亚见成吉思汗，"一言止杀"成就汉蒙佳话，被成吉思汗崇为国师。

明朝道教最大的特点是世俗化和民间化。道教对王阳明的心学和明末四大高僧都有很大影响，在文艺领域，出现了大量以神仙鬼怪为主题的神魔小说和戏曲剧目。明朝道教的神仙信仰、伦理道德、科仪方术深入了民众的日常生活，供奉老君、玉帝、真武、三官、文昌、关帝、娘娘、城隍、土地等神仙的宫观祠庙星罗棋布。

清朝接受了佛教，但从笼络汉人的角度出发，抑制道教渐渐放松，雍正更是优待道教。以后的清朝皇帝对道教限制却不断加强。清朝中后期，吕祖、妈祖、关帝、文昌、财神等各类民间信仰盛行，各种民间宗教也延续了明末的热潮。[①]

此起彼伏，清朝又沉重打击了张天师。后来，道教学者居士陈撄宁，提出了"神仙学"，促进道教与时俱进。

新中国在法律和政策上保证了人民的宗教信仰自由。1957 年，中国道教协会在全真龙门派祖庭北京白云观成立。1980 年中国道教协会在"文革"暂停后重新恢复工作。

台湾的道教，是明朝时期正式传入的，日占时期，道教备

---

① 中国大百科全书[M].北京：中国大百科全书出版社，2005：676.

受打压；香港道教在明朝开始活跃。1961年成立的道教联合会，是香港最大的道教组织。香港道教有先天道、全真道、纯阳派三大派别，供奉的神灵人气最旺的是黄大仙、吕祖、妈祖、观音。香港道教（含民间信仰）信众超过200万人。1999年澳门道教协会成立，进入了发展的新时期。

道教对少数民族产生了很大的影响，尤其是少数民族聚居的西南和中南地区。道教在少数民族采取将道教信仰与本民族信仰相结合的形式。据统计，我国的少数民族信仰道教为主的有壮、瑶、白、苗、彝、羌、黎、土家、布依、纳西等二十余个，信众超过1000万人。

道教全真派也传入日韩朝、东南亚、欧美等国，在韩国、越南、新加坡、马来西亚等拥有大量的信众。

第二节　鲁迅评道教

鲁迅对道教的评论有助于我们了解道教在中华文化中的重要作用，本书将由此探讨其地位。

鲁迅在1918年8月20日《致许寿裳》的信，共773字。前140字是叙私情；中间106字才从《狂人日记》言及道教；后面527字由教育界、国家怪事，谈到国家能否进步。前后两部分文字与"道教"无必然联系，不必在这里研究。中间与道教有关的原文是：

"《狂人日记》实为拙作,又有白话诗署"唐俟"者,亦仆所为。前曾言中国根柢全在道教,此说近颇广行。以此读史,有很多问题可以迎刃而解。以后偶阅《通鉴》,乃悟中国人尚是食人民族,因成此篇。此种发现,关系亦甚大,而知者尚寥寥也。"[1]

《鲁迅书信集》是在鲁迅去世30年才出版的,自然未经其本人校审,我们也不可能要求鲁迅对《书信集》中每一句的正确性负责。还有,这封私信说东道西,仅七分之一不到涉及道教,对道教也未展开论证,今天我们没有必要为借重鲁迅名望,断章取义把其中的一句话当着圭臬。鲁迅活着时,思想已由进化论发展到革命论,对道教的态度从上文看出他也有前后的不同,我们今天一定要把"中国根柢全在道教"说成是鲁迅坚持的论断,对他也不公平。

上面这段关键的话,一开始讲的是《狂人日记》是他写作的,他还用"唐俟"这个笔名写了一些诗,接着讲"前曾言"后才讲到"中国根柢全在道教,此说近颇广行",可是接着却说:"以后偶阅《通鉴》,乃悟中国人尚是食人民族,因成此篇"。这个"此"指什么?指开头讲的《狂人日记》。这是鲁迅向许寿裳说,我因为读了《资治通鉴》,认识了中国剥削社会人吃人的本质,特别是三从四德等封建思想对中国人的欺压凌辱罪恶,才写了揭露人吃人现象的《狂人日记》,并呼吁"救救孩子"的。

---

[1] 鲁迅书信集[M].北京:人民文学出版社.

由此接着强调"此种发现,关系甚大,而知者尚寥寥也"。这段话说明他的思想认识较说"全在道教"时又有了很大的转变和进步。

鲁迅本意是:中国文化的根底主要在道教。

1."前曾言中国根柢全在道教,此说近颇广行。"从"此说近颇广行"看,此话不是鲁迅一人的专利——很可能是当时一些知识分子的感悟。

2."以后偶读《通鉴》乃悟中国人尚是食人民族,因成此篇。"这是说鲁迅通过读《资治通鉴》这部史书认识到:中国社会,特别是儒家(注:特指董仲舒以后的儒家)倡导三从四德的社会,表面仁义道德,其实充满人吃人罪恶,这与教道的精神相悖,我鲁迅现在认为,此前说的已不全对了,我反悔了,我才"因"成"此"篇——《狂人日记》。顺便说一点,有人认为这是专门针对儒家的,我认为虽与儒家密不可分,但这主要是针对整个中国封建制度的,没有充分根据认为这是在专门批儒,刻意和儒家论战。

3."这种发现,关系亦甚大,而知者寥寥也",这是说:鲁迅发现了中国社会千年至今,口头喊叫仁义道德、礼义廉耻,实则处处充满人吃人(剥削压迫)现象,这点关系很大,但人们还未觉醒,应当写《狂人日记》呐喊唤醒。

4.注意,"后以……乃悟……因成"这三个关联语很重要,它们表达了什么?表达了鲁迅思想有变化。什么变化?"前曾言中国根柢全在道教"不全对了,至少不能用"全"了。

上面这段话,是专门对许寿裳讲写《狂人日记》的原因的,夹在中间的"根柢全在道教",是向许寿裳表白:我过去对你说的这话,现在看来应当从新看待了。但是,鲁迅并未完全否定"中国根柢全在道教,此说近颇广行。以此读史,很多问题可迎刃而解"这些话。

从"道教""《通鉴》""《狂人日记》"三者的上位概念都是"文化"可知,鲁迅所说"中国根柢"实则特指中国"文化"的根柢。我们设身处境加以体味,我认为鲁迅原意应当是:中国文化的根柢主要在道教。这个认定对不对,请看接下来的分析。

1. 柢,树根。根柢,根、源头。中国根柢,面太宽,如中国人繁衍的疆土之根(摇篮)是黄河长江、中华民族人种的根是黄种人基因、中华族群凝聚力的根是龙图腾、中国人信仰的根是天道("天地君亲师位"为证)等。如是指根柢之"全",则道教不能在血缘、政治、经济等全方位成为根本,只能在文化上算着根本。

2. 道教是中国本土传统主要宗教。因以"道"作其最高信仰而得名,它是在中国古代道家思想理论基础上,吸收神仙家的修炼方法,民间鬼神崇拜和巫术活动,于东汉顺帝时(公元122—144年),由张道陵创立的。道教以《道德经》为宗教经典并制完了一整套完整的制度。虽然,道教对中国文化的影响确实很大,但是,第一,成立时间不足两千年,此前还有三千年的文明史,道教不可能成其全部根底。有人把古代的鬼神崇拜和巫术活动都算作道教,这太牵强,这和把猴子算作人叫人不能接受是一个道理。第二,在鲁迅说此话时,中国已有儒、释、伊斯兰、天主教等多宗教，这些教成立时间更早，道教不可能是它们的全部根柢。第三，在鲁迅说此话时，与道教不全吻合的西方文化正大量流入，社会变革方兴未艾，这方方面面的根柢，不可能全发自道教。所以"全在道教"说肯定绝对了。

3. 好在鲁迅自己纠正了。他用"前曾言"……"以后"……"乃悟"，表明他已经悟到过去说绝对了，今后不能再强调"全"了。顺便说一点，如果有人还要坚持"中国……全"，那请先破解一下上面这一连串关联词，是表要坚持此前的话语，还是表对此前的话有了新的看法？

4. 爱在自己文中引鲁迅此话的人（笔者也曾引过），是认为此话正好"为我所用"而乐于引用，不愿怀疑，又不肯深究的缘故。也许，还有个别的人是为了崇拜名人、崇敬道教，才刻意维护鲁迅已经改口了的旧说的。

总之，鲁迅这段话说明，道教在中国文化传承中的地位非常重要，可以当之无愧地认定：道教是中国文化的主要根柢。现证明于下。

1. 七千年前伏羲画八卦，衍成的《易经》，成为传承至今影响世界的众经之首，确定了"一阴一阳之谓道"，使"道"概念也由此贯穿了诸子百家及中华文明。到了现在，"道"在国人，已是进入血液，无人无处无时无事能离开。道理、天道、人道、大道、官道、商道、兵道、家道、医道、正道、邪道、妇道、师道、悟道、论道、治国之道、治学之道、中国特色社会主义道路（之道）……真可谓无人无时无处无事能离"道"。

2. 四千年前的炎黄发展了道文化。黄帝的《阴符经》《内经》都以道为纲。《阴符经》开篇第一句是:"观天之道,执天之行,尽矣。"《内经》第一章有:"上古之人,知其道者,法于阴阳。"故黄帝被尊为道家的始祖,也是诸子百家、各行各业共同尊崇的始祖。

3. 距今250余年东周(春秋)守藏史老聃(前571—前471)发展了伏羲、黄帝"道"的思想,写成道德5000言(后人取名《道德经》),通篇以尊道贵德为旨,奠定了道学理论基础,由此创立了道家,明确地确立了中华文化的"道德根"。

4. 此后,传承《道德经》的人越来越多,著名的有文子、杨朱、孙子、范蠡、列子、庄子、庄遵等,他们又各成小学派,进而形成道家。道家思想指导了文景之治成了显学。

5. 孔子曾问道(含问礼)于老子,且盛赞老子为龙。孔子后来创立了以"克己复礼"为旨的儒家(有人叫儒教),但儒家同样尊道贵德。以代表经典"四书"为例。《大学》开篇是"大学之道,在明明德"。《中庸》开篇是"天命之谓性,率性之谓道,修道之谓教。道也者,不可须臾离也。"(特别值得提出的是"修道之谓教",是否可以说"道教,也可是道之修炼"呢?)而且在《里仁》里说:"朝闻道,夕死可矣。"《孟子》也讲道,如《腾文公》里说:"行天下之大道。"至于后来的儒家,包括朱熹等,无一不尊道贵德。

6. 西汉时,佛教开始传入,但首先需要合国人理念的翻译。这一译,道、德、慈、善、法等道家常用的词都相应的套入了。所以,佛教如果离开了道、德、慈、善等词就不可能在中国传播了。可以说,佛教刺激了中国道教的产生,而中国道家的词语又给佛教发放了通行证。所以，佛教也有了道德根。

7. 诸子百家，无不尊崇道德。《管子》在《形势二》中说："道之所言者一也，而用之者异"；《孙子》开篇（计）说："兵者，国之大事。死生之地，存亡之道，不可不察也"；《韩非子》在《主道》篇中说："道者，万物之始，是非之纪也"；《墨子》第一篇《亲士》说："夫恶有同方不取，而取同已者乎？盖非兼王之道也"；《荀子》第一篇《王霸》说："得道以持之，则大安也"；还可以举很多，但都不离"道"。

8. 东汉时，张道陵在鹤鸣山创立五斗米教，道教由此成立，唐朝曾将道教定为国教。道教成立后，有四点可以算是肯定了道的根文化地位。

①张道陵亲注《道德经》，取名《老子想尔注》，奉《道德经》为道教之第一经典。

②道教将道家道教杰出人物的著作奉为必修经文，如庄子《南华真经》、甘可忠《太平经》、魏伯阳《周易参同契》、王羲之抄《黄庭经》、杨羲抄《上清经》、黄帝《阴符经》、葛洪《抱朴子》、谭峭《化书》等，使"道"的思想得以大传播、永传承。

③给很多道家杰出人物封了神位。如老子为太上老君等三清，张道陵为张天师，葛洪为葛天师，许逊为许天师，庄子为南华真人，列子为冲虚真人，文子为通玄真人，庚桑子为洞灵真人，还有吕洞宾等入上、中、下三洞八仙，共24位。这一封，就有祭拜，道家英杰的理论也得以弘扬。

④特别值得一提的是《道藏》。《道藏》是由唐代开始到

宋代大成的巨型道家、道教文库，虽经战、火一再毁焚，但仍有保存。现《正统道藏》在北京白云观存有各种道书1476种，5485卷。清朝编成的《道藏辑要》现藏成都青羊宫，收道书287种。"道藏"的意义是不因罢黜百家、独尊儒术而自断传承，相反却使道德根得以继承和光大。

9. 道教的道医，促使中医使为一种科学，一种具中国特色的文化。道教修炼以长生不死成仙为目标，因此特别重视养生与医疗。与西医不同，道教把天地人道看成四大，即把人视为大自然的一个子系统。在理论构建上就讲阴阳五行的整体观、系统论、生克论。伏羲、神农、黄帝的理论都被用于医疗养生。《黄帝内经》是道医的主要经典，《神农本草》等也被用上。经长期研究和发展，经络学、针灸学、按摩学、脉象学、制药学等都相续得到发展和完善，待孙思邈、李时珍、张仲景写的《本草纲目》《伤寒》等著作的广为传播，中医便成了一门救死扶伤保健强身的系统学科，日本、韩国、越南等都高度重视，广为运用。开始，发达国家不承认中医是科学。后来，在抗非典、治虐疾、疗肺结核、防艾滋病等上超越了西医，现在欧美已经承认了中医，更有甚者，不少商人还盗用中医名方制药赚钱。

10. 道教以长生久视为目标，激发了对养生、武功、炼气功、炼丹（内气）的研究。进而衍生了养生学、气功学、武术学、内丹学等支脉。特别值得一提是炼外丹之金丹，催生了化学，进而发明了火药，这对世界自然科学都是极大贡献。

11. 道教对艺术贡献极大。道教音乐被誉为仙乐。绘画更发展了山水、人物、水笔等,道士黄公望的《富春山居图》享誉中外。楹联、诗词、书法,如崇道学者王羲之的《兰亭序》等。雕刻、塑像、楼台亭榭的建筑,大量的寺庵碑坊,吸引了古今文人和游客。道教对语言文学的丰富,对中国人人生观的影响,对国人风俗习惯的流传,对经营管理的启迪,无处不发挥着根的作用。

为什么说中国文化的根主要在道教,而不是更早的道家?是的,道家早了千多年,但道家不是一个组织。而且"道家"作为一家在西汉初才被明确地提了出来。不久,却被独尊儒术所压制。道家,其实主要是思想的传播,他的人物大多是单独活动的,是以各自的著作弘道的。道教把所有道家杰出人物都尊为了"神",把他们的代表作奉为了"经"。这一来,无形的道家就被扩进了有形的道教。既然道教是根,道家也就是根了。或者说,因道家而生道教,因道教而弘道,因道教而发展了道家。而真正的根,最终还要追溯至"道"。

《道家与中国哲学》第10页说:"道教因"道"而得名,他们把老子奉为教主,又以《老子》为经典。因此,道教与道家的联系是不容否认的事实。但是,道家与道教之间又存在本质区别。牟钟鉴先生把道家与道教的关系称为二元一体。所谓一体是指:(1)道家使道教获得了对终极真理——道的关切,使它具有形而上学的哲学基础,若无道家,道教只能停留在有教而无学的民间信仰的水平上;(2)道家向道教提供了修道的基本方法,即清静无为,一切道教炼养术均以此为起手处,积精炼气亦从道家中来;(3)道教吸收道家,又偏离道家,改造道家,又返回道家，特别是后来的全真道，会通儒、释、道……大减道教本色而更像道家；（4）道家思想在玄学以后主要依靠高道来传承发展，教内之学强于教外，这样，不仅道教离不开道家，道家后来也离不开道教，有其相得而益彰的一面。所谓二元是指：（1）两者生死观不同，道家"顺乎自然"，淡于生死，道教"逆乎自然"，企图超出生死大限；（2）两者鬼神观不同，道家高唱天道自然无为，道教崇拜神灵仙人；（3）两者存在方式不同，道家只是一种社会意识，道教却是社会综合体系，拥有物质力量。牟钟鉴对道家与道教同异之处的概括，我们基本赞成，但认为称作"二元一体"似乎不太妥帖。道教形成之前只有道家，谈不上二元一体。只是在道教形成之后，始可称作"二元一体"。除此之外，我们想强调指出，道教并不仅仅是道家的宗教化。道家的理论只是道教形而上的宗教哲学基础，道教的伦理观、社会观基本来自儒家和墨家，道教的教规教仪受儒家礼制礼仪的影响很大，道教的斋醮仪式则源于中国古代宗教祭祀仪式，道教神人相通的理论基础，则是天志、明鬼和天人感应。道教养生延命以及炼养成仙之说既以道家的清静寡欲为入手，又与秦汉方仙术有密切的传承关系。道教之所以在东汉形成，离不开统治者视图建立总天神的儒教的大背景。道教在形成过程中不断受到谶纬神学的刺激并吸收其神学说教。因此，道教是中国古代传统文化的聚合体，是中国古代传统文化的宗教形式的载体。儒学宗教化失败了，而以道家的超越理论为宗教哲学基础的中国古代传统文化却成功了，这就是道教的本质。

早期的道教对道家哲学并没有什么贡献。无论是《老子想尔注》还是葛洪、寇谦之、陶弘景，他们的主要工作：(1) 把道家的超越理论予以宗教诠释，神化道，神化老子，把道家的养生之说与成神之术联系起来；(2) 改革与完善宗教管理体制（包括构造神仙谱系）。他们主要是宗教理论家，不是道家哲学家。

总之，研究道教有利于弘道。

第三节 内丹与外丹

道教有个独特修炼内容，就是炼丹。后来，炼丹又分为内丹、外丹。

什么是外丹？外丹指用铅、汞等矿石，在炉鼎中炼制成的丹药，说是服之了可长生成仙，外丹是与内丹相对而言的。

什么是内丹？内丹指将人体比拟成炉鼎，借此修炼体内精、气、神，设想经过修炼，可使凝结成丹。

外丹术源于古代炼丹术，原称仙丹术或金丹术，后因内丹术亦袭用其名词，为使二者区别，乃称前者为外丹，后者为内丹。战国时神仙方士盛传海上有个三个神山，有长生不死之药，秦皇、汉武皆遣方士入海求过，皆无所获。

公元前133年，方士李少君对汉武帝说，丹沙可化为黄金。由此看来，外丹术此时已经流行。

隋唐时，外丹术伴随着道教的兴盛进入全盛时期。南北朝时外丹得到进一步发展，唐时臻于兴盛，出现了孙思邈、陈少微、张果等炼丹家,服食外丹亦成为一种社会风气。但是,到宋代以后,因致死者越来越多,唐朝以后就渐渐衰败了。

内丹古已有之,是由导引、行气、吐纳等修炼术发展来的,东汉魏伯阳《周易参同契》和东晋葛洪《抱朴子》内篇对此均有所论述。北宋张伯端著《悟真篇》,使内丹理论和方法都更加丰富和发展。

道教南北宗皆专主内丹,甚至斥外丹为邪术。从此,内丹逐渐成为道教主要方术。

内、外丹是道教众多修炼方术中最重要的两种,影响甚大。

修炼内丹和外丹的目的都是为达到长生不死。虽属幻想,却功绩很大——为中国古代化学、医学、养生学等积累了丰富资料,并从中提出物质形态和精、气、神相互转化的思想,对哲学思维的发展也有一定意义。

东汉魏伯阳著《周易参同契》,用阴阳论述金丹,被誉为"万古丹经王"。东晋葛洪对当时流传的外丹加以总结,写成《抱朴子》一书,将外丹分为神丹、金液、黄金三种,并称金丹为药,烧之愈久,变化愈妙,百炼不消,毕天不朽,人若服之能令人不老不死。

道教中人相信内丹修炼成功,灵魂可以离人体而出,人体可以分身,可以成仙。《道藏》中收有论内丹的书一百二三十种。

内丹书隐密难读,道教中人对炼丹之法,大都师徒相承,解说也不一致。内丹虽与我国古代生理卫生学、医学有一定关系,但若说此可以长生,则只能说是信徒的宗教信仰。成仙虽然不可能；但是，修持得法，达到健康长寿，却也是事实。

了解道教炼丹，既可了解道教，也了解了中国科技发展的源头。李约瑟的《中国科技史》可以佐证。

第四节 《道藏》

介绍《道藏》，是为有志趣于学习"道学"者，便于查读，究竟真实。

《道藏》好比《四库全书》，也是一个经典文库；不过，《道藏》汇集的只是道教道家经典。虽然种类很多，且多有散失，可喜的是保留了精华和目录。

道教初期，除《道德经》《太平经》外，经典很少。魏晋南北朝时期，随着道教发展各派道士撰写的经典日渐增多。一些道士开始收集整理道书。唐玄宗下令广搜，成《一切道经》（《开元道经》）。北宋真宗时，道士张君房主编了《大宋天宫宝藏》凡4359卷。

正统道藏：中国道教史上重要道藏之一，明代编纂。明成祖即位之初（1403年），曾令第43代天师张宇初重编《道藏》，永乐八年（1410），张宇初去世，又令第44代天师张宇清继续主持编藏。到明英宗正统九年（1444）始行刊版，又令道士邵以正督校，增所未备，于正统十年（1445年）校定付印，名《正统道藏》，共5305卷，480函。到明神宗万历三十五年（公元1607年），命第50代天师张国祥续补《道藏》，名《万历续道藏》。与《正统道藏》合计共5485卷，这是我国现存的唯一官修道藏。

1923—1926年，上海商务印书馆借用北京白云观所藏明刊《正统道藏》影印，缩改为六开小本，凡1476种，1120册。

今有文物出版社、上海书店、天津古籍出版社1987年版《道藏》影印本，另有台湾艺文印书馆、台湾新文丰出版公司影印本等通行于世。

《道藏》中还有个古本《道藏辑要》，保存在四川成都原二仙庵。所存《道藏辑要》经板，是根据清代康熙年间的《道藏辑要》版重刻的。该书共有245册，其字板系用梨木雕刻而成，共计14000多块，每块是两面刻字，一面两页。此书按28宿顺序排列，即角、亢、氐、房、心、尾、箕、斗、牛、女、虚、危、室、壁、奎、娄、胃、昴、毕、觜、参、井、鬼、柳、星、张、翼、轸。雕刻字板这一工程，起于光绪二十七年（1901）由二仙庵阎永和方丈发起，由各方善士捐助而开始的。阎永和羽化后，又由宋智和及王复阳两位道长于光绪三十四年（1908）承继下来，历15年之久，至民国4年（1915）才告竣工。

《道藏辑要》继明《正统道藏》和《万历续道藏》之后收书最多的道教丛书。纂辑者有二说：（一）清末贺龙骧校理《重刊道藏辑要》谓此书系清康熙（1662—1722）间彭定求撰辑；（二）《道藏精华录》称此书系蒋元廷编纂于清嘉庆（1796—1820）年间（经考查，以此说为是）。后书版被焚，书亦留存甚少。光绪十八年（1892），四川成都二仙庵住持阎永和首倡重刊，至光绪三十二年刊成《重刊道藏辑要》，版存成都二仙庵。近年巴蜀书社用二仙庵版重印发行。[①]

　　顺便介绍一下新出版的《中华道藏》。《中华道藏》是2004年华夏出版社出版的图书。《中华道藏》的编纂是继明代《道藏》之后，近五百年来中国首次对道教经书进行系统规范的整理重修，被列入"十一五"国家重点图书出版规划项目，于2004年出版发行了精装版。

　　《中华道藏》在承载道教历史和信仰内容的同时，也包含了中国传统哲学思想、科学技术、社会风俗、伦理道德、医疗保健等方面的文献资源。《中华道藏》在以明代《正统道藏》《万历续道藏》为底本，保持三洞四辅的基本框架的基础上，按现代人阅读习惯和图书整理规则进行了编修，分为三洞真经、四辅真经、道教论集、道教众术、道教科仪、仙传道史和目录索引七大部类。全藏分为两种体例：一为点校，即对保存完整的藏书加以新式标点并进行必要的校勘；二为合校和补缺，即在点校的基础上，对残缺的藏书以数种残卷相互校补，以合成完整的版本，同时增补了数十种原藏未收的明代以前的道经。

第五节　道教艺术

　　道教，在老子"道"光耀下，在绘画、音乐、舞蹈、诗词、楹联、雕塑、建筑、服饰、图案等多方面发展了中国文化艺术。

[①] 中国大百科全书[M].北京：中国大百科全书出版社，2004：680.

究其指导思想，都发端于老子。由于道教艺术太广，一一介绍会分散中心，现仅以诗词艺术为代表，窥其一斑。

说到道教的诗词艺术，也许有人会大笑，道教与艺术是两股道跑车，不相干——其实，道教崇尚的《道德经》是哲理诗，不仅对诗词创作具有示范作用，而且在创作理论上也有指导价值。

现在请让我们从下面三个方面加以探讨。

一、真善美是《道德经》和诗词艺术的共同追求

诗词不仅是文学的主要形式，而且是文学中最古老的形式。中国最早的诗集叫《诗经》，在整理成集前也不知流传几千年了。

词，原为辞，简化后为词。诗、词、歌、赋，都属抒情言志的韵文，统称诗歌，与散文、小说、戏剧合为四种文学形式之一。

诗言志。诗词是对心声的抒发。很多人都喜欢写诗，因为有感总需要抒发。

诗歌是通过凝练、有韵、形象的语言以抒发强烈感情和丰富想象的文学形式。诗歌按语言分为格律诗、自由诗；按内容分为叙事诗、抒情诗、朦胧诗；按时间分为古体诗、近体诗和自由诗。

诗歌的创作讲究：比、兴、赋。比，是讲运用以比喻为首的多种修辞；兴，是由此及彼，因物起兴；赋，是抒发胸怀，表达真情实感。

根据艾青的《诗论》说："诗歌的最高追求是真、善、美。"当然，这个真，是来于生活，高于生活的艺术真实，表达的是真情实感。这个善，是从人民朴素本质出发的善，是感染人、引导人向善的善品。这个美，是基于真和善结合的完美，是理想与现实结合的、叫人喜闻乐见的艺术的美。而作为辩证实践智慧的《道德经》，早已把真、善、美作为了追求的目标。现看看老子是怎样说的。

真。"修之于身，其德乃真。"（54章）。"是以圣人被（pī）褐（hè）而怀玉"（70章）"信言不美，美言不信"（81章）"信不足焉，有不信焉"（23章）"为天下谷，常德乃足，复归于朴。朴散则为器，圣人用之，则为官长"（28章）——真、朴、信，都属"真"，是讲于人、于物一定要表里一致，不虚、不假、不过。

善。"上善若水。水善利万物而不争"（8章）"善之与恶，相去若何？人之所畏，不可不畏。"（20章）"圣人常善救人，故无弃人；常善救物，故无弃物，是谓袭明。故善人者，不善人之师；不善人者，善人之资"（27章）"圣人常无心，以百姓心为心。善者吾善之，不善者吾亦善之，德善。信者吾信之，不信者吾亦信之，德信"（49章）"善者不辩，辩者不善。知者不博，博者不知。圣人不积。既以为人己愈有，既以与人己愈多。天之道，利而不害；人之道，为而不争"（81章）——善，这里具名词性，表心地善良，慈爱，与人为善，品德高尚。

美。"天下皆知美之为美，斯恶也"（2章）"信言不美，美言不信"（81章）

——老子提倡的美，是以真、善为前提的完好、完美，是协调，是和谐，是形象美、语言美、行为美、心灵美四美的结合。

真、善、美与假、丑、恶总是相比较而存在相斗争而发展的，所以诗词也要体现这种对立统一的情势。

二、《道德经》的语言艺术是运用修辞的典范

诗词作为语言艺术，离不开修辞。而《道德经》运用修辞极广，不仅章章闪光，而且水平很高，灵活多样。现从《道德经》运用修辞的大量语句中，选其极少数，举例如下：

1. 比喻 （比喻就是打比方。目的是使描写对象生动易懂）

第10章 "专气致柔，能如婴儿乎？"（如，喻词。"聚集精气以至柔和温顺，能够如像婴儿一样吗？"明喻）

第60章 "治大国若烹小鲜"（若，像，喻词。"治理大国如烹调鲜鱼菜一样要讲规律"，明喻）

第73章 "天网恢恢，疏而不失"（这里只出现了主体、喻体，未出现喻词。可补出喻词"如"。"天道有如网一样宽广，虽然稀疏，但不会漏失。"暗喻）

2. 比拟 （比拟是把甲物拟为乙物来描写的修辞手法。比拟分拟人拟物两种。拟物是把人当物写，拟人是把物当人写）。

第5章 "天地不仁，以万物为刍狗"。（把天地当人写。拟人）

第43章 "天下之至柔，驰骋于天下之至坚"。（把抽象物当活动物写。拟物）

第67章 "天将救之，以慈卫之"。（把天当人写。拟人）

3. 借代 （借代是借用与某人或某事物有关的东西来代替某人或某事物的修辞手法）

第 26 章 "君子终日行不离辎重"。（辎重代军用物资，再代"为人根本"。是具体代抽象）

第 27 章 "善数，不用筹策"。（筹策本是筹码，这里借代一切计数器具。是部分代全体。）

第 35 章 "执大象，天下往"。（大象，代大象无形、代道。是形象代抽象。）

第 47 章 "不窥牖，见天道"。（牖本是窗，这里借代外部世界。是特征代主体。）

4. 对偶 （对偶是成双成对的句子或词组，字数相等、意义相对或相关，形美音琅的修辞手法。是楹联、对联的必用修辞手法）

第 2 章 "有无相生，难易相成""声音相和，前后相随"。（四字一句，两句成偶，读起上口，意思相彰。对偶）

第 9 章 "持而盈之，不如其已；揣而锐之，不可长保。金玉满堂，莫之能守；富贵而骄，自遗其咎"。（两两对称，共同加强并类比"富贵而骄"有祸。对偶兼排比）

第 48 章 "为学日益，为道日损"。（一益一损，对立统一。对偶）

第 58 章 "祸兮，福之所倚；福兮，祸之所伏"。（祸福相对又转化。对偶）

5. 对照 （对照又叫对比，是把相反事物并举出来，以形成鲜明对比的修辞手法）

第 2 章 "天下皆知美之为美，斯恶矣；皆知善之为善，斯不善矣"。（美与恶、与丑，善与不善、与恶相对并互相显现。内容对照，形式对偶）

第 27 章 "故善人者，不善人之师；不善人者，善人之资"。（善人与不善人的对立揭示了其互动关系。是对照，又是对偶）

第 65 章 "故以智（计谋）治国，国之贼；不以智治国，国之福"。（反正对比，强调玄德。对照兼对偶）

6. 顶真（针）（顶真又叫联珠，是把前句尾作后句头，使句子首尾蝉联，以表达事物连锁关系的修辞手法）

第 16 章 "知常容，容乃公，公乃全，全乃道，道乃久"。（头联尾，承接推演。顶真）

第 25 章 "大曰逝，逝曰远，远曰反。""人法地，地法天，天法道，道法自然"。（头接尾，层层推进。顶真）

第 42 章 "道生一，一生二，二生三，三生万物"。（层层蝉联推进。顶真）

7. 排比 （排比是把三个以上结构相似或相同、意义相关的词组或句子排列起来，以增强语势的修辞手法）

第 36 章 "将欲歙之，必固张之；将欲弱之，必固强之；将欲废之，必固兴之；将欲取之，必固与之"。（一样句式，多方涉及，很有气势。排比）

第 41 章 "明道若昧，进道若退，夷道若纇。上德若谷；大白若辱；广德若不足；建德若偷；质真若渝。大方无隅；大器晚成；大音希声；大象无形；道隐无名"。（比喻兼排比）

第 80 章 "甘其食，美其服，安其居，乐其俗"。（句式相

同，乐读易记。排比）

8.夸张（为了渲染气氛、增强效果，明显阔大或明显缩小所写对象之形象的修辞手法。注：关键在"明显"，否则是吹牛。）

第20章 "众人熙熙，如享太牢，如春登台"。（太牢、台，阔大其实。夸张）

第50章 "盖善摄生者，陆行不遇兕虎，入军不遇甲兵"。（兕虎、不遇，阔大其实。夸张）

9.设问（自问自答以引起注意）

第13章 "何谓宠辱若惊？"（回答文字省略，后面自己回答。设问）

10.反问（用问的形式表达肯定，能加强语气）

第10章 "爱民治国，能无为乎？"（10章）（不需要回答，只是为了加强语气。反问）

11.引用（引用古人或有影响人士的话，以增强说服力）

第57章 "故圣人有云：'我无为，而民自化；我好静，而民自正；我无事，而民自富；我无欲，而民自朴。'"（引用圣人的话。引用）

12.层递（又名层进，将相似句子按递进顺序排列，体现层层推进）

第54章 "修之于身，其德乃真；修之于家，其德乃余；修之于乡，其德乃长；修之于邦，其德乃丰；修之于天下，其德乃普"。（层层推进 又相关联 层递）

13.双关（分语音双关和语义双关，借助言在此而意在彼以

表达含蓄幽默）

第52章 "塞其兑（口），闭其门，终身不勤（烦扰）"。（既指口和门，又指眼和心。）

通过举一漏万的例析和素材提供，以期说明《道德经》不仅哲理精博，而且在表达上极富艺术性、规范性；不仅在运用修辞上开创了先河，而且突出地体现了真、善、美的光辉。

三、从《道德经》之第64章看老子的艺术成就

《道德经》系哲理诗，朗朗上口，文约意丰，古今典范。现以其中一篇容易理解的为例加以剖析。

"其安易持，其未兆易谋，其脆易泮（pan），其微易散。为之于未有，治之于未乱。合抱之木，生于毫末；九层之台，起于垒土；千里之行，始于足下。为者败之，执者失之。是以圣人无为故无败，无执故无失。民之从事，常于几（ji）成而败之。慎终如始，则无败事。是以圣人欲不欲，不贵难得之货；学不学，复众人之所过；以辅万物之自然，而不敢为。"（64章）

1. 运用形象表达抽象

用大量形象的事实，如"其安易持"（局面安稳时容易维持）等比喻，来说明量的积累到了一定的程度，就会出现质的飞跃（质量互变）。

论文讲说理要透彻，诗歌讲感人要至深；诗歌的美在形象的美，尤其要善于把抽象的哲理，用美的形象表达出来。你看，老子就做得很好。

2. 运用了排比、对偶、比喻等修辞手法

"其安易持,其未兆易谋,其脆易泮,其微易散。"比喻问题发现早,容易解决。后两句形成对偶式。

"毫末"是借代,是用细小的东西借代"又小又嫩的树苗"。

"合抱之木,生于毫末;九层之台,起于垒土;千里之行,始于足下。"三个分句既是排比,又是对偶,还用了比喻。共同启迪我们:要重视量的积累,成大事要能持之以恒。

话有三说,巧说为妙。直白不动人,也易遗忘。"言而无文,行之不远"。炼句、修辞,就可使文艺作品喜闻乐见、难忘易传。《老子》文约义丰,日久弥新,这章就可见证。

3. 围绕中心,形成整体

本章中心是什么?是"辅万物之自然而不敢为"(遵循自然规律,不主观妄为。)副中心是:"慎终如始,则无败事。"(做事能持之以恒,自始至终毫不懈怠)。但是,老子没有直说,而是用了大量的比喻,层层深入地来加以揭示的。

注意好的诗词要力求具有整体的美(不是零碎的花哨)。老子64章就体现了这种完整的美。

4. 琅琅上口,好读难忘

《道德经》普遍用的是四个字一句,本章也是。

诗词很讲究朗朗上口,本章正好是这样,基本是四字一句,一气到底。读上几遍就能背得。

通过分析,我们说,《道德经》哲理诗,达到了真善美的高度,体现了思想性和艺术性完美的完美结合,是形象化、语言美极优秀的蓝本。是值得学习诗词的朋友们充分借鉴的。

介绍《老子》诗词，只是为了用之作代表，说明道教的艺术成就很多且高。

第六节　佛教

佛教与"道"有联系吗？不妨讨论讨论。

佛教与中华文化

近年，网上频频有人发帖，说"佛教发源于尼泊尔""佛教发源于巴基斯坦""佛教创始人是华人"……虽然众说纷纭，以下几点可以肯定。

1. 佛教是汉初从西域传进来的，唐朝玄奘曾经去天竺取经并在长安组织了翻译，至今仍然有据可查。——算不算引进的文化？

2. 佛经用梵文书写，翻译难度很大，季羡林毕生致力，深受敬重。——算不算外来文化？

3. 印度已经没有了佛教，他们现在的宗教是印度教。——印度算不算佛教发源地？

4. 汉初佛教传入时曾经不被民众接受，后来用了道、儒、墨等家的语词，如：道、德、慈、善、法、术、律、戒、清、静、净……翻译改造，后来才得以流传的。——是不是说明佛教实际上是在逐步汉化？

5. 民间习惯称"儒释道"是三教。——是不是公认了三者在精神上具有密切联系？

6. 近年，有"儒释道是中华文化主体"的提法。——是不是试图把佛教列入了中华文化？

7. 在《逻辑学》里会介绍一点"因明学"，并说出自佛学的辩论。——是不是说明佛学的"因明学"具有工具性、世界性的意义？

8. "佛学"在中国是写进了《中国哲学史》的。——是不是说明佛教是宗教，佛学是哲学，两者是既联系又有别的？

9. 中国是无神论国家，但却有近10万人信佛教，为什么？据说是佛教的"前世、今生、来世"说，能圆满解释"善有善报恶有恶报，不是不报时候未到"。——是不是说明佛教的设计比较合乎大众心理？

10. 佛教对世界的解释很多地方能和哲学、自然科学相吻合。——是不是说明佛教及佛学具有很高的理论价值？

从上述客之观存在，不难看出，不管佛教属于中华文化，还是已经融入中华文化的外来文化，可以确定的是，"佛教，特别是佛学，与中华文化确实密切相关"。因此，对佛教特别是佛学，也就不得不看成是值得重视、值得研究的精神财富了。

佛学与道学关联多多

梵语承载的佛经引出的佛学、汉语承载的道学，两者虽然语系不同，内容也千差万别，但究其对世界的探究，就"道"而言，是相关相通的。不妨看看如下事实：

1.《金刚经》(李安《佛教三经》)译释的几对名词(概念)①

佛——觉

释迦牟尼——佛祖

如来——真性之佛

菩萨——让一切有情众生觉悟

摩诃萨——大悟人

须菩提——唯善、唯吉

涅槃——清静不死之地

般若——智慧

经——径

波罗蜜——彼岸

三界——欲界、色界、无色界

六道——天、人、阿修罗、地狱、饿鬼、畜生

六根——眼、耳、鼻、舌、身、意

六尘——色、声、香、味、触、法

达摩——法,一切事物(有形的色法、无形的心法)福德——一切善行

2.《佛学常见辞汇》(陈义孝编)对"道"的释义②

道——通(通向天、人、阿修罗的是三善道,通向地狱、饿鬼、畜生的是三恶道)。

道——真理　道——梵语所说的菩提或涅槃。

---

① 李安纲.佛教三经[M].北京:中国社会出版社,2005.
② 陈义孝.佛教常见词汇[J].佛教文摘,1972.

道——修行方法

3.《佛学大辞典》（丁福保编）译释的"道"[1]

"俱舍论二十五曰：'道义云何，谓涅槃路，乘此能往涅槃城故。'法界次第中之下曰：'道以能通为义，正道及助道，是二相扶。能通至涅槃，故名为道。'华严大疏十八曰：'通至佛果，故名道。'三涅槃之体，排除一切障碍，无碍自在，谓之道。涅槃无名论曰：'夫涅槃之名道也。寂寥虚旷，不可以形名得。微妙无相，不可以有心知。'净土论注下曰：'道者，无碍道也。'"

看了上面这些与"道"相关的引文，联想到什么？是不是异中有通，关联多多？

---

[1] 丁福保.佛学大辞典[M].上海：中国医学书局，1922.

第五章

道儒关系

孔子多次问道问礼于老子，得道后学《易经》，作《易传》（十翼），兴学，发展老子"道"为"人道"，创立了儒家学派。儒家在汉武帝接受董仲舒"罢黜百家独尊儒术"后成为显学。五四运动起，多次误把董仲舒为首的犬儒当孔儒批，儒家仍然打而不倒，现在孔子学院遍布世界。对这个因"道"而生的学派，"道学"不能避而不究。

第一节 《老子》与儒家

随着中国综合国力蓬勃增长，弘扬龙脉文化，中央强调，内外关注，学孔研儒人气普涨。孔子学院（班）在国外办了几百，在国内也有几千。虽然各地还有老子学院、老庄书院，但总体看读孔研儒仍是大气候。

那么，在中央提倡文化自信、弘扬中华文化的今天，老子信徒、道教弟子是否应当用批孔来捍卫老子和道家学说呢？否，应该：放眼大局、兼收并蓄、增强自信、摒弃糟粕、推陈出新，协力提升龙脉文化的影响力。

现从三个方面说理如下：

一、中华文化之源与老子对孔子的影响

从《史记》《孔子家语》等经典中可知，老子比孔子仅年长20岁，孔子为了深造，先后约5次亲去向老子求教，得到了真传精华。

孔子，姓孔名丘字仲尼，周灵王21年（前551年）8月27日生于鲁国陬邑。孔先祖本是殷人。周灭殷，殷王子微子不助纣为虐，被封为宋国公，宋以商丘为中心，传7代后，本可由孔子尊祖父弗父何继位，但他让位于弟（即宋厉公），自己作辅助大夫；又传5代，到孔子的孔姓第一先祖孔父嘉，仍任宋大夫。到公元前710年因宫廷政变被杀，孔家被迫由宋迁至鲁。又传5代到了叔梁纥，纥是有名的武士，曾做过鲁国陬邑宰，亦称陬大夫。纥娶了三位妻子，第三位叫颜徵在，她生了孔子。孔子勤劳好学，立志振兴社稷。51岁曾出任鲁中都宰、大司寇等职，四年后辞职，周游列国。归国潜心整理经典和兴办教育。教有3000学生72贤人，整理有诗、书、易、礼、乐、春秋等经典，创立了儒家学派。

老子年龄只长孔子20岁，都与商丘有关。孔子祖先住在以商丘为中心的宋。老子家乡苦县（今河南鹿邑）距离孔子现在家（山东曲阜）直线距离仅270公里，都在华北大平原，有了交流的方便。

孔子向老子请教，老子很尊敬孔子，每次都热情接待和诚挚教诲。有资料可查的请教有 5 次，至少有 4 次可靠。分别是：公元前 535 年老子在巷党主葬，时孔子 17 岁，前去问礼。前 518 年在洛邑，孔子 33 岁，南宫敬叔陪去，鲁王特许并派车送孔子向老子问礼。前 501 年，老子退休在沛地，时孔子 51 岁，且在鲁为官，前去问道。前 493 年在相（陈国城邑，今河南淮阳。老子已退隐），当时孔子因困陈国而顺道请教，先后约 4 个月；前 481 年，当时孔子 71 岁刚整理完六经，准备存放周守藏室，又去苦地向老子请教并商谈。

求教过程中，老子很器重和关爱孔子并说孔子是贤者。孔子很尊敬老子，回去在自己弟子面前用"龙"来比喻老子。足见他们既是师生、又是挚友。两人同处春秋乱世，都很爱国爱民，都在思考修、齐、治、平，因此有着很多共同语言，自然也就成了最好的师生、益友。他们对中华文化传统的伟大建树，看是偶然，实是百家争鸣时代的必然。

国家社科成果《道家与中国哲学》在讲到老子对孔子的影响时说："老子的形而上学的本体论启发孔子晚年学易、喜易以研寻天道。老子超越性的思维方式引发孔子实现对周礼的超越，用人之本体——仁去改造周礼，构建了儒家人生哲学、伦理哲学。孔子晚年与弟子共研《易》，吸取了老子的自然主义天道观，在推天道以明人事的过程中深化了伦理本位思想。《易传》对老子学说的吸取，首先表现在对有无、道器、阴阳、太一等范畴的继承的发展；其次是继承和发展了万物自然化生论以及阴阳对立统一论。天地人统一是《老子》与《易传》思维方式的共同基础，变易与简易是其思维的共同特征。"①

由此可见，老子与孔子有师生、传承关系。老、孔思想有互补性、共荣性。根据"和而不同"原则，道家弟子尊孔并不与尊老相抵触。

二、从《老子》《论语》同异看儒道互补

将老子代表作《老子》(《道德经》)和孔子代表作《论语》比较，我们发现两书有很多相通之处，反映了孔承老、儒载道的一脉相承关系。

1. 尊道、贵德

老子用"道"62次，如"道生之，德畜之……万物莫不尊道而贵德。"（51章）孔子用"道"73次，如"朝闻道，夕死可以。"（里仁）老子用"德"39次，如"道生之，德畜之……万物莫不尊道而贵德。"（51章）孔子用"德"32次，如"德不孤，必有邻。"（里仁）

老子侧重天道（哲理，大智慧）；孔子侧重人道（伦理，重规范）。

2. 提倡"中"、"和"

老子："万物负阴而抱阳，冲气以为和。"（42章），"多言数穷，不如守中。"（5章）

孔子："中庸之为德也，其至也乎。"（雍也），"礼之用，和

---

① 孙以楷. 道家与中国哲学 [M]. 北京：人民出版社，2004：16.

为贵。"(学而)

3.天、地、人三才和一观

老子:"人法地,地法天,天法道,道法自然。"(25章)

孔子:"易之为书也,广大悉备。有天道焉,有人道焉,有地道焉。兼三而两之,故六。"(系辞下传)

4.爱民 为公

老子:"爱民治国,能无为乎?"(10章),"知常容,容乃公……"(16章)

孔子:"节用而爱人,使用以时。"(学而)"大道之行也,天下为公"(《礼记》)

5.无为而治 反苛政

老子"无为而无不为,取天下常以无事。"(29章)"民之饥,以其上食税之多,是以饥。民之难治,以其上之有为,是也难治。"(75章)

孔子:"无为而治者,其舜也与?"(卫灵公)"苛政猛于虎。"(檀弓)

6.崇尚真善美 提倡信、俭、让

老子:"天下皆知美之为美,斯恶矣……"(2章),"上善若水……。"(8章)"我有三宝,持而保之,一曰慈,二曰俭,三曰不敢为天下先。(67章)

孔子:"君子尊贤而从众,嘉善而矜不能。""人而无信,不知其可。"(为政)"奢则不孙,俭则固。"(述而)

7.都重修德、养生

老子:"见素抱朴,少私寡欲。"(19章)

孔子："君子有三戒：少之时，血气未定，戒之在色；及其壮也，血气方刚，戒之在斗；及其老也，血气既衰，戒之在得。"（季氏）

8. 都重"和而不同"

老子："万物负阴而抱阳，冲气以为和。"（42章）

孔子："君子和而不同，小人同而不和。"（子路）

9. 都主张"德治"

老子："重积德则无不克"（59章）

孔子："为政以德"（为政）。

10. 都重视学习

老子："为学日益"（48章）；

孔子："学而时习之，不亦乐乎。"（学而）

互补必具两条件：一是大层面相同，大层面不相同的立体球和平面之角就不互补；二是存在差异且不是对象的全部，否则不可能互补。

道儒相通处前面讲过了，下面看看可以互补的差异

1. 修养目标有别

老子：修己目标是"圣人"。如"圣人为腹不为目。"（12章）

孔子：修身目标是"君子"。如"君子义以为质，礼以行之，孙以出之，信以成之。"（卫灵公）

2. 世界观、价值观不同

老子核心主张是：道，道法自然。如："大道废，有仁义；智慧出，有大伪；六亲不和，有孝慈；国家混乱，有忠臣。"（18章）

孔子核心主张是：仁，克己复礼。如："克己复礼为仁。一

日克己复礼,天下归仁焉……己所不欲,勿施于人。"(颜渊)

3. 提倡不同

老子则强调:真、朴等自然。

孔子提倡:忠、孝、娣、义等道义。

4. 著作分类不同

《道德经》分类为哲学,是大智慧,着眼大时空,有利改革发展。

《论语》分类为社会学、伦理学,着眼规范,关注华夏社会,有利团结、稳定。

5. 行文侧重不同

《道德经》行文侧重讲为什么,散文诗体,81章,5000字。

《论语》行文侧重讲怎么样,对话式语录体,20篇502章,15060字。

6. 用处不同

老子好比"药店"多用于乱世,谋改革,谋革命;

孔子好比"粮店"多用于治世,利稳定,重规范。

南怀瑾在《老子他说》里,对三家作了比喻:儒家像粮店,打倒儒家就没有精神粮食;佛家是百货店,需要去买一点,不需要可以去观光;道家是药店,生病(有难题)了,非找它不可。

他还说中国几千年的历史,有个秘密,在鼎盛时候,治国都是"内用黄老,外用儒术"。内用就是以黄老为领导思想;但对外,对百姓,在宣传教育上要用孔孟思想维持稳定。这也说明儒道是一表一里,是互补的,是缺一不可的。

经由对老子、孔子及其著作的同异研判可知：儒由道生、儒载道骨、儒道互补、道德千秋——这，就是龙脉文化主干。

三、放眼全局　兼收并蓄　推陈出新　圆梦中华

要弄清孔承老，儒载道，还必须进一步明确如下几点。

1. 充分看到孔子的功绩

历史上全国性大规模地打倒孔家店有三次：1919"五四运动"；1966年文化大革命；1974年"四人帮""批林批孔"；但孔儒为什么打不倒？孔子的功绩太大啊。

第一，孔子整理了《诗》《书》《易》《礼》《乐》《春秋》，保存了中华最根本的典籍，功大名显；第二，孔子兴私人办学，弟子三千，贤人七十二，弟子传弟子，学术根深叶茂，影响无人能比；第三，历代帝王加封，颂扬为"至圣先师"，名扬中外。

英国著名哲学家罗素在《中国问题》里说："中国与其说是一个政治实体，不如说是一个文明实体——一个幸存至今的文明。孔子以来，古埃及、巴比伦、波斯、马其顿、包括罗马帝国都消亡了。但是中国以持续的进化生存下来。它受到了外国的影响——最先是佛教，现在是西方的科学。但是佛教没有把中国人变成印度人，西方科学也不会把中国人变成欧洲人。"正是中国道德的文化传统，使中国独立发展了五千年。罗素在他的著作里，有一个习惯性的称谓，这就是多次提到"中国"时，都会用"孔子的中国"来表示。

这段由外国人说出来的话，告诉了我们三点；1. 中华文明

是世界唯一持续进化生存下来的文明；2.中国文明的代表人物是孔子；3.这里的孔子已不是儒家的代表，而是中华文化的代表了。这也足见，在世界知识界已把孔子视为了中国的名片，何必刻意打压呢？

2.三次反儒，孔子背黑锅

为什么现在要提倡读原著？如果认真读了《论语》等原著，你会发现其中精华多于糟粕。原来几次批孔儒，所批判的封建糟粕，主要出自董仲舒、二程、朱熹等大儒（今天有人称他们为犬儒）；而很少出自孔子、曾子、孟子、荀子、扬子等正统儒学。

提出"罢黜百家，独尊儒术"的董仲舒提出了"天人感应"，说皇帝是"天子"，具有"人君"的合法性；"为人臣者"理应忠君；并进而衍生了"三从四德"。（见《春秋繁露》）

将道学、儒学发展为程朱理学的朱熹，在注释《四书五经》时，加了很多私货，不仅提出了"存天理，灭人欲"，还完善了"三纲五常"，强调了对封建王朝的效忠，严重束缚了人的思想。（见《朱子文集》）

现在，对龙脉文化的结构的认知是，以道为先，以儒为主，道儒墨法是主干，吸纳兵名等诸子百家精华为主体，融合马恩、科学技术等外来文化，去粗取精后，所形成的一个新的、稳定的文化体系。

现在道家思想由中国到世界，越来越受推崇。今天大办孔子学院，实际上还是为的是推广汉语和弘扬龙脉文化，不仅不排"道"而且也弘道。因此，道家弟子也应牢记老子教导"为而不争"，为弘扬优秀文化同扛一杆旗。

3. 正确看待老子、道家的位置

虽然《老子》的学术价值比之《论语》更高，但《老子》属哲学类，曲高和寡，一般民众较难了解；更加"罢黜百家，独尊儒术"以来一再打压、歪曲，使《老子》的影响不如《论语》的大；但随着龙脉文化的广泛传播，中外必然会进一步认识到老子、道家的伟大，出现老子热；但即使老子伟大，仍改变不了孔子的地位。老子的教导是"为而不争"，因此老子信徒没有必要贬低老子的学生孔子；相反为了弘扬龙脉文化，应当顺势而为，共同尊重孔子这个名片。

4. 提倡争鸣，不搞内斗，兼收并蓄，推陈出新

道家，儒家以及诸子百家，虽然都讲"道"，学术上有很多共相，但仍各有侧重。应如何处好相互的关系。有必要把住如下三点：

第一，放眼世界。为了使龙脉文化进一步发展、远播、提高。一方面要支持办好更多的孔子学院，大力推广汉语和龙脉文化。另一方面要虚心学习，洋为中用，择优海纳世界古往今来的一切先进文化，丰富和提升中华文明，抗拒腐蚀，用"和""慈"等优秀文化引领世界新潮。

第二，着眼中华。本着十八大、十九大弘扬中华文化实现中国梦的精神，加强发掘、恢复、抢救、整理，并通过推陈出新、高屋建瓴，共同效力于中华民族的伟大复兴。抵制被美化了的西方的个人主义、自由主义、拜金主义等糟粕，加强对中国特色社会主义核心价值观与中华文化传统的研究，推出有利

引领出新的龙脉文化，进而增强文化自信。

第三，助力发展学术门派。有学派，有竞争，有繁荣，更有提升。所以道家、儒家、诸子百家有必要下大功夫继续发掘、考证、诠释、整理本学派的经典。坚持百花齐放、兼收并蓄、吸纳精华、摒弃糟粕、寻找结合、探索突破、在普及基础上提高、在提高指导下普及等原则，以便在出成果、出人才、出贡献、出影响等方面更上一层楼。

优胜劣汰是亘古不变的自然规律，各学派若要为中华文明乃至世界文明多作贡献，还需做到莫内斗，互尊崇、摒弃糟粕、同舟共济，为了中华民族的伟大复兴，同扛一面旗。

第二节　儒家对"道"的发展

将《老子》和《论语》等作过比较，会发现两书有很多相通之处，反映了孔承老、儒载道、发展道的关系。

一、龙脉文化之源与老、孔

老子和孔子都是龙脉文化的旗手。

1.《老子》的主要精神是尊道贵德，孔子却说"朝闻道，夕死可矣""志于道，据于德……"。

2. 老子哲理主讲阴阳辩证、守中、和，孔子却创"中庸"、写"易传"，提出"过犹不及""和为贵""变则通"。

3. 老子提出天地人一体（天人和一）思想，孔子发挥为

"易之为书也，广大悉备。有天道焉，有人道焉，有地道焉。兼三才而两之，故六。"(《系辞下传》)

4. 老子突出的爱民为公思想，孔子表述为"大道之行也，天下为公""子欲善而民善也"。

5. 老子提出"无为而治"，《论语》说："无为而治者，其舜也与？"

6. 老子崇尚真、善、美，《论语》说"见善如不及，见不善如探汤。""君子成人之美，不成人之恶。""人而无信，不知其可。"

第一节引过的国家社科成果《道家与中国哲学》在讲到老子对孔子的影响时说："孔子晚年与弟子共研《易》，吸取了老子的自然主义天道观，在推天道以明人事的过程中深化了伦理本位思想。《易传》对老子学说的吸取，首先表现在对有无、道器、阴阳、太一等范畴的继承的发展；其次是继承和发展了万物自然化生论以及阴阳对立统一论。天地人统一是《老子》与《易传》思维方式的共同基础，变易与简易是其思维的共同特征。"

由此证明，老子与孔子有师生关系和传承关系。

二、儒载道骨、儒道互补

南怀瑾在《老子他说》里，肯定了中华文化的主体是儒、道、释。还对三家作了比喻：儒家像粮店，打倒儒家就没有精神粮食；佛家是百货店，需要去买一点，不需要可以去观光；道家是药店，生病（有难题）了，非找它不可。

他还说中国几千年的历史，有个秘密，在鼎盛时候，治国都是"内用黄老，外用儒术"。内用就是以黄老为领导思想；但对外，对百姓，在宣传教育上要用孔孟思想维持稳定。这是讲一套、做一套。这也说明儒道是一表一里，是互补的，是缺一不可的。

历史上有两次全国性的批孔，一次是五四运动，一次是"文革"，批的是维护等级制度、愚忠、看不起体力劳动等，是对的，但不分精华与糟粕一概批，历史证明，第一是有害，第二是批不倒。如今，综合国力大大提高，国人对弘扬中华文化有了强烈的要求，尊孔读经已形成了不可阻挡之势。

历史上从西汉"罢黜百家，独尊儒术"起就一再有人排挤道家，但道家思想却由中国到世界，越来越受推崇。今天大办孔子学院，实际上还是为的是推广汉语和弘扬中华优秀文化，不仅不排"道"而且也在弘道。

大凡批不倒，生命力旺盛的思想文化都有其存在的合理性，我们都有理由弘扬其精华，给予充分的尊崇。

因此，道家弟子也应牢记老子教导"为而不争"，为弘扬优秀文化同扛一杆旗。

三、从《论语》等孔子名言看孔子对道的发展

为了证明孔子不但没有否定老子，而且发展了哲理的道成了人伦道德的道，请看以《论语》为主的孔子言论。

修身　齐家

弟子入则孝，出则弟，谨而信，泛爱众，而亲仁。有余力，则以学文。(《学而》——学子们回家要孝顺父母，出门要关爱兄

弟姊妹，做事谨慎，待人诚实，广泛团结群众，亲近有仁德的人和事；如果还有精力，就可以学习文化、艺术。）

君子忧道不忧贫。（《卫灵公》——一个正直的人担忧思想言行是否合规范，不担忧过上贫穷日子。）

志于道，据于德，依于仁，游于艺。（《述而》——孔子说：我们应当立志追求真理，养成优秀品德，抱持仁爱之心，学学礼、乐、射、御、书、数六艺。）

君子成人之美，不成人之恶。（《颜渊》——正直的人能帮助人成就人，不会使坏，更不会落井下石。）

过而不改，是谓过矣。（《卫灵公》——知道过错却不改，这更是过啊。）

君子有三戒：少之时，血气未定，戒之在色；及其壮也，血气方刚，戒之在斗；及其老也，血气既衰，戒之在得。（《季氏》……走正道的人有三戒：年轻时，发育中，戒好色；壮年时，血气方刚，戒争强好胜；年纪老了，气血已衰，戒计较得失。）

人无远虑，必有近忧。（《卫灵公》——人如果没有长远谋划，就会有忧患出现在眼前。）

攻乎异端，斯害也已。（《为政》——孔子说：只钻研错误的学说，那害处就少不了。）

不怨天，不尤人。（《问宪》——不埋怨天，不责备他人。——现在常常用在：出了问题要多从自己身上找原因，不要强调客观原因。）

大德不逾闲，小德出入可也。（《子张》——大是大非不能越界，小节放松可以。）

益者三友，损者三友。友直，友谅，友多闻，益矣。友便辟，友善柔，友便佞，损矣。(《季氏》——有益朋友有三种，有害朋友有三种。交正直朋友，交守信朋友，交见多识广朋友，是有益的。交阿谀奉承朋友，交口是心非朋友，交巧言令色朋友，是有害的。）

治国　平天下

和为贵(《学而》——以"和"为最重要，以和谐为目标。"和"是中华文化的核心。可以理解为"和平"、"和睦"、"和合"、"和谐"等。）

道千乘之国，敬事而信，节用而爱人，使民以时。(《学而》——治理大国，要尽职尽责、注重信誉，要节俭开支、爱惜人力，劳役安排要不违农时。）

宽则得众。(《阳货》——宽以待人就能获得群众拥护。）

道之以政，齐之以刑，民免而无耻；道之以德，齐之以礼，有耻且格。(《为政》——孔子说：只知管理国家用政令，约束民众用刑法，即使管住了民众，人们却不知犯罪的羞耻；只有同时用道德来教化，用礼仪来约束，才会知道羞耻，自觉遵纪守法。）

工欲善其事，必先利其器。(《卫灵公》——孔子说：要想做好一件大事，首先要改进所用的工具、机制。）

仕而优则学，学而优则仕。(《子张》——优秀的公职人员就更要学习，学习优秀德才兼备的人就适合当公职人员。注意，孔子原话没有"读书无用"的意思。）

政者，正也。子帅以正，孰敢不正？（《颜渊》——孔子说：执政，要害在"正"。你带头做到正直无私，谁敢不正？）

君子和而不同，小人同而不和。（《子路》……正直的人待人和睦，且能包容不同的意见；卑鄙的人对人表面和好，暗里却钩心斗角。——这在政治上，讲明了包容与党争之别。）

举直错诸枉，则民服；举枉错诸直则民不服。（《为政》——把正直的人提升在邪恶人的上面，民众就信服；把把邪恶的人提拔在正直人的上面，民众就不服从。）

士不可不弘毅，任重而道远。（《泰伯》——读书人不可不刚强、坚毅，因为你肩负有伟大的历史使命，而且实践的路途艰辛遥远啊！》）

学而不厌　诲人不倦

学而时习之，不亦说乎。（《学而》——学习了知识以后，经常复习实践，这不是很快乐吗？说，同悦）

默而识之，学而不厌，诲人不倦（《述而》——把学习到东西的牢牢掌握住，学习再苦都不厌烦，教诲别人反复多次也不疲倦。）

温故而知新，可以为师矣。（《为政》——温习已经学过的知识而能悟出新的见解，就可以去做老师了。）

学而不思则罔，思不学则殆。（《为政》——孔子说：学习了知识、技术，不加思考，就会迷惘；冥思苦想却不读书深造，就不会有发展。）

三人行必有我师焉，择其善者而从之，其不善者而改之。（《述而》——和三个或多人一起行动，其中一定有人的某方面值得作我老师；选择优秀的跟从其学习，发现其中有不妥当的，我就以之为鉴加以改正。）

朝闻道，夕死可矣。（《里仁》——对待学习，要有如饥似渴的态度，即使晚上会死，早上得到所追求的真理，也很满足。）

知之为知之，不知为不知。（《为政》——知道就说知道，不懂不要装懂。这种人才是聪明人，这才是大智慧。）

有教无类。（《卫灵公》——办教育不应该区别学子是贵是贱。）

见贤思齐焉，见不贤而自省也。（《里仁》——看见贤良的人和事，就要向其看齐；看见不正当的人和事，就对照自己有没有同样的问题，以便及时改正。）

不愤不启，不悱不发。举一隅不以三隅反，则不复也。（《述而》——孔子说：教育学生未到苦思不解，不去开导他。讲了四方形的一个角，他不能推出另外三个角，暂不要再讲新的知识了。注意，这用在教育上就发展成了"启发性原则"。）

温故而知新可以为师矣。（《为政》——温习学习过的知识并能有新的见解、新的发现，你就可以为人师表或给人当老师了。）

中庸　哲理

过犹不及。（《先进》——做事过头了犹如没有做到——提倡适中，恰到好处。）

欲速，则不达；见小利，则大事不成。（《子路》——孔子说：不要只追求速度，急于求成反而不能达到目的；不要贪图小利，贪图小利反而办不成大事。）

子在川上曰："逝者如斯乎！不舍昼夜。"（《子罕》——孔子在河边感叹道；"时间啊，就像河水流啊流，昼夜都不停息。"——事物的发展变化是普遍的、永恒的。）

不得中行与之行，必也狂狷乎！狂者进取，狷者有所不为也。（《子路》——孔子说：得不到合乎中庸的人共事或交往，也必须结交有进取精神的狂者或为人耿直的狷者！狂者积极向前，狷者不会做坏事。）

岁寒，然后知松柏之后彫也。（《子罕》—— 孔子说：寒冷季节，才知道松柏最后凋谢。——这话既让人明白事物各有其特殊性，又提示人，要有骨气！要像松柏那样，能够经受各种严峻考验。）

性相近也，习相远也。（《阳货》——孔子说：人的本性是相近的，由于环境、习染不同，差距也就拉大了。——环境、条件对人对物有很大影响力。）

道听而途说，德之弃也。（《阳货》——对道听途说的小道消息，是有德的人所背弃的。——对待问题必须求实。今天微信发来的信息，就要核实后再转发。）

名不正，则言不顺；言不顺，则事不成。（《子路》——语词表达的概念不明确，判断、推理就不顺畅；判断推理不顺畅，事情就办不好。）

不患人之不己知，患不知人也。（《学而》——不怕别人不了解自己，要怕自己不了解别人。——对立统一规律告诉我们，了解单方面不如了解双方更全面和深入。)

仁义礼智信

(说明：老子其实并不反对仁，只是反对虚伪，反对效忠皇权。何以为证？一是郭店竹简"第18章是'绝智弃卞'，不是'绝圣弃智'"做证；二是第8章"与，善仁……"作证。老子只是不主张用仁义礼智信束缚思想为帝王效忠。)

已所不欲勿施于人。(《雍也》《卫灵公》——什么是"仁"？自己不愿意的，也不要施加给别人。比如，我不愿被盗，我就决不盗窃别人东西。)

仁者安仁，智者利仁。(《里仁》——真正有仁爱心的人，能坚守仁爱，践行仁道；而有智谋的人，善于利用仁来鼓动人教育人。老子提倡"慈（爱）"，只反对"假仁假义"。)

无求生以害仁，有杀生以成仁。(《卫灵公》——不能因为求生而伤害仁德，只能不惜舍身以成全仁德。)

富与贵，是人之所欲也，不以其道得之，不处也。贫与贱，是人之所恶也，不以其道得之，不去也。君子去仁，恶乎成名？君子无终食之间违仁，造次必于是，颠沛必于是。(《里仁》——富与贵，是人们想要的，不按正当途径取得，是不会安享的。贫与贱，是人们反感的，不按正当途径摆脱，是不会回避的。光明正大的人背离了仁，怎么能成就正直的名声呢？一个正直的人，即使一顿饭的时间，也不会做违背仁德事的，即使很匆忙，也会和仁德同在，就是颠沛流离时候，也会按仁德行事。)

群居终日，言不及义，好行小慧，难矣哉！(《卫灵公》——

一群人整天谈天说地，就是不谈道义，还喜欢玩点小聪明，这种人难有出息啊！）

不义而富且贵，于我如浮云。(《述而》——用不义手段获取富贵，对我就像浮云一样，不去追逐。)

克己复礼为仁，一日克己复礼，天下归仁焉。(《颜渊》——约束自己，使言行恢复到传统的标准就叫仁。有一天，你都能约束自己使言行恢复到传统标准，天下人就认为你就回归到仁德的水平了。注意：把"礼"看成等级制度，"克己复礼"则是维护等级制度。)

敬鬼神而远之，可谓知也。(《雍也》——对待鬼神，敬而远之，可说是聪明的态度。知，同智)

不学礼，无以立。(《季氏》——人不学习践行礼仪，就不能立身于世。)

礼，以其奢也，宁俭。(《八佾》——讲礼节，与其繁琐，宁可俭约。)

民无信不立。(《颜渊》——人不讲信誉，就不能立身在世。)

四海之内皆兄弟。(《颜渊》——普天下同胞都是兄弟。)

请看，这些言论（思想），对人，对社会，不也有益、合道吗？以往批孔，一是批了"克己复礼"等维护等级制度等糟粕，正确；一是把董仲舒等添加了糟粕的儒（有人叫他们"犬儒"）混同于孔孟，错位了，扩大了。

第三节 《大学》与道

不同学科碰撞，迸发创新火花；学用结合才能获得真理、促进社会进步。

《大学》是儒家经典《礼记》中的一篇。着重阐述个人道德修养与社会治乱的关系，是传统道德教育的蓝本，属于伦理学。

说到《大学》是儒家经典，也许人们会认为它与道家经典《老子》风马牛不相及，怎能比较？作者曾参，他是儒家第一传人，与道家的老、尹、文、庄等确无交流。但《大学》开宗明义的纲："大学之道在明明德，在亲民，在止于至善。"——就重视修身养性而言，是比较合乎《老子》要义的。带着为什么和说明什么，现作了如下探讨：

一、两书都尊道贵德，《大学》侧重人道

《老子》(《道德经》)系春秋时期东周守藏史老聃（公元前571—前471），于退隐出函谷关时，应关令尹喜请求所写，习惯叫道德五千言。后人将其分为道篇37章、德篇44章，共81章。该经典不仅多方论证了"道"，而且指明了道与德的关系是"孔德之容，唯道是从。"（21章）全文的最后总结是："天之道，利而不害；人之道，为而不争。"（不仅分出了天道、人道，表明了人道从属于天道受天道制约，人道强调的是奉献但不争利。也就是强调了修德。（81章）

《大学》,相传是孔子大弟子曾参(前 505—前 435)所著,程颢、程颐从《礼记》抽出且命名《大学》,宋朝朱熹补漏、调序、加序、注释,将其编入《四书》,后为科举必考内容。

为什么叫大学?古时贵族子弟 8—15 岁上小学,教洒扫、应对、进退之节,礼乐、射御、书数之文;15 岁以上进大学,"教之以穷理、正心、修己、正人之道。"(朱熹《大学章句序》)《大学》共 11 章 2500 字。通篇讲了为什么要修德、修什么德、如何修德?很有说服力和操作价值。当然,经朱熹加注改造后的《大学》所说之德,含有较多的维护封建统治的糟粕(如由此演绎而成的"三从四德"等),与老子的"德"有较大区别,但就其从属于老子所论的"人道"而言,仍属人的社会行为规范,对中华的统一、发展、爱好和平,以及族群品德操守的传承,曾有过一定贡献的;即使在今天,也存在可以旧瓶装新酒之用。因此,可以说《大学》也是中华传统文化之德育的主要读本,体现了孔德之容,唯道是从。

二、中国古代高度重视德育

从《大学》《老子》可知,龙脉文化十分重视道德教育。第一,从"文以载道"推知,所有文章都必须以弘道为主旨;第二,从"孔德之容,唯道是从"看,道和德都是与时俱进的;第三,从这两书所确定道德的高度,以及所有经典对道德的强调可知,"道德根"自古是龙脉文化所特有的。请看下面三点。

1. 中国古代德育的位置(为什么重视?)

如果把"道"解释为世界万物的普遍规律,那么,"德"就

是"絜矩之道"——社会行为规范（之道）；又"德者，本也；财者，末也。"（《大学》11章）

老子更是反复证明："万物莫不尊道而贵德"，"爱民治国，能无为乎……。生而不有，为而不恃，长而不宰，是谓玄德"，"常知稽式，是谓玄德"（10章）。

这就是说，两书认定了德（今天叫道德。古代一般用单音词，现在一般用多音词）是修身、齐家、治国的最高取向，所以十分重视。

2.古代德育的目标和内容（是什么要求？）

《大学》确定的目标："大学之道，在明明德，在亲民，在止于至善。"就是说：大学的宗旨，在于明（弘扬）明（光明正大）的品德，在亲近民众、为民众谋利，在使人的精神达到最完善的境界。（1章）《大学》内容是：格物、致知、意诚、正心、修身、齐家、治国、明明德于天下。（2章）——即认识事物—获得知识—意念真诚—思想端正—修养自身（品德）—管好家庭—治理国家—实现天下太平。

《道德经》确定的目标：尊道贵德——真（朴）、善、美、玄德。（8、17、20、81章）内容是："爱民治国，能无为乎？"（10章）"我有三宝，持而保之，一曰慈，二曰俭，三曰不敢为天下先。"（67章）

3.古代德育的程序和方法（怎么样进行？）

《大学章句序》："人生八岁，则自王公一下，至于庶人之子弟，皆入小学，而教之以洒扫、应对、进退之节，礼乐、射御、书数之文；及其十有五年，则自天子之元子、众子，以至公、卿、大夫、元士之适子，与凡民之俊秀，皆入大学，而教之以穷理、正心、修己、治人之道。此又学校之教、大小之节所以分也。"（8—15岁进入小学，学习家务劳作、礼节、初级知识、技能；15岁以上进入大学，学习以做人为主的德行和智能。）

按老子安排的顺序是："修之于身，其德乃真；修之于家，其德乃余；修之于乡，其德乃长；修之于邦，其德乃丰。"（54章）——即自己先修好德，再由己带动人，逐级扩大，直到带动整个社会。

按《黄帝阴符经》，人对世界的把握，可分为道、法、术三个层次。术，是具体方法；法，是实施原则；道，是总的规律。《道德经》强调的是"道"，是"孔德之容，唯道是从""万物莫不尊道而贵德。"《大学》第一章讲："知所先后，是近道也。"（知晓：明确目标，坚定志向，沉静不躁，心神安定，思虑祥审，修德才能见效有得——知道了上面的先后顺序，也就接近"大学"之道了。）这就是说，抓住了道、法，具体的方法（术），可因人而异，自己去琢磨。

1. 出新。"苟日新，日日新，又日新。"（如果能每天出新，不断出新，就能获得新的成就。《大学》3章）"为学日益，为道日损。"（学习要天天向上，修德要日日纠偏。《老子》48章）"夫唯不盈，故能蔽而新成。"（正因为谦虚、不自满，所以修德才能破旧立新。《老子》15章）

这，与"大众创业，万众创新"是不是天然耦合？看出了文化传承。

2. 少私寡欲。"富润屋，德润身，心广体胖。"（富贵可以使

家庭充裕，道德修养可以有益于身，少私欲、心地宽才能体胖。《大学》7章）

"见素抱朴，少私寡欲"（坚守素朴，控制私欲 《老子》19章）"静胜躁，寒胜热，清静为天下正。"（要修德，就要心静，就要清除杂念。《老子》45章）

这，与发扬艰苦奋斗精神根本岂不一致。

3. 慎独。"君子必慎乎独也！"（有道德的人必须谨慎于一人独处时而能保持操守。《大学》7章）

"上善若水。水利万物而不争。"（最完善的品德莫过于像水那样利万物却不与之争利。《老子》8章）"不知常，妄作凶。"（不懂道，恣意妄为，有凶险。《老子》16章）

借鉴这一准则，很有利于践行中国特色社会主义核心价值观。

4. 坚持不懈。"君子无所不用其极。"（品德高尚的人没有不把道德修养坚持到极致的。《大学》3章）

"慎终如始，则无败事。"（即使事情快要成功了，也要像刚开始一样毫不马虎。《老子》64章）

以上让我们看到了《道德经》与《大学》，在道德建设上都有翔实而共同之点或公约数。

三、德（育）应随道与时俱进

中共十八大、十九大，提出了中国特色社会主义的道路自信、制度自信、理论自信、"中国梦"和社会主义核心价值观，民心空前振奋，道德民风也呈现了新貌。可喜。

联系《道德经》《大学》，特别是《道德经》强调的真、善、美，如何改进德育及提高社会道德水平？

老子说"孔德之容，唯道是从"。这不仅表明道是发展的，而且肯定了德的内容与方法都应与道——与时俱进。因此，我们完全有必要从回顾过去着手，思考与时俱进的新路。

如何与时俱进，建议如下。

1. 理顺德育、政治工作、思想工作的关系

德育是大概念、传统概念，它包含政治工作。

思想工作与德育是交叉关系（思想工作常常关联政治工作、智育。而哲理、逻辑、思辨等又属于智育），只强调思想工作，会把思想政治中的德育成分摊薄了。

过去重视思想政治工作，学校也设政治处，开思想政治课，抓了世界观、人生观、前途理想教育、遵纪守法教育，很有必要，也有成绩，还得加强。

但是，在具体操作中，有时却无形中弱化了以操守为主的德育。现在有了改进，学校设了德育机构，开展了这方面的研究，但还需进一步明确并加强。当然，政治思想工作也很重要，特别是把握政治大方向、明确法制对道德的保证作用等，只能加强。

2. 坚持古为今用、洋为中用、推陈出新的文化教育方针

"五四"打倒孔家店扩大化，把传统美德当封建思想批了（泼污水连婴儿也泼掉了）；改革开放学习西方先进文化，在文化全球化的口号下，又把个人主义、自由主义、拜金主义、物质实惠等放了进来（不是拿来主义，而是照单全收）。有意无意

否定了中华优秀传统道德，把《道德经》《大学》等道德教科书视为糟粕束之高阁了。虽然，龙脉文化仍有其极强的生命力，仍在民间发挥着传承作用（请看汶川地震时人民相互关照的感人表现就可知晓），但教育工作者、教育部门如不及时加强道德建设，重视社会发展的新道德，一时仍难以建成。

顺便说一点，近来有的人以丑化老子、孔子、孙中山、毛泽东、邓小平等来显示自己前卫、高明，他这实则是由丑化历史人物到否定民族传统；是的，任何伟人也会有过失，但全盘否定就不是历史唯物主义者，就会让"割断""照搬"的悲剧重演，是必须特别警惕的。

3. 目标要有，但千万不要虚高

没有理想不行，但现在提梦想却更易被广大民众接受；"高大全"不如"高大勤"；"大公无私"不如"公私分明"或"天下为公"；"毫不利己，专门利人"不如"上善若水""乐于助人"……为什么？太满就叫人望而生畏，甚而至于觉着"假"。请问历史上真有"高大全"的人吗？真有完全"无私"的人吗？德育一旦给人"唱高调""假大空"的感觉，效果就难说了。所以，李克强总理说"喊破嗓子不如甩开膀子"，立时引来民心大快，为什么？因为朴实。再说一句，人吃饭都会往自己嘴里喂，不会往别人嘴里喂，人当遇到公与私不能兼顾时能舍己为公就善莫大焉了，就应大树特树了。

其实，理想的培养，常见的有效方法往往是从学英雄开始。很多人都是先有对岳飞、文天祥、谭嗣同、方志敏、赵一曼等的崇敬，再经过进一步学习理论，才有立志为民族复兴、为人类解放献身的。

4. 领导干部、德育工作者一定要言行一致

书记、校长、德育主任、政治教师、团委书记,在台上大讲"爱祖国""为中华民族伟大复兴贡献力量",即使讲得全场鼓掌,但是如果有一天你为奖金发放不公,评先进没评上,或什么事情损害了你的利益,你就骂党,骂政府,骂领导,甚至说什么"要是在美国……",学生(或群众)听见了,还会相信你那富于魅力的教诲吗?还会认为德育有多高的价值吗?还会去身体力行吗?

"打铁先要自身硬""叫别人做到的自己要先做到"的要求为什么很得人心? ——"不言之教"(《道德经》43章)——身教胜于言教,力量无比啊!

5. 要重传统、重实践、多鼓励、树样板

中国从古至今,在德育上积累了很多行之有效的宝贵经验,如理论联系实际、批评与自我批评、奖惩分明、树立样板、现身说法等是必须代代相传的。

但是,德育除了要重读经典,更重要养成。因此,首要的是实践,是深入基层、深入群众,在共同的学习、生活、劳动中去磨练,去养成。

心理特征决定了人人都乐于被肯定,因此表扬、鼓励效果往往更大,这叫正面教育;当然也要辅之以批评、惩罚,进行底线警示。

榜样的力量是无穷的,树立样板很重要。学雷锋必须坚持,但要去形式主义,去脱离实际的拔高,最好从"干一行爱一行"

和学习对照自己找差距、写日记等小处入手。更重要的是每个群体，应树立自己的样板，不要高大全，只要真实，只学其一二即可，尤其要树立进步较快的样板。

6. 要重"养成"培育

对于青少年，尤其是儿童，更要重视润物细无声的陶冶教养（养成）。现建议如下：

第一，从"谢谢！"入手养忠孝。知谢谢、知感恩，才知孝敬父母、报效祖国、感恩人民感恩党、滴水之恩涌泉相报，才是一个有良心的人。良心尽泯，民族悲哀。留学儿子回国杀生母，养之何益？

第二，从狠心炼就勤俭入手养大器。勤是传统，勤是开源，天道酬勤。勤能补拙，勤才能克服困难，前进再前进。勤才能炼就钢铁意志，攀峰夺魁。

俭是节流，俭以养廉，节俭少贪；俭炼"少私寡欲"，"俭故能广（广顾天下）。"

勤俭治家家得发，勤俭治世世得昌。勤俭传统大发扬，带出举世好风范。

勤俭与艰苦、抗挫折教育密不可分，盆花、笼鸟是经不起风吹雨打的。骄子不孝、苦厉英雄啊。

第三，从不说谎入手养诚信、养追求真理。大智若愚，有诚方有信；能言善辩小聪明，说谎通欺诈，首当力戒。诚才能知过必改，诚才能不偷不骗，诚才能追求真理。

追求真理的人能重塑自己、重建社会。

当老实人、说老实话、做老实事眼前会吃亏，但归根到底是赢家、是英雄。

爱子必重养诚。

第四，从同情心入手养大勇大爱。由同情而怜悯，而慈爱，而奉献，而胸有天下。"慈故能勇"。大爱，能生大智、生大勇。同情，能生发换位思维，己所不欲，勿施于人。同情，更能孝敬父母，关心民众，通向大器。

第五，（家长、教师对青少年应讲求）亲近、交流、不百顺、不粗暴。父母不与子女交流，不知情；百依顺，必惯坏；教管粗暴，心不服，学你暴，走邪道。

耐心、亲近、少训、多导、故事启迪、名言警醒、以身作则、诚实不贪、小树扶直，长成坚挺。爱子之道贵在德智体兼顾，并以德为先。尤其要：唱正气歌，以身作则，睛明心细，善调航向，不急求成，不怕反复。

具有五千年文明的中华民族是有名的道德之邦，只要能批判地继承《道德经》《大学》等确定的道德根，以真善美为着眼点，以中国特色社会主义核心价值观为蓝本，与时俱进地丰富内涵，对德育既加强重视又与时俱进改进方法，新的道德就有可能随中华民族的伟大复兴而相互促进，蔚然成风。

第四节 《中庸》与道

革命年代，提倡斗争哲学。折中主义、调和主义、和稀泥等表现，常常被作为"大棒"来打击那些讲适度、讲中庸的人。

文革时，谁讲中庸之道，就会视为与"造反有理""革命不是请客吃饭"等行为唱对台戏。

对照《老子》，研学《中庸》后，发现原来的理解不全面。而且，道与儒也不仅不是互不相容，存在很多"公约数"。

《中庸》是从《小戴礼记》第31篇独立出来的，作者是孔子的孙子子思。写作的目的是什么？宋儒朱熹的《中庸章句》说得明白："中庸为何而作？子思子忧道学之失其传而作也。盖自上古圣神继天立极，而道统之传有自来矣。其见于经，则'允执厥中'者，尧之所以授舜也……子思惧夫愈久而愈失其真也，于是推本尧舜以来相传之意，质以平日所闻父师之言，更互演绎，作为此书，以诏后之学者……其曰：'天命率性'，则道心之谓也。"虽然，孔子讲的"道"主要是人之道，是人伦纲纪；老子讲的"道"主要是自然之道是普遍规律。但从朱熹上溯自"上古""尧舜以来"看，"道统"是兼容了伏羲、黄帝、老子、孔子之道的，因此道儒并非水火不容关系，而是有异有同，相通互补的。

有了这一基本认识，我们就可以从以下三方面作进一步比较了。

《老子》《中庸》的联系与融通

反复学习《老子》后，发现老子讲的"道"，实则是阴阳对立统一（含有中与和，即一阴一阳之谓道）。《老子》《中庸》，也都从量、质、速（度）、合（谐）、本（诚）五个方面论了"道"，（含论了"度"），讲了方法论。现从上述五点引原文比较于后。

1. 量（提倡把住"度"）

《老子》"天之道，其犹张弓与？高者抑下，下者举之，有余者损之，不足者补之"。（77章）"多言数穷，不如守中"。（5章）"金玉满堂、莫之能守"。（9章）"少则得，多则惑。是以圣人抱一为天下式"。（22章）"抱一"就是体"道"用"道"。以上仅举几句，但已足以说明老子把"度"看作了"道"，强调了要适度，有损、有补、守中、不争。

《中庸》"君子之道，辟如行远必自迩，辟如登高必自卑"（15章）"君子遵道而行，半途而废，吾弗能矣。"（11章）"在上位，不陵（凌）下；在下位，不援（攀）上。正己而不求于人，则无怨"。（14章）"过犹（如）不及"。（《论语·先进》）以上几例，共同说明：过多、过少、过上、过下、过前、过后都不合中庸，中庸强调了要害在适"度"。

古代寓言《龟兔赛跑》：兔子跑过半程，回头看龟才离起点不远，就想睡一觉再跑也能胜过。等醒来再跑，龟已先到。过与不及可因一念之差而转换。

2. 质（注：素朴是真、中正是善、协调是美）

《老子》"知其雄，守其雌，为天下溪。为天下溪，常德不离，复归于婴儿……。为天下谷、常德乃足，复归于朴。"（27章）"信言不美，美言不信。善者不辩，辩者不善……天之道，利而不害。人之道，为而不争。"（81章）"信不足下焉，有不信焉"。（17章）"天下皆知美之为美，斯恶矣"。（2章）"唯之与阿，相去几何？善之与恶，相去若何？"（20章）细品上面论述，可以看出老子的本意：真善美与假丑恶是相比较而存在的。真理向前再迈一步就是谬误。真在朴，善在正，美在谐。

《中庸》"子曰：道之不行，我知之矣：智者过之，愚者不及也。"（4章）"子曰：舜其大智也与！舜好问而察迩言，隐恶而扬善，执其两端，用其中于民，其斯为舜乎！"（6章）"君子尊德性而道问，致广大而尽精微，极高明而道中庸"。（27章）"诚者，不勉而中，不思而得，从容中道，圣人也"。（20章）"妻子好合，如鼓瑟琴"。（15章）以上言论是说：真诚显现中道，扬善贵用其中，美好因为和合。

3. 速（注：速是动态之量，速贵适时）

《老子》"飘风不终朝，骤雨不终日"，（23章）"企者不立，跨者不行"，（24章）"躁则失君"，（26章）"大器晚成"，（41章）"益生曰祥，心使曰强。物壮则老，谓之不道，不道早已"。（55章）老子这些话，表达了来得猛的长不了，跨越前进走不远，完美的大器不可能一蹴而就，过分讲求长生不老，反而早亡，一定要讲快慢适度合道。

《中庸》"明则动，动则变，变则化，唯天下至诚为能化"（23章），"悠久，所以成物也……天地之道：博也，厚也，高也，明也，悠也，久也"（26章）；"无欲速，无见小利，欲速则不达，见小利则大事不成"（《论语·子路》）。这些话的意思是：不同事物的变化有不同的过程，当久则久，不当快反欲速不达。

4. 合（注：合是多元素之质的联系，贵在和谐）

《老子》"音声相和"（2章），"和其光，同其尘"（4章），"上善若水。水善利万物而不争"（8章），"圣人常善救人，故无弃人；常善救物，故无弃物"（27章），"万物负阴而抱阳，冲气以为和"（42章），"不可得而亲，不可得而疏"（56章）。这些言论说的是：多元素或多人交合，贵在互补、协调、关爱、和谐。

《中庸》"喜怒哀乐之未发，谓之中；发而皆中节谓之和。中也者，天下之大本也；和也者，天下之达道也。致中和，天地位也，万物育也"（1章），"君子和而不流、强哉矫！中立而不倚，强哉矫！"（10章），"忠恕违（离）道不远，施诸己而不愿，亦勿施于人"（13章），"上不怨天，下不尤人"（14章），"凡为天下国家有九经，曰：修身也，尊贤也，亲亲也，敬大臣也，体群臣也，子庶民也，来百工也，柔远人也，怀诸候也"（20章）。这些言论说明，待人、接物要讲中和，不要为所欲为，要顾及方方面面，和，才能达道。

5. 本（注：本色、素朴、真，才有诚，有诚才能悟、才能行中庸）

《老子》"沌沌兮，如婴儿之未孩……我愚人之心也哉……众人皆有以，而我独顽且鄙。我独异于人，而贵食母（以道为贵）"（20章），"镇之以无名之朴，夫将不欲，不欲以静，天下将自定"（37章），"圣人欲不欲，不贵难得之货，学不学，复众人之所过，以辅万物之自然而不敢为"（64章）。这些言论表达了：人要朴、要本色，心要纯，要静，要寡欲，也即要真心诚意。心诚才能达道。

《中庸》"诚者，天之道也；诚之者，人之道也。诚者，不勉而中，不思而得，从容中道，圣人也。诚之者，择善而固执之者也"（20章），"唯天下至诚，为能尽其性；能尽其性，则能尽人性"（22章），"自诚明，谓之性；自明诚，谓之教。诚则明矣，明则诚矣"。（21章）"诚者物之终始，不诚无物"（25章）。初次读《中庸》认为用8章之多讲"诚"，是否离题。经反复学研，才恍然大悟，有真诚才无杂念干扰，才能领会并实行中庸之道。

讨论了《老子》《中庸》会发现，两者确实大有联系，确实是在弘道。

试给中庸作个界定

1."道"的外延大于"中庸"

前面寻找《老子》与《中庸》的联通，现在再来看差异。两者在哲理上的明显差异有三。第一，老子也讲"中"，但不排斥对立与极端。如"万物负阴而抱阳""有之以为利，无之以为用""致虚极，守静笃""大巧若拙，大辨若讷"。第二，老子讲"中"，但更讲物极必反。如"有无相生""反者道之动，弱者道之用""曲则全，弊则新""将欲弱之，必固强之；将欲取之，必固与之""祸兮，福之所倚；福兮，祸之所伏"。第三，《老子》侧重于自然，《中庸》侧重于人世。从上述差异可以看出《老子》讲的道，是自然、社会、思维一切存在的普遍规律。中庸从属于道，也可叫"中道"，属于特殊规律。如果说道反映的是总规律，那么中庸（中道）反映的则是人的修身、治世之避凶取胜的优选规律。一句话，道的外延大于中庸，中庸只是中道。

2. 中庸的定位

第一，字义定位

中，指两端之中。亚里士多德从伦理观出发，认为人的行为有过度、不及、适中三种，过度、不及是恶行的特征，只有适中具美德特征。

庸，指常、平凡、和谐。此字因后来引申增加了"平庸""庸才"，出现贬义，所以令人多误认"中庸"不好，和稀泥、不讲原则，这很不合原意。

中庸，《辞海·哲学分册》解：中庸，儒家伦理思想。指处理事情不偏不倚，无过与不及的态度，认为是最高的道德标准。《论语·雍也》："中庸之为德也，其至矣乎！"何晏集解："庸，常也，中和可常行之道。"后常被称为"中道"。《孟子·尽心下》："孔子岂不欲中道哉？"赵岐注："中道，中正之大道也。"

第二，古文化"道统"定位

《中庸》开篇就讲："天命之谓性，率性之谓道，修道之谓教。道也者，不可须臾离也……中也者，天下之大本也；和也者，天下之达道也"。这是把"中庸"定位于"道"。

这"道"是老子道家的道吗？不全是。朱熹《中庸章句序》的开篇："中庸何为而作也？子思子忧道学失其传而作也。盖自上古圣神继天立极，而道统之传有自来矣。"可见，这个道，是先于老子的道，是经伏羲、神农、轩辕、尧、舜、文、武而来的道统，老子将道统系统化，创立了道学。在孔子向老子请教时，老子当面给讲过："聪明深察而近于死者，好议人者也。博辩广大危其身者，发人恶者也"，又说"去子之骄气与多欲，态色与淫志"(《史记·老子韩非列传》)，这些话的本意就是劝孔子不要"过头"，要讲究中道。显然后来孔子创立儒家学说时吸收了老子的守中思想，只不过孔子侧重于社会、伦理，所以《中庸》多从修身、齐家、治世出发来立论。由此可作如此定位：中庸是承道统而向社会伦理发展了的中道，虽与老子的道相联、相通，但已有天之道与人之道，大道与中道之别。

第三，哲理的定位

中庸，搁置其修身、治世的举措，抽象而言，属于哲学范畴。它不属哲学本原论，本体论，认识论，当属于方法论。它合辩证法，讲两端，两面，讲事物的普通联系，讲因果，讲必然性，讲事物因一定条件而转化……但它仅属辩证法中的一环，习惯叫"中道"，实则是给人一个最佳的选择方法——辩证之优选法。

3.中庸的定义

中庸是儒家传承古道统而创造性提出的取中、重度、求和、达谐的为人、治世之道。也称中道。

中庸之学，强调诚——真心诚意不改不弃。只有诚才能体悟并用好中庸之道，才能避祸趋吉达于修身治世的成功（乃至成为圣人）。

中庸之道的实用与局限

孔门创立中庸学说，为的是致用。不用也不显中庸之道。

运用的前提是心要纯朴、真诚。无偏私，无偏见，不半途而废，不改弦易辙。运用要讲原则性，也要讲灵活性。

这里侧重分析一下实用性和局限性。

1. 局限性

第一，事物都存在阴阳两个对立面，也存在生灭等两个极端。如果凡事都机械地只取其中，那就会适得其反，对阴阳对立如果一概"居中"，就会反对改革，反对革命，反对改朝换代，反对处死罪大恶极的要犯，反对人的改过自新……实则是反对新陈代谢。

第二，中庸的中，不是尺子量的中间，而是事物运动发展过程中的平衡点。这个点可因时、因地、因人、因事而变更。如果机械地去测中、守中，那就会使战争不能应变取胜，谈判不能互利有成，经济运行不能持继健康，治病救人不能对症下药……实则是作茧自缚。

第三，中庸之道从属于大道，局部要屈从于整体。大风大浪来时，摧枯拉朽。中庸多用于平稳，但当大局迅速更替时，中庸则宜巧用，或用于长远，或用于守根，不可机械硬套。要学陈抟劝导赵匡胤，要学邱处机劝导成吉思汗，他们都支持其改朝换代，但规劝其实行利民新政。实则是一种隐形的中道。

2. 实用事例

中庸作为方法论，是合于自然规律的，只要不在有局限的范围使用，是可放之四海广用皆准的。因为汉字"庸"后引申有平庸、无能，属贬义，造成了对中庸的误解。建议今后与"中道"联系起来解读，以防止再生误判。

由于误解，中道不倡已久，所以现在中外很多方面，都出现了反中道走极端的现象，后患很大。现仅从中国文化现象方面举两个常见事例以略见一斑。

第一，食洋不化·食古不化·食今不化。

最近，读了黎鸣《学会真思维》一书，他分析了三个不化的危害。

食洋不化。崇洋媚外，玩弄时髦洋概念，不分精华糟粕盲目推崇，闹到今之学术界很少大的创新。

食古不化。崇儒读经复古，虽有弘扬中华文化的积极一面，但却忽视吸纳外来先进文化和联系现实创新；有人学用外来文化，还被责是乱贴标签，造成学术界空谈成风。

食今不化。不少青少年跟着感觉走，追星，梦想成星，网瘾网恋，闪婚闪离，不重学基本功，不重独立思考，期盼一夜成名，造成社会浮躁成风。

以上都是走极端。我们的文化方针是"洋为中用，古为今用""取其精华，弃其糟粕，兼收并蓄，推陈出新"，这些都合中庸，辩证，不走极端。看来，提倡中庸，才有利推行方针。

第二，比拼包装

老子提倡被褐怀玉，即提倡内涵重于外表。现在却越来越重形式重外观，并出现了时髦的"包装"。

因为美体（含丰乳、隆鼻、美腰、美指……）花了很多金钱、时间、精力，增加了虚荣心，嫉妒心，有的还反而毁了容，影响了学习和工作。攀比，使人丧失理智，产生恶性循环。

为提高身价，获取高学历，高职称，高荣誉，高职位。又不肯十年寒窗积累真功夫，有的只顾突击应考，强背巧答；有的不惜作假，考试作弊、论文抄袭、买假证件、冒名顶替……无所不用其极。这既不合中庸，又不合诚，长此以往，将误毁几代人。

因为抢政绩，谋升迁，以单位为名搞比拼。拼奖牌，拼形象工程，拼发展规模，拼收视率，炒作新气象。乍看发展大跨越，实则留下误导、蛊惑、不和谐、少幸福感等后遗，长此以往，发展难良性。

比拼本已欠中庸，重外不重内更不中庸，现中央提出包容性发展很合中庸，当拥护之、执行之。

违中庸事例还很多，但凭这一斑已足以窥全豹了。

联系《老子》读《中庸》，联系大道弘中道，已经是形势所需了。

第五节　扬雄与道儒

汉朝扬雄既通道，又通儒，著作颇丰，影响很大，值得研究。

扬雄其人

《史记》成书早，未记扬雄；《汉书》介绍扬雄较多，浓缩如下。

扬雄（公元前53年—公元18年），字子云，汉族，西汉宣帝时生于蜀郡成都（今成都郫都区）。扬雄家族从扬季起到扬雄，五代只有一子单传，所以扬雄在蜀地没有别的亲族。

扬雄少时博览群书，简朴，悠闲，富贵不求，贫贱不悲。不是圣贤书不读，不情愿事不做，特好辞赋。

四十出头，从蜀来京游学，大司马车骑将军王音对他的文才感到惊奇，任他为门下史，推荐待诏，年后，雄上奏《羽猎赋》，拜为郎官，任黄门给事，和王莽、刘歆并列。哀帝初，又和董贤同官。成、哀、平年间，王莽、董贤都作了三公，权力超过人君，推荐的人没有不提拔的，但扬雄却历三代不升官。

王莽篡位，用符命赞美其功德而被封爵的人很多，扬雄不被封；后因年纪大而渐升为大夫。一生好古爱道。他认为经没有比《易》更大的，所以作《太玄》；传没有比《论语》更大的，所以作《法言》；史没有比《仓颉》更好的，所以作《训纂》；赋没有比《离骚》更深的，所以相背而推广它；辞没有比相如更华丽的，所以作四赋：都探索本源，模仿发挥。

扬雄惊讶屈原文才超过相如，不被容纳，竟作《离骚》投江而死，他为之感到悲伤，读时没有不流泪的。学老子的他认为：君子遇时势顺利就当作为，时势不顺就应像龙蛇蛰伏，机遇好不好是命，何必自己投江？便写了一篇《反离骚》，摘取《离骚》中的句子驳之，投到江中以哀悼屈原；又依《离骚》重作一篇，名叫《广骚》。

王莽既是假借符命自立，即位之后想禁绝这种做法来使前事得到神化，而甄丰的儿子甄寻、刘歆的儿子刘棻又奏献符瑞之事。王莽杀了甄丰父子，流放刘棻到四裔，供词所牵连到的，立即收系不必奏请。当时扬雄在天禄阁上校书，办案的使者来了，要抓扬雄，扬雄怕不能逃脱，便从阁上跳下，差点死了。

王莽听到后说:"扬雄一向不参与其事,为什么在此案中?"暗中查问其原因,原来刘棻曾跟扬雄学写过奇字,扬雄并非知情人。皇上下诏不再追究。

扬雄为什么具有道家思想?因为他师从严君平。请看《华阳国志》:"(君平)雅性澹泊,学业加妙,专精大《易》,耽于老庄,常卜筮蓍龟以教。与人子卜,教以孝;与人弟卜,教以娣;与人臣卜,教以忠。于是风移俗易,上下慈和。日阅得百钱,则闭肆下帘,授老庄。著《指归》,为道书之宗。扬雄少师之,称其德。"[1]

扬雄活到七十一岁,在天凤五年(18年)死去,侯芭为他建坟,守丧三年。

当时人多轻视之,唯刘歆、范逡敬重,桓谭更谓他无与伦比。

刘禹锡著名的《陋室铭》中"西蜀子云亭"的西蜀子云即为扬雄。

《太玄》与《方言》

扬雄为什么要写《太玄》?

早年,扬雄羡慕司马相如辞赋而作《甘泉》《羽猎赋》等赋,但后来,他认为辞赋虽然华丽,仅属雕虫篆刻,系壮夫所不为,转而研究哲学。仿《论语》作《法言》,模仿《易经》作《太玄》。

---

[1] 王青.扬雄评传[M].南京:南京大学出版社,2011.

扬雄提出以"玄"作为宇宙万物根源之学说。有人笑他,于是他写了一篇《解嘲》。为了宽慰自己,又写了一篇《逐贫赋》。这些看出什么?扬雄很有道学功底。

扬雄作《太玄》,是把老子的"玄",作为最高范畴,构筑宇宙生成图式、探索事物发展规律。以玄为中心,是对道家思想的继承和发展者,这对后世,意义重大。

在《道家与中国哲学》第9页说:"实际上黄老学走向民间,向两个方向发展:一是与士林儒家学者结合,回到老庄,为士林儒学政治、伦理学说提供本原本体论基础。'依老子庄周之指,著书十余万言'的严遵坚持道家之说,其道家思想被大儒扬雄所吸收,形成了扬雄《太玄》的道家精神"。

扬雄作《太玄》,普遍认为是模仿《易经》,鄙人学习后认为:虽然看是模仿,实质则是融《易经》《老子》而创新。何以见得?话分两头。先说易经八卦。易经八卦是根据两仪生四像,四像生八卦,八卦衍生64卦,再无限增加的;太玄则有所创新,是三三九,九九八十一而衍生的。为什么?请看《扬雄评传》第125页所讲的《太玄》结构:

扬雄以为"经莫大于《周易》,故作《太玄》",所以《太玄》的结构体例似乎是模仿《周易》的。《太玄》的"玄"相当于《周易》中的"易"。照《易传》的解释,"易"是按二分法发展的。"易有太极,是生两仪;两仪生四象;四象生八卦。"(《系辞上》)《太玄》中的"玄"是按三分法发展的:

"一玄都覆三方,方同九州,枝载庶部,分正群家。"

"玄有二道,一以三起,一以三生。以三起者,方、州、部、家也。以三生者,参分阳气,以为三重,极为九营。是为同本离末,天地之经也。旁通上下,万物并也。九营周流,始终贞也。始于十一月,终于十月,罗重九行,行四十日。"

这是说,一玄而分为三,名之为方,有一方、二方、三方,共为3方,这就是所谓"以玄都覆三方"。一方为天玄,二方为地玄,三方为人玄。所谓"夫玄者,天道也,地道也,人道也。兼三道而天名之"。三方又各分为三,名之为州,每方有一州、二州、三州,共为9州,这就是"方同九州"。每州又各分为三,名之为部,每州有一部、二部、三部,共为27部;这就是"枝载庶部"。每部又各分为三,名之为家,每部有一家、二家、三家,共为81家;这就是"分正群家"。

《周易》的爻画有阳爻—和阴爻--两种,《太玄》仿造了奇-、偶--、和---三种,第一方、第一州、第一部、第一家都用-表示;第二方、第二州、第二部、第二家都用--表示;第三方、第三州、第三部、第三家都用---表示。以此组成一"首",一"首"相当于《周易》中的一卦。例如,第一方、第一州、第一部的第一家是所谓"中首"三;第一方、第一州、第一部的第二家是所谓的"周首"。这样配合,共成81首。每首有9"赞",相当于《周易》的爻辞。因此,《太玄》共有729赞。

需要注意的是,《太玄》中的首辞并不相当于《周易》中的卦辞,而是相当于《易传》中的彖辞,相当于《易传》中卦辞的东西在《太玄》中并不存在。其中的测,相当于《易传》中的象辞。《周易》有经有传,《太玄》也模仿之,一共有传11篇,除上文所说的首辞以拟象，测辞以拟象之外，另有《文》拟《文言》，有《擒》《莹》《掜》《图》《告》以拟《系辞》，有《数》拟《说卦》，有《冲》拟《序卦》，有《错》拟《杂卦》。

《太玄》用较大篇幅讲了"占卜"，但根据"善易者不卜"名言，我这里就不于研究，省略了。

我想侧重谈谈《太玄》的辩证特色。《太玄》取三三制可不可以？我体会是"可以"。为什么？《易经》是"一阴一阳之为道"，二、四、八、六十四……贯穿的是阴阳冲和，是二极数的辩证发展，好。

《太玄》取三、九、八十一……可不可以？我认为可以。为什么？请看《太极八卦图》，里面阴阳鱼颠倒相抱，黑鱼白眼，白鱼黑眼。表明什么？第一，阴阳冲和是万事万物发展变化的主流；第二，事物没有绝对的纯，不全是非好必坏，往往是你中有我我中有你，是中隐非非中隐是；第三，世界上的事情是复杂的，偶尔存在中间状态。比如，植物有开雄花、雌花的，有的雌雄同株的；动物公母成对的，但也有变性、阉割、阴阳同体的；第四，人的意愿也存在游移、犹豫、骑墙、口是心非……的。总之，中间状态虽然出于弱势或只是偶有，但确实是一种客观存在。请看，在逻辑学里，也有交叉关系和对立有中关系，说明逻辑学也是承认中间状态的。由此推出：三、九、八十一的《太玄》是反映客观现实的，也是辩证发展的。①

为什么说《太玄》是辩证的？

---

① 司马光.太玄集注［M］.北京：中华书局，1913.

辩证，中国没有这语词。庄子讲"辩"指辩论；墨子讲"辩"相当于推理、证明、批驳。"辩证"是从西方翻译过来的，表看问题全面。表人们通过概念、判断、推理等思维形式对客观事物的辩证发展过程有正确反映。辩证思维最基本的特点是将对象作为一个整体，从其内在对立统一运动、变化及各个方面的相互联系中进行考察，以便从本质上能系统地、完整地认识对象。

辩证法，源出希腊文 dialego，含义是进行谈话、论战。辩证法在古代是指思辨与实证相统一的方法，后来被看成是与孤立的、片面的、静止的形而上学相对立的，一种联系的、全面的、发展的、把握本质的世界观、方法论。

《太玄》不仅是全面的，而且是系统的，有宏观有微观的，还有从条件到结论的推理（占卜）。所以，它是辩证的。

下面再说说扬雄的《方言》。汉朝的中国幅员辽阔，方言极多。

秦汉统一后，为了巩固大一统，加强了文字、语言的统一。京城在咸阳（长安），自然以长安话为官话；但是，人员来自四面八方，方言既有语音差别，还有语义、语用区别，如果不加沟通，不仅生产生活交流困难，朝廷议事也多麻烦，客观上需要有一本类似工具书的"方言辨析"。扬雄顺应形势发展需要，推出了《方言》，善莫大焉。①

扬雄为什么能写出《方言》？除了他睿智、知识广博、乐意

---

① 路广．"法言""扬雄集"词类研究［M］．北京：高等教育出版社，2011．

为民奋笔以外，他还有与众不同的地方，那就是他在朝廷任职时间特长，历经三位皇帝40年时间，既通长安语言，又因多次见到各地官员，有机会借此搜集各地方言；又有在前的《尔雅》《说文解字》等文字工具书作基础，所以才能成就的。

《方言》在今天，除了搞研究需要以外，因为时代久远，音与意都有变化，况且今天有大量新工具书替代，它已经无多大实用价值了；但它的历史意义，它的研究方法却是光辉永照的。

扬雄的《法言》

《法言》是仿《论语》作的，也在论"道"。虽然有道家观点，但主要是阐述儒家观点。故需要专门讲一讲。

桓谭说：凡人轻视近的重视远的，亲眼见的扬子云，地位、容貌不能动人，便轻视其书。从前老聃作虚无之论两篇，轻仁义，驳礼学，但后世喜欢它的还认为超过《五经》，从前汉文帝、景帝及司马迁都有这话。现在扬子的书，文义最深，论述不违背圣人，如果遇到当时君主，再经贤智阅读，被他们称道，便必定超过诸子。儒生中有的嘲笑扬雄不是圣人却作经，好比春秋吴楚君主僭越称王，应该是灭族绝后之罪。

鄙人买的的《法言》是中国古代文化全阅读第一集第17册《扬子法言》(时代文艺出版社2008年出版)。全书13卷，约2.5万字。

《扬子法言·提要》说："《法言》，初见于《汉书·艺文志》儒家类著录，'扬雄所序三十八篇'自注，谓十三篇……最大特点，在于作者以当世孔子自居，批评历史，褒贬人物，都以己之是非为是非。"

为什么说扬雄的《法言》是"以己之是非为是非"？因为儒家认为他在美化道家，道家认为他在美化儒家；道家儒家人士对他的观点都有所诟病。

至于《法言》的写作特点，一像《论语》分篇章（卷），二是采用问答式（设问式），三是言简意赅。

我们不妨话分两头。

1.《法言》中的道家观点

《法言》第四卷《问道》有："或问道。曰：道也者，通也……道若途若川，车航混混，不舍昼夜。或曰：焉得直道而由诸……""或问：道有因无因乎？曰：可则因，否则革""或问新敝。曰：新则袭之，敝则损之"。

《法言》六卷《问明》有："或问'明'。曰：微。""或问：微何其明也？曰：微而见之，明其悖乎……""敢问大聪明！曰：眈眈乎惟天为聪！惟天为明！夫能高其目而下其耳者，匪天也夫！""或问'哲'。曰：旁明厥思。问行。曰：旁通厥德"。

以上，都涉及了普遍的道，老子的道，道家的道。[①]

2.《法言》中的孔子儒家观点

《法言》第七卷《寡见》有："或问：《五经》有辩乎？曰：唯《五经》为辩。说天者莫辩乎《易》，说事者莫辩乎《书》，说体者莫辩乎《礼》，说志者莫辩乎《诗》，说理者莫辩乎

---

① 陈琛.扬子法言［M］.北京：时代文艺出版社，2008.

《春秋》……"

第八卷《五百》有:"或问:五百岁而圣人出,有诸?曰:尧、舜、禹君臣也而并;文、武、周公,父子也而处;汤、孔子数百岁而生。因往以推来,虽千一不可知也。圣人有以拟天地而参诸身乎?……圣人重其道而轻其禄,众人重其禄而轻其道。圣人曰:于道行欤!众人曰:于禄殖欤!""或问:孔子之时,诸侯有知其圣者欤?曰:知之。知之则曷为不用?曰:不能。曰:知圣而不能用也,可得闻乎?曰:用之则宜从之,从之则弃其所习,逆其所顺,强其所劣,捐其所能,冲冲如也。非天下之至,孰能用之?"[1]

在扬雄看来,孔丘是最大的圣人,孔丘的经典是最主要的经典。他说:"舍舟航而济乎渎者,末矣。舍五经而济乎道者,末矣……仲尼之道犹四渎也,经营中国,终入大海;他人之道者,西北之流也,纲纪夷貉,或入于沱,或沦于汉。但是,扬雄认为自孔子死后,孔子圣道的发展与传播却由于"塞路者"的干扰而受到了阻碍。在古时有扬墨塞路,当时孟子辞而辟之,廓如也。后之塞路者有矣,窃自比孟子。这里所说的"后之塞路者"就是指汉代的欲售伪而假真、羊质而五虎皮、学也为利的虚伪、烦琐荒诞的官方正统经学。因此,扬雄要像孟子那样扫除塞路者,为孔子儒学能在汉代健康发展开辟道路。

扬雄本来追随严君平学道,为什么后来又尊儒,是不是由道转向儒了?其实,道儒并不对立。不仅孔子是老子学生,一

---

[1] 路广. "法言""扬雄集"词类研究[M]. 北京:高等教育出版社,2011.

脉相承；而且两者都关心人民，放眼未来。老子讲的道，主要是普遍的道，形而上的道，有人叫它天道；但他有时也讲讲人道——社会伦理之道。孔子讲的道，主要是人道——侧重在治国安邦、礼仪人伦，属形下之道；但他有时也讲点形上的天道。所以，学术界对道儒关系的定性是："儒道互补"。后来的对立，那是罢黜百家独尊儒术造成的。扬雄的《体现》《法言》等是从客观存在出发进行的探讨，并不存在倒向哪一方的问题。

扬雄，值得学习研究的地方很多，这里算是挂一漏万地见识见识，目的是说明他在弘扬道家的形而上之道，与弘扬儒家的伦理之"人道"上都有很大贡献，值得进一步学习研究。

第六节　孟子等儒家传人弘道

说到孟子，也许有人会说："孔曰成仁，孟曰取义。"孟子是儒家亚圣，思想和孔子一样，都是铁杆儒家，与"道"有什么关系？孟子是儒家亚圣固然不假；但是，认真读了《孟子》，您才会发现，原来孟子对"道"有很高深的理解，而且联系实际发展了道。现在，不妨慢慢道来。

孟子（约前 372 年—前 289 年），姬姓，孟氏，名轲，战国时期邹国（今山东邹城市）人。伟大的思想家、教育家，儒家学派的代表人物，与孔子并称"孔孟"。系孔子再传弟子。元朝追封孟子为"亚圣"。

《孟子》一书，属语录体散文集，是孟子的言论汇编，由孟子及其弟子共同编成，倡导"以仁为本"。孟子也曾带领学生游历过魏、齐、宋、鲁、滕、薛等国，并一度担任过齐国的客卿。由于他的政治主张不合诸侯意愿，不被重用，只得回到家乡聚徒讲学，著书立说。

司马迁《史记·孟子荀卿列传》记载："孟子受业子思之门人"。

今天我们所见的《孟子》7篇，有《梁惠王》《公孙丑》《滕文公》《离娄》《万章》《告子》《尽心》，每篇分为上下，约3.5万字，一共260章。五代后蜀主孟昶命令人楷书十一经刻石，其中包括了《孟子》，这可能是《孟子》列入经书的开始。

孟子建树很多，这里我们仅从《孟子》七篇的原文中，找出其与"道"有关的五个要点解析于后。

1. 四端说

孟子说："恻隐之心，仁之端也；羞恶之心，义之端也；辞让之心，礼之端也；是非之心，智之端也。人之有是四端，犹其有四体也。"（《孟子·公孙丑上》）。

端，特指发端，就是始发点。四端说虽为生发孔子"仁义礼智"而立，但好好品味，却都来自"自然而然"，是不是近乎老子的"道法自然"？

2. "不能"与"不为"说

（孟子）曰："挟泰山以超北海，语人曰'我不能。'是诚不能也。为长者折枝，语人曰'我不能。'是不为也，非不能也。"（《孟子·梁惠王上》）。

语，yù（音玉），告诉。前者属于不可能，非不为；后者属于可能，说不能，实则是不为。说明什么？不应作假，要"真"，要"本然"。能办的事应该尽力，不能办的事应该照实说不能。用现在话讲叫：实事求是。

老子说："信不足焉，有不信焉。悠兮，其贵言。功成事遂，百姓皆谓'我自然'。"（第17章）——这里的"我自然"意思是："我们本来就是这样的。"也就是说，道家强调"真""自然"。请看孟子的"不能"与"不为"，是不是也强调"真"，强调"自然"？而且还表示孟子对道已经能灵活地运用了。

3."民贵君轻"说

孟子说："民为贵，社稷次之，君为轻。"（《孟子·尽心下》）这，在当时可不得了。大家都在讲忠君，你偏要讲民贵君轻，岂不犯了大不敬罪。

但对照《老子》，这又与道家思想暗合。老子说："爱民治国"（第10章）；"贵以贱为本，高以下为基"（第37章）……都强调了民为贵，暗含了君为轻。

4."心之官则思"说

孟子说："心之官则思，思则得之，不思则不得也。"（《孟子·告子上》）看见没有，这里的思，是出至心（脑）这个器官，而且不思就不得。与迷信的神灵说完全不同。倒很接近老子的天地人之一体观。

《老子》有"心善渊"（第8章）、"愚人之心哉"（第20章）、"无常心"（第49章）、"心使气曰强"（第55章）……说明什么？老子很实际，研究了"心"这个器官活动的不同状态，又回归到了自然、天道。

5."浩然之气"说

孟子说:"我善养吾浩然之气……其为气也,至大至刚,以直养而无害,则塞于天地之间。"(《孟子·公孙丑上》)这"气"是呼吸的气吗?——它特指精气神,更侧重于本心,气度。

老子说:"抟气致柔"(第10章)、"心使气曰强"(第55章)。这里的"气"也是指本心。在老子看来,天人和一,人的本心体现道。

看见没有,孟子要培养的浩然之气,也是合天道的本心。

但是,必须说明,孟子虽然有很多地方也在弘道,但他毕竟是儒家亚圣,落脚还是在仁义礼智信;他的道主要在人之道。

也许有人会问:孟子为什么会有如此明显的道家倾向?

这和他在齐国23年,参加齐国的稷下学宫活动,参加辩论受到黄老学派思想熏陶有关。

现在,引《道家与中国哲学》以证明。"孟子两次游学齐稷下;历时23年之久。特别是他五十五岁左右第一次到稷下,这时他已是继承传播孔子学说的学者……也正是在稷下学宫中各派学说的交锋辩论中,孟子感到了孔子学说的不足,也领略了道、墨、名、法诸家特别是道家之长,既守孔儒之经,又应时权变,大大深化和发展了孔子学说,把儒学推向了一个新的阶段。"①

其实,儒家传人中,除了孟子,还有荀子、扬雄等人都对

---

① 孙以凯.道家与中国哲学[M].北京:人民出版社,2004:343.

"道"有所探讨,甚至有所建树。

　　说明什么?——龙脉文化之根——道——根深、藤粗、枝壮、叶茂,既传承久远,八面生发,又基因永续。

　　与道关联的儒家人物还有荀子、朱熹、张载等等,就由孟子代表了。

第六章

诸子对道的发展

道，对于国人，如基因，无不用。家道，人道，妇道，王道，持家之道，为人之道……数不胜数。伏羲画八卦定"一阴一阳之为道"，《老子》五千言系统了道，诸子多向发展道。如何发展？本章作一勾画。

第一节 墨家——重器之道

"墨子号"量子卫星在中国酒泉成功发射，使国人对墨子更加刮目相看。

中新社酒泉8月16日电（记者梁晓辉）8月16日01时40分，中国在酒泉卫星发射中心用长征二号运载火箭成功将全球首颗量子科学实验卫星（简称量子卫星）发射升空。此次发射任务的圆满成功，标志着中国空间科学研究又迈出重要一步。

这是全球首颗量子科学实验卫星，具有顶尖的科研意义，命名为"墨子号"量子卫星自然因为墨子伟大、先行,代表悠久的中华传统文化。

为什么说墨子伟大、先行?这就得讲讲墨子。

《史记》对老子、墨子等都记得很不翔实。

经近年考古、考证公认:墨子,名墨翟,约公元前480—前390年战国鲁国人,由弟子将其讲学内容整理成有篇章的论著《墨子》(含《墨经》)约10万言。墨子不仅给弟子讲学,并带领大家践行其精神,是墨家创始人。

《墨子》不仅涉及政治、经济、伦理、军事等方面,而且在自然科学、逻辑、哲学(特别是认识论)等多方面都有极高的建树,清末学者邹伯奇还提出过"西学源出墨学"的一家之言;面对实现中华民族伟大复兴中国梦的今天,《墨子》也就更值得刮目相看了。现分三个部分谈谈心中的《墨子》。

墨子、墨家、《墨子》

要弄清渊源,先得对墨子与墨家、《墨子》,有一个大致的了解。

1. 墨子

墨翟(约公元前480—前390年)战国时期鲁国人,与孔子是老乡,是孔子身后、孟子身前之"士",常住宋国,是个能工巧匠,不愿做官,但积极救世。曾就学于儒家,因不满儒家繁文缛节,特别是厚葬、多年守孝,后自创学派。墨子也和孔子一样,以救世解纷为己任,周游列国,传播学说,北到齐国,西到卫国,多次到楚国,曾到郢都劝过楚君免于攻宋。墨子传承了老子的"道"。墨子的思想中心是博爱、和平、反浪费、反享乐、反侵略，并且重科学（物理、机械等）、重逻辑（名辩）、重哲学（认识论）；但其思想（理论）也存在一些自相矛盾，如既讲"天志""明鬼"，又讲"非命""节葬"即存在有神与无神对立。

注：墨，是"墨黑"，因为墨家讲艰苦劳动，多数人晒得黝黑。所以，墨子可能不姓墨，而是因黝黑而得名。

2. 墨家

墨家，墨子的弟子，弟子的弟子，墨子学说的追随者的统称。

墨党——践行墨子思想的有组织、有纪律的中国历史上第一个民间政治性组织，崇尚艰苦奋斗，纪律严明，人多时有上千，也属墨家。

《韩非子·显学》说："世之显学，儒墨也。儒之所至，孔丘也；墨之所至，墨翟也。"以此可知，在那个百家争鸣的辉煌时代，墨子所创立的墨家学派声势之浩大，超法逸道而直与儒家相抗衡。从先秦典籍中可勾陈出的墨家人物有30余人，从《公输》看，有"臣之弟子秦滑釐等三百余人"，从当时的影响推测，墨家人数可能有上千。到战国末期衰落，西汉罢黜百家墨家显学成了绝学，墨家从此被埋没两千多年。

3.《墨子》

《墨子》，是战国时期墨家著作总集。《汉书·艺文志》录其71篇，现存53篇。其中，《墨经》系墨子亲作，其余为弟子根据墨子讲课的内容整理而成。主要内容有：1. 伦理类（如《修身》《兼爱》);2.政治思想类(如《尚贤》《尚同》《非攻》);3.经济思想类(如《节用》《节葬》《非乐》);4.宗教思想类(如《天志》《明鬼》);5.军事思想类(如《备梯》《备突》);6.科技类(社会科学如《墨辩》,自然科学如《墨经》);7.墨语类(《论语》体,如《耕柱》《贵义》《公孟》《鲁问》《公输》)。

4.《墨经》

《墨经》,5700字,含《经上》《经下》《经说上》《经说下》4篇,经考证《经》是墨子所写,《说》是弟子为释《经》而写的,以上合称《墨经》。《墨经》里有物理(如光学、机械制造等)。正是因为墨子在2400年前就在《墨经》里提出了物理、光线、算学、机械制造等方面的科学理论,所以《墨经》才不愧为世界最早的科技著作。

5.《墨辩》

《墨辩》,《墨经》的4篇,加《大取》《小取》共6篇,合称《墨辩》,是中国本土最早、最翔实的名辩学(逻辑学)——杂有科技的著作。

《墨辩》里,所建的理论与希腊逻辑一样,全面、系统、实用,在某些方面还有独到之处。不同之处主要是语言系统不同。《墨辩》简古,需借助翻译才能理解。

墨子是古代科技的先行者

为什么用墨子命名卫星?看看从《参考消息》等报刊16日、17日的资料。

"关于这颗卫星的命名,我们考虑了好久。"量子科学实验卫星首席科学家潘建伟院士说，最终命名为墨子，缘起于已故著名教育家、中国科学技术大学老教授钱临照。钱临照作为老一辈光学、科技史研究者，早年对墨家经典著作《墨经》有过深入研究，发现其中有不少与现代科学知识相通的记载，比如墨子在《墨经》中提出的"光学八条"。

"墨家逻辑是全球三大古老逻辑体系之一，而逻辑体系是科学的基础。"潘建伟说，墨子在两千多年前就发现了光线沿直线传播，并设计了小孔成像实验，奠定了光通信、量子通信的基础。

台湾《中国时报》："为什么要用这位 2400 年前的古人命名？他与量子科学又有什么关系？其实，墨子曾经提出某种意义的粒子论，以他命名正体现出中国的文化自信。……墨子，其实还有另一个称号'科圣'，被誉为中国科学家的始祖。他在科学思想方面，提出了中国最早的宇宙概念、数学论述、物理观念等，在机械领域也负有盛名。"

那么，笔者是怎样看待墨子呢？

1. 墨子研究并提出了很多重要的科技理论

因为篇幅有限，现在举 2008 年中华书局再版的谭戒甫编著的《墨经分类译注》的"目录"为例，以兹管窥。

在这本书里，谭教授分别译注了如下内容：名言类 13 条、自然类 22 条、数学类 17 条、力学类 11 条、光学类 8 条、认识类 20 条、辩术类 21 条、辩学类 22 条、政法类 18 条、经济类 3 条、教学类 7 条、伦理类 17 条。"条"是什么？就是《墨经》的"论点——知识点"。据专家考证，《墨经》属于墨子本人所写。请看,《墨经》涉及的科技理论够多吧,在两千年前就提出了这些理论,可以叫"科圣"吧。

2. 墨子被压两千多年,金子总会重放光芒。

今举 2009 能中华书局再版的李小龙译注的《墨子》"前言"的摘要,以证明于后。

"鲁迅先生说:伟大人物也要人懂。而伟大的《墨子》却在中国文化传统中,沉默了两千年……"

"在清末,有一批(留学归来)认识了西方的学者对墨子作出了新的判断。邹伯奇提出了"西学源出墨学"的说法,他认为西方的天文、历法、算学等,都导源于《墨子》,并曾经依墨子的理论做过小孔成像的实验,制造过望远镜与我国历史上最早的照相机。"

"张自牧在论说了墨家科技成就后说:墨子为西学的鼻祖。"

"《民报》创刊号卷首列古今中外四大伟人像,以墨子与黄帝、卢梭、华盛顿并列。"

"梁启超针对当时国情,提出:今欲救之(中国),厥惟墨学。"

3. 墨子学说"道器并重",代表人间正道。

我很推崇海天出版社 2010 年出版的刘明武著的《黄帝文化与皇帝文化(清源浊流)》,这本 70 万字的书,理清了中华文化的脉络。其中关联墨子"道器并重"的有如下观点:中华文化源头《易经》确定了"形而上者谓之道,形而下者谓之器";黄帝文化是龙文化,龙文化讲道器并重,道器并重时中华民族蒸蒸日上;汉武帝接纳董仲舒罢黜百家独尊儒术建议后,出现了重道轻器的皇帝文化；皇帝文化是虫文化，虫文化使中国逐渐落后挨打。这本书虽然未专门讨论《墨子》，但从根本上肯定了道器并重的意义，也就肯定了墨子学说"道器并重"，代表人间正道。

综上所说，用"墨子号"命名量子卫星，当之无愧。

但是，反过来说，"墨子号"究竟能作出多大贡献，会不会辱没了墨子？

从现有资料看，"墨子号"至少可以做成两件破天荒的大事。

第一，确定爱因斯坦预言和玻尔的量子理论到底谁正确。

爱因斯坦错没错，中国量子卫星来验证。爱因斯坦在许多人心中已成科学真理的代名词，但了解科学史的人都知道，爱因斯坦代表的经典物理学派与玻尔等人代表的量子学派之间的论战已近百年，许多问题还没有最后答案。而中国发射的量子科学实验卫星，将有可能帮助解决关于量子纠缠的问题。

第二，量子卫星，可进行多种科学实验。眼前即将实现的是：远程保密的通信，无论对信息交流还是对经济、军事等都大有裨益。

卫星实验无论成就如何，都肯定是前沿、前瞻，不会辱没墨子。

学习《墨子》的现实意义

《墨子》思想对实现中华民族伟大复兴的中国梦，具有很明显的积极意义。现仅从与"道"相关联的点滴，谈谈学习《墨子》的现实意义。

1. 是强国富民的箴言

墨子理想是：兴天下之利，除天下之害。请看《墨子》里的肺腑之言。

《亲士》："良才难令，然可以致君见尊。是故江河不恶小谷之满也，故能大。圣人者，事无辞也，物无违也，故能为天下器……夫恶有同方不取，而取同己者乎？盖非兼王之道也。"（好人才难驾驭，但可以使国君受尊崇。所以，长江黄河不嫌小溪注入，能成大。圣人遇事不推辞，能接受意见按规律办事，能成为治理天下的英才……哪有与己不合的好主意不取，与己意见相投的就采取呢？这不是统一天下的君王的治理之道啊。）

亲士，基本思想是：治国首要是选用德才兼备的人才，并能采纳他们的逆耳忠言，充分发挥他们的才智。

《尚同下》："国既已治，天下之道尽此已邪……唯而以尚同一义为政故也。"（诸侯国已经治好，治理天下的规律也就找到了么……这都是执行尚同原则的缘故。）

尚同，基本思想是：领导做榜样，一级学一级，全国和中央保持一致。

《法仪》："子墨子曰：天下从事者不可以无法仪，无法仪而其事能成者无有也。"（墨子说：天下办事不可以没有法度，没有法度而能成事的是没有的。）

法仪，基本思想是：治国必依法。

2. 是少走弯路的镜子

《节葬下》："上稽之尧、舜、禹、汤、文、武之道，而政逆之；下稽桀、纣、幽、厉之事，犹合节也。若此观之，则厚葬久丧，其非圣王之道也。"（向上从尧、舜、禹、汤、文王、武王之道来考察，正好不是厚葬久丧；向下从桀、纣、周幽、周厉之行事来考察，倒是合拍的。照此看来，厚葬、久丧绝不是圣王之道啊。）

今天，有的官员又热衷于葬礼、墓地，不惜挥金、占地，不可不引以为鉴。

《尚贤上》："得意贤士不可不举；不得意贤士不可不举。尚欲祖述尧、舜、禹、汤之道，将不可不尚贤。夫尚贤者，政之本也。"（领导者对得意和不得意的优秀人才都不可不举荐。如果想继承尧舜禹汤的大道，就不可不尚贤。尚贤是政治的根本所在。）

今天，一方面还有买官卖官的暗流，另一方面还有真正良才因某些原因不被重用，这，就提出了深化人事改革的必要。

《兼爱中》："今天下之士君子，忠实欲天下之富，而恶其贫；欲天下之治，而恶其乱；当兼相爱，交相利。此圣王之法，天下之治道也，不可不务为也。"（现天下的君子，如果确实希望普天富足，厌恶贫穷；希望治好，厌恶混乱，那就应当广泛相爱，交互献利。这就是圣王的常法，治理天下的大道，不可不努力实践啊。）

今天，有的人言必称美欧，其实，墨子的兼爱，早于西方的博爱。因此，在学习世界先进文化的同时，不要忘记也学学中华传统文化，讲点洋为中用。

3. 是寻找中国科技发展史的源头

《墨经分类译注》序言："《墨经》，现析为 12 类：即名言、自然、数学、力学、光学、认识、辩术、辩学、政法、经济、教学、伦理等。""在12类读过以后,我们对于它应该有一个怎样的评价呢?据我个人的估计,当时名家所持的理论和方法最多是唯物的,并且也多合于辩证的。我们知道,辩证唯物论这一门科学,一直到马克思才真正确立起来,为何能说二千多年前的《墨经》里面也存在着这种深沉伟大的科学呢?这话当然是对的。不过,《墨经》里很少发现过唯心思想,他们的理论常从实践中来印证,没有一点玄虚的想象。"

墨子在几何、力学、光学等自然科学领域作了深入探讨,并将研究成果及时应用于实践,取得了前所未有的成就,在中国古代科技发展史上,留下了闪光的足迹。

比如光学,墨子为了研究光的特性,曾做过不少实验,其中最著名的就是光的小孔成像实验。他曾经修筑了一座在朝阳墙上开有小孔的暗室,让人在孔外站立,在阳光照射下,就能成像于暗室相对的墙上,呈现出一个倒立的人影。对这一实验,他在《经下》中说:"下者之人也高,高者之人也下,足蔽下光,故成景于上。首蔽上光,故成景于下",为此他得出结论:"光之入照若射。"也就是说,光线是直线传播的,光的传播犹如射出的箭一样,轨迹是不会弯曲的。墨子的这一结论,可以说已经接近了光的本质,他的这一成就,从时间上来说,应该要比欧几里得《光学原理》中作出的结论还要早。

英国生化学家约瑟夫·尼达姆(1900—1995),因为崇敬中国的老子李耳,改名李约瑟,并写成了34册的《中国科学技术史》,书中对道家、道教、墨家对科学技术的贡献,都做了介绍和高度评价。

4.是研究中国古代名辩（逻辑）学的宝典

有人说中国古代没有逻辑学，错，"逻辑学"是译音希腊语，如果意译，当是"名辩学"，在中国战国时代，这属于诸子百家之名家，当在希腊逻辑、印度因明之同期；而且，《墨经》里讲的名辩知识已经相当全面、入微。如果不信，请看高亨《墨经校诠》（清华大学出版社）、沈有鼎《墨经的逻辑学》[①]、谭戒甫《墨经分类译注》[②]……现举《墨经（辩）》之点滴以证明其宝典价值。

《经上》："知：闻、说、亲、名、实、合、为。"

《经说上》（解说经文的文字）："传受之，闻也。方不㢓，说也。身观焉，亲也。所以谓，名也。名实耦，合也。志、行，为也。"（传授来的知识叫闻知，靠比方推论来的知识叫说知，亲身体验的知识叫亲知，知名但不清楚对象的叫名知，知实物但不明概念的叫实知，既知名又耦合于实的知识叫合知，目标、行动正确的知识叫为知。）——请看，这较之亚里士多德的逻辑是不是更精确一点？

《小取》："以名举实，以辞抒意，以说出故。"（用名——概念揭示事物，用辞——判断反映对象，用说——推理推出理由。）——请看，墨子名辩与希腊逻辑是不是语言不同而含义一致，这叫异曲同工。没有学习过《墨子》的"大师们"，不要对

---

① 沈有鼎.墨经的逻辑学[M].北京：中国社会科学出版社，1980.
② 谭戒甫.墨经分类译注[M].北京：中华书局，2008.

咱中华文化妄自菲薄哟。

《大取》:"一人指非一人也;是一人之指,乃是一人也。方之一面,非方也,方木之面,方木也。"(一人的手指,不能看成一个人;这一人手指,却能代表一个人。方形的一个面,不是整个立方体。方木的一面,就可辨识它是方木。)

以上仅举其百分之一,但已经说明,墨子对思维之形式、规律,也就是中国的"名辩学"是有很高建树的。常言道:偏见比无知更可怕。说中国没有逻辑的朋友,是无知,还是偏见呢?

5.是研究宗教理论的参考

《墨子》的《天志》《明鬼》等篇都表达了尊天志、敬鬼神思想,这对宗教的发展提供了理论支撑。黄遵宪认为:西方的独尊上帝源于墨子的尊天明鬼。王闿运认为,《墨子》是西方宗教的源头。

中国的宗教政策是:保护宗教;信仰自由。

我们应该知道,哲学与原始宗教原本同源,研究哲学也得研究宗教;宗教对社会有道德教化作用、有辅助安定作用,我们应当保护正规宗教(不是邪教)。

但,墨子为什么会尊天明鬼?这,叫人既相信,又不解。为什么?相信,《天志》《明鬼》黑纸白字确实写了;不解,通读《墨》后,感觉墨子是个务实的积极为国为民谋利的圣哲,怎会把天说成是有意志的,把鬼神说成是能奖善惩恶的,岂不是自己打自己耳瓜吗?

经查证会发现:祭天、祭祖、祈祷、占卜……在《尚书》

《礼记》《诗经》《春秋》等里都有所记，所有帝王、诸侯、士大夫没有不参加且虔诚的，为什么？第一，谁也反对、废除不了；第二，有这样的敬畏，对不受民众监督的王侯多少有一种约束，比什么约束没有要好。请看：

《天志上》："顺天意者，兼相爱，交相利，必得赏。反天意者，别相恶，交相贼，必得罚。"——原来，墨子讲天志的目的是：即使王侯，也必须践行我的"兼相爱、交相利"主张，要有敬畏心，否则是会受惩罚的。

《明鬼》："凡杀不辜者，其得不祥，鬼神之诛，若此其憯遬也！"——原来墨子借《明鬼》仍然是宣传"兼爱"，你不爱人，杀无辜，鬼神诛杀的报应是会很快（憯遬）的。

《墨子》看似存在唯物、唯心的对立，但经追究，这就明白了：讲天志、明鬼只不过是一种服人术（技巧）。

6. 墨家是"人为派"，不是坐而论道派

《重庆理工大学报·社科版》2014年第5期文《冯友兰与李约瑟问题》，对"中国古代科学领先但现代却落后于西方"，从思维方式等角度，厘清了关于中国有无科学、有无现代哲学等问题。从内史论（道家是自然派、墨家是人为派、儒家是中庸派）与外史论（马克思主义等）的结合上找到根本——逻辑思维至关重要。《墨子》很早就揭示了名辩（逻辑）规律，如能及早得以推广，我国岂不是也就有可能在科技上一直保持领先。

7. 墨子继承老子　兼容诸子百家　代表中华文化

在《墨子》里，我们能看到与道家、兵家、名家、儒家、法家、农家、杂家、阴阳家等的相同观点，可谓兼收并蓄。

第一，法天思想

《墨子》的《法仪》说："然则奚以为治法而可？故曰：莫若法天。天之行广而无私……"（意思是：那么，以什么作为做事的法度才行呢？不如效法天。天道博大而无私。）在《墨子》里这样的论述也不只一处。特别提一下：法天，也即"道法自然"，即道之所由。

第二，"上善若水"思想

《墨子》的很多章都讲了"善"，现举《尚贤下》："使天下之为善者可而劝也，为暴者可而沮也。然则此尚贤者也，与尧舜禹汤文武之道同矣"。（使天下为善的人可以得到勉励……）

老子、墨子的"善"，都有"善良""美好"与"善于"之别。老子的"上善"的善，属"善良"，"善地"等属"善于"；墨子的"为善者"的善，属"善良"。

老、墨相通的地方很多。但很明显，老子重在讲哲理，讲普遍的道和天道；墨子重在讲人之道、治道，重在用道于救世造福；也就是说，二者存在体与用、上与下的互补关系。

量子卫星命名"墨子号"体现：中华文化高天光照，墨子治道接地开花。被深埋两千多年的《墨子》，是到让它金光重现的时候了！

第二节　法家——治理之道

司马迁《史记·老子韩非子列传》说：

韩非者，韩之诸公子也。喜刑名法术之学，而其归本于黄老。非为人口吃，不能道说，而善著书。与李斯俱事荀卿，斯自以为不如非。

非见韩之削弱，数以书谏韩王，韩王不能用。于是韩非疾治国不务修明其法制，执势以御其臣下，富国强兵而以求人任贤，反举浮淫之蠹而加之于功实之上。以为儒者用文乱法，而侠者以武犯禁。宽则宠名誉之人，急则用介胄之士。今者所养非所用，所用非所养。悲廉直不容于邪枉之臣，观往者得失之变，故作孤愤、五蠹、内外储、说林、说难十余万言。

……

人或传其书至秦。秦王见孤愤、五蠹之书，曰："嗟乎，寡人得见此人与之游，死不恨矣！"李斯曰："此韩非之所著书也。"秦因急攻韩。韩王始不用非，及急，乃遣非使秦。秦王悦之，未信用。李斯、姚贾害之，毁之曰："韩非，韩之诸公子也。今王欲并诸侯，非终为韩不为秦，此人之情也。今王不用，久留而归之，此自遗患也，不如以过法诛之。"秦王以为然，下吏治非。李斯使人遗非药，使自杀。韩非欲自陈，不得见。秦王后悔之，使人赦之，非已死矣。

太史公曰：老子所贵道，虚无，因应变化于无为，故著书辞称微妙难识。庄子散道德，放论，要亦归之自然。申子卑卑，施之于名实。韩子引绳墨，切事情，明是非，其极惨礉少恩。皆原于道德之意，而老子深远矣。①

韩非子与老子是什么关系？请看上面的关键词：

归本于黄老；原于道德；喜刑名法术之学；引绳墨切事理明是非。

据此推断，韩非子（约公元前280—前233年人）学习《老子》后，很崇拜老子的"道法自然""万物负阴而抱阳，冲气以为和""蔽而新成""反者道之动""以正治国"等与时俱进和爱民治国理论；自己所处时代战国，天下大乱，征伐不休，民不聊生，人心思定。如何能定？韩非子便将普遍意义的道，与时俱进地发展成了富国强兵、安定统一的特殊的法制之道；并继承和发展了申不害、商鞅、荀子等人的法家思想，创立了系统化的法家学说《韩非子》。

由《史记》和《韩非子》悟出：一、老子确有其人，且著有《老子》一书，后人取名《道德经》；二、韩非子发展了道，将普遍之道，生发成了特殊的法家之道，治国之道；三、韩非子的《解老》《喻老》，虽有值得商榷之处，但较多保留了《老子》原文原意，很具考证价值；四、司马迁把老子、韩非子放在一起写传，自然肯定了他们关系密切，暗示了法家思想源于道家。

---

① 司马迁.史记·老子韩非子列传.

《韩非子》与《老子》的联系与区别

两者的联系：都认同"道"

韩非子《解老》不长，只选《老子》一些难解的词句进行解释，基本符合原意。当今学者，从自己视角解老，多不如韩非子，为什么？老子（约公元前571—公元前471年）生春秋，韩非（约公元前280年—公元前233年）生战国，间隔短，韩非子研究老子早，解释自然更近本意。请看，韩非子《解老》的一则原文：

> 道者，万物之所然也，万理之所稽也。理者，成物之文也；道者，万物之所以成也。故曰："道，理之者也。""物有理，不可以相薄；故理之为物之制……凡道之情，不制不形，柔弱随时，与理相应。万物得之以死，得之以生；万事得之以败，得之以成。道譬诸若水，溺者多饮之即死，渴者适饮之即生；譬之若剑戟，愚人以行忿则祸生，圣人以诛暴则福成。故得之以死，得之以生，得之以败，得之以成。"

看见没有？韩非子没像今之学者把"道"解释得既复杂又神奇，而是把道与物、与理、与败、与成联系起来，使道成了可知、可用、致死、致生的规律。

再看《喻老》。《喻老》稍长，选择《老子》中哲理较深章句，用故事、寓言加以启迪。请看下面这段文字：

> 空窍者，神明之户牖也。耳目竭于声色，精神竭于外貌，故中无主。中无主，则祸福虽如丘山，无从识之。故曰："不出于户，可以知天下；不窥于牖，可以知天道。"此言神明之不离其实也。

为何举这例？——因为那些说老子唯心主义的，往往就抓住这个"不出户"。老子说"不出户，知天下"，是指人关在房子里从不见世面就能知晓天下吗？否，韩非子认为这是"神明不离其实"。注意，这里有个"实"，什么意思？——"人在世间实践回来，在寂静无干扰的屋里整理思绪，将所掌握的真实材料在心中推理提炼升华，就有可能悟出天下规律"。这，说明什么？——韩非子更理解老子本意——唯实不唯心；这，才是评价老子的根据。

两者区别：老子道是普遍的道，韩非子道是特殊的道

在《韩非子》里，百余次提到了"道"，比《老子》里出现"道"的次数多很多；不过，韩非子一再提的道，除解释老子道外，多数与老子道有明显的区别，韩非子已经把普遍的道，发展成治国之道、法制之道了。换句话说，老子的道，侧重表普遍规律，是韩非子理论的指导思想。

韩非子的道，是特殊的道，是老子道的生发，已经是人道范围的治国之道、法制之道了。

但不管怎么说，韩非子确实因道而法，已经没有疑问了。

法家在中华文化里的巨大作用

法家，是先秦诸子中对法律最为重视、最有建树的一派。主要代表人物有申不害、商鞅、荀子、韩非、李斯等。他们主张"以法治国"，他们因"法治"而闻名成家，他们提出了一整套的理论和方法为历代所借鉴。他们反对儒家维护等级制度的礼治，为后来秦朝建立的中央集权提供了理论依据，更让后来的汉朝，继承了秦朝的集权体制及法律体系，成就了我国历代社会的治理传统。

虽然，法家讲的法和今天中国特色社会主义民主、法制具有本质区别（特别是阶级属性上的区别），但法家的基本理论还是值得我们有选择地借鉴的。

下面，就先梳理一下法家理论在当时的进步意义。

周朝统治七百余年，经济有了发展，到战国，奴隶制开始崩溃，新兴地主阶级对贵族奴隶主的经济垄断和政治世袭，越来越强烈反对。这时，诉求土地私有，按功劳按才干授官职，已成大势所趋。这种趋势在当时，可以说是公平、正义主张，它与维护贵族特权礼制之落后的、不公平的旧势力形成了尖锐对立，形势发展需要法家这样的理论来破局。

法家思想的进步性，具体表现在如下几点。

1. 法家认为，人的"好利恶害"或"趋利避害"本性是可控制可引导的。管子就说，商人日夜兼程，赶千里路也不觉得远，是因为利益在前边吸引着他们。打鱼的人不怕危险，逆流航行，百里之远也不在意，为的是追求打渔利益。法家根据这种思想得出结论："人生有好恶，故民可治也。"——说明什么？法家是从发展了的社会实践来思考、来控制引导的。

2. 法家反对保守的复古思想，主张锐意改革。他们认为历史是向前发展的，一切的法律和制度都要随历史的发展而发展，既不能复古倒退，也不能因循守旧。商鞅明确地提出了"不法古，不循今"后，韩非更进一步提出"时移而治不易者乱"；他把守旧的儒家，讽刺为守株待兔的愚蠢之辈。

3. 商鞅提倡重法、慎到提倡重势、申不害提倡重术，三人各有特点。到了集大成者韩非，就将法、势、术三者紧密结合起来。指出：法，是指有健全的法制，富国强兵；势，指君主要有权势，要能独掌军政大权；术，是驾御群臣、掌握政权、推行法令有策略艺术。三者各具层次和侧重，必须组合运用。人主要重视察觉掌控，防止犯上作乱，维护统治地位。

《韩非子》的法家理论，在法理学方面做出了很大贡献，对法律的起源、本质、作用以及法律同社会经济、时代要求、国家政权、伦理道德、风俗习惯、自然环境、人口人及性关系等基本问题都做了探讨，而且后来的实践证明也确实卓有成效。

法家为什么会被《史记》单独命名？因它虽从道家分出，又明显区别于道、儒各家，是个具实用性的学术派别。法家重视法制，反对儒家维护等级制度的"礼"，对中国几千年的集中统一做出了不可磨灭的贡献。

下面，深一步说说法家的理论突破：

首先，"定分止争"。也就是明确物权，即土地、财富等的所有权。如法家之慎到就做了个浅显的比喻：在野外，人们看见兔子跑，会去追去捉，但对于集市上摆着卖的那些兔子，不但不去追捉，还连看也懒得多看。人们不是不想要兔子，而是因为这些兔子所有权已经确定，争夺就违反法律，就要受制裁了。

其次，"兴功惧暴"。也就是鼓励人们立战功，和使不法之徒感到恐惧。兴功的最终目的还是为了富国强兵，取得战争的胜利；惧暴的目标是约束犯罪。秦国为什么能战胜六国？就是因为"兴功"激发了民众征战的勇猛劲头；"惧暴"则取得了相对安定，有利发展经济。

末了，还说说法家的地位。

请问，从夏商周秦汉起至今，哪朝哪代没有自己的法律法规和奖惩？都有，没有就乱套了，灭亡了。中国从古至今，天天都有犯法受惩和立功、执法获奖的事发生，虽然，有的王朝的法律不利民众，不公平，但无论何代，法制只有优劣之分，却无有无之别。所以，韩非子及其法家，是值得大书特书并加以很好研究的。谁想否定法家，声音再大，也是徒劳。

我们现在正确的态度是好好认识法家思想，去粗取精，古为今用；并把中华文化的主干确定为"道儒墨法"。

从韩非子寓言　看韩非子思想

韩非子口吃，扬长避短，轻游说，重写作，写出了55篇10余万字的《韩非子》，文中还编有寓言，用寄托教育意义的故事表达思想；所写寓言有80多个。就是在《喻老》里，也有以下

8个：病入膏肓、唇亡齿寒、假途伐虢、象箸玉杯、一鸣惊人、大器晚成、自胜者强、千里之堤毁于蚁穴。

下举两原文以见其说服力。

病入膏肓

扁鹊见蔡桓公，立有间。扁鹊曰："君有疾在腠理，不治将恐深。"桓侯曰："寡人无疾。"扁鹊出。桓侯曰："医之好治不病以为功。"居十日，扁鹊复见曰："君之病在肌肤，不治将益深。"桓侯不应。扁鹊出。桓侯又不悦。居十日，扁鹊复见曰："君之病在肠胃，不治将益深。"桓侯又不应。扁鹊出。桓侯又不悦。居十日，扁鹊望桓侯而还走，桓侯故使人问之。扁鹊曰："病在腠理，汤熨之所及也；在肌肤，针石之所及也；在肠胃，火齐之所及也；在骨髓，司命之所属，无奈何也。今在骨髓，臣是以无请也。"居五日，桓侯体痛，使人索扁鹊，已逃秦矣。桓侯遂死。故良医之治病也，攻之于腠理。此皆争之于小者也。夫事之祸福亦有腠理之地，故圣人蚤从事焉。

假途伐虢

晋献公以垂棘之璧假道于虞而伐虢，大夫宫之奇谏曰："不可。唇亡而齿寒，虞、虢相救，非相德也。今日晋灭虢，明日虞必随之亡。"虞君不听，受其璧而假之道。晋已取虢，还，反灭虞。故曰："其安易持也，其未兆易谋也。"

看，寓言解《老》，是不是更有说服力。

再举两个散在篇中之寓言（原文略）以观所表的进步思想

与时俱进思想

不期修古：期：希望；修：遵循。不要照搬老办法。指应根据实际况实行变革。(《韩非子·五蠹》)

不法常可：法：当做模式、法则；常可：长久被人们认可的成规惯例。寓意是不要把常规惯例当做永远不变的模式。(《五蠹》)

锐意改革思想

变古易常：改变过去的法制和习俗。(《南面》)

法不阿贵：法：法律；阿：偏袒。指执法严，即使遇到权贵，也不徇私舞弊。(《有度》)

公正执法思想

去甚去泰：指做事不能太过分。(《韩非子·扬权》)

中饱私囊：中饱：从中得大利。指侵吞经手的钱财使自己得利。(《韩非子·外储说右下》)

严于律己思想

以法为教：以：用；教：教育。引用法律条文充当教育的内容。(《五蠹》)

临危不惧：临：到；难：灾难；惧：恐惧。遇到危难，一点也不惧怕。(《韩非子·说疑》)

弘扬法家思想　加强法制建设

学古文，为今用。2017年10月，中共十九大提出了新时代的新任务。如何贯彻落实？——联系《韩非子》讨论讨论如何"弘扬法家思想以加强中国特色社会主义法制建设"自然很有必要。

法家思想是中国特色社会主义法制建设的源头

水有源，树有根，中国特色社会主义法制的根，一是国外成功的法制理论和经验，含马克思主义理论和实践；二是中国法家理论，以及历代法治的经验教训；三是建国以来近70年，特别是近年来的理论和实践探索。

有一个问题值得思考：中国法制建设为什么会独具特色；而且，外国很难学会？这，自然和以韩非子为代表的中国法家思想有密切关系了。为什么？法家思想好比基因，代代相传；虽然有发展，但脉络不断，今天决策带有古代法家特色也就不足为奇了。

看，引起中国人民觉醒并成为新民主主义革命起点的"五四"运动，高高举起的是科学、民主两面大旗。其中的民主，从概念诞生起，就连着了法制。

毛泽东在回答黄炎培如何走出历史兴亡周期律时，讲的也是民主，同样连着法制。解放后，共同纲领、宪法、刑法、民法等相继推出，几十年不断修改增加的法律，到了三四百部之多，主要法律法规已基本完善，即将汇成《中华人民共和国法典》。

中国的法制建设一直在稳步推进，改革开放以来更是大大加快，为了配合经济、政治、科技、文化、环保等发展，新通过的法律，更是一部接一部。但如果溯源找因，还是会关联着韩非子及法家。

法家"不法古，不循今"的主张正是深化改革的依据

韩非子的"时移而治不易者乱"的与时俱进思想，一直指导我们改革再改革，不法古，不循今，使法律这一上层建筑适时地为经济服务，保障经济社会稳健地发展。

特别是供给侧改革、结构优化、大众创业万众创新、一带一路、合作共赢、命运共同体、人民币国际化等战略、理念的推出，都密切配合着顺乎大潮的法制建设，可以看作是下了盘大棋，一子活，满盘活。

弘扬法家思想　加强法治建设

党的十九大报告，提到法治50多次，很多新提法让人眼亮。

十九大在民主法治建设上有哪些亮点：提出了深化依法治国实践，加强宪法实施和监督，推进合宪性审查；提出了推进科学立法、民主立法、依法立法，以良法促进发展，保障善治；提出了深化司法体制综合配套改革；提出了建设社会主义法治文化等。

报告还提出了加快法治政府建设，推进依法行政，深化行政执法体制改革，严格规范公正文明执法。要按照法治政府建设的路线图、时间表、任务书，以抓铁有痕、踏石留印的作风狠抓落实，当好法治政府建设的组织者、推动者、实践者。

中国特色社会主义进入新时代，法治建设也迈入了新时代。人民在民主、法治、公平、正义、安全、环境等方面的要求日益增长，对制度文明的要求也更加强烈，法治层面的供给侧改革也更迫切，更需要良法善治。

报告提出并立即建立了中央全面依法治国领导小组。依法治国是国家治理的一场深刻革命，涉及的层面非常广泛，包括立法、司法、执法、普法、监察等方方面面，既要改，更要立。这个过程必将会触碰到利益集团的利益格局。这就须加强顶层设计和统筹，必须要有中央全面依法治国领导小组这样的组织来全面深入推进。

过去五年党中央反腐败力度很大，查处的腐败分子之多，有目共睹。反腐败的成果不仅体现在打掉的老虎苍蝇数量上，还体现在制度的不断完善中。如巡视制度的建立，问责制度尤其是国家监察体制改革的践行。

中共十九大成果大得人心。现实告诉我们，弘扬法家思想不仅没有过时；相反，结合贯彻落实十九大精神，反而更加有了学习、研究、弘扬的必要。

第三节 兵家——卫国之道

通过《孙子兵法》与《老子》的比较，看到了普遍的"道"如何发展成了保家卫国的特殊的道。现分为：一、两书概貌；二、相关言论；三、结论。试析于后。

一、两书概貌

《老子》作者：老聃（公元前571年至前471年），周景王、悼王、敬王时任守藏史、柱下史，大约在周敬王19年告老还乡，敬王38年左右出函谷关时写成中国第一部哲理诗《道德经》(《老子》5000言)，闪烁出朴素的辩证实践智慧，创立了道家学说。书中多次谈及军事，彰显了睿智、普适、超前特点。

《孙子兵法》是中国乃至世界第一部兵法，誉称百世兵经，又名《吴孙子兵法》《孙武兵法》。（有别于《孙膑兵法》）作者孙武（公元前540—前473年左右）字长卿，后尊称为孙子，生于春秋时期齐国乐安（今山东惠民）。祖父田书，齐大夫，因伐莒有功，齐国公赐他姓孙，封邑于乐安。孙书（田书）之子叫孙冯，孙冯之子即孙武，田氏在齐国搞政变失败，原本姓田的孙武受了牵连，逃亡到了吴国，潜心研究兵法，写成兵书13篇。公元前512年，经伍子胥推荐，以13篇晋见吴王阖闾，回答闾问，备受阖闾赞赏，吴王以180宫女让孙武操演阵法，验证了真才，任命他为客卿身份的将军。公元前506年孙武指挥吴军千里袭楚，以3万吴军胜28万楚军，攻下楚都，后又屡建奇功，北威齐晋，使吴国国威大振。他的死期无记载，据说是在伍子胥死后不久死的（可能是前473年左右）。

《孙子兵法》成书距今2500年，全书约8000字，分为13篇，每篇一个论题。如计篇、作战篇等。13篇合在一起，形成了一套完整的军事理论。中国的军事著作很多，最有名的是《兵经七书》（含《孙子兵法》《吴子兵法》《卫缭子》《司马法》

《六韬》《三略》《李卫公问对》)"七经"以《孙子兵法》为首,现《孙子兵法》已被译成 27 种语言,出有上千版本,传播在世界各国。《孙子》哲理已被广泛应用于经济学、竞技体育、医学信息学、数理逻辑、博弈等领域,而且该书无论从哲学、修辞学哪个角度去看,都大有研究价值,已成了引人爱学的名著。

二、相近言论

对照研读两书后,发现虽然各有侧重,异大于同;但就其哲理思想、军事观点而言,多有相同或相近之处。现仅就军事理论的相近(含相同)处,分五类比较于后。

1. 军事地位

第一,军事是为政治服务的。

老子说:"以正治国,以奇用兵,以无事取天下"(57 章)。这里,既将治国与用兵联了起来,又从根本上给予了区分。"正"特指合规律,合民情;"奇"特指用计谋,能出敌所料。"无事"特指不生事扰民;"取天下"特指取信于人民,获得国人拥护。原文的意思是治国要合规律、合民情;要从双方实情出发,用计谋克敌制胜;要用不滋事扰民(不发动非正义战争)获取人民的信任和拥护。这就表明,军事是要为政治(取天下)服务的。

孙子说:"兵者,国之大事也,死生之地,存亡之道,不可不察也。"(《计篇》)讲出了军事对国家(政治)的保证作用,强调了军事的重要性。孙子又说:"兵者,诡道也。故能而示之不能,用而示之不用,近而示之远,远而示之近。利而诱之,实而备之,强而避之,怒而扰之,卑而骄之,侠而劳之,亲而离之。攻其无备,出其不意。"(《计篇》)文中的"示之"表让他看到;"骄之"表使之骄。"其余类推。这是讲用兵为什么要"奇",怎样做才能"奇"。

第二,用兵是为了止战(和平)。

老子说:"兵者,不祥之器,非君子之器,不得已而用之……胜而不美……夫乐杀人者不可得志于天下矣。"(31章)意思是说:战争不是好事,不是君子主动的选择,是不得已(如保家卫国等)才选择的,即使打胜了,也不要自我赞美;要知道,爱打仗,乐杀人,是不会受到普天下人民拥护的(是会受谴责的)。这里暗示了战争有正义的(不得已而用之)。有非正义的(乐杀人者),战争是为了和平(止战)——不得已才战。战胜了也莫炫耀。

孙子说:"百战百胜,非善之善者也;不战而屈人之兵,善之善者也。"(《谋攻篇》)(最好是设法止战)。孙子又说:"道者,令民与上同意也……曰:主孰有道?将孰有能?天地孰得?法令孰行?兵众孰强?士卒熟练?赏罚孰明?吾以此知胜负矣。"(《计篇》)这是讲要师出有名,要正义,要得人心,要有充分准备;不合道,好战,可以预知其必负(败)。

第三,军事要服务国计民生。

老子说:"以道佐人主者。不以兵强天下,其事好还。师之所出,荆棘生焉,大军之后,必有凶年……不道早已。"(30章)"天下有道,却走马以粪,天下无道,戎马生于郊。祸莫大于不知足,咎莫大于欲得"。(46章)意思是说:用道指导治国,不会穷兵黩武,因为懂得一报还一报,战争会造成破坏,出现荆棘丛生,田荒人饥,不正义的战争会造成国家早亡,所以军事要服务于国计民生。

孙子说:"国家贫于师者,远师者远输,则百姓贫。近师者贵卖,贵卖则财竭,财竭则急于丘役,屈力中原,内虚于家,百姓之费十去其七,破军罢马,甲胄矢弓,戟楯矛橹,丘牛大车,十去其六。"(《作战篇》)意思是说:战争会加重国家和民众负担,不可轻易作战,作战也要设法少加重国家和民众的负担。

2. 治军原则

第一,要树立卫国为民的思想。

老子说:"执大象,天下往。往而不害,安平泰。"(35章)"以百姓之心为心"(49章),"贵以贱为本,高以下为基"(39章)。"执大象"比喻掌握了道(真理、正义),执掌了道,就会有万民拥戴;能以百姓之心为心,就能将一向是统治者鹰犬的军队变为保护人民、保家卫国的军队。而且强调了眼睛向下,不忘根基——贵以贱为本,高以下为基。

孙子说:"故经之以五事,校之以计而索其情:一曰道,二曰天,三曰地,四曰情,五曰法。道者,令民与上同意也,故可以与之死,可以与之生,而不畏危。"(《计篇》)"道"是什么?这里是为国为民为正义,这就是说军队要重道,不要成为逞强、掠夺的工具,要为成为国为民不怕苦、不怕死的铁军。

看明白没有？这里的"道"讲的是军事规律，较老子讲的普遍的"道"就明显处于特殊层面了。

第二，要有得体的配置和严格的军纪。

老子说："治大国若烹小鲜，以道莅天下，其鬼不神。"（60章）"人法地，地法天，天法道，道法自然。"（25章）烹鱼要讲究选料、程序、调控、火候，特别是不要乱翻动，治国治军也要讲选用人才，订制度，订计划，操练调控，恰到好处。我们做事，要讲取法于天地，合道合章法。

孙子说："善用兵者，修道（服务政治、秉承正义）而保法（法制，军纪）故能胜败正。"（《形篇》）"令之以文，齐之以武，是谓必胜，令素行以教民，则民服；令素不行，以教其民，则民不服。令素行者，与众相得也。"（《行军篇》）又说："法者，曲制，官道，主用也。"（《计篇》）"文"特指以理服人，以情动人；"武"和"法"特指军纪，赏罚；"素行"特指平时的训练；"曲制"特指组织编制；"官道"特指管理的秩序；"主用"特指后勤保障。这些军旅建设的大事都要抓好。这些，同属治军之道。

第三，要爱民（兵）如子。

老子说："我有三宝，持而保之。一曰慈，二曰俭，三曰不敢为天下先。慈故能勇……夫慈，以战则胜，以守则固，天将救之，以慈卫之。"（67章）"慈"特指慈爱，爱民（爱兵），因有慈爱，才能有勇武。有了慈爱，才能攻胜、守固。

孙子说："卒未亲附而罚之，则不服，不服则难用也；卒已亲附而罚不行，则不可用也。故合之以文，齐之以武，是谓必取。"(《行军篇》)"视卒如婴儿，故可以与之赴深溪；视卒如爱子，故可以与之俱死。"(《地形篇》)这是说：要爱兵如子，使之亲附，有教有罚，兵就敢死能战。

3. 制胜要领

第一，知己知彼。

老子说："知人者智，自知则明，胜人者有力，自胜者强。"（33章）"信言不美，美言不信"（81章）。这就是说，要做到明智，就要知人，自知，不被美言所惑，进而就能自胜胜人。

孙子说："知己知彼，百战不殆；不知彼而知己，一胜一负；不知彼不知己，每战必殆。"(《谋攻篇》)又说："故知兵者，动而不迷。举而不穷。故曰：知彼知己，胜乃不殆；知天知地，胜乃可全。"(《地形篇》)这就是说要尽可能知己知彼，知天知地（地形，道路等），知掌方方面面，这是胜而不败的先决条件。敌人总会施展迷惑，如不能察到真情，不能作敌我优劣的准确比较，是很难取胜的。

第二，充分准备。

老子说："图难于其易，为大于其细；天下难事，必作于易；天下大事，必作于细……轻诺必寡信，多易必多难。"（63章）"慎始如终，则无败事。"（64章）这就是说，一开始就要充分准备，易的，细的，小的都不放过，要牢记"多易必多难"准备不够，麻烦在后。

孙子说："昔之善战者先为不可（被战）胜，以待敌之可（被我战）胜。(《形篇》)凡兴师十万，出征千里，百姓之费，公家之奉，日费千金，内外骚动，怠于道路，不得操事者，七十万家。相守数年，而争一日之胜。"(《用间篇》)又说：军无辎重则亡，无粮食则亡，无累积（军需物资）则亡。(《军争篇》)这是说，战前必须作多方面的准备，准备到敌人来攻不会败，在时机来到时发起进攻能必胜。

第三，选任贤帅良将。

老子说："朴散则为器，圣人用之，则为官长。"(28章)"强行者有志"(34章)，"重积德则无不克；无不克则莫知其极；莫知其极，可以有国"(59章)。"朴"可以理解为纯正，忠实；"强行"是指坚持奋斗；"莫知其极"指不知他能力竟然如此无穷。这就是说按正直、忠实、有志、重德等标准来选好将帅。

孙子说："知兵知将，民之司命，国家安危之主也。"(《作战篇》)"夫将者，国之辅也，辅周则国必强。辅隙则国必弱。"(《谋攻篇》)"知兵者，动而不迷，举而不穷。"(《地形篇》)前两段说明了将帅之重要，后一段说明懂得用兵的将帅，在战争中不会迷糊，即使身经百战，战术也会变化无穷。老子选将帅侧重于德，孙子侧重于才干，正好互补。

4. 用兵计谋（韬略）

第一，不逞强轻敌，可示弱待发。

老子说："用兵有言，吾不敢为主而为客；不进寸而退尺，为无形，攘无臂，仍无敌，执无兵。祸莫大于轻敌，轻敌几丧吾宝。故抗兵相若（两军相当），哀者胜矣"。(69章)"兵（逞）强则灭，木强（高大）则折。强大处下（降），柔弱上（升）。"

（76章）老子一贯反对逞强、掠夺的战争。但却认可"不得已"的自卫战争，认为正义的战争切忌逞强轻敌。而可示弱待发。文中还表达了"哀兵必胜"的思想。

孙子说："故形人（使敌显形），而我无形，则我专而敌分；我专为一，敌分为十，是以十攻其一也。则我众敌寡，能以众击寡者，则吾之所与战约矣。""寡者，备人者也；众者，使人备己者也。"（《虚实篇》）"善守者，藏于九地之下；善攻者，动于九天之上，故能自保而全胜也。"（《形篇》）"乱（示乱）生于治，怯（示怯）生于勇，弱（示弱）生于强。治乱，数也；勇怯，势也；强弱，形也，故善动敌者：形之（伪装显示假象），敌必从之；予之（小利诱之），敌必取之。以此动之，以卒待之。"（《势篇》）这些计谋都表达了莫逞强轻敌，而可示弱惑敌，时机成熟，动于九天而能保全胜的思想。

第二，重在先知，善用间谍。

老子说："知（已所）不知，尚（上）也；不知（自以为）知病（灾难）也"（71章），"不出户，知天下"（47章），"见小曰明"（52章）。老子虽未直讲要用间谍，但强调了知情的重要，暗示了应用多种渠道了解情况。

孙子说："故明君贤将，所以动而胜人，成功于出众者，先知也。先知者，不敢取于鬼神，不可象于事，不可验于度（星辰运行规律），必取于人，知敌之情者也……故用间（谍）有五：有乡间（本地人），有内间（敌官员）、有反间（以敌间谍为间）、有死间（携假情报入敌营惑敌）、有生间（侦察，侦探）……故三军之事，莫亲于间，赏莫厚于间，事莫密于间……

明君贤将,能以上智为间者,必成大功。"(《用间篇》)战前,只有详实了解敌人的地形、军事布局、将帅特点、士气、装备等情况,才能形成制胜的作战方案,所以要善于用间和侦察。

第三,辩证处置,奇兵百出。

老子说:"有之以为利,无之以为用"(11章),(有形的具体的能使人获得利'胜',无形的虚空的让出的也可用之陷敌)又说:"重为轻根,静为躁君,是以军子终日行不离辎重……"(26章),(厚重、慎重较之轻是跟本,镇静、沉稳对于浮躁来说它是主宰,因此君子在任何时候,不会离开辎重这类关系重大的物质基础)又说:"飘风不终朝,骤雨不终日"(23章),(疾风刮不了一个早晨,骤雨下不了一整天,天地都不能长久,何况人间的事情——何况征战呢?)又说:"祸兮,福之所倚;福兮,祸之所伏。"(祸福相依,总是依一定条件向相反方向转化。随时都要警惕啊!)老子讲的有无、静躁、祸福等都是对立统一关系。这种辨证实践智慧,用于军事,自然应变自如,无往而不胜。

孙子说:"善攻者,敌不知其所守。善守者。敌不知其所攻,微乎微乎,至于无形;神乎神乎,至于无声。故能为敌之司令。"(《虚实篇》)这是对攻守、有形无形、有声无声等辩证法的运用。又说:"战势不过奇正,奇正之变不可胜穷也。奇正相生,如环之无端,孰能穷之?"(《势篇》)作战一般是用正军迎敌,用奇兵取胜。善用奇正,有如四时、五色变化无穷。)又说:"故用兵之法:十则围之,五则攻之,倍则战之,敌则能分之,少则能避之,故小敌之坚,大敌之擒也。"(《谋攻篇》)(双方力量多少不同,战法自然不同,胜败也就不同了。)又说:"兵以诈立,以利动,以分、和为变者也。故其疾如风,其徐如林……先知迂直之计者胜,此军争之法也。"(《军事篇》)(通过对分和、疾徐、迂直的灵活运用以取胜。)以上例子,仅取《孙子》的少数言论,已足见孙武是个辨证法大师,用辨证法作指导,制胜的计谋定会因时、因地、因对象而自然萌生。

5. 王、帅、将的必备素养

第一,为国爱民,关注社稷。

老子说:"爱民治国,能无为(不违反客观规律)乎?"(10章)又说:"受国之垢,是为社稷主。受国不祥,是谓天下王。"(78章)(能为国忍辱负重,可为社稷的主宰;勇对灾难,才能成为天下的领袖)又说:"贵以身为天下,若可以托天下。"(13章)(珍爱自己是为了报效国家和人民,天下就可委托给他。)

孙子说:"主孰有道?将孰有能?……吾以此知胜负矣"(《计篇》)(道,这里指道义,含为社稷)又说:"夫将者,国之辅也,辅周则国必强,辅隙则国必弱。"(《谋攻篇》)又说:"善用兵者,修道(政治,道义)而保法(法制、军纪),故能为胜败正(决定因素)。"(《形篇》)又说:"视卒如爱子,故可与之俱死。"(《地形篇》)这些都表达了军事领导人必须胸怀天下和兵民。

第二,不可骄,不可怒,不可妄为。

老子说:"善为士者(带兵的),不武(逞凶);善战者不怒(不被激怒);善胜敌者,不与(与敌硬拼);善用人(含兵者，为之下（谦下）。"又说："不知常（规律），妄作凶。知常容，容乃公，公乃全，全乃天，天乃道，道乃久，没身不殆。"（16章）又说："善有果而已，不敢以取强。果而勿矜，果而勿伐（骄傲不自夸）果而勿骄，果而不得已，果而勿（逞）强。"（30章）

孙子说："夫战胜攻取，而不修其功（巩固战果），凶，命曰费留（劳民伤财）。故曰：明主虑之，良将修之，非利不动，非得不用，非危不战。主不可以怒（冲动）而兴师，将不可以愠（赌气）而致战。合于利而动，不合于利而止。怒可以复喜，愠可以复悦，亡国不可以复存，死者不可复生，故明君慎之，良将警之，此安国全君之道也。"（《火攻篇》）又说："将有五危，必死（硬拼），可杀（诱杀）也；必生（贪生），可虏也；忿速（暴躁易怒），可侮也；廉洁（爱名声），可辱也；爱民，可烦（扰）也。凡此五者，将之过也，用兵之灾也。"（《九变篇》）又说："兵非多益（以多为好），惟无武进（轻敌冒进），足以并力（集中兵力）、料敌、取人而已，夫惟无虑（深谋远虑）而易敌（轻敌）者，必擒于人（被擒）。"（《行军篇》）显然，孙子是强调将帅必须戒骄、戒怒、戒盲动，强调按军事规律行事的，这就给了兵法以科学的属性。

第三，沉着冷静，果断勇猛。

老子说："治人事天，莫若啬。"（59章）（治军治国，特别要谨慎从事）"强行者有志。不失其所者久。死而不亡者寿（精神永存）。"（34章）"勇于敢（冒失）则杀，勇于不敢（省慎）则活"。（73章）

孙子说："夫未战而庙算胜者，得算多也；未战而庙算不胜者，得算少也。多算胜，少算不胜，而况无算乎？吾以此观之，胜负见矣。"（《计篇》）又说："兵之情主速，乘人之所不及……投之无所往，死且不北（败退）……齐勇若一，政（教育训练）之道也……，静以幽（谋划），正（管教）以治……故为兵之事，在顺祥敌之意，并敌一向（集中兵力于一个主攻方向），千里杀将，此谓功能成事者也……，始如处女，敌人开户（麻痹）；后如脱兔，敌不及拒。"（《九地篇》）

以上分 5 类 15 项各选 50 条语录作了对比。其一，只取有代表性的语句，未全取；其二，《老子》未论及的，如"兵贵胜，不贵久"之类的很多内容，都避而不比不究。

《孙子兵法》是我国第一部分篇章有系统的科学论著，不管从逻辑、从修辞、从哲学、从军事的哪一个角度研究，都是龙脉文化永放光芒的瑰宝。

而《老子》（《道德经》），与众经典相比较，那只能是"高山仰止"。它不是兵书，胜似兵书，处处入木；放之四海，普遍实用，瞻站深邃，光照千秋！

第四节　名家——思辨之道

按《汉书》等分类，名家的代表人物是公孙龙、惠施、邓析等人。但，一方面他们留下的作品非常有限；一方面他们留下的零碎作品多属"诡辩"，不宜和"道"一起讨论。

留下著作较多、全面，且对道有所发展的，当属《墨经》，这里就看看墨子是怎样将名学发展成思辨之道的。

古代思维工具代表作有：中国墨子的《墨辩》、希腊亚里士多德的《工具论》。

《墨经》的4篇，加《大取》《小取》共6篇，合称《墨辩》，是中国本土最早、最详实的名辩学，约8000字（因版本不一，无能精算）。

亚里士多德（公元前384—公元前322，晚墨子近98年）古希腊著名逻辑学家、哲学家。他被誉为逻辑之父，他的逻辑代表作是《工具论》，哲学代表作是《形而上学》。《工具论》是思维工具的论著，内容包括：范畴篇、解释篇、前分析篇、后分析篇、论辩篇、辩谬篇，该书第一次详细地分析了推理、论证（特别是三段论）理论，奠定了西方逻辑学基础，我们现在所学的逻辑学大多离不开他的基本构建。

中国从清末严复翻译西方逻辑学开始，就有很多学者投入了逻辑的翻译、传播和研究；解放后，金岳霖、周礼全、吴家国、张家龙、邹崇理、刘培育、诸葛殷同、任晓明等逻辑学家又翻译和创作了大量逻辑著作，发展到今天，逻辑已经成了一门庞大的学科，除了有辩证逻辑、形式逻辑、数理逻辑三大逻辑外，还有归纳逻辑、哲学逻辑、应用逻辑、逻辑史等很多分支。中国逻辑学科在教学与研究等方面都有较高的建树，单中国逻辑学会就出了大量的成果，足以证明。

本文以袁正校主编高等教育出版社出版的《逻辑学基础教程》（以下简称《逻》）与《墨子》（孟陶宁主编，北方妇女儿童出版社出版,以下简称《墨》)为主要蓝本,加以对照,试用《逻》的语言系统对应《墨》的语言系统,看看《墨经》的价值。

认知的由来

所有的逻辑学著作,一开始都会讲认识和思维,《墨经》也不例外。

《墨经》(以下简称《墨》)揭示了认知过程的四个要素:

"知(材)——(思)虑——知(接)——恕(智)"(《经上》《经说上》)。

用《逻》的系统解释是:认知器官——(接触外物)——引发疑问、思虑——产生感知——获得(理性的)知识、智慧。

《墨》认为认识按来源分为三类,按内容分为四类

"知:闻、说、亲、名、实、合、为"(《经上》)

先看按来源分的三类

1. 闻知:闻听得来的知识(传授之,闻也)。

2. 说知:由已知推来的知识(方不彰,说也)。

3. 亲知:亲自体验得来的知识(身观焉,亲也)。

再看按内容分成的四类

1. 名知:知其名而不知其实的知识(所以谓,名也。如对瞽者说:"皑者白也")。

2. 实知:知物之形性而未知其名,如指物但不知其名(所谓,实也)。

3. 合知:名与实耦合,如名副其实(名实耦,合也)。

4. 为知：为，伪的假借，表变化，为知，意在有正词，也有伪词（志、行，为也）。

《墨》揭示了思维的五个特性

1. "疑……说在逢、循、遇、过。"(《经下》)——思维先导是疑问，疑问可分为：逢见而疑、因循而疑、偶遇而疑、经过而疑。(注意，中国逻辑重视疑问；亚里士多德逻辑无疑问章节，是一个缺憾。)

2. "知而不以五路。"(《经下》)——思维在求知解疑时，不能不用五官。

3. "知其所不知。"(《经下》)——运用思维，可以知道我们所尚不知的东西。(这是"可知论"的明证；也肯定了推理的作用。)

4. "意，相也。若楹轻于秋。"(《经说下》)——思维还有想象功能，如把柱子想象成狄萩。

5. "意未可知。"《经下》——意度（臆测）的知识是不确定的——胡思乱想不是正常思维。

思维的形式、规律

春秋名家也研究思维的形式、规律，因从"正名"开始，后人便把这门学科叫"名学"或"名辩之学"。名家的代表人物邓析、惠施、公孙龙等，他们多偏于诡辩，而墨子为了破解诡辩，才把名辩学作为了一门学科来正面论述的。可惜《墨辩》文字太简古，又多遗漏，传承十分困难。好在有很多像孙诒让那样的志士，不惜用毕生精力为之整理注释，而今才勉强可以学研了。

"逻辑"是经由希腊经拉丁再英语，音兼意译过来的汉语新词。这一翻译非常优秀。它既合 logic 的读音，又接近逻辑两个汉字的本意。逻，巡逻；辑，编辑；两者都与顺序、规矩、条理、严密等有关，所以容易和思维工具联系起来。逻辑在我国的广泛传播从"五四"至今不过 100 年，但在中国已经成了参天大树。因此，今后可以把"逻辑"看成汉语，正式取代"名辩学"了。

《墨辩》为什么叫"辩"？因为出发和重点都是为了如何在辩中取胜。

现在讨论"形式"，先看《墨辩》在思维形式方面的纲是什么？——是"以名举实，以辞抒意，以说出故。以类取，以类予。"(《小取》)——意思是：用名称揭示事物，用言辞表达思想，用已知事理推出根据。从事物同类中找出已知判断，从事物同类中推导出新的判断。

下面就分别介绍一下：名、辞、说、故，及在《墨》里讲的：侔、援、推、辩等"名"。

1. 名（类似概念）

"以名举实"(《小取》)——意思是："名"是用以反映实之所以然的，是对实的称谓。"名"，同《逻》所讲的概念，具有了相似的性质和作用。

《墨》根据名的外延，又把名分为了：

达名，相当于范畴。如：物。

类名，相当于普遍概念。如：马。

私名，相当于单独概念。如：孔子。

根据所指对象是否存在，又把名分为了：

以形貌命名者，相当于具体概念。如：牛。

不可以形貌命名者，相当于抽象概念。如：优。

概念的定义："损，偏去也。"(《经上》的例子：损，就是将一部分减去。)

概念在判断里的周延性："或周而不周，或是而不是。"(《小取》有周延的，有不周延的；有肯定的，有否定的。)

2. 辞（言；类似判断）

"以辞抒意。"(《小取》)——语言和思想一表一里，在思想交流中，人们是从听说话和看文章而由辞（句子）得意的。如果这语句符合事实，那么，这句话、这判断、命题就是真的。

"言，口之利也。执所言而意得见，心之辩也。"(《经上》)——能言，是口的快利。用恰当言语（辞）表达己意于人，是由于心里明辩的缘故。

"信，言合于意也。"(《经上》)——言合于意，意合于实，言就信，就当；意合于实，言不合于意是诳语，这样的言（判断命题）就既不可信，也不当。

"诺，五利用。诺，相从、现去、先知、是、可，五也。"(《经上》)——诺，同辞，属于论辩（对话）时使用的判断，共有五种。因为原文解释太少、太生僻，这里只介绍，不细说。

辞的同与异（判断的肯定与否定）

"同（侗）：重、体、合、类。"(《经上》)

重同——全同关系。例:"他是墨子"与"他是墨翟"全同。

体同,又名"连同"——例:"这是树干","这是树枝"。相容并列关系。

合同,又名"一同""具同"——例:"甲住203室"与"乙也住203室"。反映了是不相容并列的矛盾关系、反对关系。

类同——例:"白马是马""马有白马"。反映包含关系。

"异:二、不体、不合、不类。"(《经上》)

二必易(异)——万物必异,没有一片相同的树叶。全异关系或交叉关系。例:"工人不是奴隶,农民不是牛马"。

不体——不连体但可以相关。例:"牛不是节肢动物""螳螂不是脊椎动物"。

不合——不同。全异关系。例:"风马不相关。"

不类之异——属同种异关系。例:"大环与小环同环不同大。"

辞的区别(全称、特称、必然、或然)

全称辞:尽,俱。

"尽,莫不然也。"(《经上》)——尽,即"全"。例:越国之宝尽在此。(《兼爱中篇》)

特称辞:或,不尽。

"或:或也者,不尽也。"(《小取》)——例:"马或白。""马不尽白。"

必然辞:必。

"必,不已也。"(《经上》)"必也者,可勿疑。"(《经说上》)——例:"贫家而学富家之衣食多用,则速亡必也。"(《贵

义篇》)

或然辞：不尽然，不必。

"一然一不然者必'不必'也，是非必也。"(《经说上》)——例："水不必向东流。"

关系辞：爱，攻等。

"兼爱相若，一爱相若。"(《大取》兼爱相同，爱一人与爱众人相同。)

3. 说（类似推理）

"以说出故。"(《小取》)"说，所以明也。"(《经上》)

故，是根据、理由；说，就是用辞（判断）作为论据（含理论论据、事实论据），对要确立的理进行的推理、论证（以明）；故，结论，就是推理得出的论题。

小故："有之不必然，无之必不然。"(《经上》)——必要条件假言判断推理。

大故："有之必然"(《经说上》)——充分条件假言判断推理。

对演绎推理、归纳推理、类比推理的独特提法

"辞以故生，以理长，以类行者也。"(《大取》)——理，普遍规律，可理解为演绎推理大前提；故，根据，特殊原因，可理解为演绎推理小前提；辞，判断，大前提、小前提、结论都用判断，这里可理解为推出的结论。类，一种情况表类比推理，一种情况表由个别推"类"的归纳推理；行，运行，推出，这里是指推演。这就是说《墨辩》提出了、运用了演绎、归纳、类比

推理，但并未一一深入讨论。

注意，墨辩的"推类"不等于类比推理，它包含类比推理，也涉及归纳、演绎。

由于汉语多歧义，《墨》又多错漏，虽然在推理方面《墨》给人的感觉是比较杂乱，也有些错误，但既然完整的、标准的版本暂未出版，这里也就恕不讨论其错误了。

4. 辩（证明）

"辩，争彼也。辩，当也。"（《经上》彼——辩的对象，如对立的观点。争彼，驳斥对方，确立自己，辩明真理。）

"辩，或谓之牛；或谓之非牛。是争彼也。是不俱胜，不俱胜必或不当。不当若犬。"（《经说上》）

辩的功能："夫辩者，将以明是非之分，审治乱之纪，明同异之处，察名实之理，处利害，决嫌疑焉摹略万物之然，论求群言之比。"（1. 明是非；2. 审治乱；3. 别同异；4. 察名实；5. 辨利害；6. 决嫌疑。）

说与辩（推理、证明）的几种形式（因为原文较长且多是例证，这里仅简略一提）。

假。假，本表不实，这里表假设，表假言推理。

止。用单称或特称判断否定全称判断。

效。提出一个标准的词后，再评判所辩之词的是与非。

譬。比喻、打比方、比喻论证。

攫。典型分析。

侔。（复式）直接推理（属演绎）。

援。引对方话作（类比）推理前提以进行推理。

推。归谬式（用于反驳的类比）推理。

5. "法"或"无过"（类似基本规律）

"法，所若而然也。"（《经上》）——法，法则、规律、规矩，可视为思维规律。

"不两可。"（《经上》）——不矛盾律。违反矛盾律的错误是："俱当"（两可）。

"不两不可。"（《经上》）——排中律。违反排中律的错误是："不俱当"（两不可）。

"谓固是。"（《经下》）——同一律。违反同一律的错误是："忽彼此"（不同）。

"故，所得而后成。"（《经上》）——充足理由律。违反错误是："有，未然"（不必成）。

链接方式探讨

前面将《墨》与《逻》作了粗陋的链接。但就长远而言，用什么模式更实际、更融通，这就值得探讨。

1. 金岳霖《论道》的启示

去年，我读了金岳霖大师的《论道》，受到很大启发。金岳霖 1914—1926 年留学美、英，已经习惯了用英语思维，但在清华、北大任教和写《逻辑》《论道》《知识论》《罗素哲学》时，为了适应国人，他改用了汉语思维，并尽可能用母语表达思维和建立理论体系。《论道》是哲学,穿插了逻辑,但论述时,他却不引西人名言,不照搬西方体例,而是从祖国人民的思维实际出发进行探讨,运用了:道、式、可能、现实、关联、时、空、个体、变动、几、数、无极、太极等汉语概念。这算是中西合璧链接、古为今用、洋为中用的典范,值得弘扬。

2. 既博采众长,又尊重民族习惯

最近,中央和学界都高度重视弘扬中华文化。因事关中华民族伟大复兴,已经是大势所趋。所以,探讨名辩学与逻辑学的融通也就成了势在必行。

具体如何融通?是否可以对古今中外的精华尽可能兼收并蓄,并尽量照顾民族传统和习惯。中国文化宝藏很多,如:易经推理、阴阳冲和、五行生克、干支推演、疑问对答、中庸(度)、顺序、退进(含屈全推理)、比喻论证(含类比)、成语典故……是否可对它们进行一次逻辑梳理,把属于逻辑的养分结合进去或增补进来。

其实,我国现行的逻辑著作,都不同程度地进行了洋为中用的尝试。比如苏天辅主编的《形式逻辑》(四川人民出版社)、吴家国主编的《普通逻辑原理》(高等教育出版社)、袁正校主编的《逻辑学基础教程》(高等教育出版社)等都重视了中西合璧,只不过步子不够大,还未找到与中国名辩学融合的最好方法。如何较好?——鄙人认为:以金岳霖《论道》为范例,内容上吸纳西方逻辑架构;适用上多考虑中国民众的学习、生活、工作需要;语言上尽可能用名辩词语;分析举例多用成语典故。

3. 普及与提高相辅相成

沈有鼎著的《墨经的逻辑学》是最早用逻辑知识系统解读《墨辩》的佳作，但偏于考究，属于提高之精品，适用逻辑工作者（或研究人员）继续学习研究；但是否还应该有将《名辩学》与《逻辑》大胆地进行通俗链接的普及读物，以帮助初学逻辑的人一进门就知道中西的对照、链接，使逻辑本土化、生活化？有了普及的量，就更会有提高的质。普及与提高相辅相成，就会有繁花似锦。

第五节　杂家对道的发展

《汉书》所讲三教九流、诸子百家，有一个杂家。代表人物是尸子、刘安、鬼谷子、管子等。这里仅以《管子》为代表。

《管子》是管仲及其弟子作品的总汇。何以见得？本书虽然以管仲命名，但有的文章却记载了管仲死后事情，说明这些并非管仲一人所著，好在内容属于管仲学派思想。

《管子》的政治、经济和哲学思想是先秦诸子的一派，是中国古代杰出的思想成就。

第一，管仲与《管子》

管仲（公元前723年—约公元前645年）汉族，名夷吾，又名敬仲，字仲，春秋时期齐国著名的政治家、军事家，颍上

（今安徽颍上）人。管仲少时丧父，老母在堂，生活贫苦，不得不过早地挑起家庭重担，为维持生计，与鲍叔牙合伙经商后从军，到齐国，几经曲折，经鲍叔牙力荐，被任命为齐国上卿（即丞相），被称为春秋第一相，曾辅佐齐桓公成为春秋时期的第一霸主。

《管子》，系春秋时期（公元前770～前476）管仲及管仲学派的著述总集。大约成书于战国（前475～前221）时代。刘向编定《管子》时共86篇，今本实存76篇，其余10篇仅存目录。

《管子》76篇，分为8类：《经言》9篇，《外言》8篇，《内言》7篇，《短语》17篇，《区言》5篇，《杂篇》10篇，《管子解》4篇，《管子轻重》16篇。书中《韩非子》、贾谊《新书》和《史记》所引《牧民》《山高》《乘马》诸篇，学术界认为是管仲遗说。《立政》《幼宫》《枢言》《大匡》《中匡》《小匡》《水地》等篇，学术界认为是记述管仲言行的著述。《心术》上下、《白心》《内业》等篇另成体系，当是管仲学派、齐法家对管仲思想的发挥和发展，学术界也有人认为是宋钘、尹文的遗著。

《管子》在辩证实践的方向上朴素地解决了物质和精神的关系，认为有意识的人，是由精气生成的。他说"凡人之生也，天出其精，地出其形，合此以为人，和乃生，不和不生"，"气道乃生，生乃思，思乃知，知乃止矣"。这是把物质摆在第一位。

《管子》认为认识的对象存在于认识之外。"人皆欲知，而莫索其所以知，其所知，彼也；其所以知，此也"。认为：主体要舍弃主观臆断，要反映外物的真实情况。它称这种认识方法为"静因之道"，说"是故有道之君，其处也若无知，其应物也若偶之，静因之道也"。

《管子》为什么属于杂家？第一，《管子》法家色彩浓，有大量治国方术。他说："法者，所以兴功惧暴也；律者，所以定分止争也；令者，所以令人知事也"。第二，有儒家思想，认为："夫霸王之所始也，以人为本。本理则国固，本乱则国危。"第三，道家思想明显，在《形势》里说："得天之道，其事若自然；失天之道，虽立不安。其道既得，莫知其为之；其功既成，莫知其释之。藏之无形，天之道也。"第四，还有经济学观念，如《乘马》说："市者，可以知治乱，可以知多寡"，"而万人之所和而利也。"这么杂，当然只能属于"杂家"。

《管子》古奥，多人为之作注。唐代房玄龄有注文，明代刘绩有《管子补注》，清代王念孙、陈奂、丁世涵等有《管子》考证，洪颐煊有《管子义证》，戴望有《管子校正》，郭沫若、闻一多等人写的《管子集校》……

管仲在治国、富民、用兵、外交等多方面都有杰出贡献，就不一一展开了。

管仲学派与《老子》

《管子》，系管仲与后学思想的结晶，杂有稷下道家及稷下阴阳家的作品。为增加可信度，以下摘取《道家与中国哲学》原文佐证。

管仲学派认为，杂而多的世界，有其共同的本原："地者,万物之本原,诸生之根菀也,美恶、贤不肖、愚俊之所生也。水者,地之血气,如筋脉之通流者也。故曰:水,具材也。""水者何也?万物之本原也,诸生之宗室也,美恶、贤不肖、愚俊之所产也"(《管子·水地》,本节以下凡引《管子》,只注篇名)。这里,管仲学派的本原论是史伯"先王以土与金木水火杂,以成百物"(《国语·郑语》)的发展。管仲学派的"水地"说,一方面坚持史伯"五材"说的唯物主义性质,另一方面又是向一元论的突破:水、地同为万物之原,但水、地相比,水似乎更为根本。因之,管仲学派论人之所从来曰:"人,水也。男女精气合,而水流形"(《水地》)。并没有说:"人,地也。"

"道"是管仲学派的一个重要范畴。《枢言》曰:"道之在天者,日也;其在人者,心者""治、礼,道也""天道大而帝王者用"。《君臣下》曰:"道术德行""民反道矣""君子食于道"。《正世》曰:"夫君人之道,莫贵于胜",《治国》曰:"凡治、国之道,必先富民",《重令》曰:"天道之数,至则反,盛则衰。"这是说,道是统摄天人的普遍规律,道之在天、在人,则为天道、人道,天道、人道各有其内涵,各有其特殊性,而人道又分为治国之道、君人之道等。《形势》曰:"道之所言者,一也,而用之者异。有闻道而好为家者,一家之人也;有闻道而好为乡者,一乡之人也;有闻道而好为国者,一国之人也;有闻道而好为天下者,天下之人也;有闻道而好定万物者,天地之配也。……欲王天下而失天之道,天下不可得而王也。得天之道,其事若自然;失天之道,虽立不安。"此言道可以用来治理家、乡、国、天下、万物,也言道的主宰性,道的作用的无限性。

在治国方面,管仲学派提出礼、法并重的治国纲领。《牧民》定礼、义、廉、耻为国之"四维",即四条基本准则,认为四维关系到国之兴衰存亡:"四维不张,国乃灭亡。"《禁藏》定法为"天下之仪",即判断是非真假的标准:"法者,天下之仪也,所以决疑而明是非也,百姓所县命也。"在礼、法关系上,管仲学派既言礼出于法:"所谓仁义礼乐者,皆出于法,此先圣之所以一民者也"(《任法》);又曰:"法出于礼。"(《枢言》)这种矛盾,实是礼、法并重所致。[①]

身处乱世,管仲学派虽不赞成战争,指责其违离道、德,但明确战争的现实价值和实际功用:"夫兵,虽非备道至德也,然而所以辅王成霸"(《兵法》)。为此,管仲学派特别强调军队的重要的:"君之所以卑尊,国之所以安危,莫要于兵。……兵者,外以诛暴,内以禁邪。故兵者尊主安国之经也,不可废也。"(《参患》)这是从军队的内外职能,来证明军队是国安主尊之根本。

《管子》与"道"

管仲先于老子,管子之后学又后于老子,管子与其后学的思想资料杂于一体。这样,我们比较《老子》与《管子》,就只能找出他们的异同,不能指明二者的影响与被影响。(以下多引于《道家与中国哲学》)

老子是一元论者。他认为万物产生于道:"道生一,一生二,

[①] 孙以凯.道家与中国哲学 [M].北京:人民出版社,2004:267.

二生三，三生万物。"(《42章》)《管子》认为水、地同为万物的本原："水者何也？万物之本原，诸生之宗室也""地者，万物之本原，诸生之根菀也"(《水地》)。但又认为水比地更为根本："水者，地之血气，如筋脉之流流也"(同上)。这是向一元论迈进的尝试。老子道生万物，虽未直接说明人的由来，但详其意，可知人亦源于道。《管子》认为人的存在本原是水："人，水也。男女精气合，而水流形。"(同上)当然，老子对道的抽象也汲取了水的某些特征。比如，老子说："道之在天下，犹川谷之于江海"(《32章》)，"大道氾兮，其可左右"(《34章》)。老子还说过："上善若水，……几于道"(《8章》)。道是最高存在，水最接近道，由此我们似乎可以看出从水本原论到道本原论之间的理论联系。

道是万物的本原，又是万物的规律，它决定着万物的产生、存在、发展。老子之道兼具本原与规律两重内涵。他说："道生之，德畜之，长之育之，亭之毒之，养之覆之"(《25章》)；"万物莫不尊道而贵德"(《51章》)；"人法地，地法天，天法道"(《25章》)。《管子》用水为本原，以道为规律，区分本原与规律、水与道。作为规律的道，《管子》赋予它无限的主宰作用："道之所言者，一也，而用之者异。有闻道而好为家者，一家之人也；……有闻道而好定万物者，天地之配也。"(《形势》)

老子的天、地，是自然物。"天之道，其犹张弓欤？高者抑之，下者举之，有余者损之，不足者补之"(《77章》)，形象地描绘日之升落、月之盈亏的规律；"天地不仁，以万物为刍狗"(《5章》)，排弃天地的道德属性；"飘风不终朝，骤雨不终日。孰为此者？天地"（《23章》），"天地相合，以降甘露"（《32章》），解答了风雨、甘露产生的原因，也注意到了天地的自然功能；"万物负阴而抱阳，冲气以为和"（《42章》），辨析了万物的构成。《管子》同样认为天地自然。"天道之数，至则反，盛则衰"（《重令》）；"天不变其常，地不易其则，春秋冬夏不更其节，古今一也"（《形势》）；"春秋冬夏，阴阳之推移也；时之短长，阴阳之利用也；日夜不晚的，阴阳之化也。然则阴阳正矣，虽不正，有余不可损，不足不可益也。天也，莫之能损益也"（《乘马》）。这些无非是说，日月升落、盈亏有其客观规律，天地、四时、阴阳是自然的存在，四季、农村、日夜等自然变化根源于阴阳之变。

老子治理天下、国家的惟一方针是"以道莅天下"（《60章》）。据此，老子不看重仁义礼乐和法律，说："失道而后德，失德而后仁，失仁而后义，失义而后礼。夫礼者，忠信之薄而乱之首。"（《38章》）"天下多忌讳而民弥贫""法令滋彰，盗贼多有"（《57章》）。《管子》主张礼、法治国，它定礼、义、廉、耻为国之四维，定法为天下之仪。但《管子》以天道之得失判定天下之得失，即"欲王天下而失天之道，天下不可得而王也。得天之道，其事若自然；失天之道，虽立不安"（《形势》），同于老子的"侯王得一（道）以为天下贞"（《39章》），"不道早已"（《30章》）；用道与无为分别皇、帝、王、霸，即"明一者皇，察道者帝，通德者，谋得兵胜者霸"（《兵法》），"无为者帝，为而无以为者王，为而不贵者霸"（《乘马》），同于老子"以道莅天下"和"道常无为"（《37章》）的价值标准；"能予而无取者，天地之配也"(《形势》)，同于老子的"生之畜之，生而不有，为而不恃，长而不宰"(《10章》)；"令顺民意"(《牧民》)，同于老子的"圣人无常心，以百姓心为心"(《49章》)；"政者，正也。正也者，所以正定万物之命也"(《法法》)，同于老子的"以正治国"(《57章》)。总之，《管子》和《老子》都抬高道，注重天道和无为，重视民心向背。此外，《老子》和《管子》都深刻地批判了统治者荒淫无度的腐朽生活给国家和人民所带来的危害、灾难。老子说："朝甚除，田甚芜，仓甚虚，服文彩，带利剑，厌饮食，财货有余，是谓盗竽。非道也哉"(《53章》)。"民之饥，以其上食税之多，是以饥。……民之轻死，以其上求生之厚，是以轻死"(《75章》)。《管子》曰："野芜旷则民乃荒，上无量则民乃妄，文巧不禁则民乃淫"(《牧民》)；"地辟而国贫者，舟舆饰，台榭广也；……舟车饰，台榭广，则赋敛厚矣；……赋敛厚，则下怨上矣"(《权修》)。

最后，老子反对侵略战争，明言"以道佐人者，不以兵强天下"(《30章》)，以为"兵者不祥之器，非君子之器""有道者不处"(《31章》)。《管子》公开指出战争有违道德，又看到战争的实际效用："夫兵者，虽非备道至德也，然而所以辅王称霸。"老子反不义之战，基于战争的破坏性："师之所处，荆棘生焉；大军之后，必有凶年。"(《30章》)《管子》不尚武，也基于战争于国、于民的危害性："贫民伤财莫大于兵，危国忧主莫速于兵。"(《法法》)由于现实的政治斗争中，战争、争夺不可避免，面对战争无选择，老子还是提出了"不得已而用之（兵），恬淡为上，胜而不美"(《31章》)的战争原则；《管子》坚信军队是立国之本:"兵者,尊主安国之经也,不可废也"(《参患》),要求强兵以胜敌,所谓"不能强其兵,而能必胜敌国者,未之有也"(《七法》)。这与老子的"兵强则灭"(《73章》)有所不同。用兵之法,老子言之甚少,管仲学派论之甚详。如《兵法》篇云:"……三管、五教、九章,始乎无端,卒乎无穷。始乎无端者,道也;卒乎无穷者,德也。道不可量,德不可数也。故不可量则众强不能图,不可数则伪诈不敢向。两者备施,则动静有功。""善者之为兵也,使敌若据虚,若搏景。无设无形焉,无不可以成也;五形五为焉,无不可以化也。此之谓道矣。若亡而存,若后而先,威不足以命之。"这里,《管子》用兵的无端无穷、无方无行、无为若亡,与《老子》描述道的无形无象、无限无为等,何其相似:"道常无为"(《37章》);"绵绵若存,用之不勤"(《六章》);"视之不足见,听之不足闻,用之不足既"(《35章》);"迎之不见其首,随之不见其后"(《14章》)。

这里需要特别说明:管子早于老子,管子、老子讲道,与伏羲以降的龙脉文化,都是一脉相承的。

第六节　阴阳家对道的发展

阴阳家代表人物一般认为是苏秦、张仪,但他们没有留下经典,那就找他们的老师鬼谷子好了。查找鬼谷子,《史记》《汉书》无记载;其他工具书各说不一,既然是联系《老子》而看"道",不是专讲鬼谷子,那就用新华书店所买《鬼谷子》[①],对比研习好了。

鬼谷子,姓王名诩,又名王禅,号玄微子。春秋战国时期人,华夏族,相传额前有四颗肉痣,成鬼宿之象。一说是春秋战国卫国朝歌人,一说是战国魏国邺地人,一说是陈国郸城人。

鬼谷子尊崇的师尊是写有《道德经》的老子。鬼谷子本人是著名思想家、道家人物、兵家人物、纵横家鼻祖,精通百家学问,因隐居清溪鬼谷,称鬼谷先生。鬼谷子常入山采药修道,于嵩山东南学仙,后人称呼他"王禅老祖",为老学五派之一。(老学五派为:鬼谷子、苏秦、张仪一派;申、韩一派;杨朱一派;庄、列一派;尹文一派。)[②]

据传,鬼谷子通天彻地,智慧卓绝,人不能及。一、数学。日星象纬,在其掌中,占往察来,言无不验。二、兵学。六韬三略,变化无穷,布阵行兵,鬼神不测。三、言学。广记多闻,明理审势,出词吐辩,万口莫当。四、出世。修真养性,祛病延年,服食导引,平地飞升。

两千多年来,兵法家尊他为圣人,纵横家尊他为始祖,算命占卜的尊他为祖师爷,谋略家尊他为谋圣,名家尊他为师祖,道教尊其为王禅老祖。[③]

所读《鬼谷子》,是远方出版社2006年出版的中华传世名

---

① 鬼谷子[M].琼琼译注,北京:远方出版社,2007.
② 大百科全书编委会编.中国大百科全书[M].北京:中国大百科全书出版社,2005.
③ 同上.

著经典丛书。该书目录共 15 章，除去注释译文，原文约 2 万字左右。

我对照《老子》读《鬼谷子》后，有如下感悟。

《鬼谷子》在篇章方面和《墨子》《庄子》相仿，每篇都有标题；在论证方面和《易经》《老子》等相仿，只有事实论据，无引用名人言论的理论论据。风格是：直抒胸怀，以理服人。这，是否也就是中国古代思维或写作的一个特点？

现将学习《鬼谷子》心得，分几大专题汇报于后。

《鬼谷子》论"道"

《鬼谷子》里，"道"出现次数很多，但要说属于普遍意义的"道"却较少，多是以道代法，以道代术。普遍意义的"道"也有，如：

"道者推天地之始，一其纪也，物之所造，天之所生。"又："持枢谓春生、夏长、秋收、冬藏，天之正也，不可干而逆之。……此天道，人君之大纲也。"

"观阴阳之开阖以命物……自古至今，其道一也。"

顺便说一点。《鬼谷子·本经》又名《本经阴符》，后人称这是与《黄帝阴符经》并列的另一部《阴符经》。为什么？《本经阴符》也和《黄帝阴符经》一样，把"阴符"看成"暗合"，也分"道""法""术"三个层次，不过《鬼谷子》侧重在讲"术"或"道术"罢了。

顺便说明一点:《黄帝阴符经》是否先于《鬼谷子》尚难确定。不过，《鬼谷子》属于道家，是对《易经》《老子》的生发，这是非常明显的。

即使今天，合纵连横等道术，也常常用到，说明鬼谷子影响何其之大。

用"道"代"法则"

法，今天常用在法律、法制、方法、法则……在《黄帝阴符经》里，"法"处低于"道"，高于"术"的居中之级。"法"表原则、法则。如果说"道"是最上层的理性概念，那"法"则从属于"道"，是界限明确的中层概念。

《鬼谷子》多处讲的"道"，往往是"法"，这在《鬼谷子》里每章都有，仅举几例如下：

"周密之贵，微而与道相追……捭阖者，天地之道……道之大化，说之变也。"（《鬼谷子·捭阖》）

"道合其事，彼自出之，此钓人之网也……未见形圆以道之，既见形方以事之……事用不巧，是谓忘情失道。"（《鬼谷子·反应》）

这些乍看是普遍之道，联系上下文，仍然属于原则、法则、方法之列。

当然，有些地方是直接用"法"而不用道的。"此天地阴阳之道，而说人之法也"（《鬼谷子·捭阖》），"圣人见萌芽蘖罅，则抵之以法……"（《鬼谷子·抵巇》），"此谋之大本也而说之法也。"（《鬼谷子·揣篇》）

这些，有的表法则，有的表方法，应当联系上下文具体对待。

重在论"术"

《鬼谷子》讲"道",一部分用在"法",更多却用在"术"或"道术"。现就"术"这个要点,介绍几个如下:

一、纵横术

说到纵横,就必须讲讲鬼谷子的弟子——大名鼎鼎的苏秦、张仪。他们将鬼谷子的合纵连横术用出了大成,彰显了鬼谷子理论的价值。

什么是合纵连横?《史记》《战国策》等都有记载。大意是:周王朝分封诸侯太多,到东周统治不了,天下大乱,兼并后出现春秋五霸、战国七雄。战国七雄秦国最强,一心吞并六国。张仪向秦进献连横策,帮助西边秦国,分别横向与东边韩赵魏燕齐楚六国通好,实行远交近攻,各个击破,以便最终统一中国。

苏秦的合纵,是从北方的燕赵纵向南方,与韩魏齐楚一起,六国联合抗秦,所以,苏秦曾经当过六国宰相。合纵连横妙在何处?就在见招拆招。

要问谁的计策好?都好,各适其国嘛。但由于各国有私、有疑,合纵很难长久;连横的远交近攻,胡萝卜加大棒往往见效,所以最终秦国统一了中国。

《鬼谷子》没有写专题论述"纵横术",而是从阴阳而开阖、忤合、进退等中,系统地展现的。"纵横术"贯穿全书,比较明显的只在《捭阖》一章。

如:"捭阖者,以变动阴阳、四时开闭以化万物纵横。"(《鬼谷子·捭阖》)

二、情报获取(书里叫"反应")术

《鬼谷子》非常重视情报,有类似"没有调查研究就没有发言权"那样强调。为了获得情报,进行了好几个方面的探讨。如:

1. 交谈术:"因其言,听其辞。言有不合者,反而求之,其应必出。"

2. 反问术:"变象比,必有反辞,以还听之。欲闻其声反默,欲张反睑,欲高反下,欲取反与。"(《鬼谷子·反应》)

3. 攻心(心理)术:"欲开情者,象而比之,以牧其辞,同声相呼实理同归。"(《鬼谷子·反应》)

4. 诱导术:"审定有无以其虚实,随其嗜欲以见其意志,微排其所言而捭反之以求其实……圣人所诱愚智,事皆不疑。"(《鬼谷子·捭阖》)

5. 揣测术:"夫情变于内者,形见于外。故常必以其见者,而知其隐者。此所谓测深揣情。"(《鬼谷子·揣篇》)

6. 察言观色术:"其察言也不失,若磁石之取针,如舌之取燔骨。"(《鬼谷子·反应》)

三、谋略制胜术

原则:"凡谋有道,必得其所因,以求其情。审得其情,乃立三仪……故变生事,事生谋,谋生计,计生议,议生说,说生

进，进生退，退生制，因以制于事。故百事一道，而百度一数也。"(《鬼谷子·谋篇》)

"天地之化，在高与深；圣人之制道，在隐与匿。非独忠、信、仁、义也，中正而已矣。"(《鬼谷子·谋篇》)

用人有别："故愚者易蔽也，不肖者易惧也，贪者易诱也。是因事而裁之。"(《鬼谷子·谋篇》)

因事而谋："摩而恐之，高而动之，微而证之，符而应之，拥而塞之，乱而惑之，是谓计谋。"(《鬼谷子·谋篇》)

决策术："圣人所以能成事者有五：有以阳德之者，有以阴贼之者，有以信诚之者，有以蔽匿之者，有以平素之者。"(《鬼谷子·决篇》)

四、进言论辩术

原则："名当则生于实，实生于理，实生于名实之德，德生于和，和生于当。"(《鬼谷子·符言》)

言须因人："与智者言，依于博；与拙者言，依于辩；与辩者言，依于要；与贵者言，依于势；与富者言，依于高；与贫者言，依于利；与贱言，依于谦；与勇者言，依于敢；与过者言，依于锐……听贵聪，智贵明，辞贵奇。"(《鬼谷子·权篇》)

游说要领："故外亲而内疏者说内，内亲而外疏者说外。故因其疑以变之，因其见以然之，因其说以要之，因其势以成之，因其恶以权之，因其患以斥之。"(《鬼谷子·谋篇》)

驳斥："去语者，察人短也。故言多必有数短之处，议其短验之……无见己之所不能于多方之人。"(《鬼谷子·中经》)

五、进退术

出发:"圣人居天地之间,立身,御事,施教扬声明名也,必因事物之会,观天时之宜,因之所多所少,以此先知之,与之转化。"(《鬼谷子·忤合篇》)

运用:"反于是,忤于彼;忤(逆)于此,反于彼;其术也。用之天下,必量天下而与之……大小进退,其用一也。必先谋虑,计定而后行飞钳之术。……材质不惠,不能用兵;忠实无真,不能知人。故忤合之道,已必自度材能知睿,量长短、远近孰不如,乃可以进,乃可以退,乃可以纵,乃可以横。"(《鬼谷子·忤合篇》)

把握:"智略计谋,各有形容,或圆或方、或阴或阳、或吉或凶,事类不同。故圣人怀此之用,转圆而求其合……转圆者,或转而吉,或转而凶。圣人以道先知存亡,乃知转圆而成方。圆者,所以合语;方者,所以错事;转化者,所以观计谋;接物者,所以观进退之意。"(《鬼谷子·本经》)

进退术是对人,如诸侯,也是对自己。要害在进退要有时也有度。

六、治国用权术

纲要:"故人君亦有天枢,生养成藏,亦复不可干而逆之,逆之者,虽盛必衰。此天道,人君之大纲也。"(《鬼谷子·持枢》)

掌权:"事贵制人,而不贵见制于人。制人者掌权也,见制于人者制命也。故圣人之道阴,愚人之道阳。"(《鬼谷子·谋篇》)

赏罚公正："用赏贵信，用刑贵正。赏赐贵信，必验耳目之所见闻"。(《鬼谷子·符言》)

全面权衡："一曰天之，二曰地之，三曰人之，四方上下，左右前后，荧惑之处安在？有主问。"(《鬼谷子·符言》)

沟通求周密："人主不周，则群臣生乱。家于其无常也，内外不通，安知所开？开闭不善，不见原也。有主周。"(《鬼谷子·符言》)

实事求是："循名而为，实安而完；名实相生，反相为情。故曰：名当则生于实，实生于理，理生于名实之德，德生于和，和生于当。"(《鬼谷子·符言》)

善用计谋："智略计谋，各有形容，或圆或方、或阴或阳、或吉或凶，事类不同。故圣人怀此之用，转圆而求其合。"(《鬼谷子·本经》)

七、修身养性（含防微杜渐）术

修德养性："盛神中有五气，神为之长，心为之舍，德为之人。养神之所，归诸道。……同天而合道，执一而养产万类，怀天心，施德养，无为以包志虑、思量，而行威势者也。"(《鬼谷子·本经》)

防微杜渐："巇（xi 山险、山裂）始有朕（征兆），可抵而塞，可抵而却，可抵而息，可抵而匿，可抵而得，此谓抵巇之理也。……能因能循，为天地守神。"(《鬼谷子·抵巇》)

养生贵和："故人与生一，出于化物。知类在窍，有所迷惑，通于心术，术必有不通。其通也，五气得养，务在舍神，此谓

之化。化有五气者，志也、思也、神也、德也，神其一长也。静和者，养气，养气得其和。"（《鬼谷子·本经》）

真人圣人："真人者，与天为一。而知之者，内修炼而知之，谓之圣人。圣人者，以类知之。"（《鬼谷子·本经》）

《鬼谷子》一书内容丰富，上述心得，实属举一漏万。

全书虽未提老子大名，但《鬼谷子》却与《易经》《老子》《阴符经》精神一致，有的地方还用了老子原话。如《鬼谷子·本经》里就有："不出户而知天下，不窥牖而见天道。"这正是《老子》47章的原文。

《鬼谷子》的要害是什么？是对阴阳冲和之道的发挥。比如合纵连横就是阴阳的对立斗争与和合的活用。在第一章《捭阖》起首——全书开头，他就说："观阴阳之开阖以命物，知存亡之门户，筹策万类之终始，达人心之理，见变化之朕（征兆）焉，而守司其门户。故圣人之在天下也，自古至今，其道一也。变化无穷，各有所归。或阴或阳，或柔或刚，或开或闭，或弛或张。"看见没有，这就是阴阳冲和演绎"道"的明证。纵观《鬼谷子》学说，正是由阴阳而展开，由捭阖而纵横，而计谋，而进退，而全书的。

《鬼谷子》的定位，当然属道家，重在对道之用，特别用在谋略。谋略有阴谋阳谋，他论得多的是阴谋。如："用之有道，其道必隐。……圣人谋之于阴，故曰神，成之于阳，故曰明。"（《鬼谷子·摩篇》）"故圣人之道阴，愚人之道阳。"（《鬼谷子·谋篇》）虽然，阴谋是贬义，但当为人民谋福利，特别是在兵法，用在对敌斗争时，强调保密，也是必要的。所以，不能轻率的说鬼谷子是阴谋家。

如何学习《鬼谷子》？因为语言古涩，建议重在学习精神。

鄙人认为最好按《阴符经》道、法、术三个层次，明道、信法、重术；面对个人、家庭、社会、国事、天下等问题时，学会两点论，从阴阳辩证入手，找答案，找谋略，尊道贵德，灵活运用，不悲观，求决胜。

第七节 《黄帝内经》对道的发展

医家在先秦留下的经典，首推《黄帝内经》，现以《内经》为代表看医家对道的发展。

本书参考了《换个方法读〈内经〉》《〈黄帝内经〉问答》等，感觉《黄帝内经》在学术上具有巨大突破，应当算是医家之宗，群经之珠。

《黄帝内经》与中华文化

《黄帝内经》简称《内经》，是我国现存医书中最早的典籍之一。成书于战国至秦汉时期，是我国劳动人民长期与疾病做斗争的经验总结。它是以"道"为魂的中国古代哲学指导下，通过对生命现象的长期观察，以及医疗实践的反复验证，由感性到理性，由片断到综合，逐渐发展而系统化的。《黄帝内经》提出了许多朴素唯物辩证思想的原则和学术观点。它有三个明显的建树。即：第一部中医理论经典；第一部养生宝典（最先提出了"治未病");第一部关于生命的百科全书。

《黄帝内经》以生命为中心,牵涉了医学、天文学、地理学、心理学、社会学,还有哲学、历史等,是一部围绕生命问题而展开的百科全书。我们国学的核心实际上就是生命哲学。中国古代有三大以"经"命名的奇书,第一部是《易经》,第二部是《道德经》,第三部就是《黄帝内经》。

《黄帝内经》在整体观、辩证观、经络学、脏象学、病因病机学、养生和预防医学以及诊断治疗原则等各方面,都为中医学奠定了理论基础,具有深远影响。

在中国,历代有所成就医家,无不重视此书。部分内容还被译成日、英、德、法等文字,对世界医学的发展亦产生了不可忽视的影响。

《黄帝内经》虽然成书晚于《老子》,但其理论、方法口头流传较早。《中国大百科全书》解:"《黄帝内经》是现存最早的中医理论经典著作。后世简称《内经》。原为18卷162篇。其中9卷名《素问》,9卷无书名,汉晋时称《九卷》,因其内容主要论及针灸、经络,故又名《针经》,唐代王冰时称《灵枢》。至宋代,史崧献家藏《灵枢经》,并于刊行。此后《素问》《灵枢》成为《内经》的两大组成部份而流传于世。《内经》一书非一人一时之作,一般认为本书主要部分形成于战国时期,并在它流传过程中掺入了一些后人补撰的内容。该书内容丰富,书中从脏腑、经络、病因、病机、诊法、治则、针灸、方药等方面,对人体的生理、病理及疾病的诊断、治疗作了较系统的论述,为中医学的发展奠定了理论基础。"

总之，学习中华文化必须学习《黄帝内经》；反之，学习《黄帝内经》有助了解中华文化，两者难解难分，相得益彰。

天人关系与阴阳五行

攻击《黄帝内经》的人多从阴阳五行、天干地支说起，认为这是玄学，不科学。所以，要讲清科学与否，首先要弄清什么是阴阳五行、天干地支。

从刘明武的《换个方法读〈内径〉》探讨的结果看，《黄帝内经》的阴阳五行、天干地支是来自天文、历法，说明《黄帝内经》理论构建是从天人相应出发的。

什么是阴阳？刘明武认为阴阳概念来自天文学，阴阳是中华文化和中医文化的一大基石。月为阴，日为阳；夜为阴，昼为阳；背光面为阴，向阳面为阳；寒为阴，暑为阳……

天文连着历法。先说历法之太阳历，我们因为没有使用，失传了，但彝族还保留着。从彝族保留的太阳历看，有如下特点：1. 一年共10个月；2. 将一个太阳年分为阴阳两截；太阳由南回归线照到北回归线，日影由长变短这半年（5个月），为暑为阳，到夏至为阴旦；太阳由北回归线照到南回归线，日影由短变长，这半年（5个月），为寒为阴，到冬至为阳旦；3. 阳主生长，阴主收藏。这，就是阴阳的由来，与迷信无关，与天文相关。

什么是五行？刘明武考证，中国古代先后创立过太阳历（夏历）、太阴历、北斗历、阴阳合历（农历）。太阴历按月亮盈亏建立，北斗历按斗柄指向建立，太阳历按太阳照射情况的周期建立，阴阳合历是兼顾了日、月、北斗的优点而建立，就是我们现在所用的日历。

太阳历创立最早。在伏羲—黄帝时创立。先民通过立竿见影，长期观测日影长短变化而得出。一年10个月，每月36天，2月为1行（相当于"季"），全年360天，余下的5.25日，累计起来用润月填补。这就是现在要说的"行"。10个月，分5行，依次是木行（相当于春）、火行（相当于夏）、土行（长夏）、金行（相当于秋）、水行（相当于冬）。五行具相生相克关系。依顺序是："木生火、火生土、土生金、金生水、水生木"；还有相克，顺序是间隔相克："水克火、火克金、金克木、木克土、土克水"。这就是五行的源头。这个源头的本质是什么？不是"玄学"，而是天文、历法。

后来，《黄帝内经》根据"人体是小天地"的"天人相应"思想，把五行与五脏、五色、五味、五方等对应起来，便是：木、青、肝脏；火、赤、心脏；土、黄、脾脏；金、白、肺脏；水、黑、肾脏；它们同样具有生克关系。

什么是天干、地支？

天干：甲、乙、丙、丁、戊、己、庚、辛、寅、癸，共10个。

地支：子、丑、寅、卯、辰、巳、午、未、申、酉、戌、亥，共12个。

天干、地支同样出于天文、历法。与太阳历、太阴历、北斗历都有关系。

10月太阳历，又名夏历。一年10月，每月3旬，每旬12天，每年360天。

如何表示？刚好，用天干的甲、乙、丙、丁、戊、己、庚、辛、寅、癸来表10个月顺序；每月36天，分为上旬、中旬、下旬，每旬12天，每旬用地支的子、丑、寅、卯、辰、巳、午、未、申、酉、戌、亥12字表12日顺序；又以地支的子、丑、寅、卯、辰、巳、午、未、申、酉、戌、亥12字表一天的12时辰。

后来，为了扩展记忆，又将天干、地支按甲子、乙丑、丙寅、丁卯……排列组合，这样可以计数到60。每60叫一个甲子，如此轮回记年、记月、记日，十分精确。

我们今天为什么能从古籍中准确折合出古代大事和公元的对应年月日？就是因为有了天干、地支的纪元方法。

太阴历记月圆、月亏，潮起、潮落最准确。

北斗历记立春、春分、立夏、夏至、立秋、秋分、立冬、冬至最准确。

阴阳合历（农历）综合三者优点，定了四时、八节、二十四节气，12月，每月30天（有月大、月小、闰月），每天12时辰。

《黄帝内经》因为要根据天时解读人体结构、人的气运、养生预防、诊断处方，所以也离不了天干、地支和甲子。

必须强调一点，阴阳、五行、天干、地支是因天文、历法而产生，《黄帝内经》用它们作为理论骨架，是出于把人体视为"小天地"的缘故，体现的是"天人相应"的观点，不是故弄玄虚,所以不能一"玄"了之。

是科学　是金矿

《黄帝内经》是科学、是金矿,而且是一个挖掘不尽的富金矿。为什么?

一、它是最早的中国医学著作,也是最早的科学著作

凭什么说是世界最早?如果你在"百度"上点击"世界最早的医学著作",出现的全是《黄帝内经》;如果点击"世界最早的科学著作",出现的则是《周易》(从伏羲起,当是公元前40000年左右至周文王公元前1046年)、《黄帝内经》(战国公元前475年至汉初200年);如果点击"世界最早的科技著作",出现的则是:《甘石星经》。

《周易》是科学著作很正确。《甘石星经》是战国时期楚人甘德和魏人石申各写了一部天文著作,后人合并为《甘石星经》,也正确。那么,《黄帝内经》当然既是医学著作,也就是科学著作,只不过比《易经》稍晚一点罢了。

虽然,柏拉图的《理想国》(前386年),亚里士多德的《政治学》(前326年)也很早,但时间也难说更早,且篇幅和内容也不及《黄帝内经》,所以仍可说《黄帝内经》是最早科学巨作。

经过后人不断增益与调整,现在我们所学的《黄帝内经》,上部为《素问》81篇,下部为《灵枢》81篇。这和《老子》一样,都是由后人按九九八十一编成的。《内经》定型的文字共约 16 万字，可以算得上中国乃至世界最早的有纲有目的科学巨著——中医之宝典。

虽然，《道德经》《论语》《管子》等也是早期学术经典，但是这些著作的文体都属于散论，没有按篇、章、节层层深入地系统论述。可《黄帝内经》全书却不是这样。它通过一问一答（黄帝问，岐伯、雷公、伯高等人答）按明确指的向，层层深入，有章有节系统地展开的，它不是散论，是严格意义上的科学论著。

二、中华文化的源头之一

公认的中国文化源头是天文、历法、易经、道德经……

但是，前面我们已经论证了《黄帝内经》的阴阳五行，都出自天文、历法、易经、道德经。

再从是黄老思想是对《老子》的继承、改造"来看，《黄帝内经》也是对《老子》的继承与改造——即用"道"指导构建了中医的理论体系。它和《易经》也有密切关系。

要寻找中华文化源头，是断不能不研究《黄帝内经》的。

三、超前地体现了系统科学的基本思想

系统科学是西方现代的一门科学，广泛运用于管理、运筹、科研、医疗等上面。习惯称老三论为《系统论》《信息论》《控制论》，新三论为《协同论》《突变论》《耗散结构论》。《黄帝内经》体现系统科学，道学专家唐通林同志已经精深地论证了，我很同意。我这里只是举一点例子加以证明。

首先，请看看《内经》为什么特别重视天人关系，这说明什么？——虽然《黄帝内经》没能用上系统科学的语词，但实际上《黄帝内经》已经把天视为了巨系统，把人体视为了子系统，是按天人相应思想来分析问题、处理问题的。值得一提的是系统科学是近百年的科学成果，而《黄帝内经》的系统思想却在两三千年前就用上了。够超前吧。

另外，再看看中医是如何观察人体内疾病的？在控制论中，通常把我们弄不清楚的区域或系统称为"黑箱"，而把全知的系统称为"白箱"，介于黑箱和白箱之间或部分可察黑箱称为"灰箱"。什么是"黑箱"？比如，我们每天都看电视，但我们却弄不清电视机内部的构造；这里，电视机的内部构造和成像原理就是"黑箱"。如何了解黑箱的内部呢？控制论告诉我们，在不破坏黑箱内部结构、要素和机制的前提下，可以通过观察黑箱中"输入""输出"的信息，去推断关于黑箱内的情况，寻找、发现其内部规律，实现对黑箱的控制。

几千年前的《黄帝内经》正是运用了与"黑箱"理论相同的推理方法才实现了对人体内部的诊断的。到底是怎样推断的，先看看中医的望、闻、问、切，是怎样由表及里去诊病的？

先说"望"。

《灵枢·本脏篇》所说："视其外应，以知其内脏，则知所病矣。"中医的望具体就是指看五官，目舌口鼻耳，看眼睛是否有神，眼白是否有异常，舌头是否过红，舌苔是否过厚，舌苔颜色是白还是黄，口腔是否有炎症，颜色是否过红或过白，鼻子是否有有鼻炎，鼻涕是稀还是稠，颜色黄色还是白色，耳朵外形、性状，然后有没有耳鸣或者耳炎。

望色有用吗？有。比如"眼白"，它对应的是心肺，眼白如果红了，则说明心火热了，引起眼白毛细血管发炎充血。又如，舌头边沿反映的是心脏问题，舌头红了说明心火热，要降火和养心。

次说"闻"。

闻，包括闻声音和闻气味。

先说闻味。气味正常，人健康；有异味，那讲究就多了。比如口臭，往往是牙病；如果夹杂有食物的发腐味，那是有胃病，如胃火。

次说闻声。闻听患者语言，从音调的高低、强弱、清浊、缓急……不同情态，去分辨人体的表里虚实寒热。

再说闻听述说。通过认真听闻述说，也可了解到所观察的对象是否有病，病在何处，有多严重等的大致状况。

再说"问"。

《素问·三部九候论》："必审问其所始病，与今之所方病，而后各切循其脉。"《素问·疏五过论》："凡欲诊病者必闻饮食居处。"后世医家将问诊主要内容归纳为"十问"（略）。

问诊，是询问患者或其陪诊者，以了解病情，了解有关疾病发生的时间、原因、经过、病历、患者的病痛所在，以及生活习惯、饮食爱好等与疾病有关的情况。可以说问诊是中医了解病情和病史的重要方法之一。

如果限于问"你患了什么病"，一般说来只配做西医，不配叫中医。

后说"切"。

切脉是四诊之一。脉的形态很多很多，难以掌握，现将常见脉象的病理略举几个以证明其重要。但必须强调，第一，脉象不计其数，不可能在这里说清；第二，没有反复实践是不可能真正掌握的。（略）

中医的望、闻、问、切说穿了，就是为了解黑箱（人体内信息）而采用的的手段。这难道不是《黄帝内经》与系统科学的高度耦合？

至于处方，用系统科学看，那是实施对病体的调控。通过对病人的诊断，处方，反馈，调节，再反馈（诉说），再调节（处方），直到治愈，这正是中医在超前地运用着系统科学。

四、辩证实践智慧贯穿全方位

《黄帝内经》很讲辩证施治，这已经是共识，就不再赘述了。今天我仅突出的是"对《易经》《老子》辩证实践智慧的创造性发展"，以加深了解。

《黄帝内经》的阴阳五行正是对辩证实践智慧的演绎

《易经》："一阴一阳之谓道。"《老子》："万物负阴而抱阳，充气以为和。"

阴阳，在哲学上是什么？是道，是对立统一，是辩证法的核心。

五行，在哲学上是什么？是事物的既普遍联系，又相互依存、相互制约，这正是辩证法的特质。《黄帝内经》是按阴阳、五行作理论骨架，贯通始终，建构了中国的人体科学和医学，虽然没有用辩证法的概念，但是却出色地演绎了辩证实践智慧。特别是"辨证施治"何其务实，何其辩证。

《黄帝内经》为什么会突出治本

《易经》八卦的三爻，上爻表天，中爻表人，下爻表地，突出了天人和一。

《老子》的"人法地，地法天，天法道，道法自然"，同样突出了天地人的密切关系，落脚点是什么？是"道法自然"。

因此，中医必须有整体（系统）观念，不能孤立看待疾病。

西医治病，特点是头痛医头。你得了阑尾炎、胆囊炎、扁桃体炎……割掉；你发烧、拉肚子、无名肿毒……打吊针消炎。真正的中医却不同，它遵循《黄帝内经》的辩证施治教导，遇到什么病，都要兼顾标本。比如牙痛，通过望闻问切，找出根本原因是什么，假如是阴虚火旺，除了清火止痛，还要补肾，以水克火；比如眼红，要查是否有肝火，如有，除了清火，还要滋阴。

又如失眠。西医常见的是服镇静剂（如安眠药）；中医则要查是否是心肾不交，如是，既要降心火，又要补肾水。

这是什么？这是用《易经》《老子》辩证实践智慧看待人体、处理问题。

《黄帝内经》为什么强调治未病

《老子》说："未兆易谋……为于未有，治于未乱"。

《黄帝内经·四气调神大论》说："从阴阳则生，逆之则死……故不治已病治未病，不治已乱治未乱……夫病已成而后药之……不亦晚乎？"

"不治已病治未病"什么意思？本意不是不给已经患病的人治病了；而是说，一个人的肝脏出了问题，不要仅仅治疗肝脏已经生成的病，还要从其他未生病的脏器着手。肝属木，肾属水，水生木，心属火，木生火。所以也要从肾脏和心脏上着手治疗。这，既是标本兼治，又治了相关器官的未病。

另外，治未病还有一层意思，那就是重预防、重养生。《黄帝内经》是一部讲"内求"的书，要使生命健康长寿，不要外求，要往里求、往内求，所以叫"内经"。也就是说，你要争取长生久视，要积极养生。假如有了病怎么办？你不一定非得吃药。《黄帝内经》整本书里面只有13个药方。说明什么？说明强调的首先是往内观，体察五脏六腑，观看我们的气血流动，然后内炼，通过调整气血、调整经络、调整脏腑来达到健康，达到长寿。所以内求实际上是为我们指出了正确认识生命的一种方法、一种道路。这种方法跟现代医学的方法是不同的，现代医学是靠仪器、靠化验、靠解剖来内求。

这些都说明《黄帝内经》遵循了《易经》和《老子》的道论，充分使用了辩证实践智慧。

第八节 《阴符经》与道、法、术

《阴符经》加标点434字，议论性散文，分"道""法""术"三章。据考为夏末至周末之间道家学者按黄帝思想演绎而成；很多人认为实际成书《老子》早于《阴符经》，但两书基本思想一致。《阴符经》概括论述了哲理之道、经世之法、成功之术，闪烁着超凡的智慧。

两书都是以"道"为核心立论，共同奠定了道家思想的基石。中国历代统治者多是"内用黄老，外用儒术"。运用黄老曾指导实现了文景之治、贞观之治、开元之治、宋初之治。可见，对照学习黄老代表作《阴符经》《道德经》有利体道、用道与弘道。

本书依次以解释《阴符经》三章为纲，以任法融《阴符经释义》（东方出版社2009年出版）为据，列出《老子》与之相同或相近的言论，揭示两者相得益彰的关系。

第一章　神仙抱一演道章
——圣人抱持"道"揭示宇宙规律

观天之道，执天之行，尽矣（通过观察，把握自然规律，按规律修身、齐家、治国、平天下，就能尽善了）。天有五贼，见之者昌（自然有金木水火土五种偷之于天的元素，它与五气、五季、五声、五脏、五官、五情、五伦相对应，了解并顺之则昌盛，不了解并逆之则衰败）。五贼在心，施行于天（对金木水火土五贼顺生、逆杀之理，能晓之于心，施行于天下，就能避祸呈祥，造福万民）。宇宙在乎手，万化生乎身（掌握了宇宙阴阳生化之理，人身与天地万变就会暗合）。天性，人也，人心，机也（人秉天地正气而化生，天地清静无为，自化不停，此性应于人心，便是人心合天机）。立天之道，以定人也（遵从天之道，使人身返朴归真合乎天理人道）。天发杀机，龙蛇起陆（阴阳失调，天灾人祸，大自然无情报复）。人发杀机，天地反覆（人若违反规律肆意妄为，定会引发社会动乱，天灾连连）。天人合发，万变定基（天灾人祸并发，乱极必治，否极泰来）。性有巧拙，可以伏藏（人的天性有灵有愚，不宜锋芒毕露，而应适时应变）。九窍之邪，在乎三要，可以动静（人有九窍而招致病、祸，尤以眼妄观、耳多听、口乱吃或胡说而惹事端，应立求控制妄动，保持心静）。火生于木，祸发必克；奸生于国，时动必溃（火生、祸发、奸乱必有条件，控制贪欲、隐患，才能克人祸、防国溃）。知之修炼，谓之圣人（明道修德，与道合真，可叫作圣人，也可叫神仙抱一）。

第一章说的什么？概括而言：要力求知"道"修"德"，炼成圣人（神人）。

《老子》与本章相应名言有："道大、天大、地大、人亦大。

域中有四大，而人居其一焉。人法地，地法天，天法道，道法自然。"（25章）"古之善为道者，微妙玄通……故能蔽而新成。"（15章）"孔德之容，唯道是从。"（21章）"爱民治国，能无为乎？"（10章）"致虚极，守静笃……知常容，容乃公，公乃全，全乃天，天乃道，道乃久。"（16章）"五色令人目盲，五音令人耳聋，五味令人口爽……是以圣人为腹不为目。"（12章）"见素抱朴，少私寡欲。"（19章）"重为轻根，静为躁君……轻则失根，躁则失君。"（26章）"圣人不积，既以为人已愈有，既以与人已愈多。天之道，利而不害，人之道，为而不争。"（81章）

显然《老子》与《阴符经》异曲同工，正合《阴符经》本意：阴，暗也；符，合也。阴符，暗合天机也。突出了：人道当合天道。注：不可将"人道当合天道"叫"天人合一"，因为只能人顺天，天不知合人愿，最好叫"天人和一"。

第二章 富国安民演法章
——大道用于富国安民的法则

天生天杀，道之理也（天地阴阳五行交感，有生有杀，按规律运行，这是合乎天理的）。**天地，万物之盗；万物，人之盗；人，万物之盗。三盗既宜，三才既安**（天地生万物又不经允许夺走其生机，万物滋养人类又可能改变其存在，人有时利物有时又盗走其生机。天、人、物三者互利也互害。只有达到了三者阴阳平衡、和谐合道，才能宁静安泰）。**故曰：食其时，百骸理；动其机，万化安**（所以说：

饮食适时适量，机体通畅百病不生；运动得体、婚生合龄，动静顺时，安康长寿）。人知其神而神，不知不神之所以神也（人们只知供奉的可见的神需得敬畏，不知道大自然这个"不神"为什么能使人种瓜得瓜，微妙神灵）。日月有数，大小有定。圣功生焉，神明出焉（昼夜往来，寒暑交替，时、日、月、年周期有规律。物分大小寿夭，各有定准。善于把掌规律行事就能创建奇功，显现神明）。其盗机也，天下莫能见，莫能知。君子得之固躬，小人得之轻命（事物暗藏阴阳消长、循环反复的玄机，人眼不能直观得见，也不知它为什么不以人的意志为转移。尊道的人对自然规律重视且遵循，贪利妄为的人常抱侥幸，玩命违逆）。

第二章说的是什么？用一句话概括叫：富国安民要按规律（循天、体人）积极谨慎地去建创圣功。

对比看《老子》的言论有："爱民治国，能无为乎？"（10章）"圣人常无心，以百姓之心为心"（49章），"以正治国，以奇用兵，以无事取天下"（57章），"人法地，地法天……域中有四大，而人居其一焉。"（25章）"天之道，不争而善胜，不言而善应，不召而自来，繟然而善谋。天网恢恢，疏而不失。"（73章）"将欲歙之，必固张之；将欲弱之，必固强之；是谓微明。柔弱胜刚强"（36章）。

两相对比可知，虽各有侧重，但都表达了天道不可违的观点。对应天之道的人之道，也就是修身、齐家、富国、安民的法则，遵之则兴，违之则败。

第三章　强兵战胜演术章
——办事成功之术

瞽者善听,聋者善视。绝利一源,用师十倍。三反昼夜,用师万倍(瞎子听觉特好,聋子观察特细。断绝一个根,神通反而提高十陪。排除杂念,昼夜静思,神通会增万倍)。心生于物,死于物,机在目(人的思想、欲念因物而起,沉迷声色,毁于物欲,向好向坏,转机在眼之所观)。天之无恩,而大恩生。迅雷烈风,莫不蠢然(天地无心不懂施恩于谁,正因不偏爱不偏废,万物才能得以按天道生化受恩。雷鸣风吹,不分善恶,蠢然自动)。至乐性余,至静性廉(能自然无为是极乐,是自如有余;能达到清心寡欲至静,心境就会光明清沏)。天之至私,用之至公(天地不知关照人,只按自己规律运转;不管什么人,掌握并用好自然规律,就会发现天道酬勤,十分公正)。禽之制在气(要结善果关键在能操控自己,做到神、气相守)。生者死之根,死者生之根(纵欲贪生会早死,破除贪欲奢念是获得长寿、安乐的条件)。恩生于害,害生于恩(恩宠过头反致伤害,断其劣、扬其善反是施恩,这叫作恩害相生)。愚人以天地文理圣,我以时物文理哲(固守偏见的愚人只知以天地征兆作为决定行动的标准,我却不然,是从天时、地运、人事中去寻找哲理以指导言行)。

第三章说的是什么?概括地说就是:修身、齐家、治国、安民的成功之术在于按辩证实践的哲理行事。

对比看《老子》的言论："道生一、一生二、二生三、三生万物。万物负阴而抱阳,冲气以为和。"(42章)"五色令人目盲,五音令人耳聋,五味令人口爽,驰骋畋猎,令人心发狂;难得之货,令人行妨,是以圣人为腹不为目。"(12章)"不见可欲,使民不乱"(3章),"清静为天下正"(45章),"天地所以能长久者,以其不自生,故能长生。是以圣人后其身而身先,外其身而身存"(7章),"祸兮,福之所倚;福兮,祸之所伏。正复为奇,善复为妖"(58章),"反者道之动,弱者道之用,天下万事生于有,有生万无"(48章)。

两者相比可知,术与法都生于道。道反映阴阳生杀的辩证运动,因此,一切胜利成功之术都离不开参透哲理——正心合道。

第七章

道通为一

"道通为一",不是讲事物都无区别,所通的只限制在"道"——含普遍的道和特殊的道。为了明白本意,下面作点研判。

第一节 "道"与马克思主义哲学

庄子在内篇《齐物论》中说:"故为是举莛与楹、厉与西施、恢诡谲怪,道通为一。"联系上下文,其意思是:事物差别再大,甚至对立,就"道",就本质、规律而言,却是相通的。以"道在屎溺"说:即使最贱的东西,也存在阴阳冲和啊。

其实,老百姓也有"英雄所见略同""条条大路通罗马"等说道。什么意思?"真理只有一个"。《老子》与马克思主义哲学都是在探索普遍规律,语言系统各异,对象本质却不二啊。

反复通读《老子》,发现每章都体现了辩证实践智慧。这和马克思主义的辩证唯物主义哲学正好相通。下面,就逐层剖析如下。

老子重实践的例子很多。如 41 章:"上士闻道,勤而行之……"不但讲了"勤而行之",而且,后面讲的都是他实践探讨的体会。又如 54 章:"吾何以知天下然哉?以此。"这个"此"指代什么?指代前面由修之于身到修之于天下这很长的实践过程。也就是说,正因为考察了这一过程,才"知天下之然"的。

既然重实践,就不存在"唯心"。那么,老子哲理,到底有什么特点呢?要回答这个问题,就得抓准核心"道"。

"道"是什么?专家众说纷纭。为好懂,不跟风、不批判,只用通俗语言加以阐述。道,是老子命名的概念("吾不知其名,强字之曰道")。

"道"字的本意是"道路",由道路引申为纹理、道理、规则、规律……这,在学术上说明什么?说明"道"具客观性、普遍性、多样性、复杂性。

请看,"道"不正好符合马克思主义哲学讲的:世界是物质的,物质是客观存在的、普遍联系的,不以人的意志为转移的,物质是运动的、发展的、复杂多样的……一致吗?

联系"人"再看"道"。水路、空路不需脚踏,任选任行;陆路呢,有动物践出后人再续走的,有人需要走才走出的。人死路留。道路有过程,可认识,可利用,不宜偏离;道路可延伸,可扩展,具有时空无限性。道路是人走的,人能辨路、修路;离开人,道路仍然存在,却无意义。从这个意义讲,哲学的"道"是心与物的统一。

再看《老子》著名命题"道法自然"。"道法自然"的意思是：人对"道"的反映（抽象），来自或取法于自然，即法天、法地、法自然而然。法，是心对物的能动的遵循、反映；因此，道是心和物阴阳冲和之果，或者说是辩证实践产物。为什么说是心和物的统一？没有人，能发现道吗？——这和没有出生或者已经死去的人，不知有"道之存在"是一样的。

多年实践证明：只有用辩证实践的，或者说用物质、精神统一的概念"道"，才能正确反映宇宙、社会、思维三个统而为一的世界。

必须指出，心（脑，思维）对物的反映，不是照相似的；要能提炼出高度抽象的"道"，没有反复实践，含学习、继承、观察、借鉴、调查、研讨、实验、扬弃、成功、失败、总结、提炼等积累，是不可能得到的。

为什么是老子首先提出，而不是人人都同时悟到？这说明，是老子的实践使他首先将心对物的能动作用发挥到了绝佳境地。

人对事物的认识、把握，既要面对事物，又要经过实践，在心与物的既对立又斗争的统一中出新——经过多次的试错、成功，然后才取得的。

道，是具体事物吗？不是。中国人称为"道"的对象，世界各民族命名各异，但表达的近似对象却都是"普遍规律"而不是实物。

现在，一讲"道"，有不少的人就崇敬十分，只能赞美，不敢有微词。其实这是误会。要知道，"道"不是褒义词，而是中性词。"道"和"太阳"一样，都是名词，是中性的。多数人喜欢赞美太阳,但太热时,也会骂它几句。再看,"道"有:正道、邪道、有道、无道、王道、霸道、官道、匪道……

而且,哲学泰斗金岳霖在《论道》第八章说:"道一是合起来的道,道无量是分开来的道。有真的道(分),有假的道(分),而道(合)无真假;有善的道(分),有恶的道(分),而道(合)无善恶;有美的道(分),有丑的道(分),而道(合)无美丑……总而言之,无论如何,都是道。"[1]——这足以说明:表达"道"概念的语词是中性的。

应该如何理解"道"?首先,"道"是中国老子提出的,不是万物本身,而是由人提炼的、具有普遍意义的一个概念。老子说:"有物混成,先天地生。寂兮寥兮,独立而不改,周行而不殆,可以为天下母。吾不知其名,强字之曰道。"(25章)这里有如下要点必须明确:先天地存在、永远存在、抽象看不见、不以人的意志为转移、有如控制机制,让万物因它而生、不知其名、老子勉强给它起名叫"道"。

经常听到人们说"道"是:本原、本体、能量、场、气、波、粒子、太上老君……万事万物,对不对?——又对,又不对。为什么?从心对物的关联看,是对的,"道"确实抽象地反映了世界的本原、本体等对象的本质、规律;但是,如果从心对物的直接指认来看,"道"不等于本体、能量、场等实体。如果"道"什么都是,那天下就不需要这么多语词,只用一个"道"字就可代替一切了。如果 一个物理老师讲"能量"说:

---

[1] 金岳霖.论道[M].北京:中国人民大学出版社,2007.

"今天我们讲道"。他能够讲明白吗？学生能不糊涂吗？如果，把"老子"，把"道"都神秘化，那么就会出现一种情况：道是一切。成了不确定、不可思议、不可学……可以任意糊弄的说词。

必须明白，"道"虽然与什么都关联，但它不是事物本身；而是人对宇宙、社会、思维共同的普遍规律的抽象概括。有什么为证？庄子说"道在屎溺"。这话的意思不是说"道"等于屎溺，"道"就是屎溺，而是说连屎尿这些极其不值一提的东西，都可以从中抽象出"道"来。不是吗，老子说"万物负阴而抱阳，冲气以为和"，屎溺里面有原子，原子里有阴阳电荷的对立统一。《易经》说一阴一阳之谓道，屎溺里面有了阴阳电荷的对立统一，就隐含有"道"；还有，屎溺里面有微生物在繁殖，这是阴阳冲和的表现；屎溺是废物也是肥料，是有用与无用的辩证统一……既然屎溺里存在辩证统一，难道没有"道"？由此说明，"道"是对万事万物运动变化之本质、规律的概括，它不是事物本身，更不是事物名称。

马克思主义哲学不是有辩证唯物主义的规律吗，其实在《老子》里早已有了相对应的概括了，只是语言系统不同罢了。请看：

与辩证唯物主义的对立统一规律相对应的是什么？老子说："万物负阴而抱阳，冲气以为和。"……这可否叫作"阴阳冲和律"。

与辩证唯物主义的质量互变规律相对应的是什么？老子说："九层之台，起于垒土。"……这可否叫作"垒土成台律"。

与辩证唯物主义的否定之否定规律相对应的是什么？老子说："祸兮福之所倚，福兮祸之所伏。"……这可否叫作"反者道动律"。

老子哲学早被公认是朴素辩证法，我这里冒昧地叫它"辩证实践智慧"好了。

《老子》辩证实践智慧虽属"朴素"，但反映真理，还有优于斯大林《辩证唯物主义与历史唯物主义》[①]的地方。现在，就请看看表达老子"万物负阴而抱阳，冲气以为和"的"太极图"。图中，白鱼黑眼，黑鱼白眼，颠倒相抱于旋转上升的圆中。这，突出地表示了世间万物没有绝对的白、绝对的黑，也没有绝对的是、绝对的非。辩证唯物主义哲学的对立统一规律虽然讲了相互依存，却没有明显地突出"你中有我，我中有你"，容易让人认为是与非、黑与白总是非此即彼的，容易忽略"金无足赤，人无完人"和"事物依一定条件，相互转化"的客观事实。

有何为证？——黎鸣《西方哲学死了》讲了："西方哲学（含马克思主义哲学）因为世界观强调了唯物唯心对立、辩证法出现了非黑即白的是非分明，这些都阻碍了西方哲学的进一步的发展。必须要借鉴东方的"人学"才能使之得以突破。"[②]

东西方哲学为什么会有这么大的差异？这和不同地域的人有不同的思维（存在决定意识）相关的。

西方人强调主体、客体、此岸、彼岸……希腊人提出了

[①] 斯大林.辩证唯物主义与历史唯物主义［M］.北京：人民出版社，1952.
[②] 黎鸣.西方哲学死了［M］.北京：中国工人出版社，2003.

"彼世"的概念，并将善、正义和真放置于"彼世"，区分出了经验现实的此世，和理想性的彼世，由此把世界分为此世、彼世两份。真理永远在彼世，在极限处。这就是说，亚里士多德知道如何定义黑与白，但对灰色却完全忽略了。

而东方人重视整体，有"中"的理念，也就是有"间"，承认有隐晦不明的中间状态存在。虽然"居间"就其本性来说没有"自在"，没有本质。不过，世界的生机，生物呼吸的流动正是穿行于这个未被规定的朦胧与模糊之中的。中国字"间"是个象形字，很好地说明了"居间"的观念：在两扇门之间一个"日"，表示太阳的光芒穿门而过。穿过的阳光不属于此，也不属于彼，而是"间"。

西方思维重分析、重量化、重实证；东方思维重综合、重想象、重借鉴；两者有必要取长补短。

我们可以理直气壮地说：东西方哲学完全应当互补，应当求同存异，应当用老子的"道论"加以联接。老子的"常道"相当于"绝对真理"，"非常道"相当于"相对真理"。我这里用的"道"，可暂时看成"究竟真实"或"普遍规律"。

为什么叫"辩证实践智慧"？

老子道学重"天人和一"，整体思维，具朴素性；马克思主义哲学研究主观与客观、精神与物质关系，重视分析，属于系统理论。虽然两者区别明显，但，两者却都是在解释世界，安排人生，都是在研究立场、观点和方法，所以，是否可以把这种异中的同，看成是庄子说的"道通为一"。因此，我们完全可以求同存异，寻找两者的契合点。

这个契合点有吗？有，这就是"辩证""实践"。

先看老子的"道论"是怎样从实践中提炼出来的？——老子是沿着伏羲八卦的道路，继续不断地观天、察地、通人，通过无数次实践而得出的，是用心（思维）对事物之发展变化，经过反复加工、升华后提炼出来的。天、地、人都属于"物"，而思维、思想属于"心"，实践必须有心对物的相互作用，而"道"正是心与物通过实践而产生的对立统一物。谁都知道，宇宙存在先于人类多少亿年，自然"道"也先于人就存在；但是，只当有了人，且人有了理性思维以后，"道"这个概念才会被提出，"道"这个学问，才能产生出来。这，就是心与物辩证统一的明证。

今天的日历。看似很平常，在古人却是经过很长时期对日月星辰的观察，经过了很多人、很多代的实践（含记载）以后，才整理出来的。你说日历是物还是心？只能说日历是通过实践而产生的心与物的对立统一物。

又看"神农尝百草"。这，需要多少人，用多少代，冒多少危险，试尝多少动物、植物、矿物，记下多少反应，然后才一样一样整理进《神农本草经》。这些，都是以物为对象，用思维（心）来处理得来的。这是存在决定意识，意识能动地反映存在。也正是因为实践，才使心与物提炼升华成了理论。

老子《道德经》是否表达了人类正确的思想？——回答是：表达了！这是公认的无可辩驳的事实。

但是，人的正确思想又是从哪里来的？是从天上掉下来的吗？不是。是从地下长出来的吗？不是。是自己脑子里固有的吗？不是。人的正确思想，只能从实践中来，只能从社会的生产斗争、阶级斗争和科学实验这三项实验中来。①

三大实践的本质特点是什么？是人与物的相互作用。比如，水可以淹死人，但人也可以运用水滋养自己。人总是要避凶就吉。如何做到？学习，摸索，讨论、合作、总结（经验、教训）、改进……看见没有，这些都是实践。在实践中，人总是通过心（思维）与物的反复作用，从感性认识到理性认识；从错误认识到正确认识，通过"实践——认识——再实践——再认识"，代代相传，螺旋上升而得来的。

也许，有人会问"你如何解释《老子》说的玄览？"——《老子》第10章"涤除玄鉴（览），能无为乎？"有些人认为这是老子强调冥思苦想，突出"心"的特异功能，是唯心主义的证据。其实，这话的本意是："清除杂念，深入静观，可以没有瑕疵吧？"玄览，现在版本多为"玄鉴"，鉴，就是镜子。②对于玄览，不能武断解释成冥思空想，而应该解释为深入静观。深入静观，确实能让人有所发现。为什么？不是因为冥思苦想，心就自然明白了。详细考究，就会发现，一个没有见过大海的人，再怎么玄览（鉴），也想象不出海上风浪的惊骇。所以，老子等高人，之所以通过玄览能获得真知，是因为具备了一些必要条件：有自己的观察和经验，有前人的经验（学识），有面临的具体问题、有他人提供的情况和建议……当心静下来，专心专意地

---

① 毛泽东选集编委会.毛泽东选集［M］.北京：人民出版社，1966.
② 唐晓勇.老庄思想研究［M］.北京：中国文联出版社，2013.

去"想"——去整理后,才能由"心"加工(推导)出新的发现(智慧)来。这些发现、判断是什么?——是心与物(主观对客观)经由实践反复作用的产物。

也许,还有人问,老子说的"不出户,知天下;不窥牖,见天道"是不是不讲实践,只重慧观、直觉?——不要脱离全文断章曲解。从《老子》全文看,他不仅纵观了天、地、人,还参透了古往今来的奥秘,结合他博学、好问、善思、深入调查等特点,可以得出:他在思考问题时,已经积累了大量的实践材料;他的慧观、顿悟、直觉,其实是对经由实践所掌握的大量材料,进行精确加工的产物。

诸葛亮在隆中为什么就能知天下?是"心"的特殊功能吗?不是。诸葛亮的预言不是凭空想出了的,是有司马、庞、徐诸人的热议,有他人和自身实践为前提,才进而加工生成的。这,也佐证了老子的"不窥牖,见天道"的可能性。

为什么叫"智慧",不叫"哲学""主义"呢?——因为我们用的是汉语系统,况且,这里抛出的只是一块石头,不系统、不成器,不敢叫哲学、主义。那么道学是不是可以叫作朴素的"辩证实践智慧"呢?我的回答是肯定的。

研究"辩证实践智慧"有什么意义?——是否可以概括为:通过融通中西,古为今用,洋为中用,使朴素智慧经过共同努力,上升为系统理论,以利推陈出新,方便学用。

第二节 金岳霖《论道》

中国科学院哲学所原所长金岳霖的《论道》出版后，显现了"道"与"哲学"指向基本一致，只不过"道"属中国哲学语言系统，《哲学》属西方哲学语言系统。

胡伟希《金岳霖评传》说："'道'是中国最崇高的概念，也是思想和情感两方面最基本的原动力，所以作者把他的本体论著作取名为《论道》。《论道》是中国现代哲学中最系统完备、最富有创造性的本体论专著……它也为中国哲学界提供了一个融合东西方哲学智慧，运用严密的逻辑分析和逻辑论证方法讨论哲学本体论问题的活生生的样板。"[1]

现从三方面加以探讨。从"逻辑"出发论证哲学与"道"。

天道与客观逻辑

道，中国哲学的主要范畴之一。原意指道路，后引申为道理，规律。历代哲学家对道有不同的解释。春秋后期，老子最早将道视为宇宙的本源和规律，认为万物由道而产生，道构成了万物的共同本质，道作为普遍的规律，其特点是自然无为……韩非提出"道""德""理"的学说，以道为万物的普遍规律，德为道之功，理为事物的特殊规律……《易传》则有"形而上者

---

[1] 胡伟希.金岳霖评传[M].上海：上海人民出版社，1988：309.

谓之道,形而下者谓之器"和"一阴一阳之谓道"之说。以道为超越现象界的抽象规律。认为一阴一阳的相互转化即为道……①

请看,在最早翻译"逻辑"时,如果将 logic 直接翻译为"道",且不在抽象、道理、规律、本源、论辩等方面更相通达吗?

下面,介绍一下学习的金岳霖大师联系逻辑所写《道论》的相关论述。

中国逻辑学会第一任会长、现代著名哲学家、逻辑学家金岳霖写了《逻辑》《论道》《知识论》三部名著,而自己最满意的是《论道》。《论道》(中国人民大学出版社 2005 年出版,获哲学社会科学奖)是一部融东西方哲学而独创的哲学著作,文中同时论证了道与逻辑。

我们学习后非常敬佩,并有了新的感悟。现针对本文论题摘要于后(标题前的数字,圆点前是"章",圆点后是节"节")。

1.2 道是哲学中最上的概念或最高的境界……希腊底 logos 似乎非常之尊严。

4.2 逻辑学是研究式的学问……逻辑的秩序无一定的起点,有不同的方向。

6.24 自道而言之,无最前的生生,无最后的灭灭。

---

① 百科全书编委会.中国大百科全书[M].北京:中国大百科全书出版社,2005:674.

> 8.22 道可以分开来说，也可以合起来说；宇宙则仅是就道之全而说的一个名词，此所以我们可以说天道，说人道，说任何其他的道，而不能说天宇宙，说人宇宙等等。

《论道》是以道为中心，把道与逻辑对照在一起放在本体论里来研讨的，里面也穿插了一些逻辑论述。《论道》分8个方面论证了："道，式—道""可能的现实""现实的个体化""共相的关联""时—空与特殊""个体的变动""几与数""无极而太极"。[①]

《论道》和黑格尔的《逻辑学》一样，讨论了：有、无、质、量、式、度、时、空、规律、现实等范畴。黑格尔的《逻辑学》分为客观逻辑、主观逻辑两大部。第一部客观逻辑（辩证哲学 普遍规律）分为2篇。第一篇"有论"，分：有论、大小、尺度；第二篇"本质论"，分作为反思自身的：本质、现象、现实；第二部主观逻辑（辩证逻辑、形式逻辑、认识论），分为三部分，第一部分"主观性"（含概念、判断、推理三章），第二部分"客观性"（机械性、化学性、目的性），第三部分"理念"（含生命、认识的理念、绝对理念）。《论道》体系虽然不同于《逻辑学》，但文字里也同样论证了客观逻辑和主观逻辑。

西方哲学语言系统与中国哲学语言系统虽然有明显区别，但就研究对象（指向）而言，是基本一致的。《论道》中讲了

---

① 金岳霖.论道[M].北京：中国人民大学出版社，2005.

"天道""人道""其他的道"。这里的"天",不是天神,而是自然,是客观事物。天道,即自然之道、天地万物运动变化的客观规律。"人道"不全等于社会学、伦理学讲的人道主义,而是人类生存发展的规律、社会行为的规范,人道从属于天道。"其他的道"在中国太多,都是从属于道的"特殊的规律",如:医道、师道、兵道、治道、思维之道、富强之道等。因此,天道正好对应了黑格尔的客观逻辑;"其他的道"之思辨之道,正好对应了黑格尔的主观逻辑。道与逻辑虽然表述不同,但其对象、原理却基本一致,至少具有交叉关系。

名辩之道与主观逻辑

《论道》虽然是哲学著作,但也和黑格尔《逻辑学》一样讨论了很多逻辑问题,也即名辩之道问题。如:

> 绪论。我所谓思想包含思议与想像……我这本书所表示的也是所思的结构……思议的范围就是逻辑……纯粹的逻辑命题彼此都是彼此的必要条件……万事万物之所以不得不由,不得不依,不得不归的道才是中国思想中最崇高的概念。
>
> 4.1 逻辑学是研究式的学问,或研究必然的学问。
>
> 4.14 任何一方面的关联有逻辑上的秩序。
>
> 4.3 必然与必然之间有必然的关联,而根据此关联有不同的逻辑秩序。
>
> 4.5 逻辑底秩序无一定的起点,有不同的方向。

中国古代系统论证"道"的有老子的《道德经》（又名《老子》）。它虽然是哲理智慧著作，但也论及了名（概念）、言（判断）、辩（推理、证明）、法（规律），《道德经》中大量运用了类比推理、归纳推理，首创了屈全推理。而且，一开篇就说："道，可道，非常道；名，可名，非常名"——这里的名，就是概念，也体现了"道"与"逻辑"的关系。如果把这话翻译过来，就是："道，如果可以道明，就不是永恒的道；概念，如果可以固定，那它就不是永恒的概念。"比如，最早把两脚直立行走的动物叫人。但现在人的概念便不能再是它了，而是能制造并使用工具（含语言、逻辑、机械、网络等工具）的高级动物。说明概念的内涵是发展的可变更的。在2500年前的老子就已经对此作了揭示，难道这不是对逻辑的贡献？

中国古代的《墨子》的《经上》《经下》《经说上》《经说下》《大取》《小取》，合称《墨经》或《墨辩逻辑》，讨论了：名（概念）、辞（命题）、说（推理、证明）、辩（证明、反驳）等，是较为系统地研究名辩之道的逻辑著作，而《墨子》通篇一再讲"道"。这里的道，就可限定成思辨之道（之理、之术、之规律）。举一个例子。《墨子·小取》有"以说出故"一节。什么意思？"故"是根据、理由。"说"是把一个"辞（命题）"所以能成立的理由、论据阐述出来的论证，有了论证，才能说服别人。请看，在2300年前中国人就已经研究了推理、证明，何其可贵。

现在回过头来看前面《逻辑基础教程》给逻辑下的定义：

"逻辑……中国叫名学……。3. 关于推理、论证的科学…… 4. 逻辑学……"[1] 所以我们可以结出：逻辑学在中国古代就是名辩学，或者反过来：名辩之道就近乎黑格尔的主观逻辑。既然《论道》在绪论中肯定了"我这本书所表示的也是所思的结构…… 思议的范围就是逻辑…"那么，也就肯定了"道"包容思维的结构，这自然涉及了主观逻辑的范围。因此，金岳霖的"道"包含之"思维之道"，不正对应了黑格尔的主观逻辑（或与主观逻辑具有交叉关系）吗。

当然，金岳霖的"道"和"逻辑"仍然有很多区别。不仅语言系统有别，而且体系也明显不同。同的只是对象和方向的大体一致。在逻辑研究上，不仅现在，就是今后，我们仍然要虚心吸纳西方逻辑那些全面、系统、精密论证的先进方法与成果。

总之，无论是客观逻辑、主观逻辑，中国的"道"和西学的"哲学""逻辑"都是对应的、交叉的。所以，本文认定道与哲学（含逻辑）相通的论点是成立的，而且还可以证明：金岳霖大师为我们树立了一个样板——虚心学习世界一切先进文化，消化它，洋为中用，联系现实，落地生根，推陈出新，以利民族素质的提升。

学习大师洋为中用的精神和方法

学了《论道》后，我们应当学习金岳霖大师的治学精神和方法——重视洋为中用、大胆创新、实现逻辑中国化、现代化。

---

[1] 袁正校. 逻辑学基础教程［M］. 北京：高等教育出版社，2007.

如何学？

1. 广泛汲取西方哲学、逻辑学的优秀成果以利创新

说实话，我读《论道》很困难。为什么？因为大师所讲之理涉及了大量现代科学知识，而且很重量化，推论极其严密，这与中国古代哲学的表述是完全不同的，阅读时稍不留神就不知所云，就读不下去。如：

> 四．一 可能底关联有可能底关联。
> 这句话有点佶屈聱牙。用英文说，我们底意思是说：There is possible relateness。In the relateaness of possibilities。可能底关联表示可能与可能之间有关联。可能的关联表示这关联之中有一部分是可能的。我们说这句话的立场是可能底立场。可能界各可能彼此底关联虽可以实现而不必实现。

请看，金老的思维何其严谨、精湛，说实话，我是万万想不到这一精微地步的。

再从金老的简历看，他的西学功底十分深厚。1914年经清华大学公派留美，先攻政治思想史，后攻哲学；1922年留学伦敦，由新黑格尔主义而休谟而罗素哲学；1926年回清华大学任教政治思想史、逻辑学；1931年去美国哈佛谢非教授处进修逻辑；1938年写成系统介绍西方数理逻辑的著作《逻辑》（大学丛书出版社出版）；1944年出版《论道》（后由中国人民大学出版社出版，获中国学术著作奖）；接着写了《知识论》(1984年才由商务印书馆出版）；另外在20世纪60年代写的《罗素的哲学》(运用马克思主义立场、方法对罗素哲学进行批判。尚未出版）；1956年中国社科院哲学所一级研究员、中国学科学院部委员；1978年中国社科院哲学所所长、中国逻辑大学校长、中国逻辑学会会长；1984年10月去世，享年89岁。

他一身有如此巨大的建树，是与他广泛吸纳世界先进文化并不断创新分不开的。

2. 用中国"道"学语言表述让中国人更易理解

按金老的功底，用西方哲学语言系统论述哲学、逻辑学是非常顺手的。那么为什么他的《论道》会用中国"道"学语言系统表述？很显然，为了：1. 有利于西方科学思维在中国大地上落地生根，使东西方文化相得益彰；2. 让中国人更易接受抽象难懂的哲学、逻辑学知识，有利中国民众思维素质的提高；3. 探索古为今用、洋为中用、弃糟取精、推陈出新、服务现实的学术新路。

请看《论道》绪论中的这么两段话：

> 前几年，我的习惯是用英文想，这几年，习惯慢慢地改过来，用中文想的时候增加。
>
> 中国的中坚思想似乎儒道墨兼而有之。中国思想我也没有研究过，但生于中国，长于中国，于不知不觉中，也许得到了一点子中国思想的意味与顺乎此意味的情感。中

国思想中最崇高的概念似乎是道。所谓行道、修道、得道，都是以道为最终目标。

这话里面的"情感"二字突出说明了：我是中国人，对中国文化有感情，自然要用中国语言向中国人民介绍我的研究成果。

3. 从身边现实生活出发进行研究，使逻辑落地生根

读《论道》时，有一个明显的感觉：全书几乎不提伟人的名字、不引用权威学者的论断，而是用讲故事、谈琐事那样来提出问题、解决问题。请看看《论道》的开头和结尾。

> 绪论：……我所谓思想包含思议与想象。……思想有动有静。所谓动的思想普通用这样的话来表示："你去想想看"……。所谓静的思想普通用这样话去表示："他底思想近乎宋儒理学"。
>
> 第八章 无极而太极（结尾）：……道一是合起来的道，道无量是分开来说道。有真底道（分），有假的道（分），而道（合）无真假；有善底道（分），有恶底道（分），而道（合）无善恶；有美底道（分），有丑的道（分），而道（合）无美丑。有如底道（分），有不如底道（分），而道（合）莫不如如；所谓如（1）如（2）就是如（2）其如（2），不如（2）其不如（2），或如（1）其所如（2），如（1）其所不如（2）；总而言之，无论如（1）何，都是道。就真、善、美……之各为本身而言之，道无量；

就他们彼此有关联而此关联之亦为道而言之,道一。(笔者注:"如"佛学语言)。

在一般人(包含我)看来,"道"只能是正面的,假、恶、丑不能是道。但金岳霖论证了正反、分合都是道。乍看不对,但读了全文,就会诚服。为什么?从马克思主义哲学讲对立统一规律是宇宙最基本的规律;从中国哲学讲,一阴一阳之谓道,没有正反合哪有万事万物及运动发展。我的体会是:男是人(分),女是人(分),男女(合)是人。(毛泽东说过,谁见过人,见的都是男人、女人……)正是同理。

真、善、美是哲学、艺术、伦理的最高追求,道、真、善、美、假、恶、丑是日常生活离不开的概念,我们常用,一直似是而非,大师能从平常思辨入手,敢于碰硬,论证了"道"学、哲学的要害,何其清楚、完美。这,正是从现实生活出发做学问,进而使"道"学、哲学道通为一的明证。

第三节 道与心理学

当今社会大进步,生活大改善,为什么还常常有自杀、杀人、疯癫等精神怪象出现?人们习惯把这危机和生态危机、社会危机并称为三大危机之心理危机。这些危机,都属道的现象,我们不妨探讨一下"心理"与"道"是否有道通为一的关系?是否具有特定的同一性。

"气死我矣""真是气死人""累不死人气死人""我就咽不下这口气"……这些口头禅告诉我们:"酒、色、财、气"中"气"会顷刻叫人送命,叫人疯癫,叫人一蹶不振,危害往往胜过烟、酒、嫖、赌几大害。人有七情六欲自然会生气,但为什么要气得这么凶?这就成了值得探讨的心理课题。

相反,也有不气的。我们也会听见这样的口头禅,"一笑减千愁,活到九十九""你叫我气我不气,气是自己整自己""气人的事有天大,后退一步自然宽"……这说明什么?说明生气与不生气全在于个人的一念之间,全在你的个性,特别是有无智慧,会不会想。

生气与不气属什么问题?属心理问题。常言道"身子有病有药治,心理有病无药医"。这就是说心病比身体疾病,往往更难医治。心病是什么?就是心理疾患。研究心理疾患的科学,叫做心理学。

心理学是从西方引进来的。"心",其实不是讲心脏,是讲大脑的认知、感情、意向……心理学是从人体解剖,特别是对大脑的解剖开始,进而讲心理活动的产生、形成、发展、变化规律,是一门归类于自然科学的科学,目的在于防止出现心理障碍,实现心理平衡,达到人与自然,与社会协调发展。

心理学研究的内容很多,但要点可概括为两大块:一是心理过程,一是个性心理特征。中国古时虽没有专门的心理学,但距今2500年前的《老子》理论,却与西方心理学之"心理过程"和"个性特征"自然暗合且站得更高;也就是说,学好了《老子》更能预防和排解心理障碍(心理疾患),实现心理平衡,提高心理健康水平，体现了"道通为一"。为了证明这一种对应和暗合，现分三个部分，概论于后。

一、对应心理过程的老子言论

心理过程，是大脑对现实的反应过程。最基本的心理过程是认识过程，即人脑的信息加工活动的"知"，如感觉、知觉、记忆、想象和思维，从内容上看，是脑对外界事物的反映。人在认识客观事物时所产生的态度和体验，就是"情"，如情绪或情感。对客观事物有所认识后，自觉确定目标，克服困难，力求加以实现的过程叫意志（意）。知、情、意，既有区别，又互相联系，是心理过程的三个方面。有的《心理学》表述为知、情、意、行。其实，"行"是知、情、意的外现，处处离不了，就不放在心理过程讨论。

现将老子对应于知、情、意的言论各举几例并解析于后。

1. 关于知

第5章。从"天地之间，其犹（如）橐籥（风箱）乎？虚（内空）而不屈（干涸），动而愈出（风）。"推知："多言数（很快）穷（困惑），不如守中（持守虚静）"。这是在劝人要虚心，不要多嘴冒失找气生。

第7章。从"天长，地久。天地所以长久者，以其不自生（生存不为已），故能长生。"推知："是以圣人后其身先（把自身放在众人后，反受拥戴），外其身而身存（把己身置之度外，反保生命）"。这是在劝人学天地，不谋私，得长生。

第8章。从"企（用脚尖站立）者不立（久立），跨者不行

（远行）"。推知："自见（自我表现）者不明（不被人看好），自是（自以为是）者不彰（彰显）"。这是劝人不要浮躁，不要自我表现，不要自以为是，不要自找气生。

第30章。从"师之所出（战争），荆棘生焉（荒芜）。大军（大战）之后，必有凶（天灾人祸）年。"推知："物壮则老（人为地促进壮实就会加速衰老），是谓不道（不合规律），不道早已（早衰亡）"。劝人不要过度进补、享乐，不要自找祸殃。

第76章。从"人之生（婴儿时）也柔弱，其死也坚强（僵硬）。草木之生也柔脆，其死也枯槁"。推知："故坚强者死之徒（类），柔弱者生徒。"劝人珍惜青春，不要促长、进补、营养过剩，要学会守柔示弱，顺其自然而长寿。

老子虽未从心理学角度剖析认知，却从认知角度讲了要调适心理，会看、会想、宽心、自保。

2.关于情

第8章。从"上善（最完美）若水。水善利万物而不争。"由对水的情、爱、推出："夫唯（正因为）不争，故无尤"。进而劝人要爱水一样不争的美德，要有谦让的情操。

第23章。从"飘风（急风）不终朝，骤雨（暴雨）不终日"。看，初是恐惧，后是欢欣，进而引出："天地尚不能久（有变化），而况人乎"。进而劝人懂得"道（规律）"，看到人也可变：学习可使人由无知变有知，劳动可使人由穷变富，挫折可使人倔强成长，富贵如不谦俭也可家破人亡。进而劝人养成临危不惧和安乐不狂的情操。

第44章。从"甚爱（过分爱名）必大费（耗费），多藏

（敛财）必厚亡（惨重损失）。"的偏爱感情引出："知足不辱，知止不殆（凶险），可以长久。"进而劝告人不要争名贪财，而要养成知足不攀比的情操。

第81章。从"信言不美，美言不信。善者不辩（诡辩），辩者不善。知者不博（有真知的人不显示知识渊博），博者不知"。劝人懂得爱听好听话、爱狡辩、爱卖弄自己的人会经常上当受骗，也不受人信任。进而推出："天之道，利（奉献）而不害。人之道（正道），为而不争（不争非分之利）。"目的在于劝导人们要有好的情操，要以多作奉献不争非份之利为乐。

老子未从心理学上剖析"情"的产生与变化，但是却提出了什么是高尚的情操，什么是不可取的情操，进而给人以启示：在诱惑面前，在错综复杂的遭遇面前，要善于作出明智的选择，力争常保婴儿般素朴情操。

3. 关于意

第9章。从"金玉满堂，莫之能守（无法守护）；富贵而骄，自遗其咎（给自己留下灾祸）"的物极必反事实，推出："功成身退，天之道也"。道理很简明，能不能做到就要看意志。功成后就骄横，就伸手要回报的人很多，谁能辞让、退居二线、甘守谦下呢？个别做到的才合天道（自然规律）。这是老子在劝导我们要用意志去遵道而行。要讲舍得。舍的是名利，得的是天道，是免灾，是快乐，是长寿。

第12章。从"五色令人目盲（眼花缭乱）；五音令人耳聋（听觉错乱）……难得之货（奇珍异宝），令人行妨（行为出轨）。"推出："是以圣人为腹不为目（重温饱不重享乐）"。酒色财气谁不知是祸害，要能不迷，必须靠意志。老子这是在晓明利害。劝人作善的选择，用意志控制自己力行之，以免自找气生。

第16章。从"致虚极，守静笃，万物并作，吾以观其复（循环往复）。夫物芸芸，各复归其根（本）。归根曰静，静曰复命。复命曰常（规律），知常曰明。不知常，妄作凶（胡作非为有凶险）"。推出："知常容（包容），容乃公，公乃全，全乃天，天乃道，道乃久，没身不殆（终身无凶险）"。这章讲的是哲理，很抽象。但意思很明白，就是要人做合规律的事，不要胆大妄为。主旨是劝人保持虚静，用意志力控制自己合道，不胡作非为，不自找烦恼。

第22章。从"曲则全（委曲得保全），枉（曲、弯）则直，洼则盈（充满），敝则新（旧则利更新），少则得（取之少易得），多则惑（取之多引猜疑反不得）。"推出："是以圣人抱一（道）为天下式（榜样）。"这是从普遍的事理中揭示出做人成功的准则，劝人用意志控制自己，做到能屈能伸，守雌谦让，不争多，能用旧，按这个榜样做好了，也就合道成功了，也就不生气了。

第33章。从"知人者智，自知者明。胜人者有力，自胜者强。知足者富。强行（用意志坚持不懈）者有志"。推出："不失其所（本分）者久，死而不亡（精神不死）者寿（长存）"。这段话明确讲到了意志的重要，劝人要明智，要用意志力战胜自己，不失本分，不仅要健康长寿，还要精神永垂不朽。能做到这点，怎会生气呢？

对于意志，老子提出了"强行者有志"。但他重在规劝人要持之以恒去做合道（规律）的事，做保持虚静、谦让等美德的人。并让人看到，这是使人健康长寿和精神不朽的最佳之道。

在知、情、意上，老子是给人智慧，让人自觉地放弃攀比、嫉妒、贪婪、争强……转而向善、虚静、守柔、谦让、奉献、素朴，有了这个转弯，哪还有什么气生，哪还会自杀、杀人和疯癫？

二、对应个性心理特征的老子言论

个性心理特征（简称个性），是具有一定倾向性的各种心理特征的总和。个性倾向包括需要、动机、兴趣、信念、世界观，是人活动的基本动力，是个性中最活跃的因素。个性心理特征包括能力、气质、性格等，集中反映了人的独特性和个别性。人的个体是生理基础上通过社会实践逐步形成的，由于各自的经历不同，每个人的个性都具有不同于他人的特点。个性一经形成，就有一定稳定性，但也可因条件改变而改变。研究个性的实质及发展规律，是心理学的又一重要任务。

在个性特征中，最能引起心理不平衡——进而形成心理疾患——自杀、杀人、疯癫等的不在于能力的大小；虽然与气质如风度等有关，但关联也不太大。关联大的是性格，如虚伪、浮华、贪婪等。

现选择性格之主要几对：诚实与虚伪、节俭与浮华、谦让与好斗，将老子的对应言论举例解析于后。

1. 诚实与虚伪

第10章。从"载营魄抱一（身心合一），能无离乎？专气致柔（聚精气达到柔和），能如婴儿乎？"引出："生之畜（养）之，生而不有，为而不恃，（仗恃）长而不宰，是谓玄德（最高尚的美德）。"这是教导我们在心理上要追求反璞归真，重奉献，不求占有、主宰，有了这种美德，还有什么想不开的事呢？

第17章。从"信（诚信）不足焉，有不信焉"。推出："功成事遂，百姓皆谓我自然（本来如此）"。这是劝人要诚信，要本色，做成了事也不争虚荣。做到诚实不虚伪，就能保持平常心，心理就很健康。

第17章。从"知不知（知道却不显示知道），尚矣；不知知（不知却显示知道），病（有毛病）也"。引出："圣人不病，以其病病（因为他把毛病看着致命祸根）。夫为病病，是以不病（所以不犯错误）"。这是劝人不要虚伪，不知就不知，不要卖弄知识多。诚实的人，痛恨作假，所以不会犯大错，也就能保持心理健康。

第81章。从"信言不美（真话不漂亮诱人），美言不信（动听的话不可信）……知者不博（有知识的人不卖弄），博者不知"。引出："天之道，利而不害。人之道，为而不争。"这是劝人要诚实不要虚伪。要把心思用在利人上，不要去争名逐利。

老子很重"真"，很讲诚信，反对虚伪，反对追名逐利。一个人能回到婴儿般真朴了，还会有什么心理障碍呢？这种人肯定活得十分自在。

2. 节俭与浮华

第26章。从"重为轻根，静为躁君（镇静可以制止浮躁）……虽有荣观（即使有美色、豪华生活诱惑），燕处超然（不动心）。"引出："轻则失根，躁则失君"。这是劝人不要浮华，要像燕子居处在人家房檐下一样，超然不动，不为虚名、享受，不浮躁，永保心理平静。

第38章。从"下德不失德（道德低下的人，常装着重德的样子），是以无德"。引出："前识者（所谓的先知），道之华（虚华），而愚之始（愚蠢由此产生）"。这是劝人少摆空架子，少争虚面子，做一个真实、平常，实则高尚、不累的人。

第59章。从"治人事天（治理百姓、养护身心），莫若啬（谨慎、爱惜）"。引出："是谓根深固柢，长生久视之道（实现长寿的规律）"。这是劝人在养生上要谨慎，保持根深柢固，做到长命百岁。

第67章。从"我有三宝（法宝、准则），持而保之：一曰慈、二曰俭、三曰不敢为天下先（不享受在先）"。引出："慈（慈爱）故能勇（勇于献身）；俭（节俭）故能广（周济他人）"。这是在劝人慈爱、节俭、先天下忧后天下乐，做一个坚守高尚美德的人。试想一个慈爱、节俭、不享乐在先的人，还有什么想不开，怎会有心理疾患？

老子很重朴实、无华、节俭、不享乐在先。这是一种极好的心态，这是给出了一个心理健康的样板。

3. 谦让与好斗

第8章。从"上善若水。水善利万物而不争，处众之所恶，故几于道（合乎规律）"。引出："夫唯（正因为）不争，故无尤（罪、过、失）"。这是在劝人要养成水一样谦下不争的美德。

第68章。从"善为士者，不武（不逞勇武）；善战者，不怒（不被激怒）；善胜敌者，不与（不与敌人正面冲突）；善用人者，为之下（表现谦下）"。引出："是谓不争之德，是谓用人之力，是谓配天古之极（这叫合自然规规律）"。这是教导人要谦下，不要逞强好斗，养成了好习性，心理自会健康。

第73章。从"天之道，不争而善胜，不言而善应，不召而自来，繟然（坦然）而善谋"。引出"天网恢恢，疏而不失（自然规律，无处能离开它）"。这是教导人，心理规律要遵而不违，遵循得好，不争而善胜，健康、快乐，长寿也自然到来。

第78章。从"天下莫柔弱于水，而攻坚强者莫之能胜"。引出"弱之胜强，柔之胜刚，天下莫不知，莫能行"。这是启示我们，谁都懂得要谦让莫好斗的道理，但就是很难实行。要排解障碍、实现心理健康，要害在"行"。

老子用哲学智慧讲了如何形成诚实、节俭、谦让等性格，实则是讲了心理学上的如何培养完美个性心理特征，这是消除心理障碍，实现心理健康的良方。

三、从"道法自然"看心理健康

"道法自然"是老子的一个核心论断。放在心理学领域，意思就是"心理规律取法自然"。什么是"自然"什么？是：大自然——自然物（含人）——自然而然（必然性）。要排解心理疾患，实现心理健康，就要遵循"道法自然"。

对自然,顺则昌,逆则凶。夏天不能穿棉袄,晚上不能不睡觉。人是小自然,饿了要进食,吃了有便溺。受人夸奖会高兴,被人冤枉会生气。这些都是自然,都需要调适。那么,心理出违逆(障碍)了怎样调适?

重阴阳平衡。老子说:"万物负阴而抱阳,冲气以为和"。这一判断,揭示了自然普遍的根本规律。天地、日月、阴晴、寒热、男女、动静、生灭都是阴阳的冲和(对立统一)。心理活动同样离不开阴阳冲和。人为什么会产生心理疾患?其实就是心理不平衡?得失、祸福、已与人、升与降,都是阴阳,你只要得、要福、要已、要升,又喜欢与好的、高的比,你这是不合阴阳冲和,心理当然不平衡。你要学习《塞翁失马》里的塞翁。你看人家多懂得阴阳平衡、祸福相依。他的马跑了,邻人怕他想不开,来安慰他,他不仅不因失马而生气,反而说"焉知非福(怎知不是福)"。过几天,马回来了,还带回来了一匹。人们来道贺他,可他并不欣喜若狂,反说,怎知不是祸。后来他的儿子骑这匹马把脚摔拆了,人们又来安慰他,他仍不悲伤,说怎知这不是福。后来征兵,儿子因腿有伤而免征,逃脱了战祸。这个塞翁讲能力不大,讲气质平平,但他的性格好,他认定了"祸兮,福之所伏;福兮,祸之所伏"。阴阳终需平衡,坦然面对一切,他活得幸福,自在。

养成水德。为什么说老子是大智慧?因为他揭示了最普遍的规律,反复提倡水德。现在,我们把水当作"我自己"来演说给你听。我(水)的美德是利万物而不争。你要喝,我给你喝。你要争名、争利往高处走,我让你,我就往低处流。流下去被堵住了,没关系,绕道走。全堵住了,我也不生气,一是渗、二是蒸发,各有各的活法。不过,你不要说我是奴性,是无用,你要是邪恶,你要堵我的正义之路,我也会冲决山峦泻千里。但是我不报复,适可而止,很快又能重新保持平静,给万物提供养分。我喜欢真的、美的、善的事物,我会亲近它滋养它。我也不嫌弃脏的、臭的、丑的东西,我会消融它,与他变为一体。我的特点是不争,最善保持平衡,所以人们把我制成了"水平仪"。你们有谁心理不平衡了,可来找我,只要向我学习,跟着我做,一切不平都很快平衡了。

请看,是否可以说:《老子》与心理学具相通性质,可谓道通为一。无非,道反映的是普遍规律,心理学反映的是人之心理的规律。如果记不住上面所举的老子教导,你就记牢:道法自然、上善若水,也能实现心理调节。

第四节　道与系统科学

系统科学是以美国为首的西方的新兴科学的称谓,通常包含系统论、信息论、控制论这老三论,以及突变论、协同论、耗散结构理论这新三论。那么,这些洋科学也能与"'道'学"有同一性吗,也道通为一吗?

我们的结论是"通"。道反映的是普遍规律,系统科学反映的是事物间各种特殊关系的规律,两者当然道通为一(不是全通,是相通)。这里,不妨以与系统科学关联紧密的"企业管理"为突破，对比《老子》进行验证。

道学讲的天地人和一，这和系统论的母系统、子系统的层次理论相对应；老子讲的"五色令人目盲，五音令人耳聋……"这和信息论的接收、反馈相对应；老子讲的"执古之道，以御今之有""执大道，天下往"等，和控制论的控制、调节相对应……"道学"的方方面面，都可以找到和系统科学相对应的地方，就不一一列举了。

"道"是中华通向世界的元文化

中国从伏羲画八卦，确定"一阴一阳之谓道"起，往后无论诸子百家、哪朝哪代都会以"尊道贵德"为思想指导。有"中华文化五千年道德根"之说，也有"道行天下"之说，也有"道是中华元文化"之说。概括一句话：道是通向世界的中华根文化、元文化。中国传统文化一般会提到三教九流、诸子百家。这里仅以九流为代表，梳理一下道文化。

其实，在春秋战国百家争鸣时，还没有明确的诸子百家，可以说各派都是因道而生，各言（发展）其道。现联系管理学简析一下各家对企业管理的贡献（启示）。

儒家流派。重精神、道德、忠诚、献身。名言有"朝闻道夕死可矣""任重而道远""大学之道，在明明德，在亲民，在止于至善。"

法家流派。重制度、赏罚严明、严格管理。名言有"道者，万物之始，是非之纪也。"

墨家流派。重视平等、兼爱、勤俭、组织；重器（含制造）。名言有"为贤之道""行其道"。

农家流派。重视务实、勤劳、节俭、协作。名言有"不误农时"。

名家流派。重视明目标、明手段、先计划。名言有"不明道，其困也"。

兵家流派。重视计谋、机敏、竞争、情报。名言有"兵者，诡道也"。

纵横家流派。重视协作、谈判、游说、妥协。名言有"纵横之道"。

阴阳家流派。重视互补、平衡、权变、规划。名言有"阴阳五行之道"。

道家流派。重视尊道贵德、重视规律、省时度势、进退自如。名言很多，如"道法自然""反者道之动"等，是龙脉文化之元。

还有小说家、杂家、史家等，也都从自己的领域弘道，无一例外。

运用"道"运筹成功的事例

古时没有企业，现将道联系于一般管理以推及企业。请看个起死回生的事例。

北宋真宗时，皇宫失火，烧去一半，约九万平方米。皇帝限半年修复，无大臣敢接此大任。为什么？

第一，当时的汴京很大，就是《清明上河图》所画的那个繁华都市，也就是今天的开封。皇宫离黄河还有40里，只有一条叫惠济的小河从旁边流过。

第二，要重修皇宫，不但建筑材料很难运来，而且连废墟的清理运走都很耗时间。

第三，如果清废、运料、建筑同时进行，人多场地拥挤不堪，不便施工，这么大的工程，半年时间，一般人认为无论如何也完不成。

所以，再能的大臣都不敢接招。

这时，有一个五品小官丁谓，却出人意料地接受了任务，他在众人怀疑的目光下，竟然如期高质量地把皇宫修好了。他的做法正是遵循了《老子》"治大国如烹小鲜"（60章）和"图难于其易，为大于其细"（63章）而成的。

丁谓的做法是：1. 要求皇帝承诺给他独断大权，中途不要干预；2. 先从皇宫废墟旁，挖出一条大渠，连接与黄河相通的惠济河；3. 设计、备料、招工、清废墟同时进行；4. 挖渠的土，就地打砖、烧砖；5. 清理的废墟先堆积在大渠另一边；6. 各地运来的木石等建筑材料、人员、生活用品经黄河由新开的大渠直接送到工地；6. 皇宫建成后，再将废墟及新增垃圾统统填入大渠，省去了清理废物的远程运输；7. 颁布了安全、质量、奖惩等法令，调动工匠积极性。

这一奇迹主要是运用了"治大国如烹小鲜"的统筹安排和调动积极性的措施的；这和系统科学的统筹兼顾、反馈调节等都天然一致。

用"道"于经营管理要把住几个要害

之一,诚信勤学 胡雪岩发达的启示

清朝红顶商人胡雪岩,富甲天下,家喻户晓。但他的成功却主要在于诚信和勤学。

胡雪岩13岁在安徽绩溪放牛,捡到一包珠宝并等到失主回来认领,拒受谢金,感动了失主。这失主便带他去自己开的杂粮行当伙计。胡雪岩由于勤奋好学,又被火腿行老板看中,并求粮行将胡让给了他。由于勤奋好学,又学会了一手好算盘,后来又被杭州一钱庄挖去了。胡23岁时,钱庄提升他任副掌柜,他以坚持还要继续学习内外业务为由拒绝了。27岁,老板病逝,立遗嘱钱庄交胡雪岩继承。后胡扩大经营,成了巨商。为了国家,他又为左宗棠筹粮,做了很多有益的事,被清廷誉为"红顶商人"。

之二,戒骄戒躁 知过改过 史某某起落的启示

1995年《福布斯》评了中国富豪第十名为史某某,但其1996年所建大厦到72层时轰然倒下,欠债达2.5亿;史某某卧薪尝胆、读书、攀山、艰苦度日,认识了祸福相依、骄傲失败等道理后,从头再来,从做脑白金开始,东山再起,还清了巨额债务,使自己的巨人集团重新光耀人间。

之三，上善若水　陶朱公范蠡

商家供的神是谁？是陶朱公——范蠡。范蠡在帮助越王勾践复国后，功成身退，辞官漂流，辗转到了齐国，发现这里荒地多，就买地雇人耕种并经营加工销售，很快成了巨富。范蠡的老师是文子，文子是老子的学生，范蠡是道家的正宗传人。可见，道家理论用于指导经济、管理都是卓有成效的。

虽然，古代还没有系统科学，但用道于企业管理却与用系统科学指导企业管理天然相通，同样有效。由此，我们结出：道学与系统科学道通为一。

第五节　道与逻辑平衡

阴阳冲和，本质是：万事万物的对立双方无不通过斗争获取平衡，进而达到统一和谐。西学没有阴阳冲和，有逻辑学，逻辑学没有讲平衡，但离不开平衡，这里，不妨与道联系起来讲讲。

逻辑平衡，其实就是思维平衡、思维合乎规律，自然道通为一。

老子说："天之道，损有余而补不足。"（77章）——看出什么？老子重视辩证平衡。这里的平衡，包含生态平衡、经济结构平衡、收入分配的相对平衡等方方面面。联想到当今关注生态失衡、社会失和、心态失衡，再看思维及逻辑，却发现逻辑思维，也离不开"平衡"。

自然有平衡功能

自然涵盖宏观世界、微观世界，以及生物界、人类及人的思维。

1. 宏观、微观的万物世界。宏观的星、云运行和微观的原子、电子运行是一致的，都是乱中有序，周而复始。我们以太阳系为例，就存在三种平衡。

一是吸引力和排斥力的平衡。如吸引力大于排斥力，众行星和卫星都会被吸引到太阳里去了。相反，如排斥力太大，各行星和卫星都会离太阳远去，在太空乱窜。

二是向心力和离心力和平衡。当向心力、离心力在一定距离里获得平衡时，行星就会按一定轨迹围绕太阳作周而复始的旋转。同样，卫星也会绕行星作有轨道、有周期的旋转。如果没有这种平衡，向心力太大，行星（含地球）、卫星（含月亮）都会被吸进恒星（含太阳）；相反，如离心力太大，众行星、卫星又都会飞到另一个吸引力更大的星系去。

三是作用力和反作用力的平衡。一个小天体因失衡而飞撞地球，撞时有个作用力，同时地球也会产生相同当量的反作用力。如果没有这个反作用力，这个小天体就可能穿透地球或毁灭地球；相反，如果作用力、反作用力也有限，地球的震撼也小，这个小天体冷却后就成了一块陨石，留在地上。

扩而论之，银河系，乃至周天，也都存在同样的平衡运动。

一个小小的原子，其实很像一个太阳系。中心是原子核

（带正电），四周是绕着原子核转的电子（带阴电），阴阳之间产生吸引力，阳与阳，阴与阴具有斥力。阴阳两种力的平衡，产生了电子围绕原子核作等距离旋转；电子与电子因有斥力而互相保持距离。

2. 生物世界。生物包括细菌、植物、动物、人类等一切有生有死之物。生物的共性是都由细胞构成。而细胞的共同特点是：获得了必要的条件，就生存、分裂、繁衍；失去了必要条件就死亡。生物界不管如何多姿多彩，但其共有的规律却只有一个：吐故纳新、新陈代谢。而代谢本身就是"失衡——平衡——再失衡——再平衡"的动态过程。

先看植物，有了种子和适量的阳光、空气、水、肥料、不受侵害的环境，就能萌发、生长、开花、结果、成林……这里条件和结果是一个平衡关系，无因无果，条件差发展差，条件好结果好。不守衡而大发展的事例是没有的。再看动物，动物分素食和肉食两种，它们除了需要阳光、空气、水、生存环境等条件外，还需要进食。素食者需草木花果，肉食者需有足量可摄的其他动物，这就形成了一个食物链，链中缺了任何一环，也都会失去了生态平衡，必然给物种带来灭顶之灾。一切生物，包括细菌、菌藻在内，都需要纳（进食），排（屎、尿、汗），新增细胞和淘汰细胞（新陈代谢）。只食不排，也会死亡。

3. 人类社会。人是社会动物，人类首先要有生存和发展的动态平衡。生存离不开吃、穿、住等，这就需要社会分工协作进行生活资料的生产。发展有两种，一种是人类自身的发展，一种是物质生产和精神生产的发展。人类自身的发展，需要男女在量和质两方面的平衡。物质生产的发展,又需生产力和生产关系平衡,两者不平衡就会阻碍发展引发动乱。说到生产,又引出了物质生产和精神生产的平衡,两者只有一边而无另一边,是不能推进社会发展和社会进步的。社会的发展,又引出了上层建筑和经济基础的适应,不适应就会阻碍发展,直到实现了新的平衡。搞建设是为了人民幸福。但结构不平衡、资源配置不平衡、资金投向不平衡、区域发展不平衡、生态不平衡、贫富扩大生活状态不平衡等,又会影响社会的协调发展。国家的决策部门整天在做什么?发展—平衡—再发展—再平衡—更高发展。

总之,大自然至人类社会,乃至个体的人都离不开一个看不见的机制——平衡。所以,老子说:万物负阴而抱阳,冲气以为和。——这是阴阳的平衡,也是普遍的平衡。

逻辑离不开"平衡"

思维是人脑的功能。人有自然属性和社会属性。自然和社会普遍存在的"平衡"功能,必然在思维里有所反映。况且,思维本身也是一种自然现象,也离不开平衡。作为知性思维的普通逻辑、数理逻辑,和理性思维的辩证逻辑都离不开"平衡"。数学、数理逻辑,少不了公式推演(如公理的证明),其中核心的就是"相似""约等""相等""全等""等值"等的平衡检验,没有平衡也就谈不上推演。

辩证逻辑的本质何在?在研究思维如何在对立统一中推进。"对立统一",用老子的话说叫"万物负阴而抱阳,冲气以为和"，也就是"阴阳动态平衡"。

为了让大多数的朋友都能接受逻辑平衡，我仅从辩证逻辑的角度来考察思维的平衡要求，暂不接触数理逻辑、普通逻辑。但可推知它们同样也离不开平衡。

辩证逻辑是研究理性思维的形式及其规律的科学。辩证法之对立统一等三大规律是它的普遍规律，但它还有"具体—抽象—具体"及"逻辑与历史的一致""分析与综合的统一""归纳与演绎的统一"等特殊规律。现在，我就从辩证逻辑体系的主要方面加以探讨。

1. 概念（范畴）。辩证概念是具体地反映对象内部的矛盾和对象之间的矛盾关系的概念。最大的概念叫范畴。以"人"为例，普通逻辑的"人"是能制造并使用工具的动物，仅从形式上作抽象同一（平衡）的反映。辩证逻辑的"人"要反映男与女、老与少、汉族与多民族、工人与多职业、智人与猿人等的对立、发展关系，而这些对立统一又反映了对象与对象之间、思维与对象间的动态平衡。

2. 判断。辩证判断是对对象矛盾运动的具体情况有所判定的思维形式。以对商品的判断为例。普通逻辑判断为商品是用于交换或出售的劳动产品。仅从形式上表达了抽象同一（平衡）。辩证逻辑对商品的判断则是使用价值和交换价值的对立统一的产品。辩证逻辑的判断既包容知性（普通）逻辑的判断又要判定对象的对立关系和运动变化。这种对象自身的对立统一和思维与对象的对立同一，实则也是一种动态平衡。

3. 推理。辩证逻辑的推理主要是分析和综合。当然，在分析和综合过程中,也少不了兼用普通逻辑的演绎、归纳、类比等推理。分析是通过分解剖析出各别矛盾,综合是统合矛盾将以升华。这个升华自然少了不对普通逻辑的演绎、归纳、类比的交替运用,是动态的对立统一运动。是无序——有序的运动,是失衡——平衡——再失衡——再平衡的推导。得出结论则是平衡的相对体现。

4. 规律。辩证逻辑的规律很多,普遍规律是辩证法的对立统一等三大规律,特殊规律有"相对绝对律"等三五个逻辑界尚有争议的规律。为简省篇幅,仅举中国革命为什么要选"新民主主义"为例看看辩证思维对平衡的需要。

20世纪40年代,经历过北伐、土地革命、抗日战争的中国共产党,急切需要为自身确定一个切合国情的建国目标。毛泽东根据一二次世界大战中帝国主义强占殖民地的悲惨境况,看到了依附列强的不可取。国内当时三座大山压顶,中国民族资产阶级软弱,辛亥革命成功后孙中山又让位袁世凯,蒋汪内斗,汪亲日,蒋亲美,中国沦为半封建半殖民地。学习苏联走共产主义道路,苏共的教条主义指挥又使我屡遭挫折。对照马列教导,社会发展进程是原始共产社会—奴隶社会—封建社会—资本主义社会—社会主义和共产主义社会。中国当时资产阶级和无产阶级规模都小,还处于封建社会。按发展程序中国尚需搞资本主义。走蒋汪的资本主义必然成为帝中国主义的附庸,此路不可选。毛泽东运用辩证法的三大规律及"逻辑与历史相一致"等规律,认为选择"新民主主义"可以兼顾社会发展这一逻辑必然和历史演绎的现实。再根据"抽象——具体"规律,也即把从具体实践抽象出来的革命理论再去分析综合当时的具体现实,认为实行由无产阶级通过中国共产党领导,以工农联盟为基础,团结民族资产阶级和小资产阶级,建立人民民主专政的国家,给予民族资本主义以发展空间的新民主主义社会,就能既合社会发展规律,又不沦为殖民地,还可与社会主义接轨。再用"相对——绝对"律,即实践—认识—再实践—再认识,经取得共识后正式公布。这一理论因赢得民心而建立了新中国。"大跃进"后偏离了,改革开放再复位,这才找到了由新民主主义过渡到社会主义的中国特色社会主义。在这一"实践—认识"反复的过程中,思维经由了不平衡到平衡的上升运动。得出结论算是相对平衡,出现问题算是打破平衡,经过修正提升又获得了新的平衡。这些都有力地证明了逻辑离不开平衡。

　　请看,道与逻辑,特别是辩证逻辑,是不是"道通为一",具有同一性?

第八章

道与养生

养身之道，或道家养生，属于道在养生实践中的运用。现分别探讨于后。

第一节　老子的摄生

《老子》里，找不到"养生"，只能找到近义的"摄生"。

对照帛书和竹简，对应"摄生"的却是"执生"；后来找到陕西周至县楼观台道德经碑文，也是"摄生"，不是"养生"。

那么，摄生是什么意思？"摄"，查《说文解字》没有找到，在《古汉语字典》（上海辞书出版社）264页有"shè"和"niè"两个注音，和12个解释，对应"摄生"的：有"保养"，有"摄，养也。"

查《道德经河上公章句》（中华书局）192页解释，也是："摄，养也。"但进一步又说明：摄生，是养生的同义词。

还有，为什么不是"养身"，而是"养生"？按说，"身"，身体，生命的载体。身体健康，生活快乐，生命长存；身体生病，治不好会死亡；没了身体，也就没了这个人的一切。现在的医生、医学刊物，所讲的养生，往往多是在讲如何保养身体。

查找资料，生，可以是：生活，生机，生存，生育，生命，性……生命，包含生理和心理两个方面。如果用养身，只讲了保养身体，就会轻视了心理；如果讲养生，就做到身理和心理并重了，所以，老子用了"摄生"（养生）。摄，有控制的意思，老子用摄生，是生理与心理并重，落脚在以心理御生理。一个人如果心理健康，心宽体健，自然少生疾病；如果心理有疾患，或讳疾忌医，或病急乱投医，即使花钱进补、理疗……也无济于事。

为什么有人会被气死？如周瑜因为嫉妒诸葛而气死——心理作用使然。

自杀的本质是什么？——是思想（心理）否定身体（生理）。

由此可知：思想、心理在"生命"中的位置何其重要。

所以，老子讲"摄生"，就比一般的养生专家的建树高了几级。

那么，老子在养身、养心上各讲了些什么呢？

先看养身。在《老子》里讲养身的文字几乎没有，勉强可以对号的有：

"天长，地久。天地之所以能长久者，以其不自生，故能长生。是以圣人后其身而身先，外其身而身存。"（第7章。意思是：学天地，不争利，获长寿）

"功成身退，天之道也。"（第9章。意思是：尽了职责后得退让，得休整）

"五色令人目盲；五音令人耳聋；五味令人口爽；驰骋田猎，令人心发狂；难得之货，令人行妨；是以圣人为腹不为目，故去彼取此。"（第12章。意思是：追求享乐，酒色财气，害人不浅；要把正常生活、营养保证，看得更为重要）

"宠辱若惊，贵大患若身。"（第13章。计较荣辱太过分，定会伤身）

其实，这些论断，似讲养身，更讲养心。

再看养心（养性）。在《老子》里，养心养性讲得很多。因为太多，就不全引了，仅分类简介如下：

认识生命：

"出生入死"（第50章。意思是：人有生就有死，谁也无法改变；认清这一点，就消除了对死亡的恐惧，就要讲活出质量，活好每一天）。

养心目的：

"长生久视"（第59章。意思是：活得久，看得多。活得久，指长寿；看得多，指幸福）

指导思想：

"天之道，利而不害。人之道，为而不争。"（第81章。意思是：人人都应该做到：为民奉献却不争利）

"知常容，容乃公，公乃全，全乃天，天乃道，道乃久，没身不殆。"（第16章。意思是：思想、行为要合道，合道才能长寿）

养心原则：

1. "知足不辱，知止不殆，可以长久。"（第44章。意思是：知足，知止，不贪，是长寿原则）

2. "天之道，损有余而补不足。"（第77章。意思是：养生规律是平衡。胖了减肥，吃多了节食，缺钙补钙，对症调理，力求平衡）

3. "见素抱朴，少私寡欲。"（第19章。意思是：控制私欲，淳朴清心，心理平衡，是健康长寿的要诀）

养心要点：

1. "物壮则老，谓之不道，不道早已。"（第55章。意思是：不要过分进补、妄求不死，沉迷享乐纵欲。催壮反而加速衰老，反易伤身早逝）

2. "夫唯病病，是以不病。"（第71章。意思是：正因为能严防疾病，所以才不生病；或有病早治能早愈）

3. "知人者智，自知者明，胜人者有力，自胜者强。"（第33章。意思是：贵在自知、自强，用必胜之心战胜病魔）

从以上例子看出，老子对养生的研究，既站到了高处，又抓到了要害处。

反观当今，养生的书籍、报刊、印刷品，品种繁多；养生活动如讲座、论坛、交流会，遍地开花；养生营销如健身器、治疗仪、营养品、特效药、灵丹、新药，铺天盖地；更有诸多健身活动、宗教手法，让人心倾意倒。

当今人们，特别是老年人见面，聊天最多的话题是什么？大多是：什么什么健身新方法、什么什么健身新药……

一时间，什么人参、鹿茸、虫草、玛卡、红景天、藏红花、深海鱼油、高山雪莲……吃呀吃，送呀送，结果怎样？不言而喻。

请看，这一切一切的共同特点是什么？是养身。不全是养生。

请问，如果一个人老爱生气，再吃多少补品，再用了多少健身好方法，他能获得长生久视吗？

相反，《老子》理论则用"摄生"（养生）占领了制高点。

为什么这样说？再来看看老子的"摄生"是如何站到了高处和抓到了要害的。

高处是：用养生统养心和养身，又以养心御养身，最终达到有效摄生。

要害是："自知者明，自胜者强"（第33章 意思是：自己认清自己，控制自己，战胜恶习，战胜病魔，可以达到长生久视）。请看，老子"摄生"理论何其实际，何其正确！

第二节　老子养生要领

随着国强民富，老有所养，全民重健康，中老年讲保养，今天，养生已蔚然成风。

养生市场应运而生，保健品，养生图书报刊，医保专家，健身机构……铺天盖地。

保健养生信息充耳炫目，各夸其高，互有矛盾，常有误导，看得多了，莫衷一是，无所适从。

猪油有害、肥肉不宜、吃羊肉不能吃西瓜、胃寒的人不宜喝牛奶……记不住啊，遍地是地雷！

毛泽东教导我们莫搞烦琐哲学，学东西、办事情，要善于辨析。去伪存真，抓住主要矛盾，贵得要领。老子也说：少则得，多则惑。意思是不在多和杂，贵在精和要。

如何才能得其要？首先要弄清我们讲的是"养生"，不是"养身"。养身主要讲饮食保营养，运动保通畅，作息（睡）保平衡，治病保安康。这都属于生理范围。"养生"则不同。"生"表生命的全过程，表生生不息。人类生命的最高境界是什么？是健康长寿，是心情快乐，是思想闪光（智慧）。西医给人治病是管"养身"；中医则讲养生，既治病、又重治未病，重养性怡年，兼顾了心理和思想。心理不健康会生病；思想不健康，如私心、贪欲膨胀，也会损害健康。因此"养生"高于"养身"。

《老子》的"摄生（养生）"理论涵盖了生命的全过程，能从思想认识的高度看待饮食起居（作息），守善不妄，形神合一。因此，《老子》是养生的经典名著，是值得我们以之作为养生的指导思想。

但是，老子的养生言论很多，涉及的内容也广。什么是其养生的要领呢？我认为是"道法自然"。

什么是"自然"？这里的"自然"实则是"自然而然"，也就是哲学讲的"必然性"。大自然的运行，有规律，周期循环，不以人的主观意志为转移。这叫："天行有常，不以（因）尧存，不以桀亡"。满足了发生、发展的条件，人就可能复制这种

"自然"。

控制了一定的温度、湿度等条件，就可保证鸡生蛋，蛋孵鸡。同理，提供了人的出生、成长、祛病、延寿等条件，人也可能得以延年益寿。但"有生必有死"这也是"自然"，也不可违逆。讲"道法自然"的意思，就是强调要合规律，合必然性。合了"自然"就是合了道。因此讲养生的要领就在要合"自然"。做到了"道法自然"就能一通百通。请看如几点。

第一，追求长生不死，反而早死。

老子说："人之生，动之于死地（自我作践早死的），亦十有三。夫何故？以其生生之厚（是因为他们追求生活享受、追求长生不死的缘故）"（50章），"天地尚不能长生，而况人乎？"（23章）；老子还说："物壮则老（催使物成长壮实就近于衰老），是谓不道（这叫作不合道），不道早已（亡）"（30章）。这也就是说，如果对养生要求过高，过多地去补济，过多地去理疗，过多地去讲吃讲喝，过多地讲服药调理，就会违背自然，反而早死。

第二，私心贪欲过份，也会多病，早死。

老子说："甚爱必大费（伤身），多藏必厚亡（死、祸）"。（44章）又说："祸莫大于不知足，咎（过失）莫大于欲得（贪）。"（46章）"宠辱若惊，贵大患若身（把荣辱这样的大祸患看得与自身生命一样重）。"（13章）这些思想行为，都有会伤神伤身，不合自然，不合道。对一些医疗保健不甚了了，又过偏信盲从，也会伤身折寿。

第三，心浮气躁，逞强行恶，损伤精气神，也会折寿。

老子说："强梁者不得其死（逞强行凶者不得好死）"（42章），"轻则失根（本），躁则失君（主宰）"（26章）；又说："今舍慈且勇（武），舍俭且广（奢侈），舍后（居后）且先（争利抢先），死矣！"（67章）"不知常（道）妄作（为）凶"（16章）。这些教导是说，违逆自然，强不可而为之，是不合道，是自作孽，不可活。

下面从正面讲讲怎样才合道，才利养生。

第四，善于把住度，莫大意，莫轻生，善持守。

老子说："治人事天，莫若啬（谨慎）"（59章），"圣人去甚、去奢、去泰（极端）"（4章），"祸莫大于轻敌，轻敌几丧（几乎丧失）吾宝"（69章）；又说："不失其所（根本、德行）者久，死而不亡者寿（精神不死）"（33章）。显然，把持自己，合乎自然的规律，就是有效的养生。纵观天下寿星，他们都是顺乎自然，心宽、谨慎的典范。

第五，少私寡欲，见素抱朴，致虚守静，善行知止，是养生首善。

老子说："天道无亲，常与善人"（79章），"知止可以不殆（死、病）"，（32章）；又说："静胜躁，寒胜热，清静为天下正（道）"（45章），"见素抱朴，少私寡欲"（19章）。注意，少私不是无私，寡欲不是无欲，私重、欲甚就不能行善守身，所以提倡致虚极，守静笃，恬淡为上，这才合正常人的发展过程，才不伤神伤身，才有利健康长寿。

第六，心系天下，遇福不骄狂，遇祸不悲绝，知错就改，合乎常道。

老子说："爱以身为天下，若可以托天下（爱自己身子，是为报效天下人民，可以把管理天下的重任托给你）"（13章），"为学日益（增进），为道日损（减损过失）"（48章），"祸分福之所倚，福分祸之所伏（祸福相依，不因福狂，不为祸悲）"（58章）。像这样把个人和社会连在一起，心胸开阔，就减少了个人的狂与悲，就能适时调节自己，就能合乎自然，合乎常道。

以上从正反两方面明确了"道法自然"为什么是养生的要领，这就启示我们，今后遇到了新的养生信息，就要以是否合"道法自然"为准绳，去辨析，作取舍，然后排出主次。不是一概不信，而是不轻信，不跟风，重在吸其精华，不让垃圾信息塞满了脑，要弃其糟粕；一时吃不准，可以暂时搁置；坚守道法自然，形成自身特色，这就是养生之要，养生之道。

第三节　善待疾病

要想健康长寿，要有正确对待疾病的态度。什么是正确态度？老子《道德经》16章说"……夫物芸芸，各复其根。归根曰静，静曰复命，复命曰常。不知常，妄作，凶；知常容，容乃公，公乃全，全乃天，天乃道，道乃久，殁身不殆"。用于养生，大意是说：万物生机勃勃，最后都回复到自身的根源，就叫做清静，清静寂就叫恢复本性，恢复本性就叫常（自然），认识自然就叫高明。不认识自然，就会轻举妄动，就会招惹灾祸。认识了自然，就能包容一切，包容一切，就能大公无私，大公无私才能圆通周全，圆通周全才能合乎自然，合乎自然才能符合"道"（规律），符合规律才能持久，一辈子才不会遭遇凶险。这段文字给我们的教益颇多，这里择要取三点：①"知常"——掌握人生老病死的规律；②"妄作，凶"——主观妄为，有损健康；③"道乃久，殁身不殆"——按规律保健，能受益终身。

善待疾病，分为预防与治疗两面。预防要讲一个态度、两个关口、三注意。

一个态度：就是"知常"——人吃五谷要生病是"常"。偶有小病能及时治愈能增强免疫力；自恃健康，猛一生病反多凶险，这也是"常"。所以对待疾病的正确态度应是既不大惊小怪，又能积极防治。

两个关口：一是入口关，二是接触关。庄子说："人之所畏者，衽席之上、饮食之间，而不知为戒者，过也"。这里的"戒"是指节制，过就是错了多了。正好说明必须把好这两关。先说"入口关"。"病从口入"，吃了变质、带菌、有毒食物会生病，吃得过多、过冷、过粗等会生病，甚至配搭不全不当也会生病。所以对"吃"，不能凭一时痛快，而要按洪昭光教授讲的合理膳食标准做到卫生适度。第二要把住"接触关"。接触毒物、放射物、带菌物会生病，接触传染病人、病兽（含宠物）会生病。特别是皮肤病、结核病、性病、艾滋病等多是在接触中传染。因此，劳动和护理病人要讲防护，社交要有分寸，夫妻性生活要卫生有度，不正当接触如婚外性等断不可为。虽然我们不能因防病懒交往，但在交往中不怕"麻烦"，坚持卫生防护却十分必要。

三个注意是：一要注意有不适感时早检查，即使无不适感过两年也得例行检查，防患于未然。二是要把握"度"，懂得"过犹不及"，虽然睡眠、锻炼、进补、性爱等都对身体有益，但都得讲个适度。三要学点保健科学，不要信江湖游医、算命先生等的误导，给自己招病找祸。

说了预防再说治疗。俗话说："黑三爷也怕病"，意思是说天不怕的张飞也怕病。病是不速之客，不欢迎它它也来，你不战而胜之，它就步步进逼，直至夺命。那么，如何对待？回答是一个总态度，两个对策，三个防止。

一个态度：就是毛主席说的战略上要藐视敌人，战术上要重视敌人。闻病变色甚至崩溃，那是长病魔志气，灭自己威风。相反，相信人体有抵抗力，常以保尔、张海迪等为楷模，树起雄心，精神上首先胜利，疾病也就退了半厢。但在战术上（具体对待疾病上）却要重视，要及早重视高度重视。如在战术上也藐视，不及时就医、精心审查、坚持根治，势必让病魔夺关进逼，铸成大患。

两个对策是：一要及时择医救治。古人说"治病争其未笃，除患贵其未深。"（《吴书·骆统传》）道理好懂，实行常难。关键是要"及时""择优""配合"。这里侧重讲配合确诊，只有配合确诊，遵嘱治疗及时反馈才有利医生调控。对策之二是调整心态。毛主席说外因是变化的条件，内因是变化的根据，外因通过内因而起作用。这里，医是外力，是很重要的条件，但要通过内因才起作用。如何调整？老子说："归根曰静，静曰复命。"意思是说回到自身的根源叫清静，清静就能恢复本性。保持良好的心态，并通过进食、锻炼、戒不良嗜好等方面提高抵抗力，且积极配合医生治疗了，就能促成早愈。

三个防止是：一防讳疾忌医。因怕药苦、怕手术痛、怕花钱、不愿让某人知道有病……而生病不医，是聪明反被聪明误。要学关羽刮骨疗毒，长痛不如短痛。二防悲观失望经不起挫折。要看到"少者殁而长者存，强者夭而病者全"（韩愈文）的情况是常见的，要有"死是等闲生也得，拟将何事奈吾何"（元稹诗）的态度，绝不做自杀寻解脱、苦愁等死期的蠢事。要积极治疗，活一天活好一天，争创人间奇迹。三防是防性急。俗话说病来如山倒，病去如抽丝。治病有其客观规律。病伤元气，复原必有过程，妄加超越就有违《老子》26章的教导"轻则失根，躁则失君"。意思是说轻举就会失去根本，妄动就会丧失主宰的地位。你若不讲科学，怨医骂人、轻举妄动，难免事与愿违。

老子《道德经》之最后一句说："圣人之道，为而不争。"这里的"为"是按规律办事。这里的"争"是强做违规违德之事。如偏想长生不死、偏想比人都阔等。这句话用于善待疾病，就是讲既能防治，但又绝不要求过急过高。

第四节　《阴符经》养生效果好

自从广西巴马被誉为"世界长寿之乡"后，巴马一下热闹起来，疗养的、迁居的、旅游的，趋之若鹜，为什么？国强了，民富了，养生成了普遍关心的话题。时下，养生论著不计其数，健身药品、器械铺天盖地，久而久之，大家开始醒悟，开始把注意力转移到了经典、实效上。

鄙人多次研读《黄帝阴符经》，深感此经也是指导养生的宝典，而且具有简明、得要、易行、有效的好处，值得推广与弘扬。这里，特择要剖析，和大家分享。

所谓简明，因为全书只有434字，比《三字经》还短，字字珠玑，很快读完；所谓得要，本书分出了：道、法、术三个由纲领到具体的层次，很好把握。对于养生，道，相当于指导思想；法，相当于原理、法则；术，相当于操作的方法、艺术。下面，我就分别按道、法、术三个层面逐一剖析，结合《老子》《黄帝内经》《黄帝四经》分析，以观其是否易行、有效？

近年，由于马王堆帛书等大量考古成果佐证，道学界公认，《老子》《黄帝内经》《黄帝四经》《黄帝阴符经》确属道学源头经典，值得信用。

对《黄帝阴符经》，姜太公、范蠡、张良、诸葛亮等都曾经为之作注，并用之成功辅助明主实现了治国、平天下，取得了公认的奇迹。现仅从养生角度寻求指导，以期见其易行、有效。

道——养生之道

《阴符经》第一章"道章"说："观天之道，执天之行，尽也。"（观察、把握天道，按天道——自然规律去养生，就很完美了。）

这和《黄帝内经》精神完全一致。在《黄帝内经·上古天真论》里说："知其道者，法于阴阳，和于数术，食饮有节，起居有常，不妄作劳，故能形与神俱，而尽终其天年，度百岁乃去。"（懂得养生之道的人，能够按照天地阴阳自然变化的规律而加以有效保养，优化养生方法，使其达到正确的标准。饮食有节制，作息有常规，劳逸适度，房事不过，能使形体与精神协调，活到该活的寿命，超越百岁才离世。）在《内经》第二章又说："阴阳四时者，万物之终始也，死生之本也。逆之则灾害生，从之则苛疾不起，是谓得道。道者，圣人行之，愚者佩之。"（白昼与黑夜春夏秋冬四季更替，是万物由始到终所必须的，也是人死与生的根本。忤逆它就会出现灾祸，顺从它，就不生恶疾。大道啊，圣人践行它，愚人违逆它。）

这就是说，1. 由太阳运转决定的昼夜、四季、二十四节、三百六十五天的太阳历，给人身体的提示是：天道运行是周而复始的，是只能遵循它去安排作息、加被减衣、选择食物，不能固执违逆的；2. 由月亮运转决定的月圆月亏、潮汐守时、日食月食的太阴历，给人身体的提示也是：大自然的运行是不以人的意志而改变的，是周而复始的，只能遵循它去安排作息，去选择生活方式，是绝不能违逆的；3. 人是大自然的分子，必须遵守自然规律，也就是必须合道，合于阴阳五行的生克和合，才能健康长寿，反之必自取祸殃。顺便提一点：《黄帝内经》没有"天人合一"，只有"天人相应"，就是人要去适应自然规律。

如何把握？记住下面有两首顺口溜，就大致合道了。

1. 日月大地照轮回，寒暑四季昼夜分，循环守信人莫改，逆病顺康合道兴。

2. 金木水火土，对应生克和，阴阳五行衍，合道幸福多。

如果还要精练,那就是:道法自然,顺天养生。

巴马的百岁老人,他们生活在大自然,与自然共冷暖,享受自然恩赐,顺而不逆,辰起子睡,劳作自在,知足常乐,不虑死生,粗茶淡饭,造福乡邻。怎么说也很合道。

法——养生之法(原则、守则)

《阴符经》第二章"法章"说:"天生天杀,道之理也……食其时,百骸理;动其机,万化生。"(天地阴阳五行交感,有生有灭,新陈代谢,按规律运行,这是合乎自然规律——合乎天理的。饮食合时宜,全身机体通畅百病不生;运动得体,婚生合龄,动静顺时,长寿安康。)

《黄帝四经·经法》开篇说:"道生法。法者,引得失以绳,而明曲直者也。"(有了道作指导,就能派生法。法这东西,是得失的准绳,是判别是非曲直的尺子。)

这就是说,"道"处在上层,相等于指导思想,重要,但比较抽象;有了道,就派生了"法",就有了实施的法则。那么,什么是养生的法则呢?

根据《老子》《阴符经》等我们可以概括出如下几个法则:

1. 处好天地人关系——人绝不可逆天,但可顺天因地养生益寿;

2. 善把"时机"——利用好天时地利人和之机,得机得健康;

3. 重视养身更重视养心——清心寡欲宁神,心康体更健;

4. 合理膳食、劳逸结合——知中庸、重"度"。

为了便于掌握，也编了一首顺口溜：

天时地利人和，少私清心寡欲，善待死生不争，吃睡劳逸有度。

还可再浓缩为：顺时、清心、静动、适度。

请看，这里讲的好像和"道章"讲的似乎很相近，为什么？"法"是"道"的生发，本质一致，所以接近，只不过法更具体一点。

口诀：养生法则只几条，顺乎自然第一要，清心寡欲心地好，劳逸结合能做到。

在网上搜索"巴马人长寿秘诀"，可以收到的主要有：吃粗粮、喝火麻汤（火麻仁油蔬菜汤）、限性欲、唱山歌……巴马人与其说有什么特别的养生之法，不如说他们更懂顺其自然的养生大道。这就是说，巴马人没有研究过养生方法，似乎有个"顺其自然"的法则。

术——养生之术（操作方法）

术，就是具体方法；术是由道主宰，由法派生的实施方法和技巧，如：饮食营养、起居有常、劳逸适度、坚持锻炼等都属养生的术。

《黄帝阴符经》第三章"术章"说："瞽者善听，聋者善视……心生于物，死于物，机在目……"（瞎子听觉特灵，聋者视觉特精……人的思想、欲念，因物而起，也会因欲念过头而毁于物，是好是坏，转机在于眼之所观。）

《老子》44章说："甚爱必大费，多藏必厚亡。故知足不辱，知止不殆。"（对某事物过分偏爱必定招致大的耗费，贪得无厌的收藏必然招致惨重失败。所以，知足的人不会自取其辱；知道适可而止的人，不会败亡。）

联系《阴符经》等经典，养生之术主要有以下几个要点：

1. 少私寡欲（聋者善视的启示是：断邪念利养生）；
2. 睡好子午觉，按时适量进食；
3. 选择适合己身的锻炼或活动；
4. 学会知足、知止——不贪、不过量。

为了记忆，也来一段顺口溜：

进食营养排泄畅，按时睡起浴阳光，财色名利不妄求，锻炼精气神自强。

为了从巴马人长寿秘诀中更好把握长寿之道，现引2012年6月12日《人民论坛》一段对巴马的报道，以作养生"术"的佐证。

巴马是国际自然医学会命名的第五个"世界长寿之乡"。第五次全国人口普查时，巴马有80岁到99岁老人3160位，百岁以上寿星74位，其中年龄最大的116岁。每万人中有百岁老人达到3.1人，这一数据居世界5个长寿区域之首。巴马的长寿与地理、气候、环境有密切的关系，更与和谐的社会环境，长寿老人良好的生活方式、合理的膳食结构有关。

在巴马，尊老爱幼蔚然成风，老人最受尊重。哪家有了高寿老人，哪家就受到乡民爱护。如果男子成年了，有不尊重老人的表现，连老婆都讨不到，四乡五邻就会谴责他，直到他无地自容悔过为止。一位五代同堂的百岁老人，膝下子孙已有100多人，他说："你看我这一家人，很和睦，这就是我长寿的原因。"

调查还发现，巴马长寿老人的膳食结构基本上是"四低一高"：低盐、低糖、低脂肪、低动物蛋白、高纤维。他们吃的是自己种的无污染蔬菜和粗粮，主食是玉米、大米，并配以蔬菜、红薯等，只吃少量肉。

但愿《黄帝阴符经》能指导我们掌握科学养生之道，让中国有更多的地方成为巴马，有更多的人赛过巴马人。

第五节　道法自然与好习惯

养生要说简单也简单，但坚持却难。

从理论上讲，首先，要了解老子的"道法自然"。意思是说，道是从自然运转中抽象出来的规律，但道看不见，要遵循道去养生，最好的办法是参照大自然运转来安排生活，这叫天人相应，相应得长久。指导养生的经典《黄帝内经》，开篇第一章叫"上古天真论"。这个天真，除指像小孩那样纯真无邪外，还含有天人相应、不逆施、不妄为的意思，其实，也就是道法自然。《内经》第一章说："知其道者，发于阴阳，和于术数，饮食有节，起居有常，不妄劳作，故能行与神俱，而尽终其天年，度百岁乃去。"第二章先讲了春夏秋冬各应怎样养生，接着说："上古有真人者，提挈天地，把握阴阳，呼吸精气，独立守神，肌肉若一，故能寿敝天地，无有终时，此其道生。"这就是说，顺四时安排饮食起居，且不妄想，不淫乱，就能健康长寿。北方的人抗寒，南方的人耐热，温带的人夏天穿单衣，冬天穿棉衣，这说明人只能顺天，不可违逆。顺之者健，逆之者伤。能够坚持顺四时、顺早晚有规律的生活，就能形成生物钟（生物生命活动与自然节奏长期一致所形成的生命周期节奏。）

某人正是按四季及时加减衣服，天亮起床（夏6点，冬7点），大便后洗漱、做操、早餐，饭后陪妻子买菜，顺便买报（从前是上班），回后吃果子、喝茶、看报、看书，中午饭后，午睡一小时，起床后吃果子、喝茶、干家务、接孙子，晚饭后偕妻子散步，回来后吃果子、做家务、看电视，晚上10点半睡觉（保证睡好子午觉）。这个生活规律，已经坚持了30多年，已经形成了生物钟。所以，某人到睡时瞌睡自然到来，再不会失眠了。你们说遇到有烦心事怎么办，当然某人也会想，会一下子睡不着，但某人能很快想开或搁置，由于生物钟的作用，过一会儿也就睡着了。

从牙齿说起　管控住嘴巴

人少不了吃喝，如何吃？"道法自然"，请看，人的牙齿是整齐的，和牛马一样，没有犬齿，这就是说，人天生是以素食为主肉食为辅的；再看人的胃，体积不大，酸浓度不高，消化肉油能力不如猫狗。人吃植物多，纤维多，胃的蠕动快，食物能很快进入肠道，肠道也好蠕动，食物在体内很快消化，不会发酸、腐臭；相反，如果吃的肉油多，胃难蠕动，不能及早进入肠道，就会发酵、酸腐，刺激胃肠、大脑，对健康非常不利。人类是大自然的子系统，人不能违逆自然。所以，我对饮食遵循的是：粗粮蔬菜为主，营养均匀配好，早素午荤晚少，定时定量不超，不烟少酒限油，任劝把嘴管牢。

大家都知道"脑白金"能健脑，其实脑白金的主要成分只有山楂。山楂健胃，胃好了消化就好了，胃里没有淤积，自然就能睡香，这就是它健脑的原理。我20世纪70年代得过慢性胃炎，回想起来，主要是没有管住自己的嘴巴，馋，吃过量造成的，这就是"病从口入"。吃多了，肚子不好受。翻来覆去睡不着。后来，采用了减两口疗法，再吃一些健胃的药。治好后，下决心管住了嘴，肠胃好了，睡眠也就好了。有病要早查、早治、不拖，但千万不要小病大治，不要常吃补药，是药三分毒，慢性伤胃。胃属中央土，脾胃伤了，百病自来。

从人脚说起　常动脚手脑

兽类四脚无手，禽类两脚无手，人类两脚两手头在上，这是生存竞争，自然选择的结果。《皇帝内经》第三章说："自古通天者，生之本。"人和禽兽既然天生有别，养生也应从独特处出发。人脚长，离心脏远，心脏供血负担重（血流是往返的）；人的脚板大，脚上穴位很多。如果经常运动，不仅有按摩健身作用，更能加速血液循环。血液循环正常有两个作用：一是减轻心脏负担，二是使肺活量加大，吸收氧气多，促进了造新血和排淤积，也就保证了新陈代谢的正常。相反久坐、久睡就不能保证新陈代谢的正常。

常言道，老从脚下起，动手防老年痴呆，动脑延缓衰老。为什么？用进废退，手脚脑相互关联。动物园的老虎，有的连投进去的活鸡都抓不住；家养的猫，有的连老鼠都害怕。看似笑话，其实自然。特警因严格训练，能做很多人做不到的险事，他们的机体也就变得比常人更加发达。如何动？一定要因而异。年轻人可以跑跳做剧烈的运动，有利成长。老年人骨头脆，血管脆，怕摔跤，宜做轻微运动。脚手脑并炼的有养花、摄影、采标本等，手脑并用的有打牌、书法、绘画等，手脚并用的有乒乓球、羽毛球、做手工等，最合适的是和亲友散步。

养生的要害是什么，老子有句名言："道法自然"顺天养生，形成良好习惯；就是"根深固柢，长生久视之道"，从根本处把身体培炼好了，就能长寿，就能看到孙子、重孙子绕在你的膝下，就能多看世界的很多新事物。那不正是人们所企求的吗！

第九章

体道迪慧

人生在世，谁不想认识正确，行事正确，成而不败，智高慧远。此实道家要旨，"道学"所探。不妨以"慧"为题体道。

什么叫智？什么叫慧？虽然在《说文解字》等诸多字典里，智与慧常常连用，都表"聪明"。但从老子等道家著作看，智有时同知，有时表计谋、心计。慧则表远见卓识，通渊达道。我们不仅不贬"智"，乐用"智慧"，更崇"大智慧"或"慧"。

如何获得大智慧？"阴阳冲和"是纲。《老子》说"为学日益，为道日损""知人者智，自知者明，"祸福相依、弊而新成……这些，都证明了：一阴一阳之为道，阴阳冲和而生慧。以下就此展开。

"涤除玄览，能无疵乎？"（《道德经》10章）可否理解为：静下心—除杂念，发挥想象—提炼抽象，实践检验—修正——是培养大智慧的一个突破口？

第一节　发挥道的功能

一门学问有怎样的功能、价值，只有由实践判定。检验无用，不成学问。功能强、价值大，大学问。

《道学》是学问么？老子说"能知古始，是谓道纪。"（14章）——不妨用过去真事窥之。

道的功能很多，主要有：认识功能、修复功能、提升功能、协调功能、修养功能、养生功能……发挥了这些功能，是否能增长"大智慧"？现简介于后。

认识功能

认识功能最重要。为什么？不知"道"，如何用。但，道无终始，认识无尽头，只能不断前进，不断上升。公式是：实践——认识——再实践——再认识。

即使在用道过程中，也离不开认识。中国共产党就很会运用这一功能，凡遇重大创举，先试点，获取经验教训，改进推开，再改进，再全面推广。为什么？人的认识不可能一次到位，需要经过阴阳反复才能实现；事物是发展的，道也与时俱进。

"人间正道是沧桑"。这是人类在历史长河中，经过若干代人的观察，才有的认识。由此看出什么？1.过程普遍存在，不可缺少，短的以时分计，长的以世纪计；2.沧、桑是什么？是"沧海变桑田"，揭示的是：阴、阳对立统一，处处存在，永远存在；3.沧海桑田、祸福相依等，依一定条件，以不同形式由渐变而突变，相互转换；过程长的，只可推知，很难经历；4.阴阳都在"道"，成功在道（分），失败也在道（分），道一，是阴阳成败的统一（合）；5.认识过程也会有很多曲折，是必然性与偶然性的辩证运动，不能因为眼下的问题太多太大，就丧失对道的信任；6.总之，对道的发现（揭示），离不开认识。请看，为什么有的人明明生活幸福，还骂娘？就是缺乏这样的辩证智慧。

认识功能与其他功能是什么关系？是互为因果关系。认识不够，其他功能难发挥；反之，每种功能的发挥，也相应提升了认识功能。

范例　文景之治看认识功能

历史上，用道学指导治理，赫赫有名的有：文景之治、贞观之治、开元之治、宋初之治等。这些卓有成效的大治，都是因为对道有了正确认识后才得以实现的；反过来，这些实践又让道的认识功能得以提升。

文景之治的背景：一、主要辅臣张良、陈平等都是道家人物，后来掌权的窦太后更笃信黄老；二、长期战乱，汉初人口由秦时的4千万锐减至1千万，人民疲惫不堪，厌战思定，必须有让民休养生息的政策；三、大量土地无主，地荒人饥，税收困难，不能杀鸡取卵；四、汉初沿用秦制，尚未独尊儒术，有利遵道行事；五、"内用黄老，外用儒术"在当时尚未成执政传统，明用黄老，拒儒分封才是主流。在这种背景下,执政者自然能起用道家思想。并且,因对国情有上述清醒认识、正确判定,也就选择了道家"无为而治"为国策,推出了很多让民休养生息的政策。

无为而治:"不违'道'治理"的简称,不是什么事都不做,只是不做杀鸡取卵这类违反客观规律的事情。文景时期,出台了很多不干涉人民生产生活的政策,因为符合客观规律,所以,几十年人口激增,安居乐业,国库充盈,为后来汉武帝文治武功准备了条件,这就是历史上第一个成功的大治——文景之治。

修复功能

修复功能,用在生物,有个模板修复理论专讲修复,很好理解。用在家庭、社会,则要同时讲平乱和修复;对于国家,首要是平息战乱,然后是重建政治秩序、发展生产、改善民生、抚平战乱疮痍、振兴文化教育、恢复民生民俗等。但,第一要设计合民情,第二执行也不能无视过程,过程又充满复杂的阴阳冲和,切不可操之过急;更不能只顾表面,不求根深固本。需知智慧长于复杂过程中。

范例 范蠡辅助勾践复国

范蠡,是著名的道家人物。为越王勾践谋划20余年,等待时机成熟,灭吴雪耻,使越国成了春秋后期霸主。下面看看他辅助勾践复国做了些什么。

1. 劝服勾践保全性命。公元前494年,勾践听说吴国日夜演练士兵，准备向越国报仇，就打算先发制人。范蠡力谏："天道要求我们盈满而不过分，气盛而不骄傲，辛劳而不自夸有功。现在不宜挑起事端。"勾践不听范蠡劝谏，执意出兵，结果遭会稽山大败。战败后，勾践能认错，范蠡决心辅助。范蠡劝勾践答应吴国条件先保全性命，再发愤图强。

2. 保护勾践在吴为奴。按照吴越议和条件，越王得带妻子、大臣到吴国当奴仆，他想带文种。可范蠡说："四封之内，百姓之事……蠡不如种也。四封之外，敌国之制，立断之事……种亦不如蠡也。"范蠡对自己有清醒的认识，决心护勾践为奴，表现了敢于担当的高贵品格。

3. 暗强军力，磨敌意志。被吴战败后，越国实力跌至谷底。范蠡建议勾践劝农桑，务积谷，不乱民功，不逆天时。为了提高军力，重视军队训练，组织敢死队，设立高金额奖。为了进一步迷惑吴王夫差，范蠡又投其所好，派人送给他最喜好的东西，进献美女，磨其意志。

4. 建议勾践卧薪尝胆，二十年磨一剑。公元前476年，越国经过近20年的精心准备，国力强大，遇吴国内有隙，条件到来，范蠡建议立即兴兵伐吴。公元前473年，吴军崩溃，吴王夫差逃到姑苏台上固守，派使者向勾践乞和，望勾践也能像20年前自己对他那样宽容，允许保留吴国社稷，而自己也会像当年的勾践一样倒过来为之服役。勾践动摇了，这时范蠡站出来，陈述利弊，平复了勾践动摇的心态。最终，帮助勾践报仇复国。

提升功能

　　提升功能，涵盖创造、发明、发现、创新、改革、改进、建设等等，体现于阴阳冲和的复杂过程，也关系智慧的检验、提升过程。

范例　美籍华人张绪通的《道学的管理旨要》

　　美籍华人张绪通博士是美国第40任总统里根聘的顾问。他是中国抗日名将之子，解放前随父定居美国，在美上学，一直没有放松学习中华文化，特别是学习《老子》。他1976年在美国创立了道学会和明道大学，很有人气；他写了一本书《道学的管理旨要》，影响很大；获得了总统特授的荣誉奖。

　　《道学的管理旨要》主要讲了：现代管理学因19世纪工业革命需要，首创于英国，20世纪鼎盛于美国。但是，现在的现代管理学已经进入了瓶颈。而今，社会发展已经进入系统论、信息论、控制论、协同轮、突变论、耗散结构理论的时代，现代管理学虽然自认高度完美，但在实践中却常常指导不灵。有学之士开始把目光投向了中国的道学。希望用"道"来改造、提升现代管理学。

　　书中讲到，西方现代管理学把人当物去管理，理论系统全面，设计的模式流程，看起来非常科学，但用起来为何不灵？原来，人是物质精神合体，有能动性。管理者如果把员工当人用，一项几个；但把人当物用时，一个不顶一个。

他的理论与实践向我们说明：用中国《老子》的道，成功提升了西方现代管理学。

不难看出，提升功能，离不开：1. 找准相关方面的优势劣势（把握准阴阳辩证关系）；2. 深入悟道（找准该事物的发展规律）；3. 取长补短，推陈出新（冲气以为和）；4. 上台阶大提升（弊而新成 推出新成果）。（要进一步研究，请查《道学的管理旨要》张绪通著，王虎等译，四川大学出版社1992年出版）

协调功能

系统内部不平衡不协调，什么功能都难发挥。协调，关联认识、修复、创新、建设等方方面面。道家善协调，是亮点。历史上，少数民族入主中原时，常常有道家人物如丘处机等来协调，减少杀戮，沿用汉文化体制，留下千古馨香。

范例　高道李泌救唐于乱世

唐王朝李姓，尊老子李耳为祖，崇尚道家。用道治国，先有太宗的贞观之治，后有玄宗的开元之治。玄宗大治后，荒政宠妃，酿成了安史之乱。玄宗出逃，太子李亨灵武即位，是为肃宗，赶忙寻来老师李泌，和他商量救急。

高道李泌把准自己身份，侧重进行协调。

1. 建议肃宗让其太子做元帅，父子同心平叛且保证顺利接班，免生内乱；

2. 建议暂不严惩误国国相李林甫，以免揭玄宗伤疤，引高层猜忌不和；

3. 建议尊玄宗为太上皇，平叛后接回宫，弥合父子关系，调动多方积极性，增强复国合力；

4. 协调肃宗与将相的关系，用好了李光弼、郭子仪等，做好了多方的协调工作，合力歼敌；

5. 统一认识，增强信心，让上下明白叛军是乌合之众，只重抢劫，无天下大计，提振军心；

6. 协调了玄宗、肃宗、代宗、德宗四代帝王关系，免于内斗，救危于乱世，安民得重生。

其实，协调功能和其他功能是密不可分的。看见没有，李泌的协调，同时也关联了认识、修复、重建等功能。

道的功能，除了前面所讲的几个，还有很多，如修身功能、养生功能、预测功能、博弈功能等。

第二节 实践中悟道

《老子》可以说是放之四海而皆准的辩证实践大智慧。实践离不开人的实践—认识—再实践—再认识；因此，悟道，产生于实践。下面，作点探讨。

也许有人认为"道"玄、虚，不能指导政治上的大问题。错。既然是大智慧，就没有禁区。不信，今天就来唠唠"民主"这一政治硬骨头。

说"道"能指导"民主",定会有人哈哈大笑,甚至还会讽以"胡扯"。但,事实胜于雄辩,让我用老子的原话来逐一道明。

首先,必须说明:第一,《老子》是大智慧,没有专讲民主的章节;只是,文中确有有大量论断迸发着民主思想的火花。第二,民主一词,最初是对古希腊各政体进行比较后抽象出来的概念,首先是用来指国家政治制度的。第三,中国人脑子里民主就是人民当家作主。

民主——人民当家作主,已成中国特色社会主义的核心价值观。老子讲的民主,不是欧美近300年才发展形成的选举形式的一人一票、党争加金钱的夺权形式;而是尊重民众主人翁地位,体现:政为民所谋、政由民共谋、政由民监督等的实质性民主。今天,我们只谈中国社会主义核心价值的"民主"。

尊重民众的主人翁地位

"贵以贱为本,高以下为基"(《老子》39章)。贵,泛指有权的人、有钱的人;贱,无钱、无权、居下层从事体力劳动的人,古时多为奴隶,今世多指体力劳动者及失业人员、贫困需要救济的人员……高与下,本是相对位置;这里,高,表上层人物;下,表下层(普通)民众;老子说这话的目的是强调要把民众视为政权的根本,要把百姓看着国家的根基。要尊重民众的主人翁地位。

"上善若水,水利万物而不争……政,善治。"(8章)这是强调无论是谁,一旦掌权都不可争私利,都只能是为万民诚心诚意作奉献；从政，则要按规律（按人民的意志、按法纪）妥善治理，并以此为最高的品德。

以上两章所表达的思想，能说与独裁专制暴虐的苛政相关吗？不，只能定性为尊重民众，把民众视为根基、根本。而且，不管是谁（含今天被推举选出的）掌握了政权的人，都应为他们服务。突出了：尊重民众主人翁地位。这，难道能说与民主无关吗？——只能说是抓住了民主的要害。

政为民所谋

"爱民治国，能无为乎？"（10章）老子提出了爱民，突出了民本思想；提出了治国，这就牵涉到执政、管理；无为，不是不作为，是特指绝不为所欲为，而要遵道（按规律、顺应人民意愿）而为。

"以百姓之心为心。善者，吾善之；不善者，吾亦善之，德善。"（49章）这是讲，执政者只能有一个心思，这就是想人民所想；而且，不管他们"善"与"不善"，都要善待之（教育之、规范之）。再糊涂的人都会明白，民主首先要由民做主，要爱民，要以民为本，要政为民所谋，即使民众一时糊涂（不善），也要善待。在老子那个时代，经济、政治、交通、通信等条件都不可能进行全国票选领袖，但是，如果一个政权做到了爱民、以百姓之心为心、按规律治国、善待百姓……难道不也就抓住了民主的根本？

政由民共谋

"将欲取天下而代之，吾见其不得已。天下神器，不可为也，不可执也。为者败之，执者失之。"（29章）老子这是说：要想用强制的办法夺取国家政权并据为己有，我看这是要不得的。天下的人民是神圣的，是不能违背他们的意愿和本性去强迫统治的，违背民意，定会失败。反过来，正确的应该是与民共谋，让民参与，顺应民意而治理。

"大道汜兮，其可左右。万物恃之以生而不辞，功成而不有……。万物归焉而不为主，可名为大。"（34章）这是说，大道就在身边，任何人都离不开。万物无不依附于道，完成了功业却不占有……万物（万民）归附他，但他并不主宰大家，这可以称之为大——合道。老子这里虽然讲的是道，但也适用于得道的人。——这就是说，有道的人他不会脱离民众，不会代替民众为所欲为，而是会和民众一起共谋、共事。当万民拥戴（归焉）他时，他也不独自专断，所以，他可以称之为合道、伟大。

不专断，与民共谋，难道不是民主思想的火花吗？

执政民监督

"信不足焉，有不信焉"（23章），"反者道之动，弱者道之用。天下大事生于有，有生于无"（40章）。执政出现了弊病，就有不信任。就需要改过、纠偏。循环往复是道的上升运动，幼小、嫩弱的东西有很强的生命力，道的运用可发挥新生事物取代陈腐势力的潜力，让民众行动起来发挥监督作用，发现问题，解决问题。并且，扶持新人、培育新事物，使之不断成长，进而取代陈腐事物（势力），这正是欢迎民众参与、重视民众监督的必要举措。

"万物负阴而抱阳，冲气以为和……物或损之而益，或益之而损。"（42章）这是说万事万物都存在对立统一，并在既相互依存，又相互斗争中作上升运动。万事万物要么先损（破）后立，要么先益（立）后破（或有增有减）。这个道理，用在管理，就是要讲：需要对立双方（上、下，特别是群众）互相监督，不能一言堂，不能专断独行。监督不是坏事，它有利推陈出新、兴利除弊，是执政兴国的必需。

"田甚芜，仓甚虚，服文采，带利剑，厌饮食，财货有余，是谓道竽。"（53章）这是说，治理国家的人不以民为主，结果，田荒芜、仓空虚；统治者还穿华丽衣服，佩宝剑，讲美食，财物堆得用不完，简直就是强盗头子（应该革除）。

这些，强调了监督，难道不体现民主思想的火花？

善治者民举之

"善用人者，为之下。是谓不争之德。"（68章）善于用人的人总是把自己放在民众之下，这种作奉献而无争的态度是一种美德。这也体现了上下级平等相处，领导从内心尊重民众。这样的领导自然会受到民众拥护。

"后其身而身先。"（7章）——尊崇民众，把己身放在民众的身后（下），反而会受到民众的尊敬、拥戴（含推举）。

"知其荣，守其辱，为天下谷。为天下谷，常德乃足，复归于朴。朴散则为器，圣人用之，则为官长。"（28章）能够不计荣辱，甘愿像山谷一样居于低下位置，永恒的德就充足了，有了这种美德，又能回归于普通民众之中。并且善于分派普通民众担任各种职务（散为器），发挥他们的积极性。这样的公仆，就会被民众推崇为领袖（官长）。

"执大象，天下往，往而不害，安平太。"（35章）执掌了伟大的道（真理），天下民众就会向往（投奔、拥戴），民众来了，又能保证他们不遭伤害，能发展生产，安居乐业享太平。民众为什么会向往？因为掌握了道（真理），合乎潮流、体现民心。

这种爱民、为民、甘居民下、调动民众积极性、受民众拥戴的作为，难道不是以民为主，由民做主的思想？

利为民所谋　人民当家做主人

"民之饥，以其上食税之多，是也饥。民之难治，以其上之有为，是以难治。"（75章）民众为什么会有饥荒，因为统治者收税太多，所以才有饥荒。民众为什么难治理，因为统治者为所欲为、胡作非为，所以才难治。——这是老子愤怒地谴责统治者的专制妄为，鲜明地表明了他利为民所谋的立场。

"甘其食，美其服，安其居，乐其俗。"（80章）——（要使民众）吃得饱、吃得好，穿得暖、穿得美，居得安、住得适，乐文化、随习俗。这是最早想象的原始共产主义，也是老子希望能为民所谋之利。在今天，就是团结民众，科学发展，创业创新，同奔小康。

"受国不祥，是为天下王。"（78章）——为了国家、民族的利益,能忍受灾难、屈辱的人,可以担任国家的领袖。当然,这样的人,他也是来自民众的。他的当家做主,也是人民的当家做主。

重复一句:《老子》是辩证实践大智慧,他的言论,让我们发现了民主的火花,但不是系统的论证,仅有精辟点拨。

《老子》五千言,没有颂上帝,没有颂玉皇,没有颂神仙,没有颂君王;只有怒斥苛政、好战、滥杀、贪婪……没有选票,没有党争,没有贿选,没有议而不决;只有少私寡欲,只有为而不争,只有慈、俭、(享受)不敢为天下先……老子生在奴隶社会,他崇敬的自然是原始共产主义的人人平等、有事共商;佩服的是尧舜禹择优推举的禅让制。所以他提倡的民主,侧重在民主的精神实质。

难道这些,还不能充分体现亲民、爱民、治国、民本的思想,还不能充分显现老子的民主思想火花,还不能启迪大智慧吗?

第三节 知止可以不殆
——《止经》揭示避凶之道

《止经》,反面启迪大智慧。

《止经》,大儒王通著,10卷,1300字,哲学类,语录体,言简意赅,非常实用。

王通(584—617,号文中子)隋朝思想家、教育家,字仲淹，绛州龙门（今山西河津）人。曾是隋文帝朝臣，因遭嫉挤，返乡办学，弟子盈门，称"河汾门下"；著作也多，今存《文中子·止经》，代表其思想。著名弟子魏征、房玄龄、杜如晦、李靖等，因学习《止经》成功地辅助李世明实现了贞观之治。他们也功成名就，千古受人赞誉。

《止经》是对老子《道德经》体用之典范，是对老子思想的生发。多方面值得我们品味、学习。现分几点汇报于后。

为什么要"止"

止，《说文解字》解释是：诸市切，下基也。像草木出有址，故以止为足。凡止之属，皆从止。《新华字典》：止，zhǐ 停住……。

现在，再看"正"。《说文解字》：正，从止，一以止。"守一以止也"。

联系三者看，止像足趾，表停止；止与正相关，正止于一，道别称一。《止经》的"止"，不是叫什么也不做，而是强调思想言行要止于道；也就是说，遇到不正的事就止。

由此可知：《止经》就是讲如何知止以合道成正的经典。

为什么要突出研究"止"？水往低处流，人往高处走。人之欲望无止境，当高利在前，往往有人不顾法律、纪律、道德、良心甚至生命去争夺。如果不加规束，就会巧取豪夺，天下大乱，民不聊生，后果不堪。

"万物负阴而抱阳，冲气以为和"（42章），体现了行与止对立统一。那，光止不行、光行不止，可否？去一个地方，必须行,到了,必须停;学习道德文化,刻苦修行,累了,休息休息(止);要办一件事,拼搏进行,成功后,及早转向或休止。看,行与止,是不是总得交替进行,绝对缺一不可?!

这个道理,其实人人都懂。不信你看,大妈让小孩学,不动,催促,学久了,叫休息,不休息,喝令停止。这不很常见吗?那是否没必要写《止经》了?不然,"天下熙熙皆为利来,天下攘攘皆为利往"。利有多种,人见心动,为牟利(比如钱财)就会争斗。所以,《易经》《老子》、孔子都讲"止",王通也因而写出《止经》。止,不是让人停止不前,而是让人理性对待。

《易经·蒙卦》有:"蒙以养正,圣功也"。这,体现了古代教育的目标——成圣,而"童蒙养正"是成圣成贤的开始。

当然,今天教育,讲德智体美全面发展,与时俱进讲也是正;如果只重分数,一俊遮百丑,不正,当止。

不正为何当"止"?——现从《止经》每卷选取一句作代表以见一斑,借此启迪大智慧。为便理解,笔者在括号里作了点解释。

第一卷"智":以智止智,智也。(用理智终止"鬼点子智",才是大智慧!)

第二卷"用势":力尽而势亡焉。(当权力滥尽后,权势也就失去了——用权势不可滥,当止于民)

第三卷"利":利无尽处,命有尽时。(逐利没有尽头,生命却有尽时——为保第一要之命,私利当适可而止)

第四卷"辩":智者讱言。(智者说话谨慎——没有调查没

有发言权。不多争辩，辩者不智）

第五卷"誉"：好誉者多辱也。（爱好荣誉的人容易受侮辱——谦虚、谦让、知止、不图虚荣，才可不辱）

第六卷"情"：情之不敛，运无幸耳。（情欲不收敛，命运会遭不幸——色、财、气、毒、酒、赌……断送人生，当止）

第七卷"蹇"：人困乃正，命顺乃奇。以正化奇，止为枢也。（人处逆境往往有出息，生来娇生惯养反易出轨。走正道化邪门，止于正是关键）

第八卷"释怨"：世之不公，人怨难止。（世界大，不公多，人有怨，很难止——让人说话，释放怨气，得知民情，有利改正）

第九卷"心"：欲无止也，其心堪制。（人的欲望没有止境，人的思想可控制——控制贪欲，应从转变思想入手）

第十卷"修身"：小处容庇，大节堪毁。（小处容忍缺点存在，大节就易毁掉——千里长堤毁于蚁穴，小疵也当止）

千万不要小瞧这个"止"，它决定了人是平凡还是伟大；伟人，要么功成身退，要么不齿则止；凡人，炒股要设"止损"，赌钱久输当止……过犹不及，知止不败。

墨子说："知止，则日进无疆，反者道之动。知足不辱，知止不殆。"

由此可知，《止经》从根本上解开了长期困扰人们的成败谜因，第一次道破了止与不止的界限，树起了成功和失败的分水岭，划出了成大事者与平庸者的分界线。

《止经》言简意赅，大智慧也，功莫大焉！

怎样做到当止则止

《止经》，是不是很像反弹琵琶——正言若反。

《止经》正是用辩证实践智慧树起的丰碑。它，是对中华文化，特别是老子"知止不殆"思想的生发。

人人都想趋利避害、修成正人、贤人，怎么才能实现？老子说："为学日益，为道日损。"（48）意思是：学习要天天向上，修德要天天减少过失和偏见。"损"近"止"，含一增一减的辩证统一。如何才能做到当止则止？

首先要弄清楚：1.什么事情不能做（止于何处）？什么事情暂时不能做？ 2.应当怎样做才好？应当不怎样做才好（怎样止才好）？ 3.思想上应当注意些什么？什么当说什么不当说（处理好止与行的关系）？

现在，分别从道、法、术三个方面来探讨。

先说"道（指导思想）"。老子说："天之道，利而不害。圣人之道，为而不争"（81章）。这里，突出了利而不害，为而不争。这就是说：从道看，应当多多奉献，不要争夺私利，不要祸害社会。

再说"法（法则、准则）"。老子说："反者道之动"（40章）、"多言数穷，不如守中"（5章）、"知止不殆"（44章）、"祸莫大于不知足"（46章）、"祸兮福之所倚，福兮祸之所伏"（58章）……

孔子说："过犹不及"（《论语·先进》）。很强调"度"，提倡适可而止，恰到好处。

对上述名言，不逐个分析，只析"知止不殆"以作代表。"殆"，表危险，灾祸，死亡，失败。知止不殆的意思是：做事情能知道适可而止，就不会有灾祸。止于什么？当然是止于一，即道——规律。

最后说"术（方法、技巧）"。事无定术，全是根据道与法，因时因地因人而用。现在，不妨从《止经》里挑选两句加以解析。

智者弗显也（1）——爱好显示不是智慧表现。（止显）

无骄者惠嗣（2）——有谦虚不傲美德的人能惠及子孙后代。（止骄）

言拙意隐，辞尽锋出。（4）——说话笨拙思想被掩盖，言辞说尽锋芒毕露会害己。（止多言）

综合"'道'学"大智慧：学习并弘扬《止经》要害在"修"。

下面，不妨举两个事例加以证明。

周处除三害，止恶向善成名将。西晋周处（240—299），江苏宜兴人，少时横行乡里，纵情肆欲，时人把他和南山虎、长桥蛟合称三害。他为家乡上山杀虎、下河除蛟，但乡民仍然忧愁，得知第三害是自己后，幡然悔悟，拜师苦学，后来官升至太守、将军，谱写了知止向善的名篇。

有一篇《乐羊子妻》的古文，讲了个止惰成才的故事。河南乐羊子之妻者，不知何氏之女也。羊子尝行路，得遗金一饼，还以与妻。妻曰："妾闻志士不饮'盗泉'之水，廉者不受嗟来之食，况拾遗求利，以污其行乎！"羊子大惭，乃捐金于野，而远寻师学。一年来归,妻跪问其故,羊子曰:"久行怀思,无它异也。"妻乃引刀趋机而言曰:"此织生自蚕茧,成于机杼。一丝而累,以至于寸,累寸不已,遂成丈匹。今若断斯织也,则捐失成功,稽废时日。夫子积学,当'日知其所亡',以就懿德;若中道而归,何异断斯织乎?"羊子感其言,复还终业,遂七年不返。……

止,是止于道;目的是循道而行,不是止而不动。如何行?为学日益,为道日损,损之又损,以至于无为。无为而无不为……(48)——"无为"不是不做事,而是不做违反道(规律)的事情。"无不为"是:遵道而行终将办好事情。

不能误解,不是叫你在奋发进行中华民族伟大复兴的社会主义事业上止步,而是在不合道(违反规律)时止步、止言。

止其不合道处,力行合道之事。这,乃是《止经》本意。

让我们好好学习《止经》,获得大智慧,修得真善美。

第四节 借助他山石

刘明武的《黄帝文化与皇帝文化》强调"清源"。在封面写道:"龙有龙文化,虫有虫文化。龙文化孕育出了文明先进,虫文化孕育了落后挨打。龙文化可称为'黄帝文化',虫文化可称为'皇帝文化'。中华民族前后两种截然相反的状态,应该由两种原因来解答。"这本710千字的书,论证了"龙文化(元文化)"的发展轨迹,也论证了"道"在龙文化中的作用。这里，请参考其中从"十二"起的一段文字作为他山之石，助我攻玉。[①]

第五节 无为大智慧与与科学发展观

老子的"无为"理论如不能指导今之现实，就是过时理论。要谈今用，先得找个具有公信力的著作给"无为"作一界定。

《辞海·哲学分册》（1980年上海辞书出版社）"无为"条："无为，道家的哲学思想。即顺应自然的变化之意。老子认为宇宙万物的根源是'道'，而'道'是'无为'而'自然'的，人效法'道'，也应以'无为'为主。他说：'道常无为而无不为，侯王若能守之，万物将自化。'……汉初采用'无为'治术，即'与民休息'的政策，对稳定社会秩序和发展生产起了一定作用。"

顺应自然，实则是遵循客观规律。这是朴素的辨证实践智慧，很好。但既然是朴素的，就存在不系统、不彻底的局限。局限是什么，是在强调遵循客观规律的同时，没有明确提出发挥人的主观能动性。运用于当今，当作适当补充。现分"可直接运用"和"补充条件再用"的两种。

[①] 刘明武.黄帝文化与皇帝文化［M］.深圳：海天出版社，2010：543.

第一，可直接运用的"无为"——顺应自然（规律）行事

人要不顺应自然、不顾客观规律妄自行事（有为），历史证明是注定要失败的，这在今天也是要防止的。如赶工期而忽视质量监管的建筑工程、为政绩而强上的面子工程、为快速牟利而开发的矿业、为快速上市加激素催养的家禽家畜……这些注定迟早会得不偿失，必须引为鉴戒。

顺应自然，顺势行事，就会事半功倍。如我国在处理冰灾、地震灾害时，急民所急，在农业上免税减负；在关心弱势群体上、在西部大开发上的大投入，都是因形势发展的需要与自身的能量尽力而为的，不仅大见成效，也大得人心。

"人定胜天"口号曾经产生过很大的感召力，"一不怕苦，二不怕死"的英勇奋斗精神确实可嘉。但回过头看，不顾环境，不顺应自然，也产生了众所周知的后患。人要胜天（自然），一是必须遵循规律，二是只能在有限的范围之内；否则，人是胜不了天的。找到了病因，可以救死扶伤；找到了相关因子，可以通过杂交培育动植物新品种；掌握了电的奥秘，可以人工发电为人服务……奇迹的创造都只能是在掌握并顺应了自然后取得的。但是，人再能干，也不能改变地球环太阳的运转，不能改变寒来暑往的四时更替。

第二，补充条件可用的"无为"，契合"科学发展观"。

科学发展观是中共十六大提出、十七大完善、十八大十九大发展的关于国家发展的大理论。要点是"坚持以人为本、全

面协调可持续发展"。发展很必要,但违规冒进则有害。这和老子的无为是契合的。

"无为而无不为"的原意是讲顺乎自然,就会一生二,二生三,三生万物,而且万物自会生生不息。这既不能理解为坐等老天掉馅饼,也不同于"人定胜天"。不能误认为"人定胜天"是可以为所欲为,可以冒进、蛮干。"无为而无不为"的正确理解应是:顺应自然,按规律发挥主观能动性,就有可能创造人间奇迹,实现可持续发展。

国家的安全,是个不可忽视的大事。错误理解顺乎自然是不行的,在尊重规律的同时,还必须发挥主观能动性,统筹兼顾,高度警惕,常抓不懈。要讲有备无患。要讲人若犯我,我必胜之。

自主创新是非常必要的。但应顺应自然、兼顾环。讲究可持续发展是绝不可忽视的。但是,发挥主观能动性过头,忽视了顺应自然也是会碰壁的。

子女的教育既要讲遵循规律,也要讲精心和常抓。为什么?第一,人都有好逸恶劳的劣性,苟不教,性乃迁;第二,社会环境的阴暗面会不时给青少年带来负面影响,性相近,习相远;第三,追逐就业、名利的功利性会给德智体全面发展造成干扰。学校、家庭、社会如不合力精心常抓,青出于蓝而胜于蓝也是不保证的。[1]

总之,"无为"或"无为而无不为",是高屋建瓴的辩证实

---

[1] 孙以楷.道家与中国哲学[M].北京:人民出版社,2004.

践智慧，是龙脉文化"道"的根，滋养了华夏儿女两千多年，不可否定，不可曲解。只要辅之"发挥主观能动"仍可古为今用。对于落实科学发展观，更有极大裨益。我们要珍惜"无为"这份文化遗产，好好学习实践，借以开发大智慧。

第六节　老子智慧是怎样炼成的

《老子》，辩证实践大智慧，受益者日多。

老子大智慧是怎样炼成的？——万众向往，值得究竟。

什么是智慧？——按《辞海》（上海辞书出版社1980年出版）第一解：智慧，对事物能认识、辨析、判断处理和发明创造的能力。

"智"，聪明，同"知"。"智"，多用于智力、智育、智商、智谋，现在，还习惯把点子多、反应快看成聪明，智商高，知识广。"智"有时用于表"机灵"，中性词。

"慧"，智慧，聪明，常被道教、佛教等借用，如合成慧眼、慧观等。智与慧，常常连用。"慧"，因常与慧眼等连用，使人觉得"慧"似乎侧重在表道德水平高且有远见卓识，有高一层的意思。褒义词。

大智慧，更高，谁不想获得？

谨以老子为标探讨，企求裨益。

"老子天才，谁人能及？"又"天才就是勤奋"。由此可知成就天才，有内因，有外因。探讨老子智慧难上加难。

不妨运用"好种出好苗""栋梁出深山"加以类比，先探成才的一般规律。

"好种出好苗"必须有如下条件。1.良种；2.水土；3.阳光；4.空间；5.管理。五者缺一不可。现剖析如下。

先说良种。良种好比天才或高智商人才。它具有：（1）基因优；（2）阳光雨露营养佳；（3）出生年月日时之阴阳造化好；（4）后天养育；（5）家庭、学校、社会教育；（6）形势环境磨炼。

再说水土。水土好比人才成长条件。须具备：（1）父母正；（2）家庭谐；（3）教育有道；（4）有压力；（5）伙伴或对手激励。

三说阳光。阳光好比天时、形势之于人才。须具备：（1）战乱激发御敌制胜，和平锻造平乱治世；（2）社会气氛利思想解放、学术繁荣；（3）不是娇生惯养，纨绔一生；（4）时势与英雄辩证互动；（5）国家兴与衰激发人才作奉献。

四说空间。发展空间好比人才成长需要的种种条件。种庄稼除了需要种子、土壤、水、阳光这些前面提到的要素，还需要空气、肥料、发展空间、无害环境……这些，都可归并入"空间"。对于人才须具有：（1）空气，如舆论环境、学术氛围；（2）肥料，如书籍、教师、学友、学堂、文房四宝；（3）发展空间，相当于就业、创业、升职、进修、交流、讲学等的条件；（4）生长环境，如战争、天灾、人祸、建设磨炼。

五说管理。庄稼、树木需要除草，除虫；用于人，需要保护、锻炼、提拔。有时，看似好人选，用，显现问题。如：看问题不讲过程，处事浮躁、私心重……这就需要教育或更换。

除了一般规律，老子大智慧的形成，还有其特殊性。

下面，不妨引出《老子》的原话，挂一漏万地看看大智慧是怎样养成的。

认识—感悟

第48章"为学日益，为道日损。"——爱学习，能持久，有进益，爱思考，能对照，正偏差，纠错误，重修养，近真理。——这很重要，不爱学习，不重实践，不是好苗。

第14章"执古之道，以御今之有。"——执掌古往今来的发展之道（已经被验证的理论、规律、策略、方法），以指导当今的现实。——如果不能古为今用、洋为中用、联系实际，岂不书呆子一个？

第16章"知常容，容乃公，公乃全，全乃天，天乃道，道乃久。"——认识了道（普遍规律），就有宽容胸怀，能宽容就能公正，公正就能顾及全局，顾全局就能与自然和谐，与自然与社会和谐就合道，合道就能长盛不衰。——心思不正，怎么能公能全……怎么能看全面，看主流，看发展，没有偏激？

实践—运用

第22章"曲则全，枉则直，洼则盈，敝则新，少则得，多则惑。"——屈曲得保全，矫枉就会变直，低洼有利充盈，凋敝促成更新，少取反而多得，多取（急取）就会失信。——能具有辩证思维品质，才能有创新，才能有理论大突破。

第10章"涤除玄览，能无疵乎？爱民治国，能无为乎？天门开阖，能为雌乎？"——洗涤、清除杂念，深入观察心灵，能没有瑕疵吗？爱民治国，能遵循自然无为规律吗？

玄览

"玄览"争论多,恕不与辩。只就其意义,作点探讨。

闭门窗,避干扰,静下心,除杂念,爱民治国出发,大胆联想,切紧现实,尽用所学,揆集感悟,慧观遐想,寻根本,找规律,理层次,定系统,推陈出新,升华,再升华。

——是否可以这样说,世间的有所发现、有所发明、有所创造,有所革新,都少不了一心为公,爱民治国,能做到:

第一,爱学习,勤思考。——"为学日益,为道日损。"(10章)

第二,坚持实践(理论指导下实践)。——"天下之至柔,驰骋于天下之至坚。"(43章)

第三,辩证思维。——"万物负阴而抱阳,冲气以为和。"(42章)

第四,站在巨人肩膀上。——"执古之道,以御今之有。"(14章)

第五,敢于冲破思想牢笼。——"夫为不盈,故能弊而新成。"(15章)

第六,心怀天下、放眼未来。——"执大象,天下往,往而不害,安平太。"(35章)

对于普通人,大智慧表现还在于能过好四关:

第一,生死关。——"出生入死"(50章)

第二,荣辱关。——"宠辱若惊"(13章)

第三,祸福关。——"祸兮,福之所倚;福兮,祸之所伏。"

（58章）

第四，贫富关。——"多藏必厚亡"（44章）

人的一生少不了生老病死，荣辱喜忧，能不能过好关，其实就在自己的选择，学习老子，作出正确选择，就能化险为夷。这，就难道不是大智慧！

要想成就大智慧，道理讲得再多，不如面对现实。人在现实中遇到的问题何其具体，何其复杂，何其难辨，何其难解。这，是对体道用道的综合考验：是否站在个人立场，是否崇尚真善美，是否具有辩证思维，是否把《老子》融入血液？立即原形毕露。所以，要害之要害在于：通读《老子》，学用结合，改进再改进。

第十章

用道生慧

急中生智，实践出真知，智慧在用中增进。

第一节　道与世界观

"一阴一阳之谓道"。(《易经·系辞》)

《老子》系统化"道"，提出："万物负阴而抱阳，冲气以为和。"(42章)所尊崇的"道"，公认是龙脉文化的根。

《易》用符号演绎了"道"，《老》用语言揭示了"道"。两者同用阴阳统一于"道"。

"易·老·道"是东方的辩证实践智慧，整体思维，没有世界观、人生观、价值观、方法论、认识论、历史观等区分。马克思主义哲学是西方哲学，重视分析，强调世界观、人生观、价值观等等。

为了从"道"出发，增进智慧，本书试着揭示"道—易—

世界观—智慧"之关联,以探增长智慧之道。

什么是"世界观"？《辞海·哲学分册》解释："世界观,亦称'宇宙观'。人们对于整个世界的根本看法。"(这里的世界,含自然、社会、人、思维,客观世界和主观世界)。

马克思主义哲学的世界观是辩证唯物主义。易、老、道的世界观是辩证实践智慧。辩证法虽属方法论,但世界观不与辩证法结合,就会滑向形而上学一边。

世界观派生人生观,人生观制约价值观,都可"以道观之"。

如果用极简易的语言表达三观与"道学"的相近关系,世界观相对的是"道",人生观相对的是"德"(或人道),价值观相对的是"品"(或人格)。当然,只是接近,不能对等。

得了"道",按说就有了正确的世界观和三观,自然有了"慧根"。

下面,不妨从《易》《老》中找出几个从属于"道"且与世界观对应的名句,以助益智。

"易·老·道"里没有"世界"这个词,对应的是天,是天地人,是万物。天,囊括地、人、万物；所以"天之道"更接近于"世界观"。请看与天道相关的《老子》名言。

"故道大,天大,地大,人亦大。域中有四大,而人居其一焉。人法地,地法天,天法道,道法自然。"(25章)——说明天地人道密不可分,可叫"天人和一"世界观。要知道,道家这一观点很高明。为什么？一合马克思主义哲学的观点,二合系统论思想,三合中国诸子百家的理论构架,四是在实际运用时不会孤立看问题、处理事务，更不会自以为是走极端。

"天长，地久。天地之所以能长久者，以其不自生，故能长生。"（7章）——说明：天地没有意志，是自然而然的存在。这个看起来十分平常的话，可是真理，是常识，一定要记住：一不要花钱去求长生不死；二不要把事情看死，不要强勉办一劳永逸的事；三不要对人提出不合实际的要求。

"天之道，其犹张弓与？高者抑之，下者举之，有余者损之，不足者补之。"（77章）——以丰补歉，合乎"动态平衡"这一自然规律（道）。当然，大自然的自我平衡需要时间，有时甚至要很多世纪，人只能为后人铺垫，是等不来的。人学习天道，在于精神。比如，做事情重视平衡，不要劫此济彼，不要感情用事，不要任由差距拉大，更不平衡。

"天之道，利而不害。圣人之道，为而不争。"（81章）——这，既讲了世界观，也讲了人生观，说明世界观会派生人生观。从人生观来说，就是要为（为人民服务有所奉献）而不争（利）。从世界观讲，要提倡"利而不害"，讲水德——"水利万物而不争"。

再看《易经》。《易》有三易：变易、不易、简易。因"不易"所指的是"变易"，所以，三易核心在"变"。《易经·系辞传下·第2章》言："穷则变，变则通，通则久。"要明道、明易、明观、益智，首先得明"变"。变，渐变、突变、发展、下降、腐蚀、消融等都是。《易经》的"易"，就是变易，学习《易经》，就要抓住灵魂"变"！

如何变？阴阳冲和是根本。天地、日月、昼夜、雌雄、生死、显隐……都是阴阳双方既相互依存又相互斗争。阴阳冲和是推进事物不断向前发展变化的动力。所以，大慧者不害怕对立，相反，乐于学会实现阴阳互补，转化阴阳对立，实现发展进步。

阴阳，表事物的两个方面。物质、精神、具体、抽象……都是阴阳。阴阳冲和，相对于对立统一。如果为了讲解而细分，还可以分出如下四种以上形式。

1. 普遍联系式。"大道氾兮，其可左右""能知古始，是谓道纪"。——四面八方，古今中外、万事万物，都有联系。联系有因果，种瓜得瓜种豆得豆。因果有远因、近因、主因、次因、内因、外因等等。而且，外因是变化的条件，内因是变化的根据，外因通过内因发挥作用。正因为普遍联系重要，所以庄子说"道在屎溺"。老子说："不道早已。"——懂得了普遍联系，看问题就不会轻率、走极端，能够看全面、看主流、看发展，坚持没有调查研究就没有发言权。从现实生活看，就不容易上当受骗。

2. 垒土成台式。千里之行始于足下，九层之台起于累土，为大于细，图难于易……鸡蛋慢慢孵够天数，就会孵化成小鸡——量变积累到临界点就会产生质变。这个道理人人懂得，但很少有人能做到？为什么？小看量变，性子急，等不得。《老子》为了劝诫大家，又从反面说"少则得，多则惑"。是的，开车、驾船急了会出事，搬运东西一次过多搬不动，吃饭太急不消化，经商急着赚钱不如薄利多销，建桥铺路忽视一砖一石会成豆腐渣工程，决策前调查研究不够就会在执行中出乱子……有的人，动不动就说中国这不是、那不是，为什么？道，联系着过程。饭要一口口吃，路要一步步走；我们建国才几十年，怎么能一下子方方面面都能和发达国家平起平坐？关键是要比速度、质量。

3. 反者道动式。老子说：反者道之动，弱者道之用，祸福相依，弊而新成，大器晚成，大象无形，道隐无名……这些，都是在讲"物极必反"，也就是在教我们做事情要看到：快乐过头会悲伤，苦尽甘来才可期盼。当然，如果物极必反后继续发展，又会出现新的物极必反，这就和马克思主义哲学的"否定之否定"道通为一了。但是，必须说明，否定之否定不是简单的循环，而是上升的循环。鸡下蛋，蛋孵鸡，这鸡不是那鸡，这蛋不是那蛋，后者已经注入了新的基因。——《易经》64卦，有32相对的卦，这很值得借鉴。其实，《易经》正是通过阴爻、阳爻的排列组合，反应条件由量变到质变，进而帮助预测吉凶的。这种两两相对，正好体现了"反者道动"。举个例子：否卦与泰卦就是一对。泰卦是坤上乾下（俗解女尊男卑），吉；否卦是乾上坤下（俗称男尊女卑），凶；它两者，因为条件由渐变而走向了相反，吉凶也相应相反了。

4. 阴阳互补式。有无相生，难易相成，长短相较，高下相倾，音声相和，前后相随……这些对立面的相互依存，万事万物无不存在，这里特别值得提出的是太极八卦图。图里阴阳鱼颠倒相抱，黑鱼白眼，白鱼黑眼，表达了事物不可能绝对清一色；即表达了没有全白，没有全黑，你中有我，我中有你，互补共存的关系。这，相当于马克思主义哲学的对立统一规律，但其中的你中有我我中有你，却更能表达金无足赤人无完人的客观事实。

明白了以上四种形式,也就更加理解了阴阳冲和这一规律,理解了"'不变'的是'变易'"的这个道理,更会发展地、与时俱进地看问题了。

当教师、当家长的要相信青少年是可以教育转化的,因为一成不变的事物是不存在的。

为什么有的人缺乏文化自信?他们不会全面地、历史地、发展地看问题啊。

道,对应于世界观,就简要地讲到这里了。但是,必须说明,这不仅是"挂一漏万"的解说;而且,必须把阴阳冲和看成不可分割的整体。要全面地理解道,还必须全面地学习《易经》《老子》等道家经典。

第二节 道与人生观

老子智慧不像西方哲学,要分开讲世界观、人生观、价值观。其实,"道"已经包括了这三观。如果一定要分开表述,浓缩其要害,可表达为:世界观是:"天道":天人和一、阴阳冲和、道法自然;人生观是:"人之道":出生入死、少私寡欲、为而不争;价值观是:"品行":尊道贵德、慈、俭、不(享受在)先、利而不害。

现在,就以"为而不争"为突破口,探讨一下人之道与人生观。

《老子》里，有七章共计十次出现了"不争"。如"水善利万物而不争……失唯不争，故无尤"（8章），"不争之德"（68章），加上守雌、尚柔、不为先……的相关言论，给人的印象就是《老子》主张事事"不争"。联系他的"功成身退""恬淡为上"等言论，多年来，很多人便把《老子》误读为面对春秋末年乱世，作者表现消极、避世；因此认为老子的不争之说不可取。难道面对侵略者的进攻和暴徒的暴行，我们也能"不争"吗？

是的，《老子》在字面上确实反复讲了"不争"而没有讲一个要争。那么，老子是不是主张甘愿落后，甘愿任人宰割，一概不争呢？不是的。通览全文，老子的不争是一种智慧、一种美德，不是事事不争，更不是消极、避世。

现从三方面加以辨析：一、老子也有"争"；二、主张莫作非分之争；三、学"不争"智慧以修德。

一、老子也有"争"

老子没有公开讲过要争，但稍加分析，确实有"争"。

第一，争上进，争益智。"为学日益"（48章），益，就是增进，就是在学习上要争取天天向上。"学不学"（64章）。要争取学习一般人所不学的（圣人之绝学）。"知不知，尚矣"（71章）。能争取学到自己所没有的知识才算高明。"夫唯不盈，故能敝而新成"（15章）。只因追求上进不自满，所以能推陈出新。"胜人者有力，自胜者强"（33章）。后一句的意思是要成为强者，就要力争战胜自己的偏见，修正自己的错误。试问，老子这位世界公认的智者，没有刻苦求知、求是、求真的进取精神，难道能自然企及吗？所以，我们说他是有所不争，也有所争的。

第二，争修德，争为道。"为学日益，为道日损"（48章）。为道，可以理解为探索真理，也可理解为修身进德。为什么要损？就是要去掉偏见、劣习。不但要损，还要每日都损，要损之又损，以至于无为。我们都知道，去掉偏见、劣习是非常痛苦的，没有抗争是做不到的。老子认为损之又损以后也没有完，还要争取做到无为而无不为。"善建者不拔……修之于身，其德乃真；修之于家，其德乃余；修之于乡，其德乃长；修之于邦，其德乃丰；修之于天下，其德乃普……"（54章）。看，老子不但要个人修德、为道，而且要争取层层扩大，直到"修之于天下，其德乃普。"这里"不争"是完全不能设想的。"圣人被褐而怀玉"（70章）。圣人穿着粗布衣服，但胸怀宝玉般的美德。这里非常明白，像老子这样的圣人，他不讲究衣着等物质享用，他追求（争取）的是真理，是美德，哪是"不争"呢？

第三，争为物，争为民。"上善若水。水善利万物而不争，处众人之所恶，故几于道"（8章）。最高尚的人及其德行有如水一样。为什么，水给万物提供生机、便利却不争利，它甘居众人所不愿去的低下、偏狭之地，可以说水的品德很近似于"道"。"圣人常无心，以百姓之心为心。善者吾善之，不善者吾亦善之……"（49章）。圣人永远没有私心，总是想百姓所想。善良的我善待他，不善良的我也善待（教化）他。"爱民治国，能无为乎？……生之畜之，生而不有，为而不恃……"（10章）。爱民治国能遵循规律不妄为吗？（要做到）繁衍万物却不占为己有，为万物作了贡献却不居功。"圣人常善救人，故无弃人；常善救物，故无弃物。"（27章）。圣人永远要争取做好的是什么，是救人，是救万物。够了，虽还可举出很多，但以上老子的原话已足以说明老子的胸怀是天下万物、万民，他需要有所不争才能争取实现自己如此伟大的抱负和理想。

从以上三点，看出老子也有所争，但为何不明提"争"呢？因为老子写五千言，是针对当时诸侯争斗、民不聊生的国情写的，他要大声疾呼的是：不要再争了，这样争（利）不仅祸国殃民，而且定会搬起石头砸自己的脚！

二、莫作非分之争

世间上的东西，有的是可以争取到的，如种瓜得瓜，学习得知识；有的是争不到的，如上天揽月、长生不死……对非份的、争不到的东西也要争，那就不是水中捞月，甚至是掘墓自投了。老子在众人尚沉于痴迷的争夺之时，就看到这是"不道"！因此，他对那些痴迷者大叫"不争"。

第一，不争所不能争。"不道早已"（30、55章）。不合道、不合客观规律就会早亡。秦始皇身体很好，但想长生不死，服食"仙丹"，反而早亡。近年无锡太湖周边工厂只顾利润，超标排污，造成蓝藻成灾，鱼虾尽死，臭不可闻，民众义愤，政府不得不舍小利而下决心关停整治，早知今日，何必当初。"将欲取天下而为之，吾见其不得已。天下神器，不可为也，不可执也。为者败之，执者失之。"（29章）。想夺取天下并任己摆布，我看他是不能达到目的的。天下人民是神圣的，不能违背他们的意志行事，更不可固执到底。谁要违背意志，固执妄为，必遭失败。希特勒、墨索里尼、东条因机等大野心家，他们都曾不可一世，但都因违背民愿，终致惨败；现在，有少数"精英"看见西方一人一票选总统，眼馋，妄想票选当大官，大吹西方"普世价值"，殊不知，在有五千年文明史且有13亿人的中国，这是不可能实现的。"强梁者不得其死"（42章）。强暴恶极的人不得好死。这种事例，人人都可举出多个。即使一时逃脱法网，但终会伏法；即使个别到死时尚未伏法，但他的行为也会对子孙、家人带来祸害。以上言论，虽未用"不争"这词，但所说的不仅是"不可争"，甚至是"不可为"。这里不妨引用孟子的话来加以诠释：挟泰山以超北海，语人曰我不能。非不为也，是不能也。不能做的事，当然应当"不争"。

第二，不争所不当争。有些东西是争得来的，如财物、知识、健康、友谊等，但争得来的东西中有的是争到以后会给他人或给自己带来伤害的，譬如金玉满堂、政绩工程、虚名、专权等，在老子看来，这是有道者所不处，是不义之争。"金玉满堂，莫之能守；富贵而骄，自遗其咎。"（9章）。臭名千古的和珅，他贪敛的财物是清朝当时20年的财政收入，结果怎样？自己送了命，家人也遭殃，而且遗臭万年，所以不当争者应不争。"企者不立；跨者不行；自见者不明；自是者不彰。"（24章）。踮着脚想站高反站立不住；跳着走想快行反不能远；自逞高明反而不能明达；自以为是反而不被尊崇。甚爱必大费，多藏必厚亡（44章）。过分地纵欲（爱色、爱酒、爱名、爱赌……）一定会付出沉重代价，过于贪敛财物定会招致惨重损失。以上都是不当争的。不争于己无损有益，争了不徒无益反而多害。

三、学习大智慧、修德为上

老子讲了十个"不争",分属两种。一种是为避祸或取胜而取的"不争",这种"不争"闪耀着智慧的光辉;一种是克己为民,为万物而让的,这种"不争"绽放馨香的美德。

第一,属于修德的不争。"水善利万物而不争……夫唯不争,故无尤。"(8章)。水有善利万物而不争的美德,是我们应当仿效的。正因为它谦让不争,所以不会有过错(不会与人产生矛盾)。这是什么精神?用今天的话说,可改叫为雷锋精神。"我有三宝,持而保之;一曰慈,二曰俭,三曰不敢为天下先。"(67章)。我有三个视之为宝的美德,第一个叫慈爱,第二个叫勤俭,第三个是在享乐上不争在天下人之先。这是什么精神?后来被范仲淹发展为"先天下之忧而忧,后天下之乐而乐"的精神。"善用人者,为之下。是谓不争之德,是谓用人之力,是谓配天古之极。"(68章)。善于调动人积极性的领导,能礼贤下士。这叫不争的美德,这样才能充分发挥人的潜力,这叫合乎永恒的客观规律。尧、舜、禹的禅让被传为佳话,原因在"德"。"天之道,利而不害;圣人之道,为而不争。"(81章)。合乎天之道的是圣人之道,圣人之道就是全心服务人民又不计报酬。这是什么精神,发展到今天,我们应当转称是全心全意为人民服务的美德。以上三处不争都不属消极、回避,而都属于主动积极地修德。

第二,属于智慧的"不争"。"不尚贤、使民不争。"(3章)。不过份推崇(夸耀)贤才异能的领导,就能使民不争功名利禄。

春秋时候,有些说客、方士……各国游说,骗取功名,侯王越推崇越生误导。在今天,选美、超级女声赛等,蛊惑青少年去拼争、送钱,祸害颇大,难道不宜降温?"不自矜、故长。夫唯不争,故天下莫能与之争。"(22章)。不自我矜持,所以能长久。正因为不争(名利),所以天下没有人能与他相争。这就叫谦虚使人进步,使人孚众,使人胜利。"是以圣人欲上民,必以言下之……以其不争,故天下莫能与之争。"(66章)。所以,圣人想要领导人民,就一定要称自己是人民的公仆,儿子……正因为他不争名利,所以天下就没有人能和他竞争。"天之道,不争而善胜。"(73章)。客观规律是什么?是不明争、不武夺而善德化者胜。这里最值得重点分析。第一,不争的目的是什么?是争胜利。第二,不争不是什么也不做,只是不恃强豪夺。第三,关键要看一个"善"字,联系老子的其他言论可知,这个善,可以是"柔弱胜刚强",可以是"将欲取之,必固与之"等,一言以蔽之"善用远谋,善以德取人"。

　　老子所讲的总计十处"不争"都剖析完了,找不到事事不争、消极、避世的阴影,相反,却能看到超凡的智慧和高尚的美德。而且,他的"不争",都可统摄于《道德经》的纲:"人法地,地法天,天法道,道法自然",是龙脉文化之"道",是道家推崇的人生观,大智慧!

第三节　道与核心价值观

"价值观"在《现代汉语词典》等找不到，好不容易才在《中国大百科全书》第1903页里找到了这样的解释："价值观，社会成员用来评价行为、事物以及从各种可能的目标中选择自己合意目标的准则……世界观的核心……涉及社会生活的各个领域……价值观念是后天形成的，是通过社会化培养起来的……"

道家语言系统，没有价值观这个概念。勉强对应的可能是人的品格。《老子》除了讲："见素抱朴，少私寡欲"（19章）等等以外，还在第54章，大讲了修德，从"修之于身"到"修之于天下"全面深刻，这算是讲价值观了。只不过没有这个"名"罢了。

虽然没有这个"名"，却一直有这个"实"。请看国家最近颁布的《核心价值观》就和龙脉文化之"道"有着一脉相承的联系。

2012年中共十八大正式确定了24字的中国特色社会主义核心价值观。这，可算是一个光芒四射的大金瓜。

大金瓜不是凭空掉下来的，是在一定的水土、气流和阳光雨露下，从一根很长的藤上生发出来的——它是一个古为今用、洋为中用、中西合璧、发根现实的大金瓜。所以，要使继承了中华优秀文化的社会主义核心价值观变成中华民众的自觉行动，最好就是从弘扬中华的根文化入手，让其相得益彰。

大金瓜已经摆在眼前,关键是如何使它生发成全民的自觉行动?

问渠那得清如许,为有源头活水来。——不妨按《老子》(《道德经》)第 51 章:"道生之,德畜(蓄)之,物形之,势成之。是以万物莫不尊道而贵德"顺序,分五段来加以讨论。

道生之

有因必果,识果当朔因。

社会主义核心价值观生发过程像根什么样的藤?——延续几千年不断的长藤。

它经过百万年孕育,从先辈观天察地萌芽,于 5000 年有文字记载起发根在黄河、长江流域一带,经过伏羲、轩辕、夏禹、周文王整理,萌生出反映中华世界观的《周易》;到了 2500 年前,有了反映世界观、人生观的老子《道德经》,后来有了反映世界观、人生观、价值观的孔子经典和儒家之仁义礼智信;汉朝以降逐渐形成了礼、义、廉、耻及忠、孝、仁、爱、信、义、和、平为代表的中国式传统美德;孙中山提出了"天下为公",共产党提出了"为人民服务",一直延续至今。

解放初提出"五爱",改革开放提出"五讲四美三热爱",中共十七大推崇"八荣八耻",十八大提出了 24 字的社会主义核心价值观。这条长藤的"根",习惯叫作"中华文化道德根",这"藤",就是唯一传承 5000 年不断的中华优秀文化之道统。

社会主义核心价值观发根于道德根的证据有吗?请看习近平的讲话。

习近平于 2014 年，在政治局第 13 次学习时说："培育和弘扬社会主义核心价值观必须立足中华优秀传统文化。牢固的核心价值观，都有其固有的根本。抛弃传统、丢掉根本，就等于割断了自己的精神命脉。"[1]

价值观是"社会成员用来评价行为、事物，以及从各种可能的目标中选择合意目标的准则"。它属于文化范畴，它的形成、发展，一刻也离不开历史文化传统。核心价值观是在一个国家、民族的长期发展中孕育才形成的，反映这个国家、民族的文化积淀和精神基因。作为中国特色社会主义核心价值体系的高度凝练和集中表达，既要体现社会主义解放生产力、实现共同富裕的要求，也必然反映中国传统文化的基因。那么，用什么证明是"道生之"呢？

众经之首的《易经》首先提出了"一阴一阳之谓道"，而对《易经》图解的"太极图"，阴阳鱼颠倒相抱、循环消长，正好反映了中国人世界观之"道"。

老子《道德经》继承《易经》"道"的思想，用当时的语言创立了"道论"。后来，孔子在多次向老子"问道"后，创立了以"人道"为主的儒家学说，代代相传后称之为"道统"。

这个"道"，又像种子一样，生根、发芽、牵藤，结出"四个全面"新时期的大金瓜——中国特色社会主义核心价值观。

---

[1] 新华网 2012.2.25.

社会主义核心价值观是由"道生之"的脉络,岂不是大体清楚了?

德蓄之

德,习惯理解是伦理道德。但在《老子》里,"德"还有对"道"的体(理解、掌握)与用(运用、践行)的意思。蓄,这里是蓄养——蓄积培养。之,代"社会主义核心价值观"。

这是说:(我们的先辈)在体道用道过程中培养蓄积了"道德根",使之培育、发展、推陈出新成了现今的社会主义核心价值观。

怎样蓄?自然少不了倡导、践行、引领、教育、纠偏、创新。

这里,五台山清风道长有一段论述可以作为参考:

> 中国文明中有个核,这个核在华夏大地慢慢演化,在夏之前已经初成规模,经过夏商逐步强化,到周已经逐渐自成体系,到周结成核,就是周之创立的这"易"与"周礼",从春秋开始在周文化核基础上百花齐放,根据各自的理解与主攻方向不同派生出三教十流,然后各派拿出自己的研究成果四处传播,在各诸侯国统治阶层培训自己的"学生"去治国理政,在理政中验得失。于是三教十流在中国历史上经过大量的研究与一定的实践后,在诠释过程中对三教十流进行甄别与选用,于是华夏文明的"核"在吸收过程中凝结,形成具有中华特色的有"核"华夏文明。

后来各类学说经过涤荡、选择与实践，被统治阶层看中的主要是儒，道，法。随社会的发展与民族的融合，外来文明受到华夏文明影响，逐步融入到华夏文明体系，成了华夏文明的一部分。虽最初这个"核"就具有一些不稳定性质，但总体上保持传承，使华夏文明成为人类史上唯一不中断的文化。

华夏文明的"核"的形成是个渐进过程，在吸收过程中不断的调整与"自洁"，以致古代华夏文明出现周期性的变化。华夏历史上有三次大周期，夏商周之秦汉为第一次，秦汉到南北朝之隋唐是第二次。隋唐之后则一直延续到明清之后是第三次，这便是国共、共和。每一次周期性的调整"自洁"过程中，初期是动荡的，随后是长时期有稳定、繁荣与强大，我们今天处于第三次大周期的初始阶段，就是按周期论华夏文明也正处于强势复兴阶段，从这个角度，中华民族的复兴大业不可阻挡，这点我们要自信，若我们这代人干得好，这个周期会更长，或许不在动荡中完成华夏文明的兴旺发展！

正因为华夏文明基因是有"核"的才使华夏大地基本上处于相对稳定的发展历程，或有"分合"之说，但华夏大统一的时间要比分裂时期的时间长得多。目前西方史学界出于阴暗心理对中国历史的断代将夏排除，从商开始，用心险恶，我"华夏文明"少了"夏"，还能称得上完整的文明体系吗？更可悲的是国内一些史学者还高声附和，这种否认祖宗的成为应该大力鞭挞。

这就是说，在中华文化的发展上，无数优秀儿女为之进行了浇灌。

起倡导作用的人有：伏羲、轩辕、老子、孔子等；

起践行表率作用的人有：岳飞、林则徐、方志敏、赵一曼等；

起引领作用的人有：管子、孟子、荀子、司马迁等；

起教育作用的人有：墨子、韩愈、陶行知、蔡元培等；

起变革纠偏作用的人有：商鞅、王安石、孙中山、蔡锷等；

创新的人历代都有，今天当属毛泽东、习近平等共产党人。

中华子孙，正是在体道、用道过程中，历经5000年蓄积，才孕育成了今天这一中国特色社会主义核心价值观的。

物形之

物，万事万物；形，成就，显现；之，这里指代讨论对象——中国特色社会主义核心价值观。

物形之，于实物，是把它显现出来。比如用木头做成一张桌子。对于抽象实物，就是揭示出它的本质、功用等特质。

社会主义核心价值观是抽象事物，要"形之"，就是要把它的来龙去脉说清楚，成决议、成文件、成书、成各种各样的宣传之"物"。

现在，先看已经形成的决议。

2006年10月召开的党的十六届六中全会最早提出社会主义核心价值体系的科学命题，并指出，马克思主义指导思想，中国特色社会主义共同理想,以爱国主义为核心的民族精神和以改革创新为核心的时代精神,社会主义荣辱观,构成社会主义核心价值体系的基本内容。

党的十七大提出:"社会主义核心价值体系是社会主义意识形态的本质体现。"党的十七届六中全会进一步指出:"社会主义核心价值体系是兴国之魂,是社会主义先进文化的精髓,决定着中国特色社会主义发展方向。"并且要求把社会主义核心价值体系融入国民教育、精神文明建设和党的建设全过程,贯穿改革开放和社会主义现代化建设各领域,体现到精神文化产品创作生产传播各方面,坚持用社会主义核心价值体系引领社会思潮,在全党全社会形成统一指导思想、共同理想信念、强大精神力量、基本道德规范。

党的十八大从建设社会主义文化强国的战略高度,提出了培育和践行社会主义核心价值观的重大任务,"倡导富强、民主、文明、和谐,倡导自由、平等、公正、法治,倡导爱国、敬业、诚信、友善"。首次完整地阐述了社会主义核心价值观的层次结构和丰富内涵,反映了我们党对社会主义核心价值观问题的最新认识,体现了我们党高度的理论自觉和文化自觉。[1]

下面,我们再看看社会主义核心价值观与中华优秀文化,特别是与道德根的关系。

社会主义核心价值观有三个层面的倡导,都对应继承了传统优秀文化特别是"道"的思想精华。

---

[1] 本书编写组.十八大报告辅导[M].北京:学习出版社,2013:52.

国家层面倡导"富强、民主、文明、和谐",借鉴的传统文化如下。

"富强",民富国强,这是中国人多少年梦寐以求的最具体、最集中的诉求。中华文化有:甘其食,美其服,安其居,乐其俗。有自强不息等。

"民主",中国传统文化的民主,比西方民主的一人一票内涵要丰富得多。我们有:贵以贱为本,高以下为基,民为邦本,维民所止、政为民所谋等。

"文明",中国是有名的文明古国,当然要坚持文明立国。我们传统文化有:天之道,损有余而补不足。天之道,为而不争。

"和谐",中国文化的核心是什么?是"和"。我们传统文化有:冲气以为和。和为贵、和而不同、和衷共济、合作共赢等。

社会层面倡导"自由、平等、公正、法治",借鉴的传统文化如下。

"自由",很多人照搬西方语汇,不解本意。哲学上,自由是对必然的把握。在中国古代,自由,多指人通过发扬真善美进而知性、知天,实现天道与人道交融互通,以达到物我为一、天人和一的那种境界。如果不明真相,一味强调自由,不讲守法、任性持枪、任性杀人,你自由了,死的人哪有自由?老子提倡"道法自然""为而不争";孔子提出"己所不欲勿施于人"等,其实都是提倡自由。

"平等",这更是中华文化的追求。比如,天人合一,众生平等,互敬互爱、童叟无欺等,在中国可说是代代相传。共产党更提倡尊重劳动人民，选举不论财富，人民代表大会各界都得有代表。

"公正"，传统文化提倡守护善性，言行不偏不倚，就会保持公心，就要做到"允执厥中"。现在，在社会治理更是强调继承传统"办事公正"。

"法治"，在中国有法家，建立了法治理论，强调隆礼重法。特别受商鞅等法家的推崇。现在，国家更加强调全面依法治国，法治早已深入人心。

个人层面倡导"爱国、敬业、诚信、友善"，更是明显传承了中华民族几千年的美德。

"爱国"，是中华儿女矢志不渝的信念，是我们弥足珍贵的精神财富。《老子》说"爱民治国""受国之垢，可以为天下主"。文天祥、方志敏宁死不屈成了爱国典范。

"敬业"，是"义"的践行，表现为处事得体，办事尽心，也就是"敬业"表现。业精于勤荒于嬉。鞠躬尽瘁，死而后已。夫唯不盈故能弊而新成。雷锋干一行、爱一行等，都是传承敬业的体现。[1]

"诚信"，更是中国人的传统祖训。《老子》："轻诺必寡信"，"信不足焉，有不信焉"。《中庸》讲："诚者，天之道"。在传统文化看来，人道、人性应该突出真诚、善良，由"诚"到"信"，是做人的基本要求。

"友善"，儒家提倡仁义礼智信。其中为首的是"仁"，表现

---

[1] 桑敬民.华夏传统文明教程［M］.北京：中央民族大学出版社.

为善待他人,推己及人,"己所不欲勿施于人"。老子的"上善若水""常善救人故无弃人"都是要求与人为善。

中国传统文化博大精深、源远流长、生生不息,其闪耀思想光辉和道德根的正是社会主义核心价值观的重要文化源泉。

势成之

势,势力,势能,蓄势待发。成,成就。之,特指中国特色社会主义核心价值观。

如今水电站很多,坝上水位高出坝下一二百米很普遍,水是慢慢蓄积的,但所蓄的水放下时却是顺势而泄、势不可当。

每一代人都生活在传统之一段,同时,又从现实出发对传统进行不断地修正和出新。随着世界经济一体化、政治多元化进程的加快和社会主义市场经济的发展,人们的生活环境、社会结构、经济条件都发生了巨大变化,加上西方价值观的推波助澜,许多传统价值观不断受到挑战和冲击,一些传统美德被怀疑甚至遭人抛弃。有些人还想通过背离传统而踏入现代。岂不知,任何国家的现代化都不可能摆脱传统,中国的现代化建设、社会主义核心价值观的培育同样要根植于传统文化。

我们可以长得像韩国人,穿得像美国人,说话像英国人,开车像德国人,但我们的良心一定要是中国人!

我们党始终强调要正确对待传统,弘扬优秀传统文化。毛泽东曾说:"从孔夫子到孙中山,我们应当给予总结,继承这一份珍贵的遗产。"改革开放以来,党对传统文化的认识更加深刻,对优秀传统文化的弘扬也更加自觉。党的十六大提出"要发扬民族文化的优良传统",十七大指出"中华文化是中华民族生生不息、团结奋进的不竭动力",十八大强调"建设优秀传统文化传承体系,弘扬中华优秀传统文化"。近日,习近平总书记进一步指出:"博大精深的中华优秀传统文化是我们在世界文化激荡中站稳脚跟的根基。中华传统美德是中华文化精髓,蕴含着丰富的思想道德资源。不忘本才能开辟未来,善于继承才能更好创新。"

尊道贵德

知道了社会主义核心价值观的来龙去脉及其意义,就要讲讲怎么弘扬。

"尊道贵德"系道家老子提出,诸子百家继而发扬的道统。道德根源远流长,对中国传统文化的形成和发展产生过无比重要的影响。郭沫若先生说:"道家思想直可以说垄断了二千年来的中国学术界。"英国著名学者李约瑟博士也说:"中国如果没有道家,就像大树没有根一样的。"

前面,我们从道家及诸子进而中华文化之道德根看到了中国特色社会主义核心价值观得以产生的必然过程。现在谈谈如何使之变为全民的自觉行动并转化为实现中国梦的物质力量?既然这根藤萌发自尊道贵德、成长于尊道贵德,她也就必然能反过来丰富尊道贵德的内涵。所以,我们的观点是在运用一切行政的、学校的、社区的、民间的手段开展宣传教育的同时,最好从弘扬中华优秀文化入手,使双方相得益彰,使效果事半功倍,使传统更放光芒。

具体建议有五点：

明确根本。第一，社会主义核心价值观是：马克思主义（含中国化马克思主义）、中华民族优秀传统文化（含道德根）、人类文明的优秀成果（含西方的思想精华）三者与中国现实的创造性结合。

第二，精神变物质。当社会主义核心价值观转化成全民行动之日必然会反过来推进中国特色社会主义的加速发展。

第三，一定要确立过程思想。万事万物产生有过程，落实有过程，延续有过程，不可一蹴而就。教条主义为什么会误事？就是他们忘了万事万物发展都有特定的过程，他们喜欢把别人的前过程和我们的现过程相比，他们喜欢自作聪明瞎指挥。

端正态度。对待传统文化，我们一直强调"取其精华，去其糟粕"，但何为精华？何为糟粕？这个问题弄不清楚，"取"和"去"都会犯错误。

面对博大精深的传统文化，我们吸取什么，扬弃什么，直接决定着民族精神的延续和社会主义核心价值观的价值取向。当务之急是要像习近平总书记提出的：讲清楚中华优秀传统文化的历史渊源、发展脉络、基本走向，讲清楚中华文化的独特创造、价值理念、鲜明特色，增强文化自信和价值观自信。要认真汲取中华优秀传统文化的思想精华和道德精髓，大力弘扬以爱国主义为核心的民族精神和以改革创新为核心的时代精神，深入挖掘和阐发中华优秀传统文化尊道贵德、讲仁爱、重民本、守诚信、崇正义、尚和合、求大同的时代价值，使中华优秀传统文化成为涵养社会主义核心价值观的重要源泉。

坚持古为今用、推陈出新，有鉴别地加以对待，有扬弃地予以继承。

与时俱进。当前社会在某些方面存在道德滑坡、诚信缺失等，如何对待？就是要在弘扬社会主义核心价值观时，结合弘扬优秀传统文化，注意紧密结合时代特点，讲究方式方法，与时俱进。

对传统文化中的思想精华如何传承？比如，备受热议的老人摔倒扶不扶，有争论，但肯定是必须扶！因为尊老爱幼、互帮互助是中华民族的传统美德，但是，怎么扶？如何在助人的前提下更好地保护自己不受误会？就是今天不容回避的现实问题。所以，我们要努力寻求切实可行的途径和方法。

传统文化是特定时代的产物，即使是其中的精华，也要根据时代需要合理汲取，与时俱进。这样，才能在时代变迁中弘扬主旋律，传播正能量，优秀传统文化也才能在培育社会主义核心价值观中真正起到精神导航的功能和助推剂的作用。

大胆创新。适应时代发展，要善于选择群众喜闻乐见的形式，对传统文化的精华作出通俗易懂的表达，赋予其新的时代内涵，使传统文化的优秀基因与当代文化相适应、与现代社会相协调。从国家、社会、家庭、个人等多个层面和维度，着力构建弘扬优秀传统文化的机制和氛围。

采取行政推动与群众参与相结合的方式，依托各类场馆、讲堂、社会团体——特别是老子研究会、老庄学会、孔子研究会、国学馆等组织，借助重要节庆日、纪念日、民族传统节日，运用新兴媒体、公益广告，以灵活多样、品位高雅、创意新颖的形式，组织开展丰富多彩的活动，用人们喜闻乐见的方式传播社会主流价值，培育文明风尚。

要利用各种时机和场合，形成有利于培育和弘扬社会主义核心价值观的生活情景和社会氛围，把社会主义核心价值观真正融入到人们的日常生活，让人们在实践中感知它、领悟它，使核心价值观的影响"像空气一样无所不在、无时不有"。

大树标兵。榜样的力量是无穷的。"死了夏明翰，还有后来人"，一个英雄倒下去，千万个英雄跟上来。夏禹、岳飞、方志敏、赵一曼、董存瑞、黄继光、雷锋、焦裕禄……他们都是活的教材，都会永远激励中华儿女向着太阳前进、前进！

中国特色社会主义核心价值观一定能够像长江黄河，由细水变洪流，流向大海、注入大洋。

第四节 道与生态文明

形势发展，难题个个，这些，能用道能化解并在用道中增长智慧么？不妨啃个硬骨头试试。

现今强调生态文明（生态平衡、生态安全），速查重罚，群众拥护，完全正确。但问题尚多，是个难啃硬骨头！

过去为加速工业化急于求成，忽视生态平衡。不仅过度开发，还让洋垃圾进口，环境污染成灾，民众苦不堪言。回头一看，啊，没有经验，走了"先污染后治理"的老路。

国际资本，贪欲膨胀，各国争相过度开发，造成全球性生态严重失衡，找替罪羊，倒打一耙，反而怪罪中国。

其实，2500年前的老子，就已经论及了如何防止这一失衡。现在，就来谈谈正题：道观生态文明。

《老子》（《道德经》）一书最后两句——也是全书的总结："天之道，利而不害；人之道，为而不争。"什么意思？——"自然规律是有利万物却不加伤害；人的行为规范是奉献却不争利。"今天如果我们都做到了利万物、不加害、讲奉献、限私利，这不就从根本上解决了生态安全、生态平衡了？所以，我们说《老子》是解决生态平衡的宝典，是观察问题、解决问题的大智慧。为了论证得更充分，现分三个方面加以探讨。

从"道法自然"看生态平衡

在谈正题前先看一则寓言《灰狼小三弃洞》：

> 灰狼妈妈在山洞里生了三只小狼。把它们养大后，母狼把大、二两个都赶出生活，偏爱小三，把山洞留给了它，自己另找山洞去了。小三平时受到娇惯，喜欢在洞里吃，剩的骨肉也不管；大小便随地，任其堆积。开始，它还觉得这很方便，又没谁管、没谁骂，真好。可是，天长日久，堆积越来越多，到了夏天，又臭又潮，连睡觉的地方都没了，无可奈何，它只得舍弃这个家园，外出过风吹雨打的流浪生活了。

这个故事告诉我们自然有自然固有的规律，如任人所为，就会咎由自取，悔之莫及。

《老子》属于朴素的自然辩证实践智慧。无论是过去、现在和将来，对发展自然科学、实现生态平衡都发挥着指导作用。它是民族瑰宝，是需要加以发掘的的富矿。现在，就从"道法自然"出发认识自然。

1. 宇宙生成论

"道生一，一生二，二生三，三生万物。万物负阴而抱阳，冲气以为和。"（第42章）在老子看来，天上没有玉皇，地下没有龙王。世界本原上是物质的，物质是阴阳对立统一的实在；宇宙的初始是混沌的；是由阴阳对立而生的万物；万物是运动的、发展的，发展的内部动力是固有的对立统一性。

"无，名天地之始；有，名万物之母。"（第1章）这里的"无"是无具体的性状，"有"是有具体的性状。"无"是"始"，是混沌；"有"是物种，是母，由之而有千万。老子讲的道，指万事万物的客观规律。这里说物质的道是初始的一，这个一具有阴阳二面，阴阳二者既相互依存又相互斗争，在激荡中实现新的和谐，产生第三者，由这个新生的三再衍生出了万物。

这些理论虽不够系统，但和现代科学对宇宙生成的解释，至少在以下几方面是较为一致的：世界是物质的；磁场、引力、声、光等无形体，也是物质的；物质都是由阴阳电荷、雌雄等构成的对立统一体；世界是不断发展的，是由混沌到纷繁复杂的；世界不是上帝制造的，是独立于人的意志之外，按自身规律运行的。

2. 能量守恒与转化

能量守恒与转化，本来属于物理的一个定律，这里提出来专讲，是为了突出道法自然。"有无相生，难易相成……音声相和，前后相随，恒也。"（2章）恒，是永恒，永远。"恒也"，表永远是这样的。"反者道之动，弱者道之用。天下万物生于有，有生于无。"（40章）反，特指循环往复。循环往复是物质固有的运动规律，道的作用是微妙（弱）的。天下万物也是有形物、无形体的更替。生物死后，腐烂变为碳、氢、氧等分子，再成为新生物的元素而重新变成为有形物。能量转化了，但就元素而言却是守恒的。"草木之生也柔脆，其死也枯槁。……强大处下，柔弱处上。"（76章）草木生长时是柔脆的，死时就干硬枯槁了。强大壮盛后开始走下坡，柔嫩的反而蒸蒸向上。"天长，地久，天地之所以能长久者，以其不自生，故能长生。"（7章）"不自生"从物质不灭、能量守恒看，天地虽然增加了很多物种，很多精彩，但物质能量只是相互转化，并未增减，也就是"不自生"。老子因受时代局限，不可能用动能、势能、热能、电能等来解释能量转化与守恒。

3.万物有共性

老子揭示了很多物性的奥妙，可以启迪人的智慧，进而实现平衡，提高造福水平。"飘风不终朝，骤雨不终日。"（23章）疾风暴雨不持久，遇到灾难不必悲观，可以稍微等待，安排当做的活计等待转机。"大方无隅；大器晚成；大音希声，大象无形。"（41章）这里，已涉及极限，涉及相对论，虽只有朴素的表达，但已看出了对物理揭示之深刻。最方正的东西没有棱角，最大的器物最后制出；最强的音响反无声无息；最大的形象视不见形。蚂蚁在大厅里它不知有棱角,长江大桥不可能一天建成,天体运行的吼声我们听不见。我们脚下的地球凭肉眼无法看清全貌,这样的宏论何其精彩,何其深刻。

实现生态平衡的原则、方法

老子不仅全面分析了我们借以生存的环境,而且提出了实现生态平衡的原则、路线。

原则是:"天之道,其犹张弓与?高者抑之,下者举之,有余者损之,不足者补之。"(77章)什么意思?——自然的规律,难道不像拉弓射箭吗?高了,压一点;低了,举一点;拉满了,放一点;没有拉够,补拉一点。这说的是什么?一要有"度",二要"平衡",三要及时"调节"。把平衡和适度明确地提了出来,何等精湛,何其超前。

老子不仅提出来原则,还指出了以下方法,请看:

1. 物各有用,人善为之

"三十幅共一毂,当其无,有车之用。埏埴以为器,当其无,有器之用。凿户牖以为室,当其无,有室之用。故有之以为利,无之以为用。"(11章)毂,gǔ,车轴插幅条的圈。埏埴,yán zhǐ,和土。三十根辐条集于车轴孔中,因有毂的中空,才有车可用。揉和陶土做成器皿,才有器皿可用。开门凿窗建房,有了空间,才有房可住。所以,"有"(实心)让人可直接利用,"无"(虚空)则可让人按需灵活使用。这讲了什么?实心之物,虚空之物,各有其用,人为什么一定要争夺已知资源而不另辟蹊径呢?

2.关爱母性，着眼后代

"谷神不死，是谓玄牝。玄牝之门，是谓天地根。绵绵若存，用之不勤。"（6章）谷，山谷，形容虚空；神，神秘；谷神，奇的变化。虚空神奇的变化是永不停息的，这就是微妙的母性之门（生殖器官），可称天地根本。绵延永存，作用无穷无尽。这里提示了无论何种生物（含植物），它的繁殖都需仰仗母体，所以需要保护母性。

3.调节心理，健康长寿

"载营魄抱一，能无离乎？专气致柔，能如婴儿乎？"（第10章）营，生理机能；魄，精神；营魄，精神和形体合一，能不分离么？聚结精气神，能像婴儿般无欲吗？这是养生的要诀，很难做到。如能训练做到，就可健康长寿。"难得之货，令人行妨，是以圣人为腹不为目。"（12章）奇珍异宝，令人行为不轨；所以道德高尚的人重吃饱穿暖，不追逐声色娱乐。这是讲养生要限贪欲。"物壮则老，是谓不道，不道早已。"（30章）（人为地催助）生物壮盛，是不合生长规律的，不合规律就会早亡故。现在商家为了牟利，在饮料里添催长素，鸡呀，猪呀三五个月就可长肥宰杀，但人们吃了不利健康，所以现在的人宁可多出钱也要买纯天然食品了。"不失其所者久。"（33章）不丧失根本才会长存。什么是生物的根本？外在的是阳光、空气、水、养料等，内在的是特有的结构功能，雌雄交合繁衍，正常的生长期，对于进化条件的选择与适应等。如果违背根本，小则夭折，大则绝种。

4.要取先与，要获先种

"将欲取之，必固与之……鱼不可脱于渊……"（36章）要想获取它必须先给够它。鱼不可能脱离深水而存活,要想吃粮、吃肉,就得种粮、养畜,先要投资够,按规律照顾好,才能保你有丰收、有享用。鱼脱离水就不能活,农、林、牧、渔各业,都要保证生物的生长条件才有发展。"合抱之木,生于毫末。"(64章)合抱的大树,是从细小的幼苗长成的。我们一要珍爱幼苗,二要按物种特性培护,切不可揠苗助长。

为环境保护学科奠定了基础

我们今天对环境保护的重视,是因生态破坏太严重才开始的,但老子却在2500年前就重视了,他的超前理论为环境保护这门科学奠定了基础。请看:

1. 从道法自然看生态因果

"生之育之,亭之毒之,养之覆之。生而不有,为而不恃,长而不宰。"(51章)"生之畜之,生而不有,为而不恃,长而不宰,是谓玄德。"(10章)生长万物,养育万物,使之长好成熟(亭之毒之)并给予保护(覆之)。但生长万物却不据为一己所有,抚育万物又不自恃有功,助之延续又不主宰,这就是深奥、高尚的德。这里暗示了一个思想:我们应创造条件帮助万物勃勃生长,不能因一己私利而毁坏万物的生长条件。"祸莫大于不知足;咎莫大于欲得。故知足之足,常足矣。"(46章)最大的祸患是不知满足;最大的过失是贪得无厌。懂得适度就满足的人,永远是富有的或充实的。这里暗示了一个思想:向大自然索取不能杀鸡取卵,索取和给予必须平衡,谁只顾眼前利益,不顾生态平衡,必然会受到自然的惩罚。"人法地,地法天，天法道，道法自然。"（25章）法，有效法，遵循之意。人遵循地，地遵循天，天遵循道，道遵循自然。这是一个传递式的推理，最终推出的是"人法自然"。什么是自然，从一般意义讲是客观存在的，不以人的意志而运行的大自然；从哲学意识讲，自然就是客观必然性；通俗表达是"自然而然"。这里大有文章：第一，说了天、地、人是一体，必须和谐共处。否则人不能生存。第二，道是天地人共处的规律，是只能认识、遵循，不能违反的。第三"道法自然"突出了"自然"之至高无上的地位。包含了人与大自然，人与周围环境，人与社会人生的和谐。而且是顺之（法）则昌，逆之则亡。现在，国家倡导科学发展，构建和谐社会，加强环境保护，重视可持续发展……这些都合老子思想，都值得拥护和践行。

2. 过分掠夺，必遭报复

"不知常，妄作凶。"（16章）常，万物守常不变的规律。不了解事物的规律，只凭主观愿望胡乱作为，定有凶险。"天地相合，以降甘露，民莫之令而自均。"（32章）天地间阴阳二气相结合，就会降下甘露（生机），人们不需特意安排就会自然调匀，这里讲了两条规律，一是阴阳相合才有生机；二是事物的发展有自身的规律，不需人特意处置就能自均。什么是自均，请看下文。"天之道，损有余而补不足。"（77章）自然规律是：减损有余的补偿不足的。请看过去和现在的一些事实。当某地遭了水灾，人畜、庄稼会遭遇损伤，但水灾后很多生物却反而增添勃勃生机；当人们集中到了某地并造成了环境污染，大自然就叫你住不成，逼着你要么恢复环境生机，要么迁走他乡给此地以还原机会；有的人居住偏远山区，生活艰苦，未享过荣华富贵，但大自然却赏赐了他长寿，却练就了子孙的吃苦耐劳适应环境的精神。

3.必须控制贪欲

"处其实，不居其华。"（38章）追求真实，不要虚华。美之与恶，相去若何？（20章）美好与丑恶，相差有多少（有时是一念之差，一步之别）。"皆知善之为善，斯不善也。"（2章）人们都了解什么是善，"不善"就显现出来了。

"天之道，利而不害，人之道，为而不争。"（81章）天之道，不争而善胜。（73章）自然规律是让万事万物得到好处而不给伤害。道德高尚的人是只重奉献不去争利。

4.新时代的人应有的环保素养

人的素质涉及德（态度、品格），才（知识、实践、思维等）、体（体能、脑功能）等多种因素，必须以德为先。

"爱民治国，能无为乎？"（10章）爱民治国，能做到不违反客观规律，不主观妄为吗？"知常容，容乃公，公乃全，全乃天。"（16章）掌握了规律就能包容，能包容就能有公心，有公心才能顾及全面，能顾及全面才合客观物性。"图难于其易，为大于其细，天下难事，必先作于易；天下大事必先作于细。"（63章）搞环保搞生态平衡是很难的。但野猫啃黄牛，也要先找个小地方下口，从易处突破再步步深入。不能一开始就贪大求洋搞花架子。为了追求真理，要反复实验，经得起检验，要用科学的精神来搞科学。

本文从三个方面引证了老子的生态平衡（生态安全）观，

虽然偶有附会，但凡认真读了本文中老子原话的人定会在事实面前承认：老子道法自然的生态平衡观确实光照千秋，值得古为今用。

第五节　道与文化建设

　　非常庆幸，一个自由民主、百家争鸣的难得的大好时代已经到来。请看近来，各种观点、政见何其纷繁。现在，不妨探讨一下：社会主义文化建设之道的大智慧。

　　忆两千多年前春秋战国，百家争鸣产生诸子百家，出现了古代学术的黄金时代。百花齐放确实有利推陈出新！

　　而今乐见：又一个思想解放的黄金时代已经到来！

　　有些学习西方的资深学者，通过网络等媒介大谈美国道路、普世价值，急着要求对中国动大手术。有些研究中华经典的学者又提倡用弘扬民族优秀传统来促进可持续发展。多数民众则认为不能让中国做第二个伊拉克、埃及、利比亚、叙利亚。有的志士主张鲜明地高举马克思主义大旗，走出创新的中国特色社会主义道路。也有专家提出具体建议，探讨如何在建设中国特色社会主义中蹚过深水区。真是：思想解放，百花齐放，碰撞火花，推陈出新——万紫千红总是春！

　　对于普通公民，大道理懂得少却不忘常识："生产关系适应生产力，经济就会获得大发展""橘生于淮南则为橘，生于淮北则为枳""十月怀胎，一朝分娩，事物发展有过程"，"（对已有的东西）失去后方知得来之不易""复杂问题不能简单处理"……这些，都传承了龙脉文化的基因——道。

有一点让人很纳闷：美国那么好，为什么不肯向我国提供我们急需的先进技术、先进设备、公平汇率、市场优惠，还百般阻扰我们对台湾等领土的统一，以重返亚太为名围堵中国；对可以使他国造成混乱的西方普世价值他们偏偏要出钱出人强制输入？爱国、爱民的学者难道真的没有智慧从中发现一点奥秘吗？如果急于照搬、西化，确实能保证不混乱、必定成功、不祸国殃民吗？

回顾鸦片战争以来的170余年历史，我们结出：一方面需要学习先进国家的先进文化，一方面又必须洋为中用敢于创新。一定要牢记：照搬强行无不失败。孙中山等先辈向欧美、日本学习先进理论后发动了辛亥革命功在千秋，但因为照搬未能打倒国内的帝、官、封势力，立不起；胡适、李大钊等先辈向欧美等学习先进文化，发动了1919年"五四"运动，举起科学、民主两面大旗，但出于照搬又喊出了"打倒孔家店"，泼脏水把盆里的婴儿也泼掉了；陈独秀、李大钊等先辈学习马列，建立中国共产党揭开历史新篇章，但因照搬苏共（布尔什维克）理论又一再碰壁，"四一二"惨遭屠杀，攻打大城市接连失败，丢掉中央苏区被迫长征……付出高昂代价后才正式确定了"马克思主义必须与中国革命实践相结合"准则。毛泽东用马克思主义与中国革命实践相结合创新的"新民主主义"理论，指导中国革命与建设，建立了新中国。这，正是龙脉文化"实事求是"彰显的大智慧。

以史为鉴可知兴替。中共十八大以来以习近平为总书记的新领导班子，根据国情（含有利不利条件）引领了改革开放的攻坚克难，推进政治体制的渐进改革，重视了弘扬中华文化，旗帜鲜明地强调社会主义核心价值观和提升国家软实力，这就给增强我国的制度自信和道路自信和实现中华民族伟大复兴创造了条件。

世界没有完全相同的政治体制，一脉相承的英美也有明显区别（英国、日本等还有君主），为什么？各有地域、历史、文化、习俗的差异。"鞋子合不合脚，只有穿的人最清楚"，照搬、盲从、简单化、求速成，误国祸民的事例比比皆是。

中国幅员广阔、人口众多、人均资源少、多民族共处、独有5000年未曾中断的优秀文化、有很多宝贵典籍、有勤俭智慧热爱和平的民风、19世纪前是统一的世界强国、封建社会最长（稳定的巨系统）、饱受帝国主义蹂躏、中华人民共和国建立后一穷二白、现在还是发展中国家……这些，都是与西方国家明显不同之处，而不同的关键则正在文化。为什么？环境和文化互为因果，龙脉文化则更会像基因一样决定中国人的取舍与喜恶，也就决定了我们对道路的选择。比如，中国人为什么更爱和平，因为习惯了"和为贵""和而不同""已所不欲勿施于人"。中国人为什么倾向无神论，因为我们有传承几千年的"天道"思想，这里的"天"不是偶像的神，而是自然。我们在洋为中用时，不得不考虑这些中国特色。陈独秀、博古等的失败，不是他们不爱国、缺乏知识，而是他们忘了道，忘了实事求是。

也许，有人还不太相信文化对道路的奠基作用，那我们就来简单回顾一下吧。孙中山提的"天下为公""三民主义""世界潮流，浩浩汤汤，顺之者昌，逆之者亡"。毛泽东常讲的"实事求是""没有调查研究就没有发言权""知己知彼，百战不殆""集中优势兵力，各个击破""自力更生，艰苦奋斗"，"得道多助，失道寡助""全心全意为人民服务"等难道不都是从传统文化精粹（含成语、谚语等）升华出来的吗。

那么，中国坚持的社会主义道路"独特"在何处？

独特在于：确立以马克思主义为指导（强调与中国革命实践相结合，既不照搬教条，也不照搬苏联，选择由新民主主义到社会主义的道路），确立以为人民服务为宗旨（为大多数人民群众而不是为少数权贵集团谋利），确立共产党执政与民主党派的民主协商制度（长期共存、互相监督、调动一切积极因素），创立人民代表大会制与民主集中制（不断改进领导人的培养考核制度、便利民众参政议政与监督的制度），借鉴世界一切先进文化（提倡拿来主义、坚持改革开放、坚持科学创新），找准当今中国在世界、在时代的位置（用好机遇与挑战、抓紧和平发展），看清自身的优势劣势、近期与长远（定性社会主义为初级阶段、分几步走），找准主要矛盾和矛盾的主要方面（不同时期有不同侧重、敢于进行重大改革），公有经济为主导和多种经济共同发展，参加世贸组织、实行社会主义市场经济（宏观控制、微观搞活），谨慎从事先试验再推广（先论证再实施、以点带面），建设与民生协调发展的城乡一体化，加强科技强军，不求称霸只为和平（存亡之道、有备无患、不战而屈人之兵），从中国历史、龙脉文化中找智慧，如韬光养晦、知雄守雌、过犹不及、合纵连横、依法治国、以德治国等，坚持古为今用、洋为中用、去糟取精、推陈出新方针，坚持实事求是、调查研究、谨慎从事、兼收并蓄等。一句话：在洋与中、古与今、现实与长远的结合中求得理论和实践的出新，体现道之大智慧。

研究中国社会主义与龙脉文化关系的现实意义在于何处？在于端正态度，懂得如何运用、如何结合？

总的原则是：立足国情、放眼未来、博采古今、推陈出新。

举一两个事例看看如何运用，如何结合吧。

其一，是否用消费主导经济增长？

龙脉文化很重视勤俭。老子说"我有三宝，持而保之。一曰慈，二曰俭，三曰不敢为天下先。"（67章）所以百姓有勤俭持家、量入为出、存钱防万一的传统习惯。虽然城市部分青年受外来影响，有超前消费的情况，但就普通百姓而言，仍然要节约、存款……提防不时之需。现在，为了刺激经济，不少人提出要变投资主导型为消费主导型，国外的声音尤其响亮。但是，联系传统、现实、国外先进文化、中国社会主义现实综合来看，至少有三点值得注意：第一，如果用宣传教育、行政干预强力推进，促使出现不自量力的超前消费，不仅毁掉传统美德，而且一旦出现灾祸，就会给国家增加应急负担；第二，消费能力与收入水平整体是一致的，如果未把着力点放在发展生产、增加收入上，任其负债消费，不仅不可持续，而且还会产生很多社会问题；第三，从根本上说，只有创新，开发出技术含量高、适合群众新需求的产品，才能自然促进（刺激）消费；而要创新，少不了投资、调整结构。所以，过于强调依赖消费主导，虽然有利国外商家，却是不合国情的；只有兼顾投资、创新与消费，才合中国特色社会主义道路。

其二，是否需要学习美国，一人一票直选总统？

民主好不好？好。"民主"是翻译词语，而从精神而言，中国古代就很重视实质的民主。老子说："贵为贱本，下为上基"；孔子说："民为邦本"；孟子说："民为重"。民本思想是中国文化的传统。"五四"运动，就高举了民主、科学两面大旗。共产党就是要用民主来跳出黄炎培指出的"政权周期律"。从第一届政治协商会议起一直在不断改善民主制度。确定了人民代表大会制，民主集中制，人大、政协、国务院、司法系统相对独立相互制约制，集体领导制，依宪依法以德治国制。政权民选交替60余年，实现了国家安定、经济腾飞、国防稳固、生活改善、福利覆盖、文化繁荣，有力地证明了中国特色社会主义民主的优越。现在，中国的民主进程已经推进到：基层直选；各级党政代表选举，兼顾了各辖区、各行业、各民族、老中青以及男女、城乡、英雄模范、专家学者等的合理分配；在世界范围内，首屈一指地体现了民主的广泛性。我们没有停步，还在继续坚持推进渐进的、借鉴而不照搬的、不断完善的、有助于"利为民所谋、利由民共谋、政由民监督、利由民共享"的实质民主。比之仅仅有利财团的轰轰烈烈的形式民主，中国难道一定要舍"特色"而"邯郸学步"吗？

其实，美国民主也不是一人一票。每次弃选人占40%左右，候选人不是百姓所推选，主要是在两党中各推一二，竞选人接受捐赠普遍多达若干亿美元，计票以州为单位；当选的总统一人主宰一切大事，竞选前的美丽许诺常常不兑现；一届顾一届短期行为胜过长远打算，不合占人口1%的财团利益连"控枪令"都不能通过，甚至会出现政府关门的怪事；为了财团利益，群众反对的侵略战争照打，造成金融危机的财团照样发财，高企的财政债务不肯下狠心减控。从中国文化来看，这种民主不过是手段、形式，心理满足，不是真的由民做主。美国强行对外推销的"普世价值"，其实就是搞乱他国，保证美元垄断，通吃世界。

知道了中国特色社会主义道路必须结合中国国情，尤其是要用中华优秀文化来滋养，就要上下齐心，按十八大和十九大确定的方向，做好弘扬与活用。现扼要建议如下：

一、认清价值　确定正位

1. 加强领导，高调弘扬；

2. 出台措施，宣教普及；

3. 经费保证，检查落实。

二、寻觅精华　去粕消毒

1. 设课题，励社团，重新审定经典；

2. 启动抢救散失之古典（高价收购　奖励捐赠）；

3. 博物馆、纪念堂等要重新定位对历史人物、事件的褒贬。

三、找准交集　推陈出新

1. 寻找马克思主义、西方先进文化、中国古典优秀文化、现代思想优秀成果、中国特色社会主义实践的交集；

2. 再一次站到巨人（含马克思）肩膀上，进行由实践到理论的探索；

3. 在争辩中创新再创新。

四、编入法典　传统永继

1. 像十八、十九大一样，一切重要的法典、文件都要肯定弘扬中华文化与发展中国特色社会主义的密切关系；

2. 虚心学习世界一切先进思想文化，实现古为今用，洋为中用，坚持马克思主义，坚持中国特色社会主义道路，找到几个方向的最佳交集，实现几个要素的最佳结合。

3. 落实人、财、物，实现中华文化在兼容中优化出新，保证传统永继。

龙脉文化核心是"道"。道无处不在，不以人的意志为转移。合道则兴，失道衰败。叶公好龙、揠苗助长、削足适履、邯郸学步、只见树木不见林都不合道；只有古今中外结合、去糟取精、推陈出新才合道。只有合道，才能汇流、排险，实现中华民族的伟大复兴，才能直挂云帆济沧海！

第六节　游泳与用道

学道为了用，如何用？

为便理解，举形象的学游泳实例，谈用道助生慧。

毛泽东爱游泳。为什么？请看，游泳有哪些要领？ 1. 彼岸性，目的性，有游到彼岸的决心；2. 过程性，下水到上岸有距离，需要历经艰辛游满过程，不可一蹴而就；3. 征服性，有争取成功的决心，胜利的快感，征服的预期，获胜的实力，全在其中；4.顺流应变，游泳必须驾驭水势，当冲立冲，当绕则绕，果断处置，蛮干绝不可行，必须知情意行结合，才能顺势千里；5.趋吉避凶，眼看前方，高估风险，机智勇敢，观水借势，巧用合力，早避暗礁；6.控制调节，主观见于客观，实践中调控再调控，知行合一，求得阴阳平衡统一，不屈不挠敢决胜；7.精神振作，不怕曲折，不惧反复，不停拼搏，绝不气馁，实践中加深对道的认识，体会急中生智。这是不是形象地体现了用"道"？

下面，谈一点自身学游泳的体会。

笔者14—19岁时在长江边的泸州一中上学，当时学校为安全，禁止学生下河游泳。我们几个调皮男生偏在午睡时偷着去长江游泳。开始，我不会。请会游的彭同学教我。回答是：你怕不怕，怕就别冒险，出了事要自己担当，别赖别人。我说，不怕，自己担当。彭同学说：好，我教你。

记住，游泳道理讲得再多也不如下水慢慢体会。说罢，拉着我就下了水。我很害怕，他说，别怕，论比重人比水略轻，四肢伸直不动，自然上浮，水中着急乱扒，反而不易上浮。我感到他讲得入理、合规律，就大胆跟着游了。起先，他给我示范，说为什么头要向前？头向前阻力小，好腾出手后划、好用脚后蹬、好用眼观水势看风险把方向，这样，身体才好奋力向前。他托着我下巴游了一会儿，悄悄丢手，过几次，没想到，竟能游了。

后来，他又纠正我的姿势。说出手要尽量轻快，少带水花，尽快迅速从上往下压，用力向后划，力大游得快，要善于借助反作用力使身体上升，使脚配合有节奏的后蹬，力争快速向前。还说，课堂上学的力学知识要灵活用上，还要记住，练体力很重要，体力不够游不远，不进则退。

我看见有同学游过江了。说，我也想游过江。他说：不急，要讲实力，讲合道。第一，你历练还太少，水性不熟；第二，你的体力还没有练就，不能把生命拿去冒险；第三，第一次过江还得有人陪伴、有人保险；第四，你还得把学习的物理知识，特别是流体力学知识，在实践中反复体会，变成能力。不过，你有这个欲望，就好比干事有理想，牛，有志者事竟成嘛。

又过了些时候，他看我羡慕游过了江的同学，又对我说。要过江，还得学会看水势，会发现危险，江里的行船、漂浮物、暗礁、藤索等都是意想不到的危险，稍不注意，可要人命啊！

如何看水势？水有主流，主流势大，你没有本事要避开；你会游了要敢投身进主流求冲力、借合力，顺势飞流。但是，千万要小心，水流还有逆流，有大浪，有漩涡，什么时候躲避，什么情况利用，除了用知识，更重要的是经验，是历练。

游泳永远不能骄傲，不能掉以轻心，有很多意外，到时没人帮助，只有独自及时处理。比如，游着游着，突然，脚抽筋了；又比如，游着游着，突然发现有人落水，需要救了，怎么办？多数时候是自己琢磨着处理，险啊！

意想不到的情况很多，暂时不多说了，就说说如何处置这两个特殊情况好了。脚抽筋了，第一要忍受——再难受也要忍，忍不住就是死；第二可以换为仰泳，省点力，等待转机；第三最主要是别着急，别灰心，立即呼救，不停呼救。

再说救人，当然要奋不顾身，但是，第一不要对面去抱，你抱他，他抱你，你没有手了，怎么游；水里救人很难，因为溺水者难受，着急，乱了方寸，这时施救者一定要随机应变，灵活处置，最好呼叫来更多的人配合。

总之，游泳学问永远学不完，有很多道道，靠琢磨，靠实践，要体力，要知识。你记住：河中淹死会水汉，祸福相依啊。

请看，游泳牵涉好多知能：物理、生理、实践、过程、意志、体力、必然、偶然、借力、借势等诸多要素，学习游泳，是不是很像用道，是不是很能增长智慧？

人生天天和道打交道。无视，失败再失败；体道循道，成功！学道益智，通向大智慧。

后 记

搁下写《道学新探》笔，如释重负！

现在，我急需要做的是毕恭毕敬五鞠躬。

一鞠躬，感谢伏羲、轩辕、老子、孔子等圣人留下的经典，哺育了勤劳智慧的中华儿女，让吾辈获得了光照，增进了责任感和智慧。

二鞠躬，感谢四川省老庄学会、青羊宫老庄书院、东方文化馆二十余年对我的培养。多年来逐章逐句地咀嚼《老子》及一些经典，使我们打下了道学功底。

三鞠躬，感谢老庄学会研究员组织的高度重视和帮助。2018年9月26日开领导人会，确定先将初稿复印给每个研究员审阅。10月29日，在青羊宫会议室用一天时间，请研究员对初稿开展研讨，由撰稿人听取意见。研讨会由老庄学会常务副会长黄牛主持，到会11名研究员都发表了很有见地的意见，对进一步修改完善起到了至关重要的作用。他们是：老庄学会终身名誉会长陈天笑、唐通林，老庄学会副会长雷鹏高，老庄书院副院长黄荣武，东方文化馆成都分馆馆长李力知，《道源》主编苏士雄，《老子论坛》主编喻安荣，中科院成都所所长伊甫申，《小学生生活》及《教育导报》（校园周末版）执行副总编蓝锡琦，老庄学会常务副秘书长蒲开蕴，老庄学会秘书彭宁。他们意见中肯，鄙人已经进行了相应修改。

四鞠躬，感谢老庄学会常务副会长黄牛同志和老庄学会终身名誉会长陈天笑同志题词，感谢《老子论坛》主编喻安荣老师对全书通盘的认真修改，感谢德高望重道学家冯广宏研究员的指教和鼓励……

五鞠躬，感谢该书的各位编审的精心审查、修改和帮助，使此书得以问世。

但愿道学之花能给龙脉文化的百花园丰富一点内涵！

笔者　再拜　2018 年 11 月 15 日

责任编辑：董 巍
责任印刷：李未圻

图书在版编目（CIP）数据

道学新探/（美）常生禾著．—北京：
华龄出版社，2019.3
 ISBN 978-7-5169-1431-1

Ⅰ．①道… Ⅱ．①常… Ⅲ．①道家－研究
Ⅳ．①B223.05

中国版本图书馆CIP数据核字（2019）第055947号

书　　名：	道学新探
作　　者：	常生禾

出 版 人：	胡福君		
出版发行：	华龄出版社		
地　　址：	北京市东城区安定门外大街甲57号	邮　编：	100011
电　　话：	010-58122241	传　真：	010-58122264
网　　址：	http://www.hualingpress.com		

印　　刷：	北京建宏印刷有限公司		
版　　次：	2019年3月第1版　2019年5月第1次印刷		
开　　本：	880×1230　1/32	印　张：	16.25
字　　数：	300千字		
定　　价：	68.00元		

版权所有　翻印必究
本书如有破损、缺页、装订错误，请与本社联系调换